Sicherheit und Ordnung im Strafvollzug

Europäische Hochschulschriften
Publications Universitaires Européennes
European University Studies

Reihe II
Rechtswissenschaft

Série II Series II
Droit
Law

Bd./Vol. 3444

PETER LANG
Frankfurt am Main · Berlin · Bern · Bruxelles · New York · Oxford · Wien

Nicole Jehle

Sicherheit und Ordnung im Strafvollzug

Von der Idee des Gesetzes zur Wirklichkeit der Praxis

PETER LANG
Europäischer Verlag der Wissenschaften

Die Deutsche Bibliothek - CIP-Einheitsaufnahme

Jehle, Nicole:

Sicherheit und Ordnung im Strafvollzug : von der Idee des Gesetzes zur Wirklichkeit der Praxis / Nicole Jehle. - Frankfurt am Main ; Berlin ; Bern ; Bruxelles ; New York ; Oxford ; Wien : Lang, 2002
(Europäische Hochschulschriften : Reihe 2, Rechtswissenschaft ; Bd. 3444)
Zugl.: Freiburg (Breisgau), Univ., Diss., 2002
ISBN 3-631-39105-6

D 25
ISSN 0531-7312
ISBN 3-631-39105-6

www.peterlang.de

für Julius

Vorwort

Mein Dank gilt zunächst Herrn Prof. Dr. Josef Kürzinger für die angenehme und aufgeschlossene Betreuung sowie für die Freiräume, die er mir beim Erstellen der Arbeit in zeitlicher und in inhaltlicher Hinsicht zugestanden hat; außerdem danke ich ihm und auch meinem Zweitkorrektor, Herrn Prof. Dr. Hans-Jörg Albrecht, für die zügige Erstellung von Erst- und Zweitgutachten.

Ich bedanke mich bei meinem Ausbilder Herrn EStA Hansjörg Adam, der mein Interesse an Jugendstrafrecht und Strafvollzug vertiefte, indem er mir anhand der Jugendstrafe die Problematik der aktuellen Situation im Strafvollzug nahe gebracht hat.

Auch bei Frau Rechtsanwältin Inge K. Tiedemann, die mich während der sog. „Anwaltsstation" betreute, möchte ich mich bedanken, brachte sie mich doch erst auf den Gedanken, mich an eine Promotion zu wagen.

Ein Dankeschön richtet sich an Sybille und Manfred Keller, deren Garten mir eine angenehme Arbeitsatmosphäre schuf und die mir mit lebensnahen Fragen und Anmerkungen zum Thema halfen, eine möglichst ausgewogene Sicht der Dinge zu bewahren.

Ganz besonders möchte ich mich auch bei meinen Eltern bedanken. Die Arbeit wäre vermutlich nicht fertig gestellt worden, hätten sie mich in der Endphase nicht ganze Wochen bei sich aufgenommen und meinen Sohn und meinen Hund betreut, während ich mich hinter Papierbergen verschanzt hatte.

Ein sehr großer Dank gilt vor allem auch meinem Mann Karl-Christoph, der nicht nur nahezu klaglos in Kauf nahm, dass ich häufig kaum ansprechbar war und nur in den Kategorien des Strafvollzugsgesetzes dachte, sondern der auch etliche Wochenenden und einen Teil seines Urlaubs opferte, um die Arbeit auf Schreibfehler und „logische Brüche" zu überprüfen. Seine Kritik war nicht immer angenehm, aber stets konstruktiv und hilfreich.

Außerdem danke ich ihm und meinen Eltern dafür, dass sie mich immer wieder zur Weiterarbeit ermuntert haben, wenn Mut oder Arbeitseifer mich zu verlassen drohten.

INHALTSVERZEICHNIS

Teil 1: Einleitung ***9***

I. Ausgangslage 9

II. Einführung 10

III. Sicherheit und Ordnung 11

1. Der Begriff der „Sicherheit" 11
2. Der Begriff der „Ordnung" 12
3. Der ultima-ratio-Grundsatz 13

IV. Die Eingriffsmöglichkeit aus Gründen der Sicherheit und Ordnung im Sozialisationsvollzug 13

1. Geschichtliche Entwicklung 13
2. Sicherheit und Ordnung im Spannungsverhältnis zum Vollzugsziel Resozialisierung 14

V. Der Sozialisationsvollzug 15

1. Bekenntnis zum Sozialisationsvollzug 16
2. Grundsätze des Sozialisationsvollzuges 16
   a. Der Angleichungsgrundsatz 17
   b. Der Gegensteuerungsgrundsatz 18
   c. Der Integrationsgrundsatz 18

VI. Einschränkungen aus Gründen der Sicherheit und Ordnung nur auf gesetzlicher Grundlage 19

1. Erfordernis einer gesetzlichen Grundlage 19
2. Spannungsverhältnis zwischen Bestimmtheitsgebot und Flexibilitätserfordernis 19
3. Konflikt am Beispiel der Entstehungsgeschichte des § 4 StVollzG 20
   a. Entwurf der Bundesregierung 20
   b. Stellungnahme des Bundesrates 21
   c. Bericht des Sonderausschusses für die Strafrechtsreform 21

VII. Zusammenfassende Bewertung 23

1. Bedeutung von Sicherheit und Ordnung im Sozialisationsvollzug 23
2. Abstufungen nach Eingriffsintensität und gefährdetem Rechtsgut 23
a. 1. Stufe 24
b. 2. Stufe 24
c. 3. Stufe 24
3. Zielrichtung der einschränkenden Anordnungen und Maßnahmen 25
4. Reform allein durch (Neu-) Fassung eines entsprechenden Gesetzes? 25

VIII. Aufgabenstellung und Aufbau der Arbeit 27

***Teil 2: Hauptteil* 29**

A. Unterbringung und Ernährung 29

I. Bedeutung und Regelungsaufgabe des dritten Titels des Strafvollzugs-gesetzes 29

II. Die Einschränkungen „aus Gründen der Sicherheit oder Ordnung" im Überblick 31

III. § 17 StVollzG [Unterbringung während der Arbeit und Freizeit] 33

1. Regelungsinhalt und Entstehungsgeschichte 33
2. Bedeutung der Norm 34
3. Meinungsstand i.d. Literatur zu Auslegung und Anwendung des Gesetzes. 35
4. konkrete Einzelfälle aus der Praxis 36
a. Beschluss d. OLG Celle v. 23.01.1985 – 3 Ws 496/84 (StrVollz) - 36
b. Beschluss d. PfzOLG Zweibrücken v. 03.09.1993 – 1 Ws 375 und 379/93 (Vollz) – 39

IV. § 19 StVollzG [Ausstattung des Haftraums durch den Gefangenen und sein persönlicher Besitz] 43

1. Regelungsinhalt und Entstehungsgeschichte 43
2. Bedeutung der Norm 43
3. Meinungsstand i.d. Literatur zu Auslegung und Anwendung des Gesetzes. 44

4. konkrete Einzelfälle aus der Praxis ... 45

a. Beschluss d. OLG Koblenz v. 22.10.1979 – 2 Vollz (Ws) 33/79 – ... 45
b. Beschluss d. OLG Koblenz v. 16.05.1983 –2 Vollz (Ws) 3/83 – ... 48
c. Beschluss d. OLG Hamm v. 08.03.1984 – 1 VAs 21/84 – ... 51
d. Beschluss d. OLG Stuttgart v. 23.06.1988 – 4 Ws 168/88 – ... 53
e. Beschluss d. OLG Hamm v. 07.11.1989 – 1 Vollz (Ws) 173/89 – ... 56
f. Beschluss d. OLG Celle v. 08.02.1990 – 1 Ws 423/89 (StrVollz) – ... 58
g. Beschluss d. OLG Koblenz v. 30.03.1990 – 2 Vollz (Ws) 11/90 – ... 60
h. Beschluss d. HansOLG Hamburg v. 09.11.1990 – 3 Vollz (Ws) 74/90 – . 63
i. Beschluss d. OLG Saarbrücken v. 25.5.1993 – Vollz (Ws) 10/92 – ... 64

V. § 22 StVollzG [Einkauf] ... 67

1. Regelungsinhalt und Entstehungsgeschichte ... 67
2. Bedeutung der Norm ... 68
3. Meinungsstand i.d. Literatur zu Auslegung und Anwendung des Gesetzes. 68
4. konkrete Einzelfälle aus der Praxis ... 73

a. Beschluss d. OLG Zweibrücken v. 15.04.1985 – 1 Vollz (Ws) 8/85 – ... 73
b. Beschluss d. OLG Koblenz v. 31.12.1991 – 2 VAs 8/91 - ... 77

B. Besuche und Schriftwechsel ... 79

I. Die Bedeutung und die Regelungsaufgabe des vierten Titels des Strafvollzugsgesetzes ... 79

II. Die einzelnen Einschränkungen „aus Gründen der Sicherheit oder Ordnung" im Überblick ... 83

1. Besuchsrecht ... 83
2. Schriftwechsel ... 84
3. Ferngespräche und Telegramme ... 84
4. Pakete ... 84
5. Kenntnisverwertung ... 85

III. § 24 StVollzG [Recht auf Besuch] ... 87

1. Regelungsinhalt und Entstehungsgeschichte ... 87
2. Bedeutung der Norm ... 87
3. Meinungsstand i.d. Literatur zu Auslegung und Anwendung des Gesetzes. 88

4. konkrete Einzelfälle aus der Praxis ... 90

a. Beschluss d. OLG Hamm v. 08.12.1980 – 1 VAs 35/78 – ... 90
b. Beschluss d. OLG Celle v. 21.05.1986 – 3 Ws 241/86 (StrVollz) – ... 93
c. Beschluss d. OLG Celle v. 15.09.1988 –1 Ws 226/88 - ... 97

IV. § 25 StVollzG [Besuchsverbot] ... 101

1. Regelungsinhalt und Entstehungsgeschichte ... 101
2. Bedeutung der Norm ... 102
3. Meinungsstand i.d. Literatur zu Auslegung und Anwendung des Gesetzes ... 102
4. konkrete Einzelfälle aus der Praxis ... 104

a. Beschluss d. LG Hamburg (Große Strafkammer 27 als Vollstreckungskammer) v. 31.03.1978 – (98) Vollz 9/77 - ... 104
b. Beschluss d. OLG Zweibrücken v. 02.10.1986 – 1 Vollz (Ws) 74/86 – .. 108
c. Beschluss d. OLG Koblenz v. 07.11. 1989 – 2 Vollz (Ws) 44/89 – ... 111

V. § 27 StVollzG [Überwachung der Besuche] ... 119

1. Regelungsinhalt und Entstehungsgeschichte ... 119
2. Bedeutung der Norm ... 122
3. Meinungsstand i.d. Literatur zu Auslegung u. Anwendung des Gesetzes.. 124
4. konkrete Einzelfälle aus der Praxis ... 127

a. Beschluss d. OLG Celle v. 22.11.1979 – 3 Ws 428/79 (StrVollz) - ... 127
b. Beschluss d. OLG Koblenz v. 18.08.1980 – 2 Vollz (Ws) 15 /80 - ... 129
c. Beschluss d. OLG Koblenz v. 09.06.1987 – 2 Vollz (Ws) 27/87 - ... 132
d. Beschluss d. OLG Frankfurt a.M. v. 28.08.1989 –3 Ws 606/89(StrVollz) 137

VII. § 28 StVollzG [Recht auf Schriftwechsel] ... 141

1. Regelungsinhalt und Entstehungsgeschichte ... 141
2. Bedeutung der Norm ... 142
3. Meinungsstand i.d. Literatur zu Auslegung u. Anwendung des Gesetzes.. 143
4. konkrete Einzelfälle aus der Praxis ... 147

a. Beschluss d. OLG Nürnberg v. 04.08.1986 – Ws 341/86 - ... 147

VIII. § 29 StVollzG [Überwachung des Schriftwechsels] ... 153

1. Regelungsinhalt und Entstehungsgeschichte ... 153
2. Bedeutung der Norm ... 156
3. Meinungsstand i.d. Literatur zu Auslegung u. Anwendung des Gesetzes.. 158
4. konkrete Einzelfälle aus der Praxis ... 161

a. Beschluss d. LG Saarbrücken v. 05.12.1983 – I StVK 1162/83 – und I StVK 1229/83 und I StVK 1200/83 - ... 161
b. Beschluss d. OLG Koblenz v. 30.01.1986 – 2 Vollz (Ws) 118/85 - ... 166

c. Beschluss d. HansOLG Hamburg v. 07.01.1991 – 3 Vollz (Ws) 60/90 - 170

IX. § 31 StVollzG [Anhalten von Schreiben] 173

1. Regelungsinhalt und Entstehungsgeschichte 173
2. Bedeutung der Norm 175
3. Meinungsstand i.d. Literatur zu Auslegung u. Anwendung des Gesetzes 175
4. konkrete Einzelfälle aus der Praxis 179
a. Beschluss d. OLG Dresden v. 15.01.1998 – 2 Ws 75/97 - 179
b. Beschluss d. OLG Zweibrücken v. 02.10.1986 – 1 Vollz (Ws) 74/86 – 182

X. § 32 StVollzG [Ferngespräche und Telegramme] 185

1. Regelungsinhalt und Entstehungsgeschichte 185
2. Bedeutung der Norm 185
3. Meinungsstand i.d. Literatur zu Auslegung u. Anwendung des Gesetzes 186
4. konkrete Einzelfälle aus der Praxis 189
a. Beschluss d. OLG Koblenz v. 28.04.1993 – 3 Ws 141/93 - 189
b. Beschluss d. HansOLG Hamburg v. 10.09.1999 – 3 Vollz (Ws) 60/99 - 193

XI. § 33 StVollzG [Pakete] 195

1. Regelungsinhalt und Entstehungsgeschichte 195
2. Bedeutung der Norm 196
3. Meinungsstand i.d. Literatur zu Auslegung u. Anwendung des Gesetzes 198
4. konkrete Einzelfälle aus der Praxis 201
a. Beschluss d. LG Düsseldorf v. 08.12.1982 – StrVollzG 5/82 - 201
b. Beschluss d. OLG Nürnberg v. 02.04.1985 – Ws 35/85 - 204
c. Beschluss d. HansOLG Hamburg v. 13.11.1987 – 3 Vollz (Ws) 21/87 – 208

XII. § 34 StVollzG [Verwertung von Kenntnissen] 211

1. Regelungsinhalt und Entstehungsgeschichte 211
2. Bedeutung der Norm 212
3. Meinungsstand i.d. Literatur zu Auslegung u. Anwendung des Gesetzes 212
4. konkrete Einzelfälle aus der Praxis 214
a. Beschluss d. OLG Frankfurt a.M. v. 07.08.1979 –3 Ws 480/79(StVollz)- 214
b. Beschluss d. OLG Frankfurt a.M. v. 28.08.1989 –3 Ws 606/89(StrVollz) 218

C. Religionsausübung ... 221

I. Die Bedeutung und die Regelungsaufgabe des sechsten Titels des Strafvollzugsgesetzes ... 221

II. Die einzelnen Einschränkungsregelungen aus Gründen der Sicherheit oder Ordnung ... 223

III. § 54 StVollzG [Religiöse Veranstaltungen] ... 224

1. Regelungsinhalt und Entstehungsgeschichte ... 224
2. Bedeutung der Norm ... 225
3. Meinungsstand i.d. Literatur zu Auslegung u. Anwendung des Gesetzes .. 225
4. konkrete Einzelfälle aus der Praxis ... 228
   a. Beschluss d. OLG Koblenz v. 30.03.1987 – 2 Vollz (Ws)17/87 - ... 228
   b. Beschluss d. OLG Hamm v. 01.06.1999 – 1 Vollz (Ws) 80/99 - ... 231

D. Freizeit ... 235

I. Die Bedeutung und die Regelungsaufgabe des achten Titels des Strafvollzugsgesetzes ... 235

II. Die einzelnen Einschränkungsregelungen aus Gründen der Sicherheit oder Ordnung ... 236

III. § 68 StVollzG [Zeitungen und Zeitschriften] ... 237

1. Regelungsinhalt und Entstehungsgeschichte ... 237
2. Bedeutung der Norm ... 238
3. Meinungsstand i.d. Literatur zu Auslegung u. Anwendung des Gesetzes .. 239
4. konkrete Einzelfälle aus der Praxis ... 241
   a. Beschluss d. OLG Koblenz v. 26.09.1983 – 2 Vollz (Ws) 52/83 – ... 241
   b. Beschluss d. OLG Hamm v. 19.11.1984 – 1 Vollz (Ws) 218/84 – ... 243
   c. Beschluss d. OLG Nürnberg v. 15.08.1983 – Ws 552/83 – ... 245
   d. Beschluss d. LG Freiburg v. 10.11 1993 – XIII StVK 177/93 – ... 250

IV. § 69 StVollzG [Hörfunk und Fernsehen] ... 255

1. Regelungsinhalt ... 255
2. Bedeutung der Norm ... 258
3. Meinungsstand i.d. Literatur zu Auslegung u. Anwendung des Gesetzes .. 258
4. konkrete Einzelfälle aus der Praxis ... 259
   a. Beschluss d. OLG Nürnberg v. 30.12.1982 – Ws 474/82 – ... 259

V. § 70 StVollzG [Besitz von Gegenständen für die Freizeitbeschäftigung] ... 263

1. Regelungsinhalt und Entstehungsgeschichte ... 263
2. Bedeutung der Norm ... 263
3. Meinungsstand i.d. Literatur zu Auslegung u. Anwendung des Gesetzes .. 264
4. konkrete Einzelfälle aus der Praxis ... 268
   a. Beschluss d. OLG Frankfurt v. 14.11.1979 – 3 Ws 331/78 StVollzG – .. 268
   b. Beschluss d. Strafvollstreckungskammer des LG Lüneburg beim AG Celle v. 10.08.1982 – 17 StVK 322/82 - ... 273
   c. Beschluss des OLG Celle vom 25.10.1982 – 3 Ws 337/82 (StrVollz) - .. 275
   d. Beschluss d. OLG Frankfurt a. M. v. 10.11.1982 –3 Ws 793/82(StVollz) 276
   e. Beschluss d. OLG Nürnberg v. 26.01.1983 – Ws 65/83 - ... 279
   f. Beschluss d. OLG Hamm v. 07.05.1984 - Vollz (Ws) 69/84 - ... 282
   g. Beschluss d. OLG Hamm v. 05.11.1989 – 1 Vollz (Ws) 156/89 - ... 285
   h. Beschluss d. BVerfG – 2. Kammer des 2. Senats – v. 28.02.1994 – 2 BvR 2731/93 - ... 289
   i. Beschluss d. OLG Hamm v. 24.03.1995 – 1 Vollz (Ws) 226/94 - ... 293
   j. Beschluss d. BVerfG – 2. Kammer des 2. Senats – v. 28.09.1995 – 2 BvR 920/95 - ... 300

Teil 3: Schluss ... 305

I. Bilanz nach 10 Jahren Strafvollzugsgesetz ... 305
1. Stellungnahme von Seiten der Justiz bzw. der Anstaltsleitung ... 306
2. Stellungnahme aus Sicht eines Strafgefangenen ... 310

II. Bilanz nach 20 Jahren Strafvollzugsgesetz ... 314

III. Aktuelle Bilanz aus dem Hauptteil ... 315

1. Standortbestimmung ... 315
2. Problemananalyse ... 320

IV. Ergebnis 322

1. Schlussfolgerung 322
2. Erforderliche Veränderungen 323
   a. Überblick 323
   b. äußere Ausstattung 323
   c. innere Einstellung 325

V. Die „öffentliche Meinung" und der Strafvollzug 325

1. Einfluss der „öffentlichen Meinung" auf den Strafvollzug 325
2. Veränderung der „öffentlichen Meinung" 326
3. Rolle der Medien 327
   a. Themenschwerpunkt „Lebensstandard" 328
   b. Themenschwerpunkt: „Sexualstraftäter, Kinderschänder, Rückfalltäter". 329

VI. Fazit 330

1. Problem des Kreislaufs 330
2. Schlussfeststellungen 332

Literaturverzeichnis 333

Teil 1: Einleitung

I. Ausgangslage

Das Strafvollzugsgesetz ist vor nunmehr 25 Jahren verabschiedet worden, seit 1. Januar 1977 ist es – in vielen Teilen nahezu unverändert – in Kraft.

Erste Bilanzen bezüglich der Praxistauglichkeit dieses Gesetzes hat es bereits 1987, also nach zehn Jahren „Erprobungsphase" gegeben, doch waren die Stellungnahmen zurückhaltend, da „10 Jahre Bewährungszeit für ein Gesetz angesichts von Jahrhunderten Wartestand als zu wenig" angesehen wurden.[1]

Inzwischen ist rund ein Viertel Jahrhundert vergangen, ein Zeitraum, der es gestattet, zumindest einzelne Aspekte des Strafvollzugsgesetzes in Bezug darauf zu betrachten, inwieweit die Vorstellungen des Gesetzgebers verwirklicht worden sind und inwieweit das Gesetz Eingang in die alltägliche Vollzugspraxis gefunden hat.

Dafür bietet sich in diesem Zusammenhang die genauere Inaugenscheinnahme einzelner Titel des 2. Abschnittes „Vollzug der Freiheitsstrafe" an, so etwa die Regelungen bzgl. Unterbringung und Ernährung, Besuche und Schriftwechsel, Religionsausübung und schließlich die Gestaltung der Freizeit, in denen Eingriffsmöglichkeiten „aus Gründen der Sicherheit oder Ordnung" eine wesentliche Rolle spielen.

Dieses Begriffspaar hatte bereits vor Inkrafttreten des Strafvollzugsgesetz Bedeutung im Vollzugsalltag. Allerdings war ihr Stellenwert damals völlig anders.

Obwohl der Gesetzgeber also – möglicherweise etwas unglücklich - die identische Formulierung gewählt hatte, wollte er damit doch etwas anderes aussagen. Die Wertigkeit und inhaltliche Substanz dieses Begriffspaares sollten völlig anders werden, da auch dem Vollzug unter dem Einfluss des Strafvollzugsgesetzes ein völlig neues Verständnis in Bezug auf die Stellung des Gefangenen und die Voraussetzungen für Rechtsbeschränkungen zu Grunde lag als dies in den Jahrzehnten zuvor der Fall war.

---

[1] So Koepsel, 10 Jahre Strafvollzugsgesetz aus der Sicht der Praxis, in: Kriminalpolitisches Forum Berlin (Hrsg.), Bonn 1987, S. 81

Unter dem Blickwinkel von Sicherheit und Ordnung wird demnach im Folgenden das Strafvollzugsgesetz sowie der Alltag in der Vollzugspraxis betrachtet.

II. Einführung

In jedem (geordneten) sozialen Zusammenleben von Menschen ist die Erstellung und Einhaltung gewisser Regeln unerlässlich. Die Festlegung und Durchsetzung dieser Regelungen ist auch eine Aufgabe des geltenden Rechts.

In diesem Zusammenhang trifft man immer wieder auf das Begriffspaar der Sicherheit und Ordnung, wobei dieses unter „normalen" Umständen, d.h. im gesellschaftlichen Zusammenleben in Freiheit, lediglich ein Aspekt ist; er besteht neben anderen und ist nicht (allein) prägender Maßstab, er soll lediglich ein geordnetes gesellschaftliches Zusammenleben unter der Prämisse der freien Persönlichkeitsentfaltung ermöglichen und sicherstellen.

Anders ist dagegen die Situation im Strafvollzug. In der Natur der Freiheitsentziehung liegt begründet, dass z.B. dieses verfassungsmäßig garantierte Recht auf freie Persönlichkeitsentfaltung nicht in dem gleichen Maß ausgestaltet sein kann wie in Freiheit. Einschränkungen sind hier eher und häufiger geboten und müssen anders hingenommen werden. Das bedeutet nicht, dass die Grundrechte für Strafgefangene keine Geltung hätten. Das Bundesverfassungsgericht hat bereits in seinem Beschluss vom 14. März 1972 ausdrücklich klargestellt, dass auch die Grundrechte von Gefangenen nur durch Gesetz oder aufgrund eines Gesetzes eingeschränkt werden können.[2]

Dieser Grundsatz lag auch dem Gesetzentwurf der Bundesregierung zum Strafvollzug ebenso zugrunde[3] wie dem sich auf diesen Entwurf beziehenden Bericht und Antrag des Sonderausschusses für die Strafrechtsreform[4].

Damit war die Abkehr von der Lehre des „besonderen Gewaltverhältnisses", die sich schließlich im heute geltenden Strafvollzugsgesetz manifestierte, auf den Weg gebracht.

---

[2] BVerfGE 33, 1 (2 BvR 41/71)
[3] BT-Drucksache 7/918, S. 3
[4] BT-Drucksache 7/3998, S. 1

III. Sicherheit und Ordnung

Freilich kommt dem Begriffspaar „Sicherheit und Ordnung“ im Strafvollzug schon aus der Tatsache des Freiheitsentzuges an sich nach wie vor eine prägende (wenn auch nicht mehr ausschließliche) Rolle zu.

Weitgehende Einigkeit in Literatur und Rechtsprechung besteht hinsichtlich der Definition bzw. des Inhalts der Begriffe Sicherheit und Ordnung an sich.

1. Der Begriff der „Sicherheit“

Calliess /Müller-Dietz umschreiben den Begriff der Sicherheit mit folgenden Worten:

„Der Begriff der Sicherheit umfaßt (einerseits) sowohl die Abwendung von konkreten Gefahren für Personen oder Sachen in der Anstalt i.S.d. Meutereitatbestandes von §121 StGB als (aber) auch (andererseits) die Sicherung des durch den Freiheitsentzug begründeten Gewahrsams, also die Sicherung vor Entweichungen aus der Anstalt oder von Befreiungsaktionen von außen“[5].

Nach *Feest* ist unter dem Sicherheitsbegriff „sowohl die äußere Sicherheit (Sicherung), das heißt die Gewährleistung des Aufenthalts, als auch die innere Sicherheit zu verstehen, nämlich die Verhinderung von Schäden für Personen oder Sachen innerhalb der Anstalt“[6].

Weitergehend sieht *Schöch* von dem Begriff der Sicherheit zusätzlich auch die Sicherheit der Allgemeinheit vor weiteren Straftaten des Verurteilten während des Vollzugs[7] mitumfaßt.

Kühling unterteilt die Begriffserklärung der Sicherheit in zwei Aspekte. So bedeute „Sicherheit“ zum einen die „äußere Sicherheit, welche die Abwendung der konkreten Gefahr für den Gewahrsam, d.h. für die Gewährleistung des Anstaltsaufenthaltes bedeutet“.[8] Zum anderen beinhalte Sicherheit aber auch die „innere Sicherheit, welche die Abwendung der Gefahr von Schäden für

---

[5] § 4 RN 16, so auch KG NStZ 84, 94; ZfStrVo 86, 377
[6] Feest / Lesting, AK-StrVollzG,, § 4 RN 13
[7] Kaiser / Kerner / Schöch § 4 RN 29, zustimmend Böhm in Schwind / Böhm § 4 RN 20
[8] Kühling in Schwind / Böhm § 81 RN 7

Personen (Gesundheitsbeschädigung, Selbstmord, Gefahr für Anstaltsbedienstete) oder Sachen bedeutet"[9].

2. Der Begriff der „Ordnung"

Auch in den Definitionen zum Ordnungsbegriff gibt es in der Sache nur minimale Unterschiede. *Calliess / Müller-Dietz* umschreiben den Begriff der Ordnung als „Gesamtheit der strukturellen und interaktiven Bedingungen und Voraussetzungen des Lebens in der Anstalt"[10]. Übereinstimmend geht man davon aus, dass der Ordnungsbegriff das geordnete und menschenwürdige Zusammenleben von Gefangenen und Vollzugspersonal in sozialer Verantwortung in der Anstalt betrifft.

Weiterhin besteht auch Einigkeit darüber, dass im Zusammenhang mit dem Ordnungsbegriff bzw. mit einer Störung der Ordnung zu berücksichtigen ist, „dass in einem behandlungsorientierten Vollzug das geordnete, verantwortliche Zusammenleben auch und gerade durch die Notwendigkeit und das Austragen von Konflikten gekennzeichnet ist. (Das heißt,) nicht jede andere Meinung, nicht jede Unbotmäßigkeit, nicht jede Übertretung einer technisch-organisatorischen Anstaltsvorschrift oder jedes lästige Verhalten stellt schon einen Ordnungsverstoß dar."[11]

Dies bedeutet, dass „geordnet" nicht im Sinne von „reglementiert" und „angepaßt" verstanden werden darf, sondern im Zusammenhang mit dem Vollzugsziel Resozialisierung zu sehen ist, so dass „Ordnung" in diesem Sinn nur „das Mindestmaß an Verhaltensregeln ist, das für ein menschenwürdiges Zusammenleben unter den Verhältnissen der jeweiligen Anstalt unabdingbar ist"[12].

[9] Kühling in Schwind / Böhm § 81 RN 7, entsprechend auch Bungert in NStZ 88,526
[10] Calliess / Müller-Dietz, StrVollzG § 4 RN 17
[11] Calliess / Müller-Dietz, StrVollzG § 81 RN 4
[12] Feest / Lesting, AK-StrVollzG, § 4 RN 14

Ordnung darf daher nicht Selbstzweck sein, vielmehr soll sie „ein pädagogisches Prinzip für die Mindestspielregeln eines geordneten aber nicht konfliktlosen Miteinander" darstellen.[13]

3. Der ultima-ratio-Grundsatz

Aus all dem wird der ultima-ratio-Gedanke deutlich, den der Gesetzgeber im Hinblick auf die Eingriffsermächtigung aus Gründen der Gefahr für Sicherheit und Ordnung beabsichtigte. Selbst Maßnahmen, die zur Aufrechterhaltung und Durchsetzung eines sozial verantwortlichen Zusammenlebens erforderlich sind, sollen zunächst durch die Einsichtsfähigkeit und das soziale Verantwortungsbewußtsein der Gefangenen getragen oder zumindest gestützt werden, so dass einschränkende Druck- oder Zwangsmaßnahmen, die sich dann lediglich auf die Klausel der Sicherheit oder Ordnung stützen, insofern nur unter dem Blickwinkel der ultima ratio in Betracht kommen.

IV. Die Eingriffsmöglichkeit aus Gründen der Sicherheit und Ordnung im Sozialisationsvollzug

1. Geschichtliche Entwicklung

Die Eingriffsmöglichkeit „aus Gründen der Sicherheit oder Ordnung" ist jedoch insofern missverständlich und vor allem deshalb auch immer Anlaß zu Auseinandersetzungen, weil dieses Begriffspaar in genau dieser Benennung (wenn auch in anderer, das heißt hier fast absoluten Bedeutung und Gewichtigkeit) auch in früheren Zeiten lange vor Inkrafttreten des Strafvollzugsgesetz und damit auch vor den dem Gesetz zugrundeliegenden Reformabsichten verwandt wurde. Es ist somit belastet durch Geschichte und Vergangenheit des Strafvollzugs, in der eine starre und extreme Reglementierung als Teil und als Ausdruck des auferlegten Strafübels verstanden wurde. Eine an z.T.

[13] Feest / Lesting, AK-StrVollzG, § 4 RN 14

illusorischen „Idealen" orientierte Ordnung wurde als Garant gegen Aufstand und Ausbruch angesehen.[14] Der heute vorherrschende Erziehungs- und (Re-) Sozialisierungsgedanke trat hiergegen nahezu vollständig zurück. Es wurde im Gegenteil sogar die Auffassung vertreten, die Erzwingung starrer Disziplin und Ordnung sei die „ideale Vorbereitung auf die Bewährung in Freiheit"[15].

Die deutsche Gefängnistradition war zunächst geprägt vom sogenannten Verwahrungsvollzug, in dem Sicherheit und Ordnung die alles beherrschenden Grundprinzipien darstellten. Der Gefängnisalltag gestaltete sich für den Inhaftierten in der Weise, dass er in hochgradig gesicherten Gebäuden, stellenweise ausdrucksstark gar als „steinerne Riesenirrtümer"[16] bezeichnet, die Strafzeit passiv regelrecht „über sich ergehen lassen musste"[17].

In der weiteren Entwicklung des Strafvollzugs, vorangetrieben speziell durch die immer lauter werdende Forderung nach einem einheitlichen Strafvollzugsgesetz, hat sich dann die An- und Einsicht durchgesetzt, dass „die bloße Verwahrung und Absonderung der Gefangenen von der Gesellschaft und die der Sicherheit und Ordnung, zum Teil aber auch der Vergeltung dienende permanente Beschränkung und Bevormundung der Gefangenen diese nur lebensuntüchtiger und damit auch anfälliger für den leichten Weg in die neue Straftat machen (...)"[18].

2. Sicherheit und Ordnung im Spannungsverhältnis zum Vollzugsziel Resozialisierung

Der bisherigen Erfahrung entsprechend hat sich heute als Ziel und zentrale Aufgabe des Strafvollzugs die Resozialisierung behauptet. Es herrscht die Meinung vor, dass allzu enge und beeinträchtigende Sicherungsmaßnahmen ebenso wie eine sterile Ordnung das Ziel der Resozialisierung eher erschweren als fördern oder unterstützen.[19] Auch ist nicht mehr (unbedingte und kri-

[14] Kühling in Schwind / Böhm § 81 RN 1
[15] Kühling in Schwind / Böhm § 81 RN1
[16] Schmidt, „Zuchthäuser und Gefängnisse" S.15 am Bsp. Bruchsal
[17] Brühl, AK-StrVollzG, vor § 81 RN 2
[18] Heinsen in der BR-Sitzung v. 23. Feb. 1973, S. 41, 42, vgl. Brühl AK-StrVollzG, vor § 81 RN 2
[19] Kühling in Schwind / Böhm § 81 RN1

tiklose) Anpassung gefordert, weil man erkannt hat, dass auch die Zulassung von Auseinandersetzungen mit anderen Personen eine Anpassung an die Lebensverhältnisse außerhalb der Anstalt darstellt. Konflikte dürfen in einem Behandlungs- und Sozialisationsvollzug also nicht unterdrückt bzw. unterbunden werden, sondern sollen „unter Beachtung der in der Freiheit geltenden Regeln" ausgetragen werden[20]. Als Schlagwort wurde in diesem Zusammenhang sogar das Prinzip der „pädagogischen Unordnung" geprägt[21]. So soll die Konfliktaustragung und –bewältigung zuerst innerhalb der betroffenen Gruppe stattfinden, die dennoch erforderlichen Eingriffsmaßnahmen zur Aufrechterhaltung von Sicherheit oder Ordnung sollen zunächst auf die Einsicht und das Verantwortungsgefühl der Inhaftierten gestützt werden. Nur wenn das in der konkreten Situation nicht zum Erfolg führt oder führen kann, dürfen als ultima ratio einschränkende Maßnahmen ergriffen werden[22], nicht etwa dürfen Reibungspunkte und Konflikte von vornherein im Keim durch aufgezwungene starre Regeln unter der „Schirmherrschaft" von Sicherheit oder Ordnung erstickt werden.

V. Der Sozialisationsvollzug

Der im Strafvollzug heute angestrebte (Re-) Sozialisationsvollzug stellt mit dem vorrangigen Ziel der Behandlung und Resozialisierung schon unter diesem Gesichtspunkt eine ganz bewußte und gewollte Abkehr von der (überkommenen) Ausgestaltung als (reiner) Verwahrungsvollzug dar, mit der Folge, dass ein Spannungsverhältnis zum Grundsatz der Sicherheit oder Ordnung gegeben ist, das zuvor nicht – oder jedenfalls nicht in diesem Maß - bestanden hat.

---

[20] Brühl, AK-StrVollzG, vor § 81 RN 3

[21] Baumann, „Sicherheit und pädagogische Unordnung" in „Reform des Strafvollzuges", S. 101

[22] BT-Dr. 7/3998 S. 31, so auch Calliess, Strafvollzugsrecht, S.158 ff; vgl.Brühl, AK-StrVollzG, Vor § 81 RN 3

1. Bekenntnis zum Sozialisationsvollzug

Der Gesetzgeber hat sich sowohl in den vorbereitenden Beratungen und Ausschusssitzungen[23] als aber auch im schließlich verabschiedeten Strafvollzugsgesetz eindeutig zum Sozialisationsvollzug bekannt, ausdrücklich ist in § 2 StVollzG [24] geregelt: „Im Vollzug der Freiheitsstrafe soll der Gefangene fähig werden, künftig in sozialer Verantwortung ein Leben ohne Straftaten zu führen. (...)". Erst in Satz 2 ist ausgeführt, dass der Strafvollzug auch dem Schutz der Allgemeinheit vor weiteren Straftaten dar.

Satz 2 stellt nur zum Teil eine wirkliche Ergänzung darstellt, nämlich für die Zeit des Vollzugs selbst. Hinsichtlich der Zeit nach der Verbüßung der Freiheitsstrafe wird lediglich Satz 1 konkretisiert, d.h. die im Vollzug „erlernte" sozial verantwortliche straffreie Lebensführung dient nicht nur dem Gefangenen, sondern auch der Allgemeinheit.

2. Grundsätze des Sozialisationsvollzuges

Zu diesem in § 2 StVollzG genannten allgemeinen Ziel des Sozialisationsvollzugs kann man jedoch nur gelangen, wenn die Behandlung bzw. das Leben des Gefangenen weitgehend der Normalität angepaßt wird. Insofern enthält § 3 StVollzG eine Konkretisierung dergestalt, dass drei Grundsätze, die den Strafvollzug prägen sollen, ausdrücklich genannt werden:

Das ist der Angleichungsgrundsatz (Absatz 1), der Gegensteuerungsgrundsatz (Absatz 2) sowie der Integrationsgrundsatz (Absatz 3).

Nach herrschender Ansicht handelt es sich hierbei um „Minimalprinzipien", die zur Erreichung des Vollzugszieles geradezu unerlässlich sind.[25]

Um dem Gefangenen eine Wiedereingliederung in die Gesellschaft und eine künftig straffreie Lebensführung zu ermöglichen, ist es notwendig, das Leben im Vollzug dem Leben in Freiheit weitmöglichst anzugleichen, damit der Ge-

[23] vgl. vor allem den Regierungsentwurf BT-Dr. 7/918 und den Vorschlag des Sonderausschusses BT-Dr. 7/3998

[24] vgl. auch BT-Dr. 7/918 S. 10, 45, 108 sowie BT-Dr. 7/3998 S. 5 f, 56

[25] so auch Calliess / Müller-Dietz, StrVollzG § 3 RN 1

fangene nach Verbüßung der Freiheitsstrafe noch in der Lage ist, sich im „normalen Alltagsleben" zurechtzufinden.

a. Der Angleichungsgrundsatz

Für die Vollzugsbehörde bedeutet die Pflicht, das Leben im Vollzug den allgemeinen Lebensverhältnissen weitmöglichst anzugleichen zunächst, dass die in Frage stehenden Eingriffsermächtigung aufgrund einer Gefährdung von Sicherheit oder Ordnung bei der Vollzugsausgestaltung eine grundlegende Einschränkung erhalten müssen, vor allem auch, dass von ihnen nur höchst zurückhaltend Gebrauch gemacht werden sollte.[26]

Das Spannungsverhältnis zwischen dem Vollzugsziel und dem Gesichtspunkt der Sicherheit oder Ordnung muss in einem behandlungs- und resozialisierungsorientierten Vollzug prinzipiell zunächst zugunsten einer resozialisierenden Vollzugsgestaltung gelöst werden.

Im Gegensatz zu Zeiten der Geltung der DVollzO, als sich dem Aspekt der Sicherheit oder Ordnung alle anderen Prinzipien oder Zielvorstellungen unterzuordnen hatten[27], was Kritiker mit dem Schlagwort der „Übersicherung im Strafvollzug" kommentiert hatten[28], dürfen nach dem dem Strafvollzugsgesetz zugrundeliegenden Willen des Gesetzgebers und nach dem heutigen Verständnis repressive Maßnahmen nur subsidiär und soweit wirklich unumgänglich in Betracht gezogen werden.[29]

Im Übrigen verdeutlicht der Gesetzgeber bereits in der Begründung zum Regierungsentwurf, dass der normierte Angleichungsgrundsatz nicht nur bei der Gesamtgestaltung, sondern auch im Hinblick auf die Anordnung von Einzelmaßnahmen zugrundegelegt bzw. berücksichtigt werden muss.[30]

---

[26] vgl. zum Ganzen Calliess / Müller-Dietz, StrVollzG § 3 RN 3
[27] Calliess, Strafvollzug, Institution im Wandel, S.116; Waldmann, Zielkonflikte, S. 12 ff, 56
[28] so Müller-Dietz, Strafvollzug u. Gesellschaft, S. 21 und Schüler-Springorum, 1970, S. 58
[29] LG Frankfurt, Strafverteidiger 87, 301
[30] BT-DR. 7/918 S. 46, 47

b. Der Gegensteuerungsgrundsatz

Aus den Besonderheiten des Strafvollzuges ergibt sich, dass der Angleichungsgrundsatz nur in bestimmten Grenzen anwendbar bzw. durchführbar ist. Soweit eine Angleichung an die allgemeinen Lebensverhältnisse im Vollzug nicht möglich ist, besagt der Gegensteuerungsgrundsatz, dass versucht werden muss, den schädlichen Folgen des Freiheitsentzuges entgegenzuwirken. Dies bedeutet vor allem, dass sich die Vollzugsbehörden der möglichen negativen „Begleiterscheinungen" des Freiheitsentzuges bewußt werden und da-raufhin versuchen müssen, den „unnötigen", d.h. nicht notwendigerweise durch die Besonderheiten des Freiheitsentzuges bedingten oder notwendig mit dem Vollzug einhergehenden, Nebenfolgen durch eine entsprechende Ausgestaltung des Vollzugsalltages entgegenzuwirken.

c. Der Integrationsgrundsatz

Der Integrationsgrundsatz schließlich ergänzt und konkretisiert insofern § 2 S. 1 StVollzG, der der Hilfe zur Erlernung sozialer Verantwortung und Integration als Vollzugsaufgabe ersten Stellenwert einräumt.

Dieses Prioritätsprinzip des § 2 S. 1 i.V.m. § 3 Abs. 3 StVollzG hat die Gewährleistung zum Ziel, dass bei der Lösung von sich unumgänglich stellenden Zielkonflikten nicht von vornherein der „traditionell übermächtige Sicherheitsgedanke" maßgeblich und bestimmend auf die Auseinandersetzung und Abwägung einwirkt.[31]

[31] StV 87, 301, 302 mit Anm. Nestler-Tremel; Calliess / Müller-Dietz, StrVollzG § 3 RN 7

VI. Einschränkungen aus Gründen der Sicherheit und Ordnung nur auf gesetzlicher Grundlage

1. Erfordernis einer gesetzlichen Grundlage

Allen diesen Intentionen des Gesetzgebers liegt auch der Gedanke zugrunde, den der Beschluss des Bundesverfassungsgerichts vom 14. März 1972[32] beinhaltet. In ihm ist aufgeführt, dass auch die Grundrechte von Gefangenen nur durch Gesetz oder aufgrund eines Gesetzes eingeschränkt und Eingriffe in die Grundrechte von Strafgefangenen, die keine gesetzliche Grundlage haben, allenfalls für eine Übergangszeit hingenommen werden können.

Dementsprechend hat der Gesetzgeber im Strafvollzugsgesetz die einzelnen Voraussetzungen für Grundrechtsbeeinträchtigungen im Strafvollzug aufgeführt.

2. Spannungsverhältnis zwischen Bestimmtheitsgebot und Flexibilitätserfordernis

Ein besonderes Problem bestand für den Gesetzgeber darin, dass nicht alle Situationen, in denen ein Eingreifen der Vollzugsbediensteten bzw. eine Einschränkung eines grundrechtlich geschützten Rechtes erforderlich und geboten erscheint, so vorhersehbar sind, dass sie ausdrücklich als Eingriffs- oder Beschränkungstatbestand aufgeführt werden konnten.

Daher war es erforderlich, neben den auf konkrete Einzelsituationen abgestimmten Beschränkungen die Möglichkeit zu schaffen, auf eine nicht vorhersehbare Situation flexibel reagieren zu können. Andererseits musste jedoch auch dem verfassungsrechtlich gebotenen Bestimmtheitsgrundsatz Rechnung getragen werden.

---

[32] BVerfG – 2BvR 41/71 - = BVerfGE 33, 1

3. Konflikt am Beispiel der Entstehungsgeschichte des § 4 StVollzG

Dass dieses Spannungsverhältnis lange ein Grundproblem und wichtiger Diskussionspunkt bei der Vorbereitung des Strafvollzugsgesetzes war, läßt sich beispielhaft erkennen an der Entstehung des § 4 StVollzG, der die Stellung der Gefangenen behandelt und an der Spitze des gesamten zweiten Abschnitts, der den Ablauf des Vollzugs im einzelnen regelt, steht und auf alle weiteren Regelungen einwirkt. Die Brisanz der Diskussion und den Stellenwert dieser Suche nach dem richtigen „Mittelweg“ wird deutlich, wenn man den Entwurf der Bundesregierung[33] mit der Stellungnahme des Bundesrates [34] vergleicht und anschließend den darauf bezogenen Bericht sowie den Antrag des Sonderausschusses für die Strafrechtsreform betrachtet[35]:

a. Entwurf der Bundesregierung

In der von der Bundesregierung ursprünglich vorgeschlagenen Fassung des § 4 StVollzG stand hinsichtlich der Einschränkungen lediglich: „Er (der Gefangene) unterliegt den in diesem Gesetz vorgesehenen Beschränkungen seiner Freiheit“. [36]

In der Begründung ist ausgeführt: Dieser Satz „stellt klar, dass der Gefangene den in diesem Absatz vorgesehenen Beschränkungen seiner Freiheit unterliegt; weitergehende Beschränkungen dürfen ihm nicht auferlegt werden.“ [37]

Der Gesetzgeber ging dabei davon aus, „dass sich aus der auf den gesamten Entwurf ausstrahlenden Wirkung der §§ 2 - 4 StVollzG ergibt, dass von den im Gesetz enthaltenen Eingriffsermächtigungen nur in dem Umfang Gebrauch gemacht werden darf, wie dies im Interesse des Behandlungsziels und für den Freiheitsentzug geboten ist.“[38]

---

[33] BT-Dr. 7/918 S. 10, 47
[34] BT-Dr. 7/918 S. 109
[35] BT-Dr. 7/3998 S. 6, 7
[36] BT-Dr. 7/918 S. 10
[37] BT-Dr. 7/918 S. 47
[38] BT-Dr. 7/918 S. 47

b. Stellungnahme des Bundesrates

Demgegenüber hat der Bundesrat in seiner Stellungnahme diesen Satz 2 in einen eigenen Absatz gefaßt und ergänzt: „Soweit das Gesetz eine besondere Regelung nicht enthält, dürfen dem Gefangenen die Beschränkungen auferlegt werden, die zur Erreichung des Behandlungsziels oder zur Aufrechterhaltung der Sicherheit oder Ordnung der Anstalt notwendig oder mit dem Freiheitsentzug unvermeidlich verbunden sind."[39]

Als Begründung fügt der Bundesrat das im Entwurf der Bundesregierung nicht ausreichend berücksichtigte Flexibilitätserfordernis an: „Das dem Entwurf zugrundeliegende Enumerationsprinzip der Beschränkungen des Gefangenen reicht für die Praxis nicht aus, es würde zu einer Schematisierung und Lähmung des Vollzuges führen."[40] Daher müssten dem Gefangenen auch weitere, nicht ausdrücklich und konkret aufgeführte Beschränkungen auferlegt werden können, nämlich Einschränkungen aus den im neu gefaßten Absatz 2 genannten Gründen.[41]

c. Bericht des Sonderausschusses für die Strafrechtsreform

Unter Berücksichtigung der Stellungnahme des Bundesrates kam der Sonderausschuss für die Strafrechtsreform (gewissermaßen vermittelnd) zu der Formulierung, die schließlich Eingang ins Strafvollzugsgesetz gefunden hat: „Der Gefangene unterliegt den in diesem Gesetz vorgesehenen Beschränkungen seiner Freiheit. Soweit das Gesetz eine besondere Regelung nicht enthält, dürfen ihm nur Beschränkungen auferlegt werden, die zur Aufrechterhaltung der Sicherheit oder zur Abwendung einer schwerwiegenden Störung der Ordnung der Anstalt unerlässlich sind."[42]

In der Begründung wird betont, dass mit der Änderung des Absatz 2 eine Durchbrechung des Grundsatzes erfolgt, der von der Bundesregierung in ihrem Entwurf noch als entscheidend angesehen worden ist, dass nämlich dem

---

[39] BT-Dr. 7/918 S. 109
[40] BT-Dr. 7/918 S. 109
[41] vgl. dazu BT-Dr. 7/918 S. 109
[42] BT-Dr. 7/3998 S. 57

Gefangenen nur die in dem Gesetz abschließend aufgezählten Freiheitsbeschränkungen auferlegt werden dürften.[43]

Aufgrund der Bedenken des Bundesrates war der Ausschuss zu dem Schluß gelangt, dass eine größere Flexibilität erforderlich sei, um auch auf unvorhergesehene, in der Schwere und Bedeutung mit den aufgezählten Einzelfällen vergleichbaren Situationen reagieren zu können.[44]

So begründet der Ausschuss seine Fassung damit, dass nun eine Regelung getroffen sei, "die einerseits gegenüber dem Regierungsentwurf flexibler" sei, andererseits aber „dem verfassungsrechtlichen Bestimmtheitsgebot besser Rechnung" trage als der Vorschlag des Bundesrats: Soweit das Gesetz eine besondere Regelung enthalte, bleibe es dabei, dass dem Gefangenen zusätzliche Beschränkungen nicht auferlegt werden dürften. (...) Nur soweit eine besondere Regelung nicht getroffen sei, dürften dem Gefangenen solche Beschränkungen auferlegt werden, die zur Aufrechterhaltung der Sicherheit oder zur Abwendung einer schwerwiegenden Störung der Ordnung unerlässlich seien.[45]

Hier wird der ultima-ratio-Charakter, den dieses in Frage stehende Begriffspaar der Sicherheit und Ordnung haben soll, am Schluß der Begründung des Sonderausschusses klar gefasst: „Selbst unter einem der beiden genannten Gesichtspunkte (Sicherheit oder Ordnung) sind sie (die Beschränkungen) nur (dann) zulässig, wenn eine andere Möglichkeit, die Anstaltssicherheit aufrechtzuerhalten oder eine schwerwiegende Störung der Anstaltsordnung abzuwenden nicht zur Verfügung steht."[46]

[43] BT-Dr. 7/3998 S. 6
[44] BT-Dr. 7/3998 S. 6
[45] BT-Dr. 7/3998 S. 7
[46] BT-Dr. 7/3998 S. 7

VII. Zusammenfassende Bewertung

1. Bedeutung von Sicherheit und Ordnung im Sozialisationsvollzug

Die Verwirklichung dieser Grundsätze hat erhebliche Auswirkung auf den Stellenwert von Sicherheit und Ordnung.

So hat die Eingriffsmöglichkeit aus Gründen der Sicherheit oder Ordnung parallel zu dem langen Entstehungszeitraum des heute geltende Strafvollzugsgesetzes eine entsprechende Entwicklungsgeschichte, in deren Verlauf je nach der in der aktuellen Gesellschaftsform gültigen Auffassung hinsichtlich des Sinns und Zwecks und vor allem des Ziels des Strafvollzuges auch die Bedeutung des Begriffspaares „Sicherheit und Ordnung" sich wandelte.

Heute kommt der Eingriffsmöglichkeit aus Gründen der Sicherheit oder Ordnung – im Gegensatz zu den Gegebenheiten im früheren Verwahrungsvollzug - nicht mehr die zentrale Funktion zu. Die Bedeutung dieses Begriffspaares misst sich vielmehr am heute herrschenden Vollzugsziel „Resozialisierung".

2. Abstufungen nach Eingriffsintensität und gefährdetem Rechtsgut

Danach lassen sich die auf „Sicherheit oder Ordnung" gestützten Beschränkungsmöglichkeiten bzw. Vorbehaltsklauseln heute im Sozialisationsvollzug in drei Stufen untergliedern[47]. Im Verhältnis zur Bedeutung des Eingriffs bzw. der Grundrechtsbeschränkung oder aber zur Schwere des möglicherweise eintretenden Schadens steigen die Voraussetzungen, unter denen eine Anordnung oder Maßnahme überhaupt auf Bedenken aus Gründen der Sicherheit oder Ordnung zulässig gestützt werden können.

---

[47] vgl. zum Folgenden auch Brühl, AK-StrVollzG, Vor § 81 RN 11

a. 1. Stufe

Auf der 1. Stufe, d.h. wenn im Verhältnis „drohender Schaden / Grundrechtsbeschränkung“ das Gewicht bei ersterem liegt, sind „Gründe der Sicherheit oder Ordnung“ bzw. eine „Gefährdung der Sicherheit oder Ordnung“ ausreichend, um zulässigerweise eine einschränkende Maßnahme anordnen bzw. ergreifen zu können. Es müssen dafür aber zumindest so spezifische Anhaltspunkte vorhanden sein, dass begründet werden kann, welche konkrete Gefahr für Sicherheit oder Ordnung abgewendet werden soll.

b. 2. Stufe

Die zweite, in ihren Voraussetzungen strengere Stufe verlangt, dass die erforderliche Abwägung zu dem Ergebnis führt, dass die „Wahrung der Sicherheit oder Ordnung“ oder „das Erfordernis der Sicherheit oder Ordnung“ die Anordnung zwingend gebietet.

c. 3. Stufe

In einer dritten Stufe schließlich sind „erhebliche Gefährdungen der Sicherheit oder Ordnung“, „überwiegende Gründe der Sicherheit oder Ordnung“, „eine erhebliche Störung der Anstaltsordnung“ bzw. „unerlässliche Maßnahmen zur Aufrechterhaltung der Sicherheit oder zur Abwendung einer schwerwiegenden Störung der Ordnung der Anstalt“ gefordert, um Eingriffe und Beschränkungen rechtfertigen zu können.

Die Voraussetzungen, unter denen eine Maßnahme unerlässlich ist, sind strenger als die, die eine Maßnahme *erforderlich* oder *notwendig* machen. Das Bundesverfassungsgericht[48] führt dazu aus, dass lediglich solche grundrechtsbeschränkenden Maßnahmen unerlässlich seien, „ohne die der Strafvollzug als Institution zusammenbrechen würde“, und dass eine Störung oder Gefährdung erheblich ist, wenn durch sie der Zweck des Strafvollzugs (vor al-

---

[48] BVerfGE 40, 276, 284 im Anschluss an BVerfGE 33, 1, 13, außerdem Schwind / Böhm 68,12

lem) das Bemühen um die Wiedereingliederung des Gefangenen in die Gesellschaft ernsthaft gefährdet würde."[49]

3. Zielrichtung der einschränkenden Anordnungen und Maßnahmen

Es sind mannigfaltige Maßnahmen, die bei Gefahren für Sicherheit oder Ordnung ergriffen werden können, denkbar bzw. möglich, doch müssen in einem auf Resozialisierung und Behandlung ausgerichteten Vollzug stets pädagogisch sinnvolle Maßnahmen im Vordergrund stehen, die nicht bzw. nur soweit erforderlich und geboten die Rechtsstellung des Gefangenen tangieren[50].

Anders formuliert heißt dies, dass Vollzugsmaßnahmen, die nach dieser gesetzlichen Intention der Behandlung ergriffen und durchgeführt werden, in der Regel den „Nebeneffekt" haben, sich positiv auf Sicherheit oder Ordnung auszuwirken[51]. Maßnahmen, die auf eine Gefährdung von Sicherheit oder Ordnung gestützt werden, dürfen aber keinesfalls Anordnungen, die sich auf den Behandlungs- oder Sozialisationsaspekt beziehen, mit der Begründung vorgezogen werden, dass sie überhaupt erst eine „Beaufsichtigung und Kontrolle der Gefangenen eine Behandlung ermöglichen"[52].

4. Reform allein durch (Neu-) Fassung eines entsprechenden Gesetzes?

Freilich läßt sich durch Wort- bzw. Begriffsinterpretationen und sozialwissenschaftliche Erkenntnisse allein der Strafvollzug nicht wirklich, also auch im tat-

[49] Achtung: Zitat wurde zur Sinnkorrektur entsprechend abgeändert; es wurden die *Worte „eine Störung oder Gefährdung ist erheblich, wenn"* bzw. ergänzt. Denn im Originaltext der Bundesverfassungsgerichtsentscheidung steht sinnentstellt: eine Maßnahme ist dann unerlässlich, „ ohne die der Strafvollzug als Institution zusammenbrechen würde *oder durch die der Zweck des Strafvollzuges ernsthaft gefährdet würde."*

[50] Koepsel, 10 Jahre Strafvollzug, S. 58; BVerfG 30, 336, 359

[51] so Calliess, Strafvollzugsrecht, S.160 f

[52] Brühl, AK-StrVollzG, Vor § 81 RN 12;

sächlichen Vollzugsalltag, reformieren. *Calliess* formuliert dies plakativ mit dem Satz: „die Entscheidung fällt an der Front"[53].

Mit anderen Worten gesagt bedeutet dies, dass die Reform nicht allein dadurch bereits erfolgreich vollzogen wird, dass neue Vollzugsziele und entsprechend eingeschränkte bzw. abgeänderte Eingriffsermächtigungen normiert werden. Im Prinzip entscheidet die Praxis, ob das Gesetz und die dahinterstehenden und in der Begründung verdeutlichten Absichten nur leere Worthülsen bleiben.

Inwieweit eine Reform also wirklich stattfindet bzw. inwieweit sich Rechtsänderungen wirklich durchsetzten, inwieweit sie praktiziert und „gelebt" werden, entscheidet sich in einem nicht unerheblichen Umfang durch den Gefängnisalltag, durch Organisation und Ablauf des Vollzuges, durch Anordnungen und Maßstäbe der Anstaltsleitung und vor allem auch durch Haltung, Einstellung und Verhalten der Vollzugsbediensteten sowie schließlich durch die Rechtsprechung.

In welchem Umfang die Wirklichkeit im Gefängnisalltag den oben ausgeführten Idealvorstellungen des Gesetzgebers bei Erlaß (1976) und Inkrafttreten des Gesetzes (1977) in den vergangenen 25 Jahren entspricht, inwieweit die Vollzugspraxis diesen Vorstellungen gerecht wird oder ob sie ihr nicht stellenweise sogar widerspricht, dies näher zu untersuchen und zu beleuchten soll Ziel der sich folgenden Ausführungen sein.

[53] Calliess, Strafvollzug, Institution im Wandel, S. 34

VIII. Aufgabenstellung und Aufbau der Arbeit

Die vorliegende Untersuchung soll anhand einer Gegenüberstellung des vom Gesetzgeber gewünschten Idealzustands („Soll"-Zustand) und einzelner Gerichtsentscheidungen zu Streitfällen aus dem Gefängnisalltag („Ist"-Zustand) erfolgen.

Der sich anschließende Hauptteil ist zunächst unterteilt nach den einzelnen Abschnitten des Gesetzbuches, in denen das Begriffspaar „Sicherheit und Ordnung" eine Rolle spielt. Innerhalb dieser Abschnitte gliedert sich die Arbeit der Aufgabenstellung gemäß einerseits nach Entstehungsgeschichte, ursprünglicher Intention des Gesetzgebers sowie der entsprechenden Literaturmeinung zu den einzelnen Vorschriften. Anschließend an diese Ausführungen werden einzelne gerichtlich entschiedene Streitfälle aus der Vollzugspraxis angefügt bzw. diesen gegenübergestellt.

Der Vergleich der beiden Aspekte soll am Schluss der Arbeit aufzeigen, ob die Reform geglückt ist, man sich auf dem Weg dahin befindet, oder ob die Diskrepanz zwischen Soll- und Istzustand so groß ist, dass eine Reaktion (des Gesetzgebers) darauf unverzichtbar erscheint.

Daran müsste sich dann die weitere Frage anschließen, wie eine solche Reaktion auszusehen hätte bzw. von wem sie erfolgen müsste.

So wäre es zum Beispiel denkbar, dass der Gesetzgeber ein neues oder zumindest novelliertes Gesetz erlassen müsste in der Erkenntnis, dass sich seine ursprünglichen Vorstellungen als nicht alltagstauglich erwiesen und folglich nicht realisierbar sind.

Die Analyse könnte auch zu dem Ergebnis führen, dass das Gesetz an sich gut und brauchbar ist, die Rahmenbedingungen des Vollzugs dem aber nicht Rechnung tragen können.

Teil 2: Hauptteil

A. Unterbringung und Ernährung

I. Bedeutung und Regelungsaufgabe des dritten Titels des Strafvollzugsgesetzes

Der *dritte Titel* des Strafvollzugsgesetzes (§§ 17-22 StVollzG) regelt „Unterbringung und Ernährung" des Gefangenen. Er enthält die Bestimmungen, die im Hinblick auf Unterbringung, Bekleidung und Ernährung wesentlich den Rahmen die Lebensbedingungen des Inhaftierten bestimmen.

Zur Intention der Regelungen dieses Titels führt die Bundesregierung in der Begründung ihres Gesetzesentwurfes[54] aus, dass in diesem die Befriedigung des grundlegenden Bedarfs umfassenden Bereich Gesichtspunkte der resozialisierenden Behandlung nicht allein entscheidend sein könnten. Vielmehr wolle das Strafvollzugsgesetz hier eine ausreichende Versorgung gewährleisten, die Voraussetzung jeglicher Behandlung sei. So suche der Entwurf (auch) in erster Linie den Gedanken zu verwirklichen, „die Lebensverhältnisse in der Anstalt nicht weiter als notwendig von den Verhältnissen außerhalb der Anstalt zu entfernen".[55]

Im Rahmen dieses Behandlungs- oder Sozialisationsvollzuges hat sich der Bereich der „Grundversorgung" weit vom früher praktizierten Vollzugsalltag entfernt, in dem stellenweise „die Ernährung der Gefangenen dazu benutzt wurde, um die Gefangenschaft besonders zu verschärfen"[56], in der mit anderen Worten zum Teil die „Ernährung als Qualmittel"[57] verstanden und eingesetzt worden ist und in dem darüber hinaus unter Betonung auf die „erforderliche Sicherheit" größten Wert auf gut sichtbare und auffällige (damit aber auch gegebenenfalls diskriminierende und entwürdigende) Sträflingskleidung sowie auf gut überblick- und durchsuchbare Zellen gelegt wurde.

---

[54] BT-Dr. 7/918 S. 55
[55] BT-Dr. 7/918 S. 55
[56] Berger, Die konstante Repression, S. 100
[57] Berger, Die konstante Repression, S. 100

Dagegen soll der Vollzug heute auch und gerade im Hinblick auf diese „Grundbedürfnisse" möglichst weit dem Leben in Freiheit angeglichen sein und damit der Erreichung des Vollzugszieles der (Re-)Sozialisierung (§§ 2, 3 StVollzG) dienen.

Es muss natürlich gesehen werden, dass dies unter den Besonderheiten, die der Freiheitsentzug und die Organisation des Lebens in Haft unumgänglich mit sich bringen, nur bedingt möglich ist.

Daher kann auch die Ausrichtung als Behandlungsvollzug nicht darüber hinwegtäuschen, dass manche Eigenschaften und die sich daraus ergebenden Risiken und Gefahren einer solchen „totalen Institution"[58], wie sie die Haftanstalt darstellt, regelrecht „anhaften" und fast „systemimmanent" sind. Das bedeutet, dass manche Probleme bzw. die daraus resultierenden Bedingungen auch durch die Veränderungen, die der Strafvollzug im Lauf der Geschichte erfahren hat, nach wie vor (und z.T. unverändert) fortbestehen.

So hat auch unter dem Gedanken des Behandlungsvollzugs und dem geltenden Strafvollzugsgesetz grundsätzlich weiter seine Berechtigung, was *Goffmann* 1972 zu den Gefahren einer in sich geschlossenen Anstalt geschrieben hat: „In erster Linie unterbinden oder entwerten totale Institutionen gerade die Handlungen, die in der bürgerlichen Gesellschaft die Funktion haben, dem Handelnden und seiner Umgebung zu bestätigen, dass er seine Welt einigermaßen unter Kontrolle hat, dass er ein Mensch mit Selbstbestimmung, Autonomie und Handlungsfähigkeit eines Erwachsenen ist."[59]

Das heißt mit anderen Worten, dass die für die Organisation des Freiheitsentzuges notwendigen Regelungen einer freiverantwortlichen und selbständig organisierten und bewerkstelligten Ordnung und Lebensführung zuwiderlaufen und entgegenstehen.

Gerade im Bereich der Grundversorgung – die im „normalen" gesellschaftlichen Leben in Freiheit den Mittelpunkt bzw. Kern der privaten Lebensführung darstellt – ist das Leben in der Haftanstalt nach wie vor vom Prinzip der Fremdbestimmung und Fremdversorgung (zumindest mit-) geprägt (so z.B. Größe, Grundausstattung der Zelle, Weck-, Arbeits- und Essenszeiten, Wäsche- und Kleidungswechsel usw.).

---

[58] vgl. dazu Kellermann, AK-StrVollzG, Vor 17 RN 2
[59] Goffmann, Asyle, S. 49ff

Die daraus resultierende Gefahr für die Zielrichtung „Behandlung im Vollzug" hat *Reinke* bereits 1977 auf den Punkt gebracht: „Der Gefangene muss sich der Organisationsform des Freiheitsentzuges anpassen, ohne durch Selbstwertverlust apathisch zu werden, um damit am Ende den Anstaltsbetrieb aufzuhalten, weil er sich nicht einmal mehr anpassen kann. (Weiter) muss er zusehen, wie er diese Verhaltensweise (dann wieder) ablegt, wenn die Institution ihn entlässt und plötzlich Autonomie und Durchsetzungsvermögen von ihm gefordert werden."[60]

Aus diesem Grund ist auf einschränkende Maßnahmen nur dann zurückzugreifen, wenn es die Besonderheit des Freiheitsentzuges bzw. des Lebens in einer Haftanstalt unumgänglich fordert. Dem entspricht, dass von der Vorbehaltsklausel der Gefährdung von Sicherheit oder Ordnung auch hier nur zurückhaltend Gebrauch gemacht werden soll bzw. darf.

II. Die Einschränkungen „aus Gründen der Sicherheit oder Ordnung" im Überblick

Ausdrücklich genannt und geregelt sind Einschränkungen bzw. Eingriffsmöglichkeiten unter dem Gesichtspunkt der Sicherheit oder Ordnung in diesem Titel in § 17 Abs. 3 Ziff. 3, § 19 Abs. 2 sowie § 22 Abs. 2 StVollzG.

- So kann unter dem Gesichtspunkt der Sicherheit oder Ordnung die grundsätzlich gemeinschaftliche Unterbringung während der Arbeitszeit und der Freizeit eingeschränkt werden (§ 17 Abs. 3 Ziff. 3 StVollzG).
- Bei einer Gefährdung der Sicherheit oder Ordnung der Anstalt dürfen bei der Ausstattung des Haftraums nach den Vorstellungen des Gefangenen und mit seinem persönlichen Besitz die entsprechenden die Gefahr verursachenden Vorkehrungen und Gegenstände ausgeschlossen werden (§ 19 Abs. 2 StVollzG).

[60] Reinke, Leiden schützt vor Strafe nicht, S. 33

- Außerdem können unter dem Blickwinkel der Gefährdung der Sicherheit oder Ordnung der Anstalt einzelne Gegenstände vom grundsätzlich aus dem Haus- oder Taschengeld möglichen Einkauf ausgeschlossen werden (§ 22 Abs. 2 StVollzG).

III. § 17 StVollzG [Unterbringung während der Arbeit und Freizeit]

1. Regelungsinhalt und Entstehungsgeschichte

§ 17 StVollzG regelt die Unterbringung der Gefangenen während der Arbeit und Freizeit. Grundsätzlich erfolgt die Unterbringung während dieser Zeiten gemeinschaftlich (vgl. Abs. 1 und 2). In Absatz 3 sind die Voraussetzungen geregelt, unter denen in bestimmten Einzelfällen vom Grundsatz der gemeinsamen Unterbringung abgesehen werden kann.

So ist eine Einschränkung der gemeinschaftlichen Unterbringung während der Arbeits- und Freizeit nur dann zulässig, solange von einem Gefangenen ein schädlicher Einfluß auf Mitgefangene zu befürchten ist, wenn die Behandlungsuntersuchung nach § 6 StVollzG stattfindet, wenn der Gefangene selbst zustimmt oder wenn es Sicherheit oder Ordnung der Anstalt erfordern.

Im Gesetzesentwurf der Bundesregierung[61] war diese Einschränkung des Grundsatzes der gemeinschaftlichen Unterbringung unter dem Blickwinkel der Aufrechterhaltung von Sicherheit oder Ordnung nicht ausdrücklich geregelt worden.

Dieser Gesichtspunkt erscheint hinsichtlich der Bestimmung zur Unterbringung des Gefangenen (§ 17 StVollzG) erstmals in der Stellungnahme des Bundesrates[62] zum Gesetzesentwurf der Bundesregierung, allerdings auch hier nur mit der lapidaren Begründung, dass eine Einschränkung der (grundsätzlich) gemeinsamen Unterbringung „auch (...) zur Aufrechterhaltung der Sicherheit oder Ordnung der Anstalt möglich sein" müsse.

Diese vorgeschlagene Ergänzung zu Absatz 3 der Vorschrift wurde vom Sonderausschuss für die Strafrechtsreform jedoch nicht aufgegriffen[63], da die Ausschussmehrheit darin „eine zu allgemeine Eingriffsbefugnis" sah und „die §§ 76, 77 (heute §§ 88, 89 StVollzG – Sichere Unterbringung, Einzelhaft) als

[61] BT-Dr. 7/918 S. 12
[62] BT-Dr. 7/918 S. 112
[63] BT-Dr. 7/3998 S. 12

den richtigen Ort für die Regelung" dieser Fälle erachtete[64]. Daraufhin rief der Bundesrat am 28.11.1975[65] den Vermittlungsausschuss an, da „die Erscheinungen der jüngsten Zeit es unerlässlich erscheinen (ließen), die gemeinsame Unterbringung während der Arbeit und der Freizeit (...) vorübergehend (auch) aus Gründen der Sicherheit und Ordnung der Anstalt aussetzen zu können (und) § 88 Abs. 3 hierzu keine ausreichende Handhabe (gebe)."[66]

So hat die Einschränkungsmöglichkeit aus Gründen der Sicherheit oder Ordnung erst durch den Vermittlungsausschuss[67] den Weg ins Gesetz gefunden. Die Bedenken des Sonderausschusses waren keinesfalls als abwegig betrachtet worden; man war sich darüber einig, dass aus den vom Bundesrat genannten Gründen eine solche weitere Einschränkungsmöglichkeit zwar eröffnet werden müsse, dass von dieser aber nur äußerst restriktiv Gebrauch gemacht werden dürfe.

2. Bedeutung der Norm

Der Grundsatz der gemeinschaftlichen Unterbringung entspringt der Erkenntnis, dass der Kontakt mit anderen ein Grundbedürfnis des Menschen als sozialem Wesen darstellt. Ohne ausreichenden Kontakt mit seinen Mitmenschen würde der Gefangene sozial verkümmern. Davon abgesehen, dass durch ein Leben in Isolation und ohne Möglichkeit des sozialen Austauschs Aggressionen geweckt, und so unkontrollierte sowie explosionsartige Verhaltensauffälligkeiten kaum verhindert werden können, was in sich dann als Gefahr für Sicherheit oder Ordnung darstellt, widerspräche eine Ausrichtung auf die Einzelunterbringung auch den allgemeinen Vollzugsgrundsätzen bzw. dem Ziel des Sozialisationsvollzugs.

Da eine solche (nicht freiwillig gewählte) isolierte Lebensweise keinesfalls eine Angleichung an die Verhältnisse in Freiheit darstellt, sondern ihnen geradezu widerspricht, ist auf diese Art eine „Wiedereingliederung" nicht zu bewerkstelligen. Neben dem „sozialen Austausch" zur Vermeidung von Isolation und Ver-

---

[64] BT-Dr. 7/3998 S. 13
[65] BR- Dr. 685/75 (in veröff. Materialien) und BT-Dr. 7/4378
[66] BR- Dr. 685/75 S. 8 und BT-Dr. 7/4378 S. 4

einsamung dient dieses der Lebenswirklichkeit in Freiheit so zumindest z.T. entsprechende „Gemeinschaftsleben" aber auch der Erlernung oder Einübung von Konfliktbewältigung und sozial akzeptierter Auseinandersetzung.

3. Meinungsstand in der Literatur zu Auslegung und Anwendung des Gesetzes

Man ist sich darüber einig, dass diese schon im Vorfeld höchst umstrittene Regelung wegen der vom Sonderausschuss[68] befürchteten Gefahren sehr eng und restriktiv ausgelegt und angewandt werden müsse. Auch eröffnen die in § 17 Abs. 3 StVollzG enthaltenen unbestimmten Rechtsbegriffe[69] der Vollzugspraxis nicht ein weites, schwer einschätzbares und kontrollierbares Feld der Eingriffsmöglichkeiten, sondern sind uneingeschränkt gerichtlich nachprüfbar[70].

So reichen etwa eine abstrakte „Gefährlichkeit" und nicht näher konkretisierte „Befürchtungen" nicht aus, um die Ausnahme von der grundsätzlich gemeinschaftlichen Unterbringung zu rechtfertigen; vielmehr ist erforderlich, dass die Gefahr durch konkrete Tatsachen belegt werden kann[71].

Außerdem hat der wegen des in §§ 2 und 3 StVollzG normierten Vollzugsziels hinsichtlich der Einschränkungen geltende ultima-ratio-Grundsatz auch hier seine Gültigkeit. Konkret bedeutet dies, dass die einschränkende Maßnahme „Einzelunterbringung" nur dann erfolgen bzw. nur so lange andauern darf, als sie tatsächlich erforderlich ist. Auch erlaubt § 17 Abs. 3 StVollzG lediglich eine „Einschränkung", d.h. die Intensität der in § 89 StVollzG geregelten Einzelhaft darf nicht erreicht werden[72]. Auch darf diese Beschränkungsmöglichkeit nicht

[67] BT-Dr. 7/4662 S. 4
[68] BT-Dr. 7/3998 S. 12,13
[69] vgl. auch Grunau / Tiesler § 17 RN 4
[70] Kellermann, AK-StrVollzG, § 17 RN 10; Calliess / Müller-Dietz, StrVollzG § 17 RN 5; OLG Frankfurt GA 81, 173; OLG Bremen ZfStrVo 85, 179
[71] vgl. aber OLG Hamburg ZfStrVo 83, 187
[72] Böhm in Schwind / Böhm § 17 RN 5

dazu „missbraucht" werden, die Vorschriften zu den Disziplinarmaßnahmen (§§ 102 ff StVollzG) zu umgehen[73].

Anders formuliert besagt dieses Gebot der restriktiven Anwendung, dass eine Abkehr vom Grundsatz der gemeinschaftlichen Unterbringung während Arbeit und Freizeit lediglich dann in Betracht kommen darf, wenn „die Aufrechterhaltung von Sicherheit oder Ordnung der Anstalt von vornherein der Beschäftigung in Gemeinschaft entgegengestanden hätte"[74] oder wenn aus deren nachträglich eingetretenen zwingenden Gründen i.S.d. Absatz 3 eine Weiterbeschäftigung in Gemeinschaft nicht mehr zu vertreten wäre.[75]

4. konkrete Einzelfälle aus der Praxis

a. Beschluss des OLG Celle vom 23.01.1985 – 3 Ws 496/84 (StrVollz) -[76]

Den die Voraussetzungen des § 17 Abs.3 StVollzG betreffenden Teil des Beschlusses liegt folgender Sachverhalt zugrunde:

Der Antragsteller war wegen Mordes u.a. zu einer Jugendstrafe von 10 Jahren verurteilt worden, die gem. § 92 Abs. 2 JGG nach den Vorschriften des Strafvollzuges vollstreckt wurde.

Nach einem Fluchtversuch und einer gelungenen Flucht wurde sein Antrag, ihm „Umschluss" zu gewähren, vom Leiter der Vollzugsanstalt und nach dem Widerspruch des Antragstellers auch vom Präsidenten des Justizvollzugsamtes mit der Begründung abgelehnt, dass einerseits das bestehende Sicherheitsbedürfnis der Anstalt entgegenstünde und andererseits dem Antragsteller die Möglichkeit offen stünde, mit den Mitgefangenen während der Freistunde zu kommunizieren. Dass der Antragsteller diese Kommunikationsmöglichkeit in dieser Freistunde dann nicht wahrnehme, sondern sich stattdessen sportlich betätige, sei „Sache des Antragstellers".

---

[73] Calliess / Müller-Dietz, StrVollzG § 17 RN 5
[74] OLG Frankfurt GA 81, 173
[75] Calliess / Müller-Dietz, StrVollzG § 17 RN 5
[76] ZfStrVo 86, 123 f

Die Strafvollstreckungskammer trat dieser Auffassung entgegen und verpflichtete die Vollzugsbehörde zur Gewährung des Umschlusses.

Denn zur Aufrechterhaltung des seelischen Gleichgewichts bei einer so langen Verbüßungszeit und der Vielzahl von besonderen Sicherungsmaßnahmen sei (zumindest) eine Mindestmaß an Kommunikation erforderlich.

Der Umstand, dass der Antragsteller die Freistunde zu sportlicher Betätigung und nicht zur Kommunikation nutze, könne ihm in dieser Form nicht vorgeworfen werden.

Das OLG gab der daraufhin vom Präsidenten des Justizvollzugsamtes eingelegten Rechtsbeschwerde statt.

Es vertrat die Auffassung, dass die Justizverwaltung den Umschluss zu Recht versagt hatte, da hier ein Fall des § 17 Abs. 3 StVollzG vorliege, nach dem die gemeinschaftliche Unterbringung während der Arbeits- und Freizeit eingeschränkt werden könne, wenn es die Sicherheit oder Ordnung der Anstalt erfordere.

Der Antragsteller habe durch seinen Ausbruchsversuch und den vollendeten Ausbruch die Sicherheit oder Ordnung der Anstalt empfindlich gestört.

Die Ermessensentscheidung der Justizvollzugsverwaltung zur Frage des Umschlusses habe von der Strafvollstreckungskammer nur auf Ermessensfehler überprüft werden dürfen, die nach Ansicht des OLG jedoch nicht vorlagen.

Hier hat die Justizvollzugsverwaltung den Rahmen des § 17 Abs. 3 StVollzG offensichtlich zu weit ausgelegt.

Unter Berücksichtigung der hohen Bedeutung der Kommunikation zwischen den Gefangenen gerade auch bei Verbüßung einer solch hohen Freiheitsstrafe darf eine Einschränkung nach dem gesetzgeberischen Willen nur erfolgen, wenn die Maßnahme „erforderlich“[77] ist zur Wahrung von Sicherheit oder Ordnung der Anstalt, d.h. dass hier zwar „Gründe der Sicherheit oder Ordnung“ vorliegen mögen, dass eine entsprechende Maßnahme aber „zwingend geboten“ sein müßte. Das wäre der Fall, wenn durch die Maßnahme die Gefahr zumindest deutlich verringert oder sogar verhindert werden könnte.

---

[77] 2. Stufe, vgl. Einleitung VII 2 b, S. 24

Eine solch einschneidende Maßnahme ist mit anderen Worten vom gesetzgeberischen Willen nur dann gedeckt, wenn auch eine entsprechende „Wirkung" damit erzielt wird oder voraussichtlich zu erzielen ist. Dies muss hier angezweifelt werden.

Der Umschluss allein kann die durch den Gefangenen begründete Gefahr allenfalls geringfügig verringern. Wollte er erneut Fluchtgedanken in die Tat umsetzen, so hätte er trotz des versagten Umschlusses während der Arbeitszeit oder der Freistunde die Möglichkeit, außerhalb der Zelle zu agieren oder sich mit gleichgesinnten Mitgefangenen auszutauschen.

Lediglich die Zeitspanne, in der dieser Gefangene verstärkte Beobachtung benötigte, wäre dadurch verringert. Das Argument des Arbeitsaufwandes oder der Personalüberlastung rechtfertigt eine einschränkende Maßnahme hinsichtlich der grundsätzlich gemeinschaftlichen Unterbringung jedenfalls nicht.

Auch der Hinweis, dass der Antragsteller die Freistunde statt zur Kommunikation zum Sport nutzt, hat keine Auswirkung auf die Fehlerhaftigkeit der Einschätzung der Justizvollzugsbehörde. Auch der Sport ist ein wichtiges Element zur Integration des Gefangenen und dient dem Aggressionsabbau; er sollte kein „aliud" darstellen, sondern neben der Kommunikation der Gefangenen untereinander existieren können.

Selbst dann, wenn man die Maßnahme an sich für geeignet erachten würde, käme man bei der Prüfung der Verhältnismäßigkeit zu dem Ergebnis, dass die Maßnahme bei Abwägung aller Belange und unter Berücksichtigung der vom Gefangenen ausgehenden Gefahrenintensität zu dem Ergebnis, dass die Maßnahme, den Gefangenen gänzlich vom Umschluss auszuschließen, mit den Intentionen des Sozialisationsvollzuges (und damit des Gesetzgebers) nicht in Einklang zu bringen ist.

Zu einer anderen Beurteilung könnte man erst dann kommen, wenn weitere Faktoren hinzuträten, wenn z.B. bei den Ausbruchsversuchen ein erhöhte Gewaltbereitschaft gezeigt worden ist, wie dies in einer Entscheidung des LG Stuttgart vom 18.01.1990[78] der Fall war.

---

[78] Beschluss des LG Stuttgart vom 18.01.1990 – StVK 412/89 –, abgedruckt in ZfStrVo 90, 304

Die hier vorliegende Fluchtgefahr stellt durchaus auch eine Gefährdung für Sicherheit oder Ordnung in dem Maße dar, dass eine Maßnahme nach § 17 Abs. 3 StVollzG gerechtfertigt ist. Hier traten neben die Tatsache des Fluchtversuches noch andere Umstände hinzu, wie z.B. mehrfache (im dargestellten Fall zweimalige) Flucht bei Ausführungen sowie Begehung erheblicher Straftaten unter Einsatz von Schusswaffen.

Nach zutreffender Ansicht ist eine einschränkende Maßnahme unter Berufung auf § 17 Abs. 3 StVollzG, ein Ausschluss vom für den Gefangenen so wichtigen Umschluss, lediglich in solchen Fällen gerechtfertigt und vom Willen des Gesetzgebers gedeckt, in denen der Beteiligte bereits wiederholt gefährdend auffällig geworden war. Mehrfache Flucht unter begleitender Begehung von Straftaten und vor allem der Einsatz von Schusswaffen beweisen konkret das Vorliegen einer Gefährdung von Sicherheit oder Ordnung bzw. stellen eine solche dar.

b. Beschluss des PfzOLG Zweibrücken vom 03.09.1993 – 1 Ws 375 und 379/93 (Vollz) – [79]

Ein u.a. wegen Vergehens gegen das Betäubungsmittelgesetz verurteilter Gefangener hatte im Frühjahr 1992 versucht, bei der Rückkehr aus dem Urlaub Rauschgift in die Anstalt zu schmuggeln. Im Herbst 1992 geriet er in den Verdacht, mit anderen Gefangenen erneut Rauschgift in die Anstalt einzubringen, was er jedoch stets bestritten hatte. Das eingeleitete Ermittlungsverfahren ist von der Staatsanwaltschaft nach § 170 StPO eingestellt worden, weil zwei Zeugen von ihrem Auskunftsverweigerungsrecht nach § 55 StPO Gebrauch gemacht hatten.

Bereits im September 1992 wurde gem. § 17 Abs.3 Nr. 1 und 3 StVollzG angeordnet, dass der Gefangene während der Arbeitszeit von der gemeinschaftlichen Unterbringung mit anderen Gefangenen ausgeschlossen werde.

Dieser Ausschluss sei, so die Vollzugsbehörde, wegen eines „begründeten Verdachts“ angeordnet worden, der auch nach der Einstellung des Ermitt-

[79] NStZ 94 , 102 f

lungsverfahrens durch die Staatsanwaltschaft fortbestehe, da die Einstellung nicht als Nachweis der Unschuld gewertet werden könne.

Nach einer im März 1993 abgegebenen Urinprobe mit positivem Befund habe festgestanden, dass der Gefangene Rauschgift konsumiert habe. Daher habe es einen neuen Grund gegeben, die getrennte Unterbringung während der Arbeitszeit anzuordnen, was durch eine Verfügung des Vollzugsabteilungsleiters geschehen war. Allerdings war die fortdauernde Beschränkung der gemeinschaftlichen Unterbringung während der Arbeitszeit allein mit dem trotz Verfahrenseinstellung durch die Staatsanwaltschaft fortdauernden Verdacht des Rauschgifthandels im Herbst 1992 begründet worden.

Das PfzOLG bestätigte die Auffassung der Vollzugsbehörde und führte aus, dass eine Einschränkung der gemeinschaftlichen Unterbringung während der Arbeitszeit nach § 17 Abs. 3 Nr. (1 und) 3 StVollzG zulässig sei, wenn der *begründete* Verdacht bestehe, dass ein Gefangener (auf Mitgefangene einen schädlichen Einfluss ausübe oder) Sicherheit oder Ordnung der Anstalt gefährde. Zur Rechtmäßigkeit einer solchen Anordnung sei weder erforderlich, dass sich der Verdacht bestätige oder erweisen ließe, noch setze sie Verschulden des Gefangenen voraus.

Die im März 1993 erneut angeordnete Maßnahme nach § 17 Abs. 3 StVollzG jedenfalls beruhte nicht auf einem „verschuldeten Verdacht", denn das wäre nur dann der Fall, wenn feststünde, so das Gericht, dass sie bei negativem Ergebnis der Urinprobe im März 1993 aufgehoben worden wäre. Hätte die Vollzugsbehörde die wegen des unverschuldeten Verdachts im Herbst 1992 angeordnete Maßnahme auch dann nicht aufgehoben, wenn die im März 1993 abgegebene Urinprobe negativ gewesen wäre, so hätte das positive Ergebnis auf die Maßnahme keinen Einfluss gehabt.

Das Gericht vertritt hier die Meinung, dass „gerade wegen der Notwendigkeit, Einbringen, Besitz und Gebrauch von Drogen zu verhindern, (...) vorbeugende Maßnahmen, wie die Einschränkungen nach § 17 Abs. 3 StVollzG auch schon (dann) zulässig" seien, wenn bei „insoweit als gefährlich bekannten" Gefangenen – etwa infolge von nicht sofort überprüfbaren Angaben anderer Gefangener – ein „nicht gerade offenbar abwegiger Verdacht" entstünde.

Die im Herbst 1992 (d.h. vor der Urinprobe) von der Vollzugsanstalt angeordnete Maßnahme nach § 17 Abs. 3 StVollzG sei daher vertretbar gewesen (entsprechendes gelte demgemäß für die im März erfolgte Anordnung).

Daran ändere die Einstellung des Ermittlungsverfahrens durch die Staatsanwaltschaft nach § 170 StPO nichts, da die Anstalt unter den gegebenen Umständen von einem Fortbestehen des Verdachts ausgehen durfte, auch wenn der Verdacht der Ordnungsgefährdung, der zu der Maßnahme nach § 17 Abs. 3 StVollzG geführt hatte, nicht auf einem nachweisbaren Verschulden des Gefangenen beruht hatte.

Meiner Meinung nach sind die beiden Verfügungen getrennt zu betrachten, denn die Verfügung vom Herbst 1992 stützte sich lediglich auf einen Verdacht; das eingeleitete Ermittlungsverfahren war nach § 170 StPO eingestellt worden, weil sich die Zeugen auf ihr Auskunftsverweigerungsrecht berufen hatten. Der Verdacht konnte auch nicht durch zusätzliche Tatsachen belegt werden.

Genau das wäre aber bei Beachtung der vom Gesetzgeber gewünschten restriktiven Anwendung der einschränkenden Maßnahme erforderlich gewesen.

Die rein „abstrakte Gefährlichkeit" eines Gefangenen – und hier spricht die Verurteilung u.a. wegen Verstosses gegen das Betäubungsmittelgesetz tatsächlich für eine gewisse „Vorbelastung" des Gefangenen – reicht jedenfalls nicht aus.[80]

So legen Vollzugsbehörde und Gericht die Voraussetzungen des § 17 Abs. 3 Nr. 3 StVollzG zu weit aus. In der Begründung dieser Entscheidung führt das PfzOLG zunächst aus, dass eine Maßnahme nach § 17 Abs. .3 StVollzG dann gerechtfertigt sei, wenn ein „begründeter" Verdacht für eine Gefährdung der Sicherheit oder Ordnung der Anstalt durch den Gefangenen bestehe, um später auf den Fall bezogen dann zu argumentieren, dass es ausreiche, wenn bei einem „insoweit als gefährlich geltenden" Gefangenen ein Verdacht „nicht offenbar abwegig" wäre.

Doch wird eine Vielzahl der Gefangenen „insoweit als vorbelastet" anzusehen sein, bei nur wenigen wäre ein Verdacht dementsprechend „offenbar abwegig".

Da auch die dahinterstehende Gefahr – Einbringung und Konsum von Drogen – keine solch weite Anwendung rechtfertigt (anders vielleicht bei Schußwaffen und der Gefahr der Geiselnahme - bei großem drohenden Schaden können gegebenenfalls weniger konkrete Verdachtsmomente ausreichen, zum Beispiel bei einer bekannt terroristischen Gewalttäterin[81]), ist es meiner Meinung nach nicht gerechtfertigt, eine in dem Maß belastende Maßnahme wie die Anordnung der getrennten Unterbringung, die dem Grundbedürfnis des Menschen nach Kommunikation und zumindest einem Mindestmaß an Sozialleben widerspricht, unter so relativ weit angelegten Voraussetzungen zuzulassen.

---

[80] Vgl. oben Hauptteil 2 A III 3, S. 35
[81] Beschluss des OLG Frankfurt vom 21.01.1980 – 3 Ws 1084/79 (StVollz) = NStZ 81, 214

Anders verhält es sich mit der Verfügung vom März 1993. Auch wenn diese lediglich mit dem Verdacht vom Herbst 1992 begründet wurde, wurde diese Vermutung zumindest hinsichtlich des Konsums doch nun durch die Urinprobe mit positivem Befund bestätigt.

Damit wurde der Verdacht konkretisiert, es gibt Tatsachen, auf die er gestützt werden kann, so dass damit einschränkenden Maßnahmen aus Gründen der Sicherheit oder Ordnung nicht „Tür und Tor geöffnet" ist, sondern ein Einzelfall mit bestimmten, konkreten Umständen und Tatsachen vorliegt, die eine Anordnung nach § 17 Abs. 3 StVollzG rechtfertigen.

IV. § 19 StVollzG [Ausstattung des Haftraums durch den Gefangenen und sein persönlicher Besitz]

1. Regelungsinhalt und Entstehungsgeschichte

§ 19 StVollzG regelt die Ausstattung des Haftraums durch den Gefangenen und seinen persönlichen Besitz. Grundsätzlich darf danach der Gefangene seinen Haftraum in angemessenem Umfang mit seinen persönlichen Dingen ausstatten. In Absatz 2 ist die Ausnahme geregelt, nach der die Gegenstände und Vorkehrungen ausgeschlossen werden können, die die Übersichtlichkeit des Haftraums behindern oder in anderer Weise Sicherheit oder Ordnung der Anstalt gefährden.

Die Einschränkungsmöglichkeit aus Gründen der Sicherheit oder Ordnung war bereits im Entwurf der Bundesregierung[82] enthalten. Aus der Tatsache, dass in den Entwurfsgrundzügen hierzu lediglich ausgeführt ist, dass die Vollzugsbehörde bei der Zulassung der persönlichen Haftraumausstattung „Sicherheit und Ordnung der Anstalt nach Absatz 2 gewährleisten kann", läßt sich erkennen, dass die Einführung einer solchen Einschränkungsmöglichkeit unumstritten war. Weder Bundesrat noch Sonderausschuss nahmen nochmals explizit zu diesem Punkt Stellung; sie beließen es bei dem Vorschlag der Bundesregierung.

2. Bedeutung der Norm

Der Möglichkeit, den Haftraum durch persönliche Dinge individuell zu gestalten, kommt gerade im Sozialisationsvollzug mit seinen Grundsätzen und Zielen (Ermöglichung bzw. Vereinfachung der Wiedereingliederung auch mittels

---

[82] BT-Dr. 7/918 S.12

Angleichung der Lebensverhältnisse an den Alltag in Freiheit) eine nicht unerhebliche Rolle zu.

Bei Fehlen einer Möglichkeit, sich zumindest mit einigen persönlichen Dingen oder Erinnerungsstücken umgeben und so auch seinem persönlichen und individuellen Geschmack etwas Ausdruck verleihen zu können, besteht die Gefahr, dass der Gefangene sich als in der Anonymität untergegangen fühlt, dass er sich als „Nummer in der Masse“ sieht und schließlich auch sein Selbstwertgefühl verliert.

Diese Gefahren sind in einer geschlossenen Institution fast systemimmanent. Ihnen kann nur begegnet werden, wenn man sich ihrer bewußt ist und aktiv gegensteuert. Selbst dann ist oft lediglich eine Schadensbegrenzung möglich; man kann die schädlichen Auswirkungen nur zum Teil verhindern.

3. Meinungsstand in der Literatur zu Auslegung und Anwendung des Gesetzes

Dieses Problem wird in der Strafvollzugslehre unter dem Stichwort der „Prisonisation“ erörtert.[83]

Zuerst erkannt und problematisiert wurden diese Gefahren und Fehlentwicklungen jedoch im Zusammenhang mit der Heimerziehung und –unterbringung allgemein.[84]

Es ist anerkannt, dass es unter mehreren Gesichtspunkten Aufgabe des Strafvollzugsgesetzes ist, dem entgegenzuwirken. Zum einen ist dieser Versuch der Vermeidung oder zumindest Verminderung der schädlichen Nebenwirkungen des Anstaltslebens zur Erreichung des Vollzugsziels nach § 2 StVollzG und unter Beachtung des Gegensteuerungsgrundsatzes gem. § 3 Abs. 2 StVollzG geboten. Weiterhin ist die Möglichkeit, den Haftraum auch persönlich auszugestalten auch Ausfluß des Angleichungsgrundsatzes gem. § 3 Abs. 1

---

[83] Kaiser/Kerner/Schöch § 13 RN 10, 88ff, Weis in Schwind/Blau S. 239, 245

[84] Wyss, Grundprobleme der Anstaltserziehung, Stuttgart, 2.Auflage, 1977, S.47; Swientek, Heimerziehung und Kriminalprävention in Schwind/Berckhauer/Steinhilper (Hrsg.), Präventive Kriminalpolitik, Heidelberg, 1980 S. 265,2 82

StVollzG , da dies den allgemeinen Lebensverhältnissen (der Einrichtung und Gestaltung der eigenen Wohnung vergleichbar) entspricht.[85]

Als praktischer Gesichtspunkt sollte aber auch nicht übersehen werden, dass der Gefangene sich in einem persönlich ausgestalteten Haftraum wohler fühlt und mit eigenen Dingen vermutlich pfleglicher umgeht. In vielen Fällen wird dies dem Gesichtspunkt der Sicherheit oder Ordnung dienlicher sein als sterile Übersichtlichkeit.[86]

4. konkrete Einzelfälle aus der Praxis

a. Beschluss des OLG Koblenz vom 22.10.1979 – 2 Vollz (Ws) 33/79 – [87]

In diesem Fall wollte der Gefangene eine Tagesdecke erwerben, um mit ihr das Bett in seinem Haftraum tagsüber abdecken zu können. Die Vollzugsanstalt hat ihm dieses mit der Begründung verwehrt, dass einem Gefangenen der Besitz eigener Sachen nur in angemessenem Umfang gestattet sei und die Belange der Sicherheit der Vollzugsanstalt ein Abdecken des Bettes nicht zuließen.

Das daraufhin angerufene Landgericht bestätigt diese Auffassung und bringt weiterhin vor, dass die Benutzung einer Tagesdecke schon gehobenem Wohnkomfort zuzurechnen sei, auf den im Strafvollzug kein Anspruch bestehe. Auch erleide der Betroffene durch die Vorenthaltung einer solchen Decke keinen Nachteil.

Das OLG rügt dagegen die mit dieser knappen Begründung seiner Meinung nach nicht gerechtfertigte Versagung auf der Grundlage des § 19 Abs. 2 StVollzG.

Zum einen führe die Strafvollstreckungskammer nicht aus, mit welchen Dingen der Gefangene seinen Haftraum bislang ausgestattet habe, dies zu wissen sei aber erforderlich, um beurteilen zu können, ob der Gefangene mit einem wei-

[85] ZfStrVo 83, 181
[86] Böhm in Schwind / Böhm § 19 RN 7; Böhm, Strafvollzug, 2. Auflage, Frankfurt 1986, S. 120
[87] ZfStrVo SH 79, 85 f

teren Gegenstand, hier der Tagesdecke, den „angemessenen Umfang“ überschreite.

Sowohl aus § 3 Abs. 1 StVollzG als auch § 144 Abs. 1 StVollzG ergebe sich, dass die Hafträume der Gefangenen „wohnlich“ sein sollen.

In Übereinstimmung mit der Auffassung in der Literatur [88] führt das Gericht aus, dass dem Gefangenen durch die Ausgestaltung seines Haftraumes keine über den Freiheitsentzug hinausgehendes Strafübel zugefügt werden solle. Daher kämen als eigene Sachen zur Ausstattung grundsätzlich alle Gegenstände in Betracht, welche der Wohnlichkeit eines Raumes dienen könnte. Allerdings sei der Strafvollstreckungskammer insoweit zuzustimmen, als Gegenstände des „gehobenen Wohnkomforts“ gemeinhin nicht in Betracht kämen.

Die Strafvollstreckungskammer stellt meiner Ansicht nach zu Recht in Zweifel, ob eine Tagesdecke schon dem „gehobenen Wohnkomfort“ zuzurechnen sei. Erfahrungsgemäß seien solche Decken vor allem dort verbreitet, wo Menschen nur einen einzigen Raum zum Wohnen und Schlafen zur Verfügung hätten und das unbedeckte Bett als der Wohnlichkeit des Raumes abträglich empfänden.

Das OLG rügt aber auch das Fehlen weiterer Ausführungen hinsichtlich der Voraussetzungen des § 19 Abs. 2 StVollzG.

Es waren hier nämlich keine näheren Feststellungen getroffen worden, ob eine Tagesdecke in der Art wie der Gefangene sie erwerben wollte, die Übersichtlichkeit des Haftraumes behindern oder die Sicherheit der Anstalt überhaupt gefährden würde.

Aus Gründen der Sicherheit der Anstalt hätten, so das OLG, hier z.B. solche Decken auszuscheiden, die sich von ihrer Beschaffenheit her zum Anlegen von Verstecken anböten, sowie dies etwa bei Steppdecken der Fall sei. Eine bloße Stoffdecke dagegen könne eigentlich nur unter dem Gesichtspunkt zu überprüfen sein, ob durch sie die Übersichtlichkeit des Haftraumes leiden könne, denn das Bett des Gefangenen selbst sei schon für einen Missbrauch als Versteck geeignet, seine Überprüfung sei nicht durch eine äußere Besichtigung allein möglich, sondern nur durch ein zusätzliches Abdecken und Abta-

[88] vgl. z.B. Calliess / Müller-Dietz, StrVollzG § 19 RN 3

sten von Matratze und Kissen. So könne der eine zusätzliche Handgriff des Wegnehmens einer Tagesdecke wohl kaum als eine Behinderung der Kontrollmöglichkeit angesehen werden. Das OLG weist auch darauf hin, dass es auf das Erleiden eines Nachteils, auf den es die Strafvollstreckungskammer abgestellt hat, rechtlich nicht ankomme.

Meines Erachtens ist die Kritik des OLG berechtigt. Auf die hohe Bedeutungen für den Gefangenen, den Haftraum auch mit eigenen Gegenständen ausstatten zu können, wurde bereits hingewiesen.[89] Der Gefangene hat so die Möglichkeit, seinen eigenen Individualität noch Ausdruck zu geben. Die Möglichkeit, sich in einem wohnlichen und persönlichen Raum aufhalten zu können, ist einer positiven Grundstimmung gemeinhin dienlich. Der Gesetzgeber regelte u.a. aus diesen Gründen ausdrücklich die Voraussetzungen, unter denen eine Einschränkung von persönlichen Gegenständen möglich sein sollte. Um dem hinter diesen Regelungen stehenden Gedanken gerecht zu werden, ist es erforderlich, Einschränkungen nur dann vorzunehmen, wenn sie wirklich erforderlich sind, sowie die Voraussetzungen, unter denen eine Einschränkung erfolgen soll, entsprechend eng auszulegen und zu begründen .

Im vorliegenden Fall ist eine solch pauschale Begründung, wie sie Vollzugsanstalt und Strafvollstreckungskammer gewählt hatten, nicht ausreichend. Zum einen wird aus dieser Begründung nicht deutlich, dass wirklich eine Entscheidung über den konkreten Einzelfall erfolgt ist. Auch die Frage, ob tatsächlich durch die Art der gewünschten Decke eine Beeinträchtigung überhaupt gegeben war bzw. das mildeste Mittel gewählt wurde, kann aus der Begründung heraus nicht beantwortet werden, da auch die näheren Ausführungen zu Art und Größe der Decke fehlen. Je nach dem hätte der Verweis auf eine einfache Wolldecke genügt, die für sich allein nicht als Versteck missbraucht werden kann, um einer Gefährdung der Sicherheit vorzubeugen.

Möglicherweise hätte auch die Beschränkung auf eine bestimmte Größe ausgereicht, weil im konkreten Fall die Vollzugsbehörde bei der gewünschten Decke davon ausging, dass diese z. B. durch Herabhängen bis auf den Boden zusätzlich in nicht vertretbare Maße die Übersichtlichkeit und damit die Sicherheit gefährdet hätte.

Das Vorgehen der Vollzugsbehörde, gestützt durch die Strafvollstreckungskammer, ist mit dieser Begründung nicht gerechtfertigt. Die Ausführungen sind zu pauschal gehalten, um den Anforderungen des § 19 Abs. 2 StVollzG gerecht zu werden.

---

[89] vgl. Hauptteil, A IV 2, S. 43 f

b. Beschluss des OLG Koblenz vom 16.05.1983 –2 Vollz (Ws) 3/83 – [90]

Auch in dieser Entscheidung begehrte ein Gefangener, der eine langjährige Freiheitsstrafe zu verbüßen hatte, die Erlaubnis, einen Wellensittich im Haftraum halten zu dürfen.

Die Vollzugsanstalt und auch das Landgericht lehnten die Erteilung der Erlaubnis mit der Begründung ab, dass der Tierhaltung im Strafvollzug (mit Ausnahme der Haltung von Zierfischen) hygienische Gründe entgegen stünden.

Auch die gegen diese Entscheidung gerichtete Rechtsbeschwerde an das OLG hatte in der Sache keinen Erfolg.

Das OLG begründete seine Ablehnung damit, dass das Recht des Gefangenen, seinen Haftraum mit eigenen Sachen auszustatten, dort seine Grenzen finde, wo eine Gefährdung der Anstaltsordnung zu besorgen sei. Diese sei in hygienischer Hinsicht mit der Haltung eines Wellensittichs verbunden.

Das Gericht zitiert eine Umfrage bezüglich der Handhabung dieser Frage in der Vollzugspraxis, die ergab, dass das Spektrum vom grundsätzlichen Verbot der Tierhaltung über das Fehlen genereller Regelung mit der Option der Zulassung im Einzelfall bis hin zur (generellen) Zulassung von Zierfischen oder kleineren Vögeln mit Staffelung nach Haftdauer und Länge der noch zu verbüßenden Strafen reiche.

In allen generellen Regelungen seien jedoch veterinärärztliche Vorkehrungen zur Behebung hygienischer Beeinträchtigungen vorgesehen.

Das OLG bemüht sich, die weitgefasste Möglichkeit der Handhabung, die in einigen Ländern die Haltung von Wellensittichen grundsätzlich gestattet, zu relativieren.

Eine solche Vorgehensweise könnte (fälschlicherweise) zu dem Schluss führen, dass die mit einer solchen Tierhaltung verbundenen gesundheitlichen Gefahren, die in Freiheit von unzähligen Tierhaltern in Kauf genommen würden, auch für die Verhältnisse einer Vollzugsanstalt als hinnehmbar einzustufen seien.

---

[90] ZfStrVo 83, 315 f

Die medizinischen Gegebenheiten sowie die Besonderheiten, die sich aus dem Zusammenleben so vieler Menschen in einer Vollzugsanstalt ergeben, würden jedoch zu einem anderen Ergebnis führen.

Nach dem bereits zitierten Gutachten berge die Haltung von Wellensittichen nämlich sowohl die Gefahr einer Übertragung von Infektionskrankheiten vom Tier auf den Menschen, als auch die einer Allergisierung der Menschen durch direkt oder indirekt vom Tier abstammende Allergene. Zwar sei die statistisch erfaßte Anzahl dieser Erkrankungen verhältnismäßig niedrig; der Schutz vor einer dennoch möglichen Infektion sei jedoch nur durch eine Quarantäne und mehrmaliger Untersuchung des Tieres innerhalb eines Monats zu erreichen, weil die Tiere auch Träger dieser Krankheitserreger sein könnten, ohne selbst Erscheinungen der Krankheit aufzuweisen.

Eine solche (erforderliche) Vorsichtsmaßnahme würde die Vollzugsanstalt aber bereits personell in einer nicht vertretbaren Weise belasten.

Außerdem sei nicht hinreichend sicherzustellen, dass eine selbst nach Quarantäne mögliche Erkrankung rechtzeitig erkannt würde mit der Folge, dass den sich daraus ergebenden hygienischen Belastungen Rechnung getragen werden könnte.

Auch durch eine Verpflichtung des Gefangenen zur Meldung von Erkrankungen könne dieses Ziel nicht vollständig erreicht werden, weil nicht jeder Gefangene zur Erfüllung dieser Verpflichtung, sei es aus objektiven oder subjektiven Gründen, fähig sei.

Hinsichtlich der Gefahren von Allergisierungen des Menschen führt das Gericht aus, dass Haut, Gefieder und Kot des Tieres sowie Einstreu und Futter Reizstoffe enthielten, welche beim Menschen Allergien hervorrufen könnten. Die Haltung eines Tieres sei geradezu unvermeidlich mit einer Verbreitung dieser Stoffe im Haftraum und dessen Umgebung verbunden. Damit seien nicht nur der Halter des Tieres, sondern auch alle anderen in seiner Umgebung lebenden Menschen (z.B. Vollzugsbedienstete oder Mitgefangene beim Umschluss) ausgesetzt.

Angesichts der starken Belegung der Vollzugsanstalten müßte sich jene Gefahrenquelle auf viele Mitmenschen aus der Umgebung des Tierhalters erstrecken, ohne dass sich diese Menschen angesichts der Enge der räumlichen Verhältnisse den Auswirkungen der Tierhaltung entziehen könnten. Das Gericht weist darauf hin, dass die Vollzugsbehörde, der die Fürsorge für die Gesundheit der Gefangenen von Gesetzes wegen obliege, die damit verbundene Gefährdung der Gesundheit von Mitgefangenen nicht zulassen dürfe.

Meiner Auffassung nach legen hier sowohl die Vollzugsbehörde als aber auch die mit der Sache befaßten Gerichte einen zu großzügigen Maßstab an bei der Prüfung der Voraussetzungen, die eine Maßnahme nach § 19 Abs. 2 StVollzG rechtfertigen können.

Das von der Praxis vertretene absolute Verbot der Tierhaltung widerspricht sowohl dem vom Gesetzgeber beabsichtigten Gebot der Einzelfallprüfung, als auch dem Gebot der mildesten Maßnahme.

Zwar sind die vom OLG zuletzt gemachten Ausführungen zu der durchaus bestehenden Gefahr von Infektionsübertragungen und der Allergisierung von Menschen in der Sache richtig, doch wie die Handhabung in der Praxis laut der zitierten Umfrage ergab, wird in einigen Ländern die Vogelhaltung sogar fast generell (jedenfalls bei entsprechender noch zu verbüßender Haftdauer) zugelassen. Von überdurchschnittlichen Erkrankungszahlen in diesen Anstalten wurde nichts bekannt.

Zudem führt das OLG selbst aus, dass stets „veterinärärztliche Vorkehrungen zur Behebung hygienischer Beeinträchtigungen vorgesehen" seien.

Wenn dies jedoch möglich ist, erscheint ein generelles Verbot, das lediglich mit hygienischen Bedenken begründet wird, als zu weit gehend.

In jedem konkreten Fall sollte die Möglichkeit bestehen, unter Beachtung aller Einzelumstände zu entscheiden. Insbesondere die baulichen Gegebenheiten in der Anstalt, die Frage der Überbelegung und bereits bekannte Allergien bei den Mithäftlingen können hier eine Rolle spielen.

Wie die in einigen Ländern geübte Praxis vermuten lässt, lassen sich die gesundheitlichen Bedenken in vielen Fällen durchaus wirkungsvoll mit weniger einschneidenden Mitteln als dem generellen Verbot ausräumen. So ergibt sich aus dem Ergebnis einer im Herbst 1993 durchgeführten Umfrage [91],das größtenteils nur Gefangenen mit dem erforderlichen Verantwortungsgefühl die Tierhaltung gestattet wird, die objektiv wie subjektiv in der Lage sind, eine artgerechte Tierhaltung zu gewährleisten, die solvent genug sind, die erforderlichen Tierarztuntersuchungen (wegen der besonderen Umstände, vor allem der engen räumlichen Verhältnisse in erhöhter Zahl) durchführen zu lassen, bei denen auch gesundheitlich keine Bedenken wie z.B. einer allergischen Vorbelastung bestehen.

Bei Beachtung dieser oder ähnlicher Gesichtspunkte ließe sich das gesundheitliche Risiko sowie die hygienischen Bedenken in einem Maß verringern, die ein generelles Verbot durchaus entbehrlich machen würde.

---

[91] Eva Vogelsang, Kleintierhaltung im Strafvollzug – das Ergebnis einer Umfrage; ZfStrVo 94, 67 f

Der im Fall erfolgte bloße Hinweis jeglicher Tierhaltung stünden hygienische Bedenken entgegen, wird folglich dem Anspruch des Gefangenen auf fehlerfreie Ermessensentscheidung nicht gerecht.

c. Beschluss des OLG Hamm vom 08.03.1984 – 1 VAs 21/84 – [92]

In diesem Fall begehrte der Gefangene die Erlaubnis, Gardinen und Vorhänge am Außenfenster seiner Zelle anzubringen. Sowohl der Anstaltsleiter als das Justizvollzugsamt beschieden den Antrag abschlägig. Dagegen wandte sich der Gefangene, im Ergebnis allerdings auch erfolglos.

Auch das OLG vertritt die Ansicht, dass der Anstaltsleiter dem Gefangenen zu Recht versagt hatte, Gardinen und Vorhänge vor dem Außenfenster der Zelle anzubringen. Denn hier lägen die Voraussetzungen des § 19 Abs. 2 StVollzG vor, so dass der Anstaltsleiter die entsprechenden Gegenstände, die die Übersichtlichkeit des Haftraumes behindern oder in anderer Weise Sicherheit oder Ordnung der Anstalt gefährden, von der Ausstattung ausschließen kann.

Der Präsident des Justizvollzugsamtes habe überzeugend vorgetragen, dass Gardinen und Vorhänge am Fenster es verhinderten, dass Bedienstete ohne weiteres erkennen könnten, ob am Fenster Vorbereitungen für einen Ausbruchsversuch getroffen worden seien. Die turnusmäßige wöchentliche gründliche Durchsuchung und Überprüfung der Zelle, bei der entsprechende Manipulationen festgestellt werden könnten, reiche jedoch nicht aus, um in der Zwischenzeit die Sicherheit und Ordnung der Anstalt zu gewährleisten. Aus personellen Gründen sei es auch nicht möglich, die Zellen mehr als einmal in der Woche gründlich zu durchsuchen; so sei die Übersichtlichkeit erforderlich, die es ermögliche, Vorbereitungen für Ausbruchsversuche leicht („auf den ersten Blick") zu erkennen.

Außerdem zeige die Erfahrung, dass insbesondere männliche Gefangene dazu neigten, die angebrachten Vorhänge und Gardinen verschmutzen und verstauben zu lassen. Den stark mit Arbeit belasteten Bediensteten sei es nicht zuzumuten, auch noch darauf zu achten, dass die Gardinen und Vorhänge regelmäßig gewaschen würden.

---

[92] ZfStrVo 85, 128

Dass OLG führt weiter aus, dass kein Verstoß gegen das Gebot der Gleichbehandlung dadurch gegeben sei, dass im Frauenstrafvollzug Gardinen zugelassen würden. Die Situationen seien erfahrungsgemäß nicht vergleichbar, da Frauen praktisch nicht dazu neigten, Ausbruchsversuche anzustellen und außerdem gemeinhin ihre Zellen reinlicher halten würden als Männer.

Deshalb sei es dem Betroffenen zuzumuten, gewisse Unannehmlichkeiten, die auf dem Fehlen von Gardinen oder Vorhängen beruhten, insbesondere auch nächtlicher Lichteinfall durch das Fenster, hinzunehmen.

Meines Erachtens reicht die angegebene Begründung nicht aus, um eine Einschränkung auf der Grundlage des § 19 Abs. 2 StVollzG zu rechtfertigen. Der Verweis darauf, dass männliche Gefangene im allgemeinen weniger reinlich seien als weibliche, zeigt eine pauschale Beurteilung eines konkret vorliegenden Falles und verstößt damit das Gebot einer umfassenden Prüfung der Umstände des Einzelfalls.

Auch wird nicht ersichtlich, dass sich im vorliegenden Fall die Vollzugsbehörde Gedanken über das mildeste Mittel gemacht hat, denn dem Gefangenen hätte zumindest hinsichtlich des Problems des nächtlichen Lichteinfalls geholfen werden können, ohne sowohl Gardinen als auch Vorhänge zuzulassen und die erhöhte Gefahr durch Unübersichtlichkeit und Unreinlichkeit in Kauf zu nehmen.

Überlegenswert wäre es z. B. gewesen, den Gefangenen lediglich auf Vorhänge zu verweisen, die nachts hätten zugezogen werden können, tagsüber jedoch offen zu halten sind, so dass einerseits Ausbruchsmanipulationen frühzeitig erkannt werden könnten, andererseits aber die zusätzliche Verstaubung durch Gardinen ausgeschlossen wäre. In jedem Fall wäre auch das Anbringen eines Rollos zu überdenken gewesen, wobei geprüft werden müsste, in wie weit die Vorrichtung weitere Versteckmöglichkeiten böte.

Der Hinweis auf Personalmangel reicht nicht aus, um einschränkende Maßnahmen zu rechtfertigen. Es widerspräche dem Willen des Gesetzgebers, die Sicherheit der Anstalt durch ein Mehr an Einschränkungen zu gewährleisten, anstatt durch eine personell ausreichende Ausstattung. Die Belastungen wegen der erforderlichen Sicherheit dürfen nicht einseitig auf den Gefangenen abgewälzt werden. Sicher müssen diese Einschränkungen in Kauf nehmen, doch dürfen diese nicht (aus finanziellen oder personellen Gründen) immer weiter ausgedehnt werden.

d. Beschluss des OLG Stuttgart vom 23.06.1988 – 4 Ws 168/88 – [93]

Die Gefangene, die wegen terroristischer Gewalttaten verurteilt worden war, begehrte, ihr den Gebrauch einer Tischleselampe in ihrer Zelle zu gestatten. Sowohl die Vollzugsanstalt als auch das Justizministerium und schließlich das Landgericht versagten die Erlaubnis unter Berufung auf die Haftbedingungen, die auf der besonderen Gefährlichkeit der Gefangenen beruhten, und verfügten, dass „nur die in dem Haftraum befindliche Lichtquelle benutzt werden" dürfe.

Dagegen wandte sich die Gefangene mit der Rechtsbeschwerde. Sie rügte u.a. das Fehlen konkreter Feststellungen darüber, dass die Sicherheit der Anstalt durch die Benutzung einer Tischleselampe gefährdet werde. Konkrete Gründe seien in der angefochtenen Entscheidung lediglich durch eine pauschale Behauptung des Gerichtes ersetzt. In anderen Haftanstalten der Bundesrepublik Deutschland, auch in Baden Württemberg, z.B. in Bruchsal, bestehe eine Stromversorgung der Hafträume von Gefangenen aus der RAF.

Das OLG führt aus, dass eine Tischleselampe als Gegenstand des einfachen Wohnkomforts grundsätzlich ein Gegenstand nach § 19 Abs. 1 StVollzG sei, mit dem ein Gefangener seinen Haftraum in angemessenem Umfang mit eigenen Sachen ausstatten dürfe. Nach Absatz 2 der Vorschrift dürfe sie nur verweigert werden, wenn, worauf es hier alleine ankomme, ihre Benutzung die Sicherheit der Anstalt tatsächlich gefährde. Der Begriff der Sicherheit umfasse wie in § 4 Abs.2 StVollzG die Abwehr von konkreten Gefahren für Personen oder Sachen in der Anstalt und die Sicherung der Haft.[94] Er sei ein unbestimmter Rechtsbegriff, der gerichtlich voll überprüfbar sei und den nicht nur die Vollzugsbehörde, sondern auch die Strafvollstreckungskammer als erste und letzte ordentliche Tatsacheninstanz ausfüllen müsse[95].

Im konkreten Fall habe diese hierzu jedoch nur ausgeführt, dass bei der Gefangenen angesichts ihrer Verurteilung wegen terroristischer Gewalttaten von einem erhöhten Maß an Gefährlichkeit auszugehen sei. Damit sei auch die naheliegende Befürchtung gegeben, dass die Einrichtung eines eigenen Elektroanschlusses zur Gefährdung von Bediensteten der Anstalt wie auch der

---

[93] ZfStrVo 89,55 f; NStZ 88, 574 f

[94] vgl. Calliess / Müller-Dietz, StrVollzG § 4 RN 16

[95] Verweis auf die Behandlung der hier aufgeworfenen Rechtsfrage vom OLG Celle, NStZ 81, 238; sowie Feest im AK-StrVollzG, 3. Auflage,1990, § 19 RN 6

Person der Betroffenen missbraucht werde, ohne dass diese Möglichkeit dadurch ausgeräumt würde, dass eine Schalteinrichtung außerhalb des Haftraumes eingerichtet würde. Damit wiederum scheide die Genehmigung des Gebrauchs einer Tischleselampe schon deshalb aus, weil keine Anschlussmöglichkeit eingerichtet werden könne.

Das OLG rügt, dass diese Feststellungen, die sich im wesentlichen mit den Ausführungen der Aufsichtsbehörde decken, unzureichend seien und die Ablehnung der Gestattung nicht trügen. Denn die Kammer leite das erhöhte Maß an Gefährlichkeit der Gefangenen offensichtlich aus deren Verurteilung wegen „terroristischer Gewalttaten" ab, sie treffe jedoch nirgends Feststellungen, welche Straftaten die Gefangene wann begangen habe, wann sie verurteilt worden sei und seit wann sie sich in Haft befinde.

Allerdings sei es dem Senat verwehrt, den Beschluss der Strafvollstreckungskammer mit eigenem Wissen über die näheren Umstände anzureichern, weil er nicht Tatsacheninstanz sei, sondern nur zur Überprüfung auf Rechtsfehler befugt sei. Außerdem sei der Senat nicht über die Entwicklungen der Gefangenen im Vollzug informiert. Darauf, so das OLG, werde es aber entscheidend ankommen, da für den vorliegenden Verpflichtungsantrag die Sach- und Rechtslage im Zeitpunkt der Entscheidung der Strafvollstreckungskammer maßgeblich sei, also der neueste Entwicklungsstand der Gefangenen im Sinne des § 2 StVollzG.

Nur wenn so spezifische Anhaltspunkte vorlägen, dass begründet werden könne, die Gefangene würde die an das allgemeine Stromnetz angeschlossene Leselampe missbräuchlich verwenden, etwa um Bedienstete, Mitgefangene oder sich selbst zu gefährden, oder die Lampe zu Kommunikationszwecken mit anderen Gefangenen oder mit der Außenwelt zu benützen (z.B. durch Morsen), könnte hier tatsächlich von der Gefährdung der Sicherheit der Anstalt ausgegangen werden.

Es bedürfe jedenfalls einer nachvollziehbaren Begründung mit Fakten, weshalb durch die Zulassung und Benutzung einer Leselampe die Sicherheitsbelange der Vollzugsanstalt gefährdet seien. Wenn sich aber Anhaltspunkte für eine Gefährdung der Anstalt nicht oder aber nicht ausreichend finden ließen, hätte die Gefangene, sofern nicht ein anderer Ablehnungsgrund des § 19 Abs. 2 StVollzG eingreifen würde, einen Anspruch auf die Erlaubnis zur Benutzung einer Tischleselampe, sei es durch Anschluss an das allgemeine Stromnetz oder – sofern in der ihr zugewiesenen Zelle kein Stromanschluss vorhanden wäre – durch andere Maßnahmen wie z. B. durch eine Verlegung in einen anderen Haftraum, der Stromanschluss habe.

Aber auch wenn sich für die Bejahung der Gefährdung der Sicherheit der Anstalt tragfähige Fakten ergäben, bestünde für die Vollzugsanstalt keine Verpflichtung zur Versagung einer Tischleselampe; sie habe vielmehr ein nur beschränkt überprüfbares Handlungsermessen. Bei dieser Ermessensausübung sei dann der Grad der vorhandenen Gefahr abzuwägen gegen das Interesse der Gefangenen sowie den Auftrag für die JVA, das Leben im Vollzug den allgemeinen Lebensverhältnissen soweit als möglich anzugleichen.

Dabei sei z. B. mit zu berücksichtigen, wie die stationäre Beleuchtung in der Zelle der Gefangenen beschaffen sei, ob es sich um eine Neonleuchtröhre mit kaltem oder warmen Licht handle, oder ob die Röhre abschirmbar sei, wie lange schon die Gefangene ihre Freiheitsstrafe in dieser Zelle verbüße und auf das Neonlicht angewiesen sei, ob sie voraussichtlich die gesamte Freiheitsstrafe oder einen wesentlichen Teil hiervon in dieser oder einer entsprechend ausgestatteten Zelle zu verbüßen haben werde und ob ihre Hauptbeschäftigung aus Lesen und Schreiben bestehe, bei der sie auf gutes Licht angewiesen sei. Außerdem wird der Berufung der Gefangenen auf die Verschlechterung ihrer Augen unter dem Einfluss des ständigen Neonlichtes nachzugehen sein. Die Auffassung, dass die Gefangene verpflichtet sei, die Verschlechterung ihrer Sehfähigkeit zu belegen, widerspreche dem Untersuchungsgrundsatz.

Weiterhin sei die Berücksichtigung des Gleichbehandlungsgrundsatzes zu überprüfen, ob also nicht etwa, wie der Verteidiger behauptete, allen anderen Gefangenen der RAF in vergleichbarer Situation die Benutzung einer Leselampe gewährt werde

Auch die Beachtung des Gebots der Verhältnismäßigkeit sei zu überprüfen. Denn selbst wenn die Strafvollstreckungskammer zu dem Ergebnis kommen sollte, dass die Ablehnung des Gebrauchs einer an das allgemeine Stromnetz angeschlossenen Tischlampe zu Recht erfolgte, sei zu überprüfen, ob der Gefangenen als milderes Mittel nicht zumindest der Gebrauch einer batteriebetriebenen Leselampe gestattet werden könne.

Die Bedenken des OLG bestehen meiner Ansicht nach zu Recht. Vollzugsanstalt und Strafvollstreckungskammer haben sich mit einem pauschalen Hinweis auf die Gefährlichkeit terroristischer Gefangener begnügt. Weder ist eine Auseinandersetzung mit den konkreten Umständen des Falles (Sehschwäche) ersichtlich, noch wurden Ausführungen dazu gemacht, inwieweit die Anstalt bei der konkreten Gefangenen im konkreten Fall tatsächlich gefährdet ist.

Danach könnte erst entschieden werden, ob diese Gefährdung nicht anders behoben werden kann, etwa durch Zeitschaltuhr, Batterien oder ähnliches.

e. Beschluss des OLG Hamm vom 07.11.1989 – 1 Vollz (Ws) 173/89 – [96]

Der Gefangene verbüßte eine Haftstrafe in der Justizvollzugsanstalt W. Im Rahmen einer Fortbildungsmaßnahme war er in die Justizvollzugsanstalt G verlegt worden.

Hier beantragte der Gefangene die Aushändigung einer Kaffeemaschine, die ihm in der Justizvollzugsanstalt W nach Verplombung zum Gebrauch ausgehändigt worden war. Sein Antrag wurde mit der Begründung abgelehnt, dass Kaffeemaschinen in der dortigen Anstalt nicht zugelassen seien. Auch der Präsident des Justizvollzugsamtes Rheinland stützte die Auffassung der Justizvollzugsbehörde mit der Begründung, die Maschine weise eine Fülle von nicht oder nur mit unverhältnismäßigem Aufwand kontrollierbare Versteckmöglichkeiten auf. Derartige Gegenstände könnten in einer Anstalt mit hohem Sicherheitsgrad wie der Justizvollzugsanstalt G aus Sicherheitsgründen generell nicht zugelassen werden.

Zwar hat die Strafvollstreckungskammer die angefochtene Entscheidung nicht bestätigt und den Leiter der Justizvollzugsanstalt G verpflichtet, dem Gefangenen die Kaffeemaschine auszuhändigen, doch hat das OLG auf die Rechtsbeschwerde des Leiters der Justizvollzugsanstalt hin die Entscheidung der Strafvollstreckungskammer aufgehoben und zur Begründung angeführt, der Beschluss der Strafvollstreckungskammer lasse weitgehend Ausführungen vermissen, welche die unbestimmten Rechtsbegriffe des § 19 Abs. 2 StVollzG in tatsächlicher Hinsicht hinreichend vollständig ausfüllten.

---

[96] NStZ 90,151

So enthalte der Beschluss z.B. keine Feststellungen über die Größe und bisherige Ausstattung des Haftraumes des Gefangenen sowie darüber, ob er den Haftraum etwa mit weiteren Gefangenen teile und in welchem Umfang auch denen eigene Sachen überlassen seien.

Bei der Frage nach der Gefährdung von Sicherheit und Ordnung der Anstalt könne es auch nicht allein auf die Frage von Versteckmöglichkeiten in dem Gerät ankommen, sondern z.B. auch wesentlich darauf, ob in den zum Zweck entsprechenden Betrieb gehörenden Verbrauchsmaterial (Filtertüten, Kaffeemehl, Abfall usw.) Versteckmöglichkeiten gegeben seien, die nicht oder nur mit einem unzumutbaren Kontrollaufwand überwacht werden könnten.

Außerdem seien bei der Frage der Sicherheit oder Ordnung der Anstalt neben den möglichen Verstecken auch alle im Einzelfall konkret in Betracht kommenden Missbrauchsmöglichkeiten (u.U. auch solche durch Mitgefangene) und sonstigen sicherheitsrelevanten Folgen wie eine drohende Überbelastung des Stromnetzes für den Fall der Gleichbehandlung anderer Gefangener mit zu berücksichtigen und bei gegebenen Anhaltspunkte zu erörtern.

Der angefochtene Beschluss werde diesen Anforderungen nicht gerecht. Der bloße Hinweis darauf, dass neben den verneinten Versteckmöglichkeiten in der Maschine andere Gesichtspunkte, die für eine Nichtgenehmigung der Kaffeemaschine sprechen könnten, der Kammer nicht ersichtlich seien, genüge angesichts der nach der Lebenserfahrung hier nicht nur entfernt in Betracht kommenden Gefährdungsmomente nicht, um eine rechtsfehlerfreie Anwendung von § 19 StVollzG zu belegen und den Verpflichtungsausspruch zu tragen.

Die Kritik des OLG ist meines Erachtens in dieser Form insofern nicht gerechtfertigt, als sie der Auffassung der Strafvollstreckungskammer lediglich einen allgemeinen Satz der Lebenserfahrung entgegenhält.

Zwar hat sich das OLG auf die konkreten Umstände des Einzelfalls gestützt, doch ist zweifelhaft, ob der Vorwurf des OLG an die Strafvollstreckungskammer wegen Nichtberücksichtigung verschiedener Umstände insoweit zugkräftig ist, als die Frage lauten muss, ob das Instanzgericht *naheliegende* Umstände nicht geprüft hat.

Meiner Meinung nach setzt das OLG die erforderlichen Voraussetzungen für eine Genehmigung einer Kaffemaschine zu hoch an. Zieht man den Rahmen der zu berücksichtigenden Gegebenheiten zu weit, kommt man wohl nur selten zu einer Genehmigung, da stets das eine oder andere Zubehör, das zur

Nutzung eines Gegenstandes erforderlich ist, Sicherheitsbedenken hervorrufen kann.

Wenn man jede Entscheidung bis in diese Verzweigungen überprüft, muss auch bei jeder integrierten Zwischen- oder Einzelentscheidung erneut geprüft werden, ob beim konkret betroffenen Gefangenen ein Missbrauch zu erwarten ist.

Die ursprüngliche Versagung der Besitzerlaubnis seitens der Justizvollzugsanstalt jedenfalls war in ihrer Begründung zu pauschal und erkennbar nicht am in Frage stehenden Einzelfall orientiert.

f. Beschluss des OLG Celle vom 08.02.1990 – 1 Ws 423/89 (StrVollz)–[97]

Ein Gefangener beantragte bei der Strafvollzugsbehörde, ihm den Besitz eines verschließbaren Aktenkoffers zu gewähren. Diesen Antrag hat die Vollzugsbehörde wiederholt abgelehnt, nachdem auch eine frühere Ablehnung im Wege der gerichtlichen Überprüfung aufgehoben und die Behörde zu neuer Bescheidung verpflichtet worden war.

Die Strafvollstreckungskammer stützt die Auffassung der Vollzugsanstalt nicht. Auch das OLG vertritt die Auffassung, dass die Vollzugsbehörde den Antrag des Gefangenen zu unrecht ablehnte. Danach hat der Gefangene ein Recht auf Besitz eines verschließbaren Aktenkoffers in seinem Haftraum, allerdings hat er kein Recht, auf alleinigen Schlüsselbesitz, wie er zudem gefordert hatte.

Zu der Frage, ob der zur Debatte stehende Aktenkoffer einen Fall des § 19 Abs. 2 StVollzG betreffe und somit als Gegenstand, der Sicherheit oder Ordnung der Anstalt gefährdet, vom grundsätzlich möglichen persönlichen Besitz zur Haftraumausstattung ausgeschlossen werden könne, äußert sich das OLG in Übereinstimmung mit den Entscheidungen der Strafvollstreckungskammer wie folgt: "die räumlichen Möglichkeiten im Haftraum stehen dem Besitz eines Aktenkoffers oder eines anderen verschließbaren Behältnisses in dieser Größe nicht entgegen. Jedenfalls hat die Vollzugsbehörde nichts Gegenteiliges vorgetragen.

---

[97] ZfStrVo 91,123 f

Die Übersichtlichkeit des Haftraumes wird nicht nennenswert dadurch beeinträchtigt, dass bereits in der Zelle vorhandene Gegenstände im Aktenkoffer oder in einem anderen entsprechenden Behältnis verwahrt werden.

Die Vollzugsbehörde räumt ein, dass keine konkreten Umstände, namentlich in der Person des Antragstellers vorliegen, die die Sicherheit oder Ordnung der Anstalt gefährden könnten, wenn im Haftraum ein abschließbarer Aktenkoffer oder ein anderes entsprechendes Behältnis untergebracht ist."

Mangels Gefährdung der Sicherheit oder Ordnung der Anstalt sei damit kein Ausschlussgrund für den Besitz des Koffers an sich gegeben, wenn er kein Futter oder keinen doppelten Boden aufweise und somit leicht durchsucht werden könne.

Allerdings, so das OLG, erstrecke sich der Anspruch des Gefangenen nicht darauf, die Schlüssel zu dem Koffer allein in Besitz zu haben, so dass eine Durchsuchung nur in seiner Gegenwart und mit seiner Mitwirkung möglich sei. Zwar sei die Durchsuchung in Abwesenheit als der schwerere Eingriff aus Gründen der Verhältnismäßigkeit zu vermeiden, wenn dafür kein besonderer Grund vorliege. Es müsse stets möglich sein, die Sachen eines Strafgefangenen zu durchsuchen, wenn die gesetzlichen Voraussetzungen dafür vorlägen, unter Umständen also auch zu Zeiten, während der der Gefangene an seinem Arbeitsplatz, bei einer Gemeinschaftsveranstaltung oder im Rahmen einer Vollzugslockerung außerhalb der Vollzugsanstalt sei.

Das Gericht weist auch ausdrücklich darauf hin, dass die Regelung des § 106 StPO, wonach der Inhaber zu durchsuchender Räume ein Recht auf Anwesenheit habe, nicht im Strafvollzug gelte. Denn weder sei der Strafgefangene Inhaber seines Haftraums, noch diene die Durchsuchung nach § 84 StVollzG in erster Linie der Ermittlung von Straftaten. Ihr Zweck sei vielmehr, die Sicherheit oder Ordnung der Vollzugsanstalt zu gewährleisten.

Der Auffassung des OLG ist zuzustimmen. Es ist kein Grund ersichtlich, aus dem ein abschließbarer Aktenkoffer die Sicherheit oder Ordnung der Anstalt über Gebühr gefährde; dies gilt jedenfalls dann, wenn die Vollzugsanstalt einen Schlüssel zum Aktenkoffer besitzt.

Der Wunsch des Gefangenen nach einem abschließbaren Behältnis ist insofern verständlich, als er den Haftraum möglicherweise mit einem anderen Gefangenen teilt und auch während des Umschlusses für andere Gefangene die Möglichkeit besteht, sich in der Zelle des Gefangenen aufzuhalten. Dem

Bedürfnis eines jeden Menschen, so also auch des Strafgefangenen, eine Möglichkeit zu haben, persönliche Dinge vor den Blicken und dem Zugriff anderer schützen zu können, sollte weitgehend Rechnung getragen werden.

Sinn und Zweck des § 19 Abs. 2 StVollzG ist es, die Übersichtlichkeit des Haftraumes zu gewährleisten und Gegenstände, die der Sicherheit oder Ordnung der Anstalt gefährlich werden können, auszuschließen. Ein Aktenkoffer stellt an sich noch keinen gefährlichen Gegenstand im Sinne dieser Vorschrift dar. Er beeinträchtigt auch die Übersichtlichkeit des Haftraums nicht in nennenswerter Weise. Einzig als potenzielle Versteckmöglichkeit für Gegenstände, die eine Gefahr für Sicherheit oder Ordnung der Anstalt darstellen können, ist der Aktenkoffer als „gefährlicher Gegenstand“ anzusehen. Doch dieser Gefahr kann durch die Zurückbehaltung eines Schlüssels durch die Vollzugsbehörde begegnet werden.

Von vornherein den Aktenkoffer als gefährlichen Gegenstand von der Haftraumausstattung auszuschließen, halte ich für von § 19 Abs. 2 StVollzG nicht gedeckt, jedenfalls dann, wenn nicht im Einzelfall besondere Umstände noch hinzutreten, die entweder in der Beschaffenheit des Koffers oder aber in der Person des Gefangenen liegen können, so etwa weil dieser für seine mangelnde Kooperationsbereitschaft bekannt ist oder mehrfach gefährliche Gegenstände in seinem Haftraum versteckt hat.

g. Beschluss des OLG Koblenz vom 30.03.1990 – 2 Vollz (Ws) 11/90 –[98]

Der Gefangene hatte beim Leiter der Justizvollzugsanstalt beantragt, ihm den Kauf und die Benutzung einer Leselampe nebst Verlängerungskabel und Mehrfachsteckdose zu gestatten und die durchgehende Stromversorgung seiner Zelle über 23 Uhr hinaus zu genehmigen.

Beide Anträge lehnte der Vollzugsabteilungsleiter aus Gründen der Aufrechterhaltung der Sicherheit und Ordnung in der Anstalt ab.

Die Strafvollstreckungskammer stützte diese Auffassung. In der Begründung hierzu führte sie den vom OLG Hamm 1987[99] aufgestellten abstrakten Grundsatz an, dass eine Zelle umso unübersichtlicher werde, je mehr technische Geräte sie enthalte.

---

[98] NStZ 90, 360
[99] 1 Vollz (Ws) 221/87

Das angerufene OLG teilte die Auffassungen der Justizvollzugsanstalt und der Strafvollstreckungskammer nicht. Vor allem genüge die angegebene Begründung nicht, um das Vorliegen der Voraussetzungen des § 19 Abs. 2 StVollzG im konkreten Fall überzeugend darzulegen. Es hätte vielmehr konkreter Feststellungen darüber bedurft, welche und wie viele technische Geräte der Gefangene bereits in seinem Haftraum habe, wie dieser beschaffen gewesen sei und auf welche Weise gerade die zur Debatte stehende Leselampe zu einer Behinderung der Übersichtlichkeit der Zelle oder zur Gefährdung von Sicherheit oder Ordnung der Anstalt führen könne.

Das OLG führt aus, dass es sich bei dem in § 19 Abs. 2 StVollzG gebrauchten Begriff der Gefährdung der Sicherheit und Ordnung in der Vollzugsanstalt um einen unbestimmten Rechtsbegriff handle, den der Anstaltsleiter bei seiner Entscheidung bzw. die Strafvollstreckungskammer bei der gerichtlichen Überprüfung auszufüllen habe. Sofern die vom Anstaltsleiter mitgeteilten Tatsachen dafür nicht ausreichten, müsse die Strafvollstreckungskammmer aufgrund der ihr obliegenden Amtsermittlungspflicht die für eine sachgerechte Ausfüllung notwendigen tatsächlichen Feststellung selbst treffen.

Als ebenfalls zu allgemein kritisiert das OLG die Entscheidung hinsichtlich der nächtlichen Stromzufuhr.

Dem Anspruch des Gefangenen auf eine fehlerfreie Ermessensentscheidung wäre die Anstalt nur dann gerecht geworden, wenn sie ihrer Entscheidung die tatsächlichen Gegebenheiten im konkreten Fall zu Grunde gelegt hätte. Stattdessen habe sie ihre Entscheidung aufgrund allgemeiner Erwägungen über theoretisch mögliche Gefahren einer zeitlich unbegrenzten Stromzufuhr getroffen. Weder der Anstaltsleiter noch die Strafvollstreckungskammer hätten Feststellungen zu den individuellen Gegebenheiten getroffen.

Um das der Behörde zustehende Ermessen sachgerecht ausüben zu können, habe aber beispielsweise die Frage geklärt werden müssen, ob der Gefangene überhaupt ein Radio- oder ein sonstiges, geräuscherzeugendes Elektrogerät in seiner Zelle hatte. Denn nur dann sei von ihm eine potenzielle Störung der Nachtruhe zu besorgen gewesen.

Ein Kriterium für die Entscheidung hätte auch sein müssen, ob der Gefangene bislang schon durch Ruhestörungen aufgefallen sei, denn dann hätte die Befürchtung nahegelegen, dass es bei einer zeitlich unbegrenzten Stromzufuhr erneut zu intensiven Störungen der Nachtruhe hätte kommen können. Ebenfalls sachdienlich wären Ausführungen darüber gewesen, ob der Gefangene eine Einzelzelle oder aber eine Gemeinschaftszelle bewohnt habe.

Eine Auseinandersetzung mit diesen individuellen Gegebenheiten im konkreten Fall habe aber weder die Entscheidung der Justizvollzugsanstalt noch die der Strafvollstreckungskammer erkennen lassen.

Die vom Anstaltsleiter weiter als Begründung für die Versagung der nächtlichen Stromzufuhr angegebene Brandgefahr reiche ohne die Angabe näherer Umstände darüber, inwieweit sich eine solche Gefahr gerade bei dem betroffenen Gefangenen ergebe, nicht aus, um eine Einschränkung nach § 19 Abs. 2 StVollzG zu rechtfertigen.

Der hier angeführte Fall ist ein weiterer Beweis dafür, dass von den Einschränkungsmöglichkeiten aufgrund von Sicherheit oder Ordnung keinesfalls so restriktiv Gebrauch gemacht wird, wie vom Gesetzgeber vorgesehen. Vielmehr wird die Klausel sogar oft pauschal herangezogen, um individuellen Sonderwünschen zu begegnen, die zwar tatsächlich ein Mehr an Arbeit und organisatorischem Aufwand bedeuten, für sich allein betrachtet aber keinesfalls die Anstaltssicherheit oder Ordnung gefährden.

So sind im vorliegenden Fall keinerlei Ausführungen dazu gemacht worden, warum gerade hier durch die Genehmigung die Sicherheit oder Ordnung der Anstalt gefährdet würden. Weder wurden Feststellungen darüber getroffen, dass gerade dieser Gefangene zur Ruhestörung neige, noch dass die Übersichtlichkeit des Haftraums speziell durch die beantragten Gegenstände über Gebühr leide oder dass die Erlaubnis eine Antragsflut und anschließend (Gleichheitsgebot) eine Genehmigungswelle nach sich ziehen würde, die es dann wirklich unmöglich machte, die Anstaltssicherheit oder Ordnung zu gewähren.

Dem Gebot der Einzelfallprüfung als auch der Verhältnismäßigkeit wurde nicht Rechnung getragen. Mangels einer wirklichen Auseinandersetzung mit dem Einzelfall und dem Fehlen konkreter Angaben liegt hier der Verdacht nahe, dass § 19 Abs. 2 StVollzG lediglich als Vorwand benutzt wurde, um den organisatorischen Mehraufwand vermeiden zu können.

h. Beschluss des HansOLG Hamburg vom 09.11.1990 – 3 Vollz (Ws) 74/90 – [100]

Der Gefangene verbüßt eine mehrjährige Freiheitsstrafe, die zunächst in der Justizvollzugsanstalt Hamburg–Fuhlsbüttel und nach einer Verlegung in der Untersuchungshaftanstalt Hamburg–Stadt vollzogen wurde. Im Gegensatz zur ursprünglichen Zelle befindet sich in seinem neuen Haftraum keine Steckdose. Auf seinen Antrag hin hat das LG die Vollzugsanstalt verpflichtet, in den Haftraum des Gefangenen eine elektrische Steckdose mit Stromanschluss einzubauen. Dagegen wandte sich die Vollzugsanstalt mit Erfolg an das Oberlandesgericht Hamburg.

Neben anderen Gesichtspunkten führt der Senat aus, dass im konkreten Fall überlegenswert sei, ob die vom Gefangenen verlangte Maßnahme gegebenenfalls unverhältnismäßig sei, weil etwa in Erfüllung des Gleichbehandlungsgrundsatzes auch Zellen weiterer Gefangener in der Untersuchungshaftanstalt mit einer Steckdose zu versehen seien, und dies bei entsprechender Nutzung schließlich zu einer Überlastung des Stromnetzes der Anstalt führen könne. Hierdurch könnten dann Gesichtspunkte der Sicherheit und Ordnung in der Anstalt berührt werden.[101]

Das HansOLG führt weiter aus, dass bei der gebotenen Interessenabwägung bei der Beurteilung, ob im vorliegenden Fall eine einschränkende Maßnahme nach § 19 Abs. 2 StVollzG in Betracht käme, auch zu berücksichtigen sei, dass der Gefangene seine Strafe nur vorübergehend in der Untersuchungshaftanstalt verbüße und sich dort nicht bis zum Ende der Strafzeit aufhalten werde. Die voraussichtliche Dauer des Aufenthaltes sei jedenfalls in die Beurteilung einzubeziehen.

Für die Beantwortung der Frage, ob der Antrag des Gefangenen auf Einbau einer Steckdose unter Berufung auf eine Gefährdung der Sicherheit und Ordnung gem. § 19 Abs. 2 StVollzG versagt werden könne, seien jedenfalls konkrete Feststellungen zu den Umständen des Einzelfalles erforderlich, wie weit und in welcher Form der Einbau einer Steckdose tatsächlich eine Gefahr bedeute, oder was überhaupt gegen die nach Meinung der Vollzugsbehörde aus

---

[100] NStZ 91, 103
[101] OLG Hamm ZfStrVo 90, 304

Gründen der Gleichbehandlung drohenden Forderungen auf Einbau von Steckdosen in allen Zellen spreche.

Weiter seien Ausführungen erforderlich, was der Gefangene genau begehre, und ob ihm nicht mit anderen Mitteln als mit dem Einbau einer Steckdose geholfen werden könne, z. B. durch Zurverfügungstellung eines batteriebetriebenen Radiogerätes, einer Leselampe oder ähnlichem.

Das Oberlandesgericht bemängelt hier zu Recht die allzu pauschale Genehmigungsversagung durch die Vollzugsleitung. Es wird nicht ersichtlich, dass sich die Justizvollzugsanstalt überhaupt mit dem konkreten Einzelfall auseinandergesetzt hat. Dies aber wäre erforderlich gewesen, um den Vorstellungen des Gesetzgebers gerecht zu werden und eine die Rechte des Gefangenen einschränke Maßnahme auf § 19 Abs. 2 StVollzG stützen zu können. Nur so ließe sich auch überprüfen oder nachvollziehen, ob die Maßnahme geeignet, erforderlich und angemessen ist, die befürchtete Gefährdung zu vermeiden.

i. Beschluss des OLG Saarbrücken vom 25.5.1993 –Vollz (Ws) 10/92–[102]

Ein Gefangener, der eine langjährige Freiheitsstrafe zu verbüßen hat, begehrte die Erlaubnis, in seinem Haftraum einen Wellensittich halten zu dürfen.

Die Vollzugsbehörde stützt ihre Ablehnung zum einen darauf, dass der Gefangene bestimmte Auflagen nicht erfüllt habe, die nach einem anerkannten tierärztlichen Gutachten aus dem Jahre 1982 an eine Tierhaltung im Haftraum aus Gründen der Gesundheitsfürsorge, aber auch im Hinblick auf die artgerechte Vogelhaltung zu stellen seien.

Zusätzlich vertrat sie später den Standpunkt, dass die Haltung eines Wellensittichs im Haftraum überhaupt nicht in Betracht komme, weil dies in hygienischer Hinsicht die Anstaltsordnung gefährde.

Die Strafvollstreckungskammer schloß sich dieser Auffassung an und führte aus, dass eine hygienisch einwandfreie und artgerechte Haltung von Wellensittichen – zumal unter Berücksichtigung der noch unbestimmten Zahl mögli-

[102] ZfStrVo 94, 51 f

cher Interessenten – vor dem Hintergrund der Anforderungen des von der Vollzugsbehörde zitierten tierärztlichen Gutachtens die Vollzugsanstalt vom Arbeitsaufwand her überfordere und somit eine Gefahr für Sicherheit oder Ordnung der Anstalt bedeute.

§ 19 Abs. 2 StVollzG erlaube es der Vollzugsbehörde, Vorkehrungen und Gegenstände, die die Sicherheit oder Ordnung der Anstalt gefährden, als Einrichtung oder Ausstattung des Haftraumes auszuschließen.

Das OLG läßt in dieser Entscheidung dahinstehen, ob die Vogelhaltung im Haftraum allgemein oder jedenfalls unter bestimmten Voraussetzungen eine Gefährdung der Anstaltsordnung darstellt.

Es weist darauf hin, dass selbst beim Vorliegen einer solchen Gefährdung die Vollzugsbehörde zum Ausschluß dieser Gegenstände oder Vorrichtungen nicht gezwungen sei, sondern ihr vielmehr ein Ermessensspielraum zustehe. Im Rahmen jeder Einzelfallprüfung habe der Gefangene auch Anspruch auf eine fehlerfreie Ermessensentscheidung.

Das Gericht wirft der Vollzugsanstalt vor, nicht in eine Abwägung im konkreten Einzelfall eingetreten zu sein, was einen Ermessensfehlgebrauch darstelle.

Im zu entscheidenden Fall habe sie bei der gebotenen Abwägung zwischen den Interessen des Gefangenen und den Interessen des Vollzugs insbesondere berücksichtigen müssen, dass der Antragsteller eine lebenslange Freiheitsstrafe zu verbüßen habe.

Gerade ein solcher Gefangener habe ein gesteigertes Interesse an einer möglichst individuellen und wohnlichen Ausstattung seines Haftraumes, was auch durch den Angleichungsgrundsatz des § 3 Abs. 1 StVollzG gestützt werde.

Außerdem relativiere das Kriterium der langen Haftdauer die von der Vollzugsanstalt geltend gemachten Bedenken hinsichtlich der noch unbekannten Anzahl der Fälle, da der Kreis der zu lebenslanger Haft verurteilten Gefangenen überschaubar sei und sich der durch die Erlaubnis der Vogelhaltung lediglich für diese Gefangene bedingte Mehraufwand für die Vollzugsanstalt in Grenzen halten dürfte.

Ob die Anstaltsordnung bei einem solchen Kreis überhaupt als gefährdet anzusehen ist, läßt das Gericht dahingestellt. Auf jeden Fall verlöre die Gefahr bei der Abwägung gegenüber den individuellen Interessen an Bedeutung.

Eine Auseinandersetzung mit diesen Gesichtspunkten im Rahmen einer Ermessensausübung sei bei der Entscheidung der Vollzugsbehörde nicht zu Tage getreten.

Meiner Meinung nach kritisiert das Gericht die Entscheidung der Strafvollzugsbehörde zu Recht.

In ihrer Argumentation erweckt die Versagung den Eindruck einer pauschalen Reglementierung, die keine Entscheidung im Einzelfall zuläßt, weil sie bereits vor dem Einstieg in die Betrachtung der besonderen individuellen Umstände und einer sich daraus ergebenden Abwägung den Antrag ablehnt.

Außerdem hat sich die Vollzugsbehörde auch nicht in der Frage der Verhältnismäßigkeit auseinandergesetzt.

Durchaus überlegenswert wäre die Frage gewesen, ob die bestehenden hygienischen Bedenken nicht durch entsprechende Auflagen hätten aus dem Weg geräumt werden können.

Dass es eine solche Lösung des Problems möglicherweise gegeben hätte, zeigt auch die ursprünglich in einem Vermerk notierte Begründung der Vollzugsbehörde, dass der Antragsteller bestimmte Auflagen nicht erfüllt habe, die nach dem genannten tierärztlichen Gutachten als wesentlich anzusehen seien.

Dem Willen des Gesetzgebers entspricht es aber, wie aus der Entstehungsgeschichte des gesamten Strafvollzugsgesetzes ersichtlich, vor der Anordnung grundrechtsbeschränkender Maßnahmen die in Frage stehende Entscheidung stets auch vor dem Hintergrund des Grundsatzes des mildestmöglichen Eingriffes zu überprüfen. Beschränkungen, die sich auf die Klausel der Sicherheit oder Ordnung stützen, sollten stets nur als ultima ratio in Betracht kommen.[103]

[103] vgl. dazu Einleitung III 3, S. 13

V. § 22 StVollzG [Einkauf]

1. Regelungsinhalt und Entstehungsgeschichte

§ 22 StVollzG bestimmt, dass der Gefangene von seinem Haus- oder Taschengeld aus einem von der Anstalt vermittelten Angebot Nahrungs-, Genuss- und Körperpflegemittel käuflich erwerben kann. Einschränkungsgründe sind in Absatz 2 geregelt; danach können Gegenstände ausgeschlossen werden, wenn sie die Sicherheit oder Ordnung der Anstalt gefährden oder aber der Arzt aus Gesundheitsgründen ein entsprechendes Verbot anordnet.

Bereits im Entwurf der Bundesregierung[104] war die Einschränkungsmöglichkeit aus Gründen der Sicherheit oder Ordnung der Anstalt enthalten, wenn auch noch nicht in einem eigenen Absatz, sondern als Satz 2 im ersten Absatz, der in Satz 1 die grundsätzliche Gestattung des Einkaufs regelt.

Aus systematischen Gründen hat der Sonderausschuss in seinem Antrag[105] die Beschränkungstatbestände in einen eigenen (zweiten) Absatz gefaßt.

Erst der Sonderausschuss nennt auch in seiner Begründung[106] beispielhaft einige Gegenstände, die eine Gefährdung für Sicherheit oder Ordnung darstellen könnten. So sei z.B. zu denken an „Rasiermesser, wenn sie in der Hand eines Gefangenen eine Gefahr für ihn selbst oder für andere darstellen." Auch Alkohol könne in Frage kommen, und zwar „sowohl im Hinblick auf seine Wirkung nach dem Genuss als auch unter dem Gesichtspunkt, dass er in einem besonderen Maße als Tauschobjekt benutzt wird und unerwünschte Abhängigkeiten schafft".

Der Gedanke von Sicherheit oder Ordnung steht, wie sich aus der Begründung zum Regierungsentwurf[107] ergibt, schon hinter der Beschränkung, dass ein Einkauf nur aus Mitteln des Haus- und Taschengeldes möglich ist und nicht etwa auch aus Eigenmitteln des Gefangenen. Neben der Schaffung ei-

[104] BT-Dr. 7/918 S. 12
[105] BT-Dr. 7/3998 S. 62
[106] BT-Dr. 7/3998 S. 13
[107] BT-Dr. 7/918 S. 57

nes Arbeitsanreizes soll so vermieden werden, „dass einzelne Gefangene, die über mehr Eigengeld verfügen oder Mittel von Außenstehenden in Anspruch nehmen können, erheblich besser gestellt werden als andere". Es wird besonders die Befürchtung erhoben, es könnten „unter Ausnutzung solcher Besitzunterschiede Sicherheit oder Ordnung gefährdende Abhängigkeitsverhältnisse in den Anstalten begründet und unterhalten werden."[108]

2. Bedeutung der Norm

Die Möglichkeit, sich – in gewissen Grenzen – nach seinen persönlichen Bedürfnissen und nach seinem individuellen Geschmack über die Anstaltsverpflegung hinaus zusätzlich mit Nahrungs-, Genuss- und Körperpflegemitteln versorgen zu können, ist ein nicht unerheblicher Aspekt für die Stimmungslage eines Gefangenen. Ebenso wie bei der Haftraumausstattung hat er so die Gelegenheit, seine eigene Persönlichkeit zumindest in gewissem Maße auszudrücken. Das Gefühl, „in einer grauen Masse zu verschwinden", die Gefahr, das Selbstwertgefühl aus übermächtiger „Gleichmacherei" zu verlieren, kann vermindert werden, wenn dem Gefangenen möglich ist, nach eigenen Maßstäben etwas auszuwählen und zu erstehen. Kann ihm so zusätzlich noch das Gefühl vermittelt werden, eine „eigenständige Persönlichkeit" zu sein, wird damit auch der Gefahr der Prisonisation zumindest ein wenig entgegengewirkt.[109]

3. Meinungsstand in der Literatur zu Auslegung und Anwendung des Gesetzes

Die Ermöglichung eines solchen Einkaufs bzw. die Schaffung einer entsprechenden Einkaufsmöglichkeit ist schon unter dem Gesichtspunkt des Angleichungsgrundsatzes geboten.

---

[108] BT-Dr. 7/918 S. 57
[109] vgl. dazu auch Ausführungen zu § 19, Hauptteil A IV 2, S. 43

Der Einkauf bzw. die Auswahl und der Kauf individuell auf den eigenen Geschmack und die eigenen Bedürfnisse angepasster Nahrungs-, Genuss- und Körperpflegemittel stellt einen nicht unbedeutenden Aspekt im eigenverantwortlich geführten Leben in Freiheit dar. *Kellermann* spricht in diesem Zusammenhang davon, dass das Einkaufen zu den „fundamentalen Einrichtungen warenproduzierender Gesellschaften" gehört.[110]

Dieses in Freiheit selbstverständliche Recht auf freien Einkauf kann im Strafvollzug schon aus organisatorischen Gründen, aber auch aus der besonderen Situation heraus, nicht schrankenlos gewährleistet werden; jedoch sind Einschränkungen stets unter dem Gesichtspunkt zu prüfen, ob sie im Kern „zumindest gegenwärtig mit dem Freiheitsentzug unmittelbar verbunden sind"[111], denn nur dann stellen sie keine willkürliche Einschränkung des (Grund-) Rechts auf persönliche Entfaltung (Art. 2 GG) dar.

Ausdrücklich als erfüllt erachtet der Gesetzgeber diese Voraussetzung für die von ihm schon in Absatz 1 angegebene Begrenzung, dass der Einkauf an Haus- und Taschengeld gekoppelt ist.[112]

Da nach den übrigen allgemein für die Durchführung des Strafvollzugsgesetzes geltenden Grundsätzen und Zielen stets gilt, dass die Ausübung speziell auch von Grundrechten soweit ermöglicht werden soll, wie es im Vollzug durch die damit verbundene besondere Situation durchführbar ist, spricht vieles dafür, diese Klausel „sofern nicht mit dem Freiheitsentzug unvermeidbar verbunden" auch beim Einkauf anderer Gegenstände über die gesetzlich ausdrücklich normierten Nahrungs-, Genuss- und Körperpflegemittel hinaus anzuwenden.

Nr. 2 der Verwaltungsvorschriften zum Strafvollzugsgesetz enthält eine Erweiterung der Einkaufsmöglichkeit auf „sonstige Gegenstände, deren Besitz gestattet ist"[113]. Dies ist sinnvoll, denn auch nach Sinn und Zweck des Strafvollzugsgesetzes erscheint es nur folgerichtig, auch § 22 StVollzG so zu lesen, dass es sich bei der Regelung um eine „Mindestverpflichtung" bzw. „Mindestgarantie"[114] handelt.

---

[110] Kellermann, AK-StrVollzG, § 22 RN 1
[111] BT-Dr. 7/918 S. 57
[112] BT-Dr. 7/918 S. 57
[113] vgl. Strafvollzugsgesetz und bundeseinheitliche Verwaltungsvorschriften
[114] Vgl. auch Calliess / Müller-Dietz, StrVollzG § 22 RN 2

Auch über die im Gesetz ausdrücklich genannten Waren hinaus – dann gegebenenfalls auch aus Eigenmitteln - kann (und soll soweit möglich) die Anstalt einen Einkauf zulassen bzw. ermöglichen, wie sich bereits aus der Begründung zum Regierungsentwurf ergibt[115]. Bei der Überprüfung, was sinnvoll und möglich ist, haben die Gefangenen einen Anspruch auf fehlerfreie Ermessensentscheidung.[116]

So wird es aus den obengenannten Gründen zumindest dann ermessensfehlerhaft sein, den Kauf bestimmter Gegenstände zu verbieten, wenn der Gefangene gerade diese Dinge benötigt, um von den ihm gesetzlich garantierten Rechten überhaupt Gebrauch machen zu können oder aber die sinnvoll sind, den Gefahren des Freiheitsentzugs (Isolation, Lebensfernheit) entgegenzuwirken. So wäre es z.B. schwer erklärbar, den Gefangenen zwar den Bezug von Büchern zu gestatten, den Kauf derselben aber auszuschließen; es wäre geradezu sinnentleert, Briefkontakte zuzulassen, gar zu fördern, den Kauf von Papier und Stiften aber zu verbieten.

Die nach dem Willen des Gesetzgebers gebotene äußerst restriktive Anwendung der Eingriffs- bzw. hier Ausschlussmöglichkeit aus Gründen der Sicherheit oder Ordnung sowie der Grundgedanke, jede Beschränkung zunächst dahin zu überprüfen, ob sie mit dem Freiheitsentzug unvermeidbar verbunden ist[117], gebieten es aber bei konsequenter Verfolgung, selbst bei den im Bericht des Sonderausschusses[118] ausdrücklich genannten Gefahren für die Sicherheit oder Ordnung der Anstalt jeweils konkret im Einzelfall unter Berücksichtigung der Anstaltsart zu überprüfen, ob der beispielhaft genannte Gegenstand (z.B. Rasiermesser) tatsächlich eine solche Gefahr darstellt.

So gelten im offenen Vollzug gerade im Hinblick auf die Anstaltssicherheit bzw. konkret auf die Gefährlichkeit eines Rasiermessers in der Hand eines Gefangenen[119] andere Grundsätze als im geschlossenen Vollzug oder gar im Hochsicherheitstrakt einer Anstalt oder in Abteilungen, in denen psychisch labile Gefangene behandelt werden.

---

[115] BT-Dr. 7/918 S. 57
[116] Kellermann, AK-StrVollzG, § 22 RN 1
[117] BT-Dr. 7/918 S. 57
[118] BT-Dr. 7/3998 S. 13
[119] BT-Dr. 7/3998 S. 13

Eine weiterer Aspekt im Hinblick auf Versagung des Einkaufs bestimmter Dinge ist der Umgang mit Alkohol.

In der Literatur begegnet man dem in deutschen Strafanstalten generell praktizierten Alkoholverbot mit großer Skepsis und bezweifelt, dass diese Handhabung mit dem Gesetz in Einklang zu bringen ist.

Zwar ist im Bericht des Sonderausschusses zur Strafrechtsreform[120] auch die Gefahr gerade durch Alkohol ausdrücklich genannt, „und zwar sowohl im Hinblick auf seine Wirkung nach dem Genuss als auch unter dem Gesichtspunkt, dass er in besonderem Maße als Tauschobjekt benutzt wird und unerwünschte Abhängigkeiten schafft“[121], doch ist ein solch striktes und generelles Alkoholverbot konsequent gedacht eigentlich der Erreichung des Vollzugsziels (§ 2 StVollzG) bzw. der Verwirklichung der Vollzugsgrundsätze (§ 3 StVollzG) im Weg.

Zum einen entspricht das völlige Fehlen von Alkohol ganz sicher nicht der Lebenswirklichkeit in Freiheit und widerspricht in dieser Absolutheit mehr als erforderlich dem Angleichungsgrundsatz des § 3 Abs. 1 StVollzG, zum anderen ist es zur (Re-)Sozialisierung vielleicht sogar geboten, dass der Gefangene auch den „bedachten“, d.h. den gemäßigten und jedenfalls nicht „gemeinschaftsschädlichen“ Umgang mit Alkohol lernt.

Kellermann[122] spricht in diesem Zusammenhang davon, dass gerade in Kenntnis der Tatsache, dass viele Straftaten unter Alkoholeinfluß begangen werden, es auch ein Ziel des Vollzuges sein müsse, „den Gefangenen zu befähigen, begrenzt und kontrolliert im gesellschaftlich üblichen Rahmen Alkohol zu konsumieren.“

Weiterhin kann – worauf *Pécic* zu Recht bereits vor Inkrafttreten des Gesetzes 1974 hinwies[123] – ein generelles Alkoholverbot die Gefahren, die im Gesetzgebungsverfahren erkannt und ausdrücklich benannt worden sind[124], sogar noch verstärken, weil ein rigoros praktiziertes Alkoholverbot das Entstehen eines florierenden und lukrativen Schwarzmarktes erst ermöglicht und dadurch

---

[120] BT-Dr. 7/3998 S. 13
[121] BT-Dr. 7/3998 S. 13
[122] Kellermann, AK-StrVollzG, § 22 RN 6
[123] Pécic, Alternativentwurf, 1974, S. 102 ff
[124] BT-Dr. 7/3998 S. 13

wiederum die Entstehung sozial ungesunder Abhängigkeiten unterstützt wird.[125]

So muss im Ergebnis wohl davon ausgegangen werden, dass Alkohol zwar unter den verschiedenen Gesichtspunkten eine Gefahr für Sicherheit oder Ordnung darstellt, dass aber ein generelles Alkoholverbot, wie es im deutschen Strafvollzug immer noch praktiziert wird (wenn die Zulassung von Ausnahmen auch prinzipiell vorgesehen ist)[126], diesen Gefahren teilweise eher Vorschub leistet als sie zu verhindern vermag.

Die Erkenntnis, dass man sich auch mit „im Normalgebrauch" an sich unschädlichen Nahrungsmitteln aufputschen oder berauschen kann, darf – entgegen der von *Grunau/Tiesler*[127] vertretenen Auffassung - dementsprechend noch weniger zu einem generellen Bezugs- oder Einkaufsverbot führen.

Selbst wenn in den Fällen, in denen ein Gegenstand im Gesetzgebungsverfahren ausdrücklich als gefährlich benannt worden ist, eine konkrete Einzelfallbetrachtung (zumindest anstaltsbezogen) erforderlich ist und ein generelles Verbot oft als ermessensfehlerhaft beurteilt werden müsste, gilt dies umso mehr für „an sich" ungefährliche Gegenstände oder Nahrungsmittel, die erst durch den übermäßigen Genuss und in hoher Konzentration oder aber erst nach einer gewissen „Bearbeitung" zum Rausch- oder Aufputschmittel werden. (Böhm nennt beispielhaft sehr hochkonzentrierten Pulverkaffee als Aufputschmittel, getrocknete Bananenschalen als Rauschmittel oder Haarwasser und Rosinen als Alkoholersatz[128]). Allein das Wissen, dass einige Nahrungs-, Genuss und Körperpflegemittel derart missbraucht werden können, rechtfertigt nicht ein generelles Verbot ohne Verdachtsmomente und Einzelfallprüfung.

---

[125] Pécic, Alternativentwurf, 1974, S. 102 ff
[126] vgl. VV Nr.1 Abs.3
[127] Grunau / Tiesler § 22 RN 2
[128] Böhm in Schwind / Böhm, § 22 RN 5

4. konkrete Einzelfälle aus der Praxis

a. Beschluss des OLG Zweibrücken vom 15.04.1985 – 1 Vollz (Ws) 8/85 – [129]

Der Gefangene wandte sich hier dagegen, dass bei ihm der Einkauf von Zucker von den angemeldeten 5 kg auf 3 kg beschränkt wurde. Diese Beschränkung entsprach einer Verfügung, die zuvor erlassen worden war, nachdem ein Strafgefangener aufgrund des übermäßigen Konsums eines von ihm selbst angesetzten alkoholischen Getränkes verstorben war, und bei einer daraufhin durchgeführten Zellenkontrolle festgestellt wurde, dass einzelne Strafgefangene erhebliche Mengen an Zucker aufbewahrten. Nach dieser Verfügung soll der monatliche Einkauf von Zucker gem. § 22 Abs. 2 Satz 1 StVollzG auf eine Höchstmenge von 3 kg beschränkt werden; außerdem sollte in Zukunft bei Zellenkontrollen darauf geachtet werden, dass der Lagerbestand eine Höchstmenge von 5 kg Zucker nicht überschreite.

Sowohl die Strafvollstreckungskammer als auch das OLG halten diese Einschränkung auf der Grundlage des § 22 Abs. 2 Satz 1 StVollzG für rechtens. Die Verfügung diene der Abwehr von Gefahren für die Sicherheit und Ordnung, die durch den Genuß von „Angesetztem", d. h. unter Verwendung von Zucker selbst hergestelltem Alkohol, entstünden.

Das OLG weist darauf hin, dass im Laufe des Gesetzgebungsverfahrens in der Begründung des Sonderausschusses[130] „Alkohol usw." als Beispiel für den Ausschluss vom Einkauf nach § 22 Abs. 1 Satz 1 StVollzG aufgeführt wurde.

Nichts anderes, so das OLG, könne aber dann gelten, wenn die Anstalt den Zuckereinkauf auf ein Maß beschränke, das üblichen Bedürfnissen gerecht werde, um damit einer Lagerung und Weitergabe von Zucker zur Herstellung von Alkohol zu begegnen. Der Einkauf einer über den üblichen Gebrauch hinausgehenden Zuckermenge gefährde die Sicherheit und Ordnung der Anstalt in vergleichbarer Weise wie der Einkauf von alkoholischen Getränken.

Die Anwendung des § 22 Abs. 2 Satz 1 StVollzG sei auch nicht auf Gegenstände beschränkt, die bereits ihrer Art nach Sicherheit und Ordnung gefährdeten, sondern ließe jedenfalls dann eine mengenmäßige Begrenzung zu,

[129] NStZ 85, 479; NStZ 86, 94 f
[130] BT-Dr. 7/3998

wenn die Gefährdung gerade durch die über den normalen Verbrauch hinausgehende Einkaufsmenge begründet werde. Ein Grund dafür, in derartigen im Ergebnis dann vergleichbaren Fällen die Gefährdung der Sicherheit und Ordnung hinzunehmen, sei nicht erkennbar. Dass gerade eine mengenmäßige Begrenzung zulässig sein muss, ergebe sich schon aus dem Verhältnismäßigkeitsgrundsatz. Denn wäre eine Begrenzung unzulässig, wäre bei Vorliegen einer entsprechenden Gefahr ein generelles Verbot von Zuckereinkauf die Folge. Doch weil der Gefahr für Sicherheit und Ordnung in der Anstalt durch die Begrenzung des Einkaufs auch der Menge, die voraussichtlich bis zum nächsten Einkauf verbraucht werde, wirksam begegnet werden könne, dürfe die Beschränkung des Einkaufsrechts des Gefangenen nicht die Gesamtmenge erfassen.

Aus diesen Gründen sei die Beschränkung auf der Grundlage des § 22 Abs. 2 Satz 1 StVollzG im konkreten Fall gerechtfertigt.

Meines Erachtens ist hier tatsächlich die Situation gegeben, in der eine entsprechende Maßnahme erforderlich wäre, um eine nicht nur abstrakte Gefährdung für die Sicherheit und Ordnung der Anstalt zu beseitigen. Denn sowohl die Gefährdung an sich, als auch das gefährdete Gut haben eine solch erhebliche Bedeutung, dass sie bei der gebotenen Interessenabwägung deutlich genug ins Gewicht fallen, um eine Beschränkung der Rechte des Gefangenen zu rechtfertigen. Bei der angeordneten Maßnahme wurde auch nicht über Gebühr in das Einkaufsrecht des Gefangenen eingegriffen, da der Einkauf von Zucker nicht generell verboten wurde, sondern lediglich im Maß beschränkt wurde, und 3 kg bis zum nächsten Einkauf für den normalen Verbrauch auch als ausreichend anzusehen sind. Allerdings stellt sich die Frage, inwieweit die Maßnahme auch geeignet ist, die drohende Gefahrenlage abzuwehren oder die Gefahr zumindest deutlich zu verringern.

In diesem Zusammenhang beachtlich sind die Ausführungen von Böhm[131], der die Entscheidung des OLG Zweibrücken insoweit nicht für ganz unbedenklich hält, als an sich Beschränkungen und Verbote nur dann angezeigt sein sollten, wenn die Gefahr für Sicherheit oder Ordnung groß sei und durch die Anordnung auch effektiv verringert werden könne.

---

131 NStZ 86, 95 f

Durch zu umfassende Verbote werde oft erst der Anreiz geschaffen, die als zu eng empfundenen Vorschriften zu umgehen. Auch müsse berücksichtigt werden, dass der Gefangene auch in dem Maß, in dem ihm verständliche Wünsche versagt werden, eine ablehnende Haltung zum Vollzug zur Mitarbeit an der Erreichung des Vollzugszieles einnehmen könne. Das bedeute, dass sowohl die Absenkung denkbaren Risikos, als aber auch die Inkaufnahme von Risiko die Sicherheit oder Ordnung der Anstalt erhöhen oder gefährden könne.

Eine Einkaufsbeschränkung, wie sie das OLG Zweibrücken hier angeordnet hatte, sei demnach dann als vertretbar anzusehen, wenn sie die Gefahr der illegalen Alkoholherstellung deutlich verminderte.

Böhm führt weiter aus, dass sich gerade in der auch hier betroffenen Justizvollzugsanstalt über 300 Gefangene befänden. Nach der Verfügung des Anstaltsleiters könnten deshalb im Monat mehr als 900 kg Zucker eingekauft und mehr als 1.500 kg zulässiger Weise in den Hafträumen gelagert werde. Eine wahre Flut unzulässigen Alkohols könnte damit hergestellt werden. So sei die Maßnahme der Beschränkung auf 3 kg Zuckereinkauf im Monat für den Gefangenen einerseits nicht sehr belastend, auf der anderen Seite aber auch nur bedingt zur Erreichung des erstrebten Ziels geeignet.

Eine Verhinderung der illegalen Alkoholherstellung auf diese Art wäre danach nur durch eine Einkaufsbeschränkung möglich, die entweder die Gefangenen doch unverhältnismäßig beschränken oder doch mindestens den Kontrollaufwand der Anstalt vergrößern würde.

Auch dazu, dass gerade diese Gefangenen, die viel Zucker einkauften, die Lieferanten des zur Alkoholherstellung missbrauchten Zucker seien, werde nichts Konkretes vorgetragen. Zwar sei eine allgemeine Vermutung dieser Art nicht völlig unplausibel, aber als Lieferanten könnten genauso gut Gefangene dienen, die einfach sehr wenig, oder auch gar keinen Zucker benötigten und ihren gesamten Zuckereinkauf, der niemals die vollen 3 kg im Monat betragen hatte, in Alkohol investiert hätten.

Auch die Befürchtung, dass man in sich im Haftraum befindlichen Zucker Gegenstände verstecken könne, sei zwar richtig, doch werde aus der Urteilsbegründung des OLG Zweibrücken nicht deutlich, ob hier tatsächlich Zucker als Versteck genutzt worden oder ob hier nur eine denkbare Gefahr erwähnt worden sei. Eine Beschränkung auf die Lagerung von 3 kg Zucker sei hier keine wirksame Gefahrbekämpfung, denn 3 kg seien eine ausreichende Menge, um z. B. Rauschgift oder auch ein Sägeblatt zu verstecken.

Außerdem sei zweifelhaft, ob im Hinblick auf die geringe Wirkung, die die Maßnahme der Anstalt letztendlich haben dürfte, die Beschränkung des Zuckereinkaufs bzw. der Zuckerlagerung dem Verhältnismäßigkeitsgrundsatz entspreche.

Böhm wirft der Anstalt indirekt vor, dass ihre Maßnahme auf einem „ärgerlichen bürokratischen Prinzip" basiere: die unerlaubte Alkoholansetzung habe in der konkreten Justizvollzugsanstalt zu einer erheblichen Störung von Sicherheit oder Ordnung sowie zu einem Todesfall geführt, zu „besonderen Vorkommnissen" also, die in der Öffentlichkeit und im Parlament Anfragen und Vorwürfe auslösen könnten. Daher habe „etwas geschehen müssen".

Die Beschränkung des Zuckereinkaufs erfülle dieses bürokratische Bedürfnis bestens. Auch sei die Anordnung für die Gefangenen bei vernünftiger Betrachtungsweise hinnehmbar, wenn sie auch zur Verhinderung illegaler Alkoholherstellung kaum geeignet sei. Die Durchführung der Maßnahme verursache jedenfalls keinen nennenswerten Aufwand, und man habe damit auf die Geschehnisse reagiert. Folglich sei es eine Entscheidung, „mit der man leben könne".

Es sei aber mehr als zweifelhaft, ob sie den Intentionen des Strafvollzugsgesetz entspreche, geeignet sei, das Vollzugsziel zu erreichen oder dazu beitrage, ein vertrauensvolles Klima in der Anstalt herzustellen, denn auch bei der Entscheidung, ob eine Beschränkung nach § 22 Abs. 2 Satz 1 StVollzG angeordnet werden solle, seien die Vollzugsgrundsätze (§§ 2 Abs. 1, 3 StVollzG) zu Rate zu ziehen. Ihre Berücksichtigung, so Böhm, hätte es nahegelegt, auf eine Maßnahme zu verzichten, die lediglich auf „Außenwirkung" angelegt sei und zur Gefahrenabwehr kaum tauge.

b. Beschluss des OLG Koblenz vom 31.12.1991 – 2 VAs 8/91[132]

Der in der Jugendhaftanstalt Werl inhaftierte Betroffene hatte beantragt, ihm den Einkauf von Gewürzen wie z.B. Pfeffer, Paprika und Muskatnuss, zu gestatten. Dieser Antrag wurde zunächst vom Verwaltungsabteilungsleiter mit der Begründung abgelehnt, dass der Besitz von scharfen und ätzenden Gewürzen in der Jugendhaftanstalt aus Sicherheitsgründen allgemein nicht erlaubt sei, denn solche Gewürze könnten dazu benutzt werden, sie Anstaltsbediensteten bei Transporten oder Ausführungen in die Augen zu werfen, um die Beamten kurzfristig zu blenden und so ungehindert fliehen zu können.

Die Möglichkeit, solche pulverisierten Gewürze versteckt mit sich zu führen, könne auch durch eine – vor Ausführungen übliche – körperliche Durchsuchung nicht sicher ausgeschlossen werden; daher werde bereits durch den Besitz dieser Gewürzpulver die Sicherheit und Ordnung in der Jugendstrafanstalt gefährdet.

Gegen diese Ablehnung, die später vom Anstaltsleiter bestätigt worden ist, wandte sich der Betroffene mit einem Antrag auf gerichtliche Entscheidung.

Das OLG hielt diesen Antrag zwar für zulässig, jedoch für unbegründet.

Die Entscheidung der Anstaltsleitung, den Einkauf von scharfen und ätzenden Gewürzen in Pulverform aus Sicherheitsgründen allgemein zu versagen, halte sich im Rahmen des der Anstalt bei der Regelung des Einkaufs eingeräumten und in Nr. 17 Abs. 2 VVJug[133] wiederaufgenommenen Ermessens.[134]

Insbesondere hält der Senat die Erwägung für sach- und ermessensgerecht, dass derartige Gewürzpulver zur Durchführung von Befreiungsversuchen missbraucht werden könnten und deshalb schon ihr Besitz Sicherheit oder Ordnung der Anstalt gefährde.

Dies gelte gleichermaßen für die Überlegung, dass das versteckt Mitsichführen des nur wenig Platz beanspuchenden Pulvers auch durch eine gründliche körperliche Durchsuchung nicht sicher vermieden werden könne.

---

[132] ZfStrVo 92, 323

[133] Bundeseinheitliche Verwaltungsvorschrift zum Jugendstrafvollzug

[134] Nr. 17 Abs. 2 VVJug: „Gegenstände, die die Sicherheit oder Ordnung der Anstalt gefährden, können vom Einkauf ausgeschlossen werden." Nr. 17 Abs. 2 VVJug entspricht damit § 22 Abs. 2 S. 1 StVollzG, der für Jugendstrafvollzug keine Gültigkeit hat

Die Erwägungen seien nicht nur theoretischer Natur, da schon dem Senat zwei Fälle bekannt seien, in denen zur Hauptverhandlung vorgeführte Strafgefangene den sie bewachenden Justizwachtmeistern Pfeffer, den sie zuvor in der Hand versteckt hatten, in die Augen geblasen und die so bewirkte vorübergehende Blendung der Beamten zur Flucht genutzt hätten.

Daher sei die Annahme der Anstaltsleitung, derartige Befreiungsversuche könnten auch im Anstaltsbereich oder bei Ausführungen unternommen werden, als durchaus realistisch zu bewerten. Die ablehnende Entscheidung befinde sich somit im Rahmen des Ermessensspielraums und stehe mit der vorgenannten Verwaltungsvorschrift (Nr. 17 VVJug) in Einklang.

Gericht und Anstaltsleitung ist darin zu folgen, dass das Pulver von scharfen und ätzenden Gewürzen in der Lage ist, die Sicherheit oder Ordnung der Anstalt konkret zu gefährden. Angesichts dieser reallen Gefahr, die den Gewürzen bereits ihrer Art nach anhaftet, ändert auch die Tatsache, dass das Verbot für alle Gefangene unabhängig von der konkreten Gefährlichkeit gilt, nichts an der Rechtmäßigkeit der Entscheidung.

Die hier auch näher dargelegte Missbrauchsmöglichkeit ist äußerst leicht in die Realität umzusetzen und kann zur Flucht des Gefangenen und damit zu einer erheblichen Störung nicht nur der Anstaltssicherheit und –ordnung, sondern des gesamten Justizbetriebes und schließlich der öffentlichen Sicherheit führen.

Diese Überlegungen gelten in besonderem Maß für Jugenstrafanstalten, da Jugendliche und Heranwachsende in der Regel mehr als Erwachsene zu Rebellion und Widerstand gegen Autorität und aufgezwungene Ordnung neigen und ein entsprechendes Verhalten oft als „Heldentat" angesehen und von Gleichgesinnten auch gewürdigt so wird.

Im Rahmen der Abwägung der Gefahr gegen die betroffenen Interessen muss man auch feststellen, dass die Verweigerung der Gewürzpulver für den Gefangenen auch keine erhebliche Beeinträchtigung mit sich bringt, da Gewürze regelmäßig bereits durch die regulären Mahlzeiten verabreicht werden. Auch Vollzugsziele werden durch diese Einschränkung nicht in wesentlichem Umfang tangiert.

B. Besuche und Schriftwechsel

I. Die Bedeutung und die Regelungsaufgabe des vierten Titels des Strafvollzugsgesetzes

Im behandlungs- und sozialisationsorientierten Vollzug (§§ 2, 3 StVollzG) kommt dem *vierten Titel* des Strafvollzugsgesetzes, der sich im weitesten Sinne mit den Kontakten der Inhaftierten zur Außenwelt befaßt, große Bedeutung zu. Die hier geregelten Besuchsverkehr, Schriftwechsel und sonstigen Postverkehr haben als Minimalgarantien[135] für Außenweltkontakte grundlegende Bedeutung für Vollzugsziel (vgl. § 2 StVollzG) und allgemeine Vollzugsgrundsätze (vgl. § 3 StVollzG), da sie „der Isolation des Gefangenen und den damit verbundenen Gefahren für Realitätssinn, Kommunikation und mitmenschliche Kontakte entgegenwirken und zugleich zum Aufbau neuer Beziehungen beitragen" sollen.[136]

So sieht schon der Regierungsentwurf zum Strafvollzugsgesetz[137] die Aufgabe dieses Titels, der hier noch überschrieben ist mit „Besuche, Schriftwechsel sowie sonstiger Postverkehr", vor allem darin, „die durch den Freiheitsentzug gegebene Abschließung des Gefangenen von Personen und Stellen außerhalb der Anstalt so zu konkretisieren, dass die Vollzugsbehörden in der Lage sind, den Freiheitsentzug durchzuführen und dem Gefangenen nicht mehr Einschränkungen auferlegt werden, als es hierfür und für seine Behandlung notwendig sei."[138]

Der Gesetzgeber betont schon im Regierungsentwurf, dass „das Recht der Gefangenen zum Verkehr mit anderen Personen auch im Vollzug der Freiheitsstrafe als fortbestehend" anzusehen ist.[139]

Ausdrücklich sei in den §§ 23, 24 und 28 StVollzG je von einem „Recht" auf Besuch oder Schriftwechsel die Rede, um damit auch „die Bedeutung dieser

[135] d.h. unabhängig von den räumlichen, zeitlichen, finanziellen und personellen Gegebenheiten in der Anstalt sind diese Minimalrechte einzuräumen, ein von der konkreten Anstalt eingeräumtes „Mehr" wird dadurch nicht verhindert.
[136] Kaiser/Kerner/Schöch § 6 RN 69; vgl. zum ganzen auch Kaiser/Kerner/Schöch § 18
[137] BT-Dr. 7/918
[138] BT-Dr. 7/918 S. 57
[139] BT-Dr. 7/918 S. 57

Ansprüche herauszustellen, die sich zum Teil als Ausfluß der im Grundgesetz garantierten Freiheitsrechte darstellen".[140]

Dieser Gesetzesentwurf sah also schon das Ziel der Regelungen darin, „den Konflikt zwischen den Individualrechten und den notwendigen Erfordernissen eines geordneten Vollzuges durch eingehende Vorschriften zu lösen, die dem Gefangenen ein bestimmtes Mindestmaß an Kontakten garantieren und zugleich die Vollzugsbehörden ermächtigen, den Vollzug störende Informationen unter bestimmten Voraussetzungen zurückzuhalten und sie zu verpflichten, Beziehungen des Gefangenen zu fördern, die die Vollzugsaufgaben unterstützen."[141]

So ist die Pflege sozialer Kontakte in mehrfacher Hinsicht zur Verwirklichung der Vollzugsgrundsätze und vor allem zur Erreichung des Vollzugsziel geradezu unumgänglich nötig.[142]

Die Kontakte mit der Außenwelt sollen „der Isolation des Gefangenen und den damit verbundenen Gefahren für Realitätssinn, Kommunikation und mitmenschliche Kontakte entgegenwirken und zugleich (aber auch) zum Aufbau neuer Beziehungen beitragen."[143]

Daneben wirkt sich der privat und individuell geführte Schriftwechsel oder der persönliche Besuch auch positiv auf das Selbstwertgefühl aus; es wird das Gefühl des Gefangenen unterstützt, auch in der „Masse" eine eigene Persönlichkeit zu sein, da er durch Briefe und Besuche wenigstens ein Stück „Privatleben" hat, das ihn von anderen Gefangenen unterscheidet bzw. das er nicht mit anderen teilen muss.

Bei der Pflege dieser Kontakte kann er „Außenstehenden" von „seiner Welt", seinem Alltag im Strafvollzug erzählen oder schreiben und hört bzw. liest von den Problemen oder Begebenheiten eines Lebens in Freiheit. Das Anstaltsleben (und auch der damit oft verbundene „Anstaltston") wird so nicht zur einzig vorstellbaren Lebensnormalität, die Wertvorstellungen und Alltagsregeln des freien Lebens bleiben so (zumindest auch) präsent, was es dem Inhaftierten erleichtert, sich nach Verbüßung der Haft wieder in der Freiheit zurechtzufin-

---

[140] BT-Dr. 7/918 S. 57, vgl. dazu auch Hoffmeyer 1979, 196ff
[141] BT-Dr. 7/918 S. 57
[142] so auch Eidt, Verkehr des Gefangenen mit der Außenwelt (...), Anwaltsblatt 26, 1976, S.379-382
[143] Schöch in Kaiser / Kerner / Schöch § 6 RN 79

den, zumal diese in der Zeit der Haft gepflegten Kontakte für die Zeit nach der Entlassung auch ein „Netz" darstellen können, das den (dann ehemaligen) Gefangenen auffangen kann und soll.

Schließlich ist für die Frage, ob eine soziale Integration wirklich möglich und damit eine Wiedereingliederung erfolgreich ist, auch maßgeblich mitbestimmend, ob sowohl gesellschaftlich adäquate Verhaltens- und Reaktionsmuster als auch tragende soziale Bindungen und Beziehungen erhalten oder zumindest aufgebaut worden sind.[144]

Auch und gerade unter Berücksichtigung der besonderen Bedeutung der Außenkontakte können diese (von der Vollzugsbehörde grundsätzlich zu fördernde) Rechte durch die besondere Situation der freiheitsentziehenden Maßnahme nicht schrankenlos gewährleistet werden. Denn - wie sich auch bereits aus dem Regierungsentwurf ergibt[145] – es müssen neben den Individualrechten des Gefangenen auch die notwendigen Erfordernisse eines geordneten Vollzuges berücksichtigt werden[146].

So werden diese Rechte auf Außenkontakte durch zahlreiche Vorschriften beschränkt, so unter anderen durch die hier in Frage stehende Eingriffsmöglichkeit aus Gründen der Sicherheit und Ordnung.

Es ist unbestritten, dass sowohl Briefe als auch (und viel mehr noch) persönliche Kontakte isoliert betrachtet eine Gefahr für Sicherheit oder Ordnung der Anstalt darstellen können, doch in Konsequenz des vom Gesetzgeber hinter den Einschränkungsregelungen des gesamten Strafvollzugsgesetzes stehenden ultima-ratio-Gedankens, d.h. des Gebotes der möglichst restriktiven Anwendung der Eingriffstatbestände, muss jede den Außenkontakt einschränkende Entscheidung vor dem Hintergrund des hohen Stellenwertes der Kommunikation mit der Außenwelt überprüft werden.

Aus der Tatsache, dass im Sozialisationsvollzug der Gedanke an Sicherheit und Ordnung nicht mehr „übermächtig" sein und jeden Konflikt von vornherein zugunsten einer restriktiven Maßnahme entscheiden darf, ergibt sich zwangsläufig, dass die Vollzugsbehörde stellenweise ein Risiko - wenn auch lediglich

---

[144] so auch Kerner in Kaiser/Kerner/Schöch § 18 RN 2
[145] vgl. BT-Dr. 7/918 S. 57
[146] Schwind in Schwind /Böhm, Vorbemerkungen zu § 23 RN 3

im Rahmen der Kalkulierbarkeit - eingehen muss bei der Zulassung bestimmter (gegebenenfalls neuer und unbekannter) Kontakte[147].

Dem Gefangenen muss also vor der „Konfliktlösung" mittels einer restriktiven Anordnung zunächst ein gewisser „Vertrauensvorschuß" gewährt werden[148]. Lediglich die Tatsache, dass Schriftwechsel und Besuch eine Gefahr darstellen könnten, genügt bei Fehlen jeglicher anderer und vor allem konkreter Verdachtsmomente nicht, um das Recht auf Außenkontakte einzuschränken.

Auch Hassemer[149] votiert sinngemäß für einen solchen Vertrauensvorschuß. Er formuliert dies folgendermaßen prägnant, dass es darauf ankomme, „das Risiko nicht der Freiheitsgewährung, sondern der Freiheitsbeschränkung aufzubürden". Außerdem fordert er „kontrollierte Experimente zugunsten der Betroffenen"[150], um einerseits – und das ist „Experimentsaspekt" – freiheitssichernde Entwicklungen und Veränderungen offenzuhalten bzw. dafür aufgeschlossen zu bleiben (zu werden?) und andererseits – das „Kontrollelement" in seiner Aussage – die Unsicherheit über die Folgen zu begrenzen.[151]

Diese These entspricht auch der Intention des Gesetzgebers, der schon im Regierungsentwurf das Spannungsverhältnis zwischen den sich praktisch gegenüberstehenden Interessen (Bedeutung der Außenkontakte für den Gefangenen einerseits – Erfordernis, einen geordneten Vollzug aufrechtzuerhalten andererseits) erkannte und daher die Eingriffstatbestände formulierte, gleichzeitig aber betonte, dass dem Gefangenen nicht mehr Einschränkungen auferlegt werden dürften als für die Durchführung des Freiheitsentzuges und Behandlung des Gefangenen notwendig sei.[152]

Dass diese Idealvorstellung, die bereits der Gesetzgeber hinsichtlich der restriktiven Anwendung von Sicherheit und Ordnung gerade vor dem Hintergrund der hohen Bedeutung der Außenkontakte für das Erreichen des Vollzugszieles hat (und die auch von der Literatur nahezu einhellig unterstützt wird) mit der Praxis, also dem Vollzugsalltag, oft nicht übereinstimmt, erkennt man bereits an der Häufigkeit, in der Streitfragen über diese Rechte bzw. ihrer

---

[147] a.A. aber Schwind in Schwind/Böhm § 23 RN 2
[148] Joester / Wegner, AK-StrVollzG, § 23 RN 2, so auch Kerner in Kaiser / Kerner / Schöch, § 13 RN 86, allerdings im Zusammenhang mit internen Kontakten
[149] Hassemer, Kommunikationsfreiheit in der Haft, ZRP 1984, 292, 295
[150] Hassemer, Einführung in die Grundlagen des Strafrechts, 1981, S. 274 u ff
[151] so explizit in ZRP 1984, 292, 295
[152] BT-Dr. 7/918 S. 57

Grenzen die Gerichte beschäftigen, bzw. an der Vielzahl von gerichtlichen Entscheidungen, die es zu den einschlägigen Vorschriften dieses Titels des Strafvollzugsgesetzes gibt.

II. Die einzelnen Einschränkungen „aus Gründen der Sicherheit oder Ordnung" im Überblick

Ausdrücklich genannt und geregelt sind Einschränkungen bzw. Eingriffsmöglichkeiten unter dem Gesichtspunkt der Sicherheit oder Ordnung in diesem Titel in den Vorschriften zum Besuch § 24 Abs. 3 StVollzG, § 25 Ziff. 1 StVollzG, § 27 Abs. 1 S .1 StVollzG und Abs. 4 HS. 2 StVollzG; in den Regelungen zum Schriftverkehr § 28 Abs. 2 Ziff. 1 StVollzG, § 29 Abs. 3 StVollzG und § 31 Abs. 1 Ziff. 1 StVollzG. Entsprechendes findet sich im Hinblick auf Ferngespräche und Telegramme in § 32 StVollzG; beim Paketempfang in § 33 Abs. 1 S. 4 und Abs. 3 StVollzG sowie hinsichtlich der Verwertung der aus der Überwachung gewonnenen Erkenntnisse in § 34 Abs. 1 Ziff. 1 StVollzG:

Einschränkungen aus Gründen der Sicherheit oder Ordnung:

1. Besuchsrecht

- gem. § 24 Abs. 3 StVollzG ist es aus Gründen der Sicherheit (!) möglich, dass sich ein Besucher durchsuchen lassen muss, um zugelassen zu werden;
- ein Besuch kann bei Gefährdung der Sicherheit oder Ordnung der Anstalt gem. § 25 Ziff. 1 StVollzG untersagt werden;
- nach § 27 Abs. 1 S. 1 StVollzG dürfen Besuche aus Gründen (der Behandlung oder) der Sicherheit oder Ordnung der Anstalt (sicht-) überwacht werden, gem. Satz 2 gilt dies weitergehend für die (akustische) Überwachung von Unterhaltungen; die an sich nicht erlaubnispflichtige Möglichkeit der Übergabe von Schriftstücken und Unterlagen beim Verteidigerbesuch kann aus Gründen der Sicherheit oder Ordnung der Anstalt gem. § 27 Abs. 4 HS. 2 StVollzG von einer Erlaubnis abhängig gemacht werden.

2. Schriftwechsel

- das grundsätzlich durch § 28 Abs. 1 StVollzG garantierte Recht auf Schriftwechsel wird gem. § 28 Abs. 2 Ziff. 1 StVollzG insoweit eingeschränkt, als der Anstaltsleiter bei einer Gefährdung von Sicherheit oder Ordnung der Anstalt den Schriftwechsel mit bestimmten Personen untersagen kann;
- gem. § 29 Abs. 3 StVollzG darf Schriftwechsel (mit Ausnahme vom grundsätzlich überwachungsfreien Schriftverkehr mit dem Verteidiger) aus Gründen (der Behandlung oder) der Sicherheit oder Ordnung der Anstalt überwacht werden;
- nach § 31 Abs. 1 Ziff. 1 StVollzG können Schreiben angehalten werden, wenn sonst (das Vollzugsziel oder) die Sicherheit oder Ordnung der Anstalt gefährdet würden.

3. Ferngespräche und Telegramme

- Entsprechend den Regelungen und Einschränkungen bei Besuch und Schriftverkehr können gem. § 32 StVollzG Ferngespräche und Telegramme überwacht bzw. unterbunden werden.

4. Pakete

- einzelne Gegenstände, die die Sicherheit oder Ordnung der Anstalt gefährden, können beim an sich erlauben Paketempfang nach § 33 Abs. 1 S. 4 StVollzG ausgeschlossen werden[153]; der Paketempfang kann (zumindest vorübergehend) gem. § 33 Abs. 3 StVollzG auch ganz untersagt werden, sofern dies wegen Gefährdung der Sicherheit oder Ordnung der Anstalt unerlässlich[154] ist.

---

[153] entsprechend den Regelungen hinsichtlich der vom Einkauf ausgeschlossenen Gegenstände. Das ist auch sinnvoll, denn sonst könnte § 22 Abs. 2 StVollzG über den Paketempfang leicht „umgangen" werden

[154] vgl. Einleitung VII 2 c, S. 24

5. Kenntnisverwertung

- Weitergehend als die Überwachung und Kontrolle von Besuchen, Unterhaltungen, Schriftwechsel und Paketempfang erlaubt § 34 Abs.1 Ziff.1 StVollzG die Verwertung von Kenntnissen aus diesen vorangegangenen Überwachungen und Kontrollen, sofern dies nötig ist, um Sicherheit oder Ordnung der Anstalt zu wahren.

III. § 24 StVollzG [Recht auf Besuch]

1. Regelungsinhalt und Entstehungsgeschichte

§ 24 StVollzG regelt das grundsätzliche Recht des Gefangenen, Besuch zu empfangen sowie dessen zeitlichen Mindestumfang.

Aus Gründen der Sicherheit (nicht aber aus Gründen einer Gefährdung der Ordnung!) kann nach Absatz 3 dieser Vorschrift ein Besuch davon abhängig gemacht werden, dass der Besucher sich durchsuchen läßt.

Die Durchsuchungsmöglichkeit (bzw. die Koppelung einer Besuchserlaubnis an eine Durchsuchungszulassung) aus Sicherheitsgründen war erstmals im Regierungsentwurf[155], damals noch im Absatz 4, enthalten. In der Begründung[156] ist dazu angeführt, dass dieser von der Strafvollzugskommission nicht vorgesehene Absatz dem „Bedürfnis der Praxis" entspreche, „in extremen Fällen sicherstellen zu können, dass keine Waffen in die Anstalt eingeschmuggelt werden."

Der Bundesrat[157] stimmte dem in der Sache zu, schlug aber aus Gründen der Klarstellung eine Umformulierung vor, die der Sonderausschuss dann auch berücksichtigte, jetzt, nach einer inhaltlichen Zusammenfassung der ursprünglichen Absätze 1 und 2 in einen (ersten) Absatz, dann aber im Absatz 3.

2. Bedeutung der Norm

Die Möglichkeit, auch während der Verbüßung der Freiheitsstrafe in der Justizvollzugsanstalt Besuche empfangen zu dürfen, entspricht einerseits dem Bedürfnis eines jeden Menschen nach unmittelbarem menschlichen Kontakt, andererseits ist aber die Besonderheit mitberücksichtigt, dass nicht jede so-

[155] BT-Dr. 7/918 S. 13
[156] BT-Dr. 7/918 S. 58
[157] BT-Dr. 7/918 S. 113

ziale Begegnung ausreichend ist, um eine innere Isolation zu verhindern, sondern dass neben den zwischenmenschlichen Kontakten, die sich aus der „Zwangsgemeinschaft" in der Haftanstalt gewissermaßen unvermeidbar ergeben, auch der „frei gewählte" Kontakt zu Menschen, mit denen man nicht aus der besonderen Situation heraus immer wieder zusammentrifft, erforderlich ist. Für den Gefangen, bei dem die Voraussetzungen für eine Vollzugslockerung – noch – nicht vorliegen, ist die Möglichkeit, Besuch empfangen zu können, praktisch die einzige Gelegenheit, unmittelbaren Kontakt mit der Außenwelt zu bekommen und zu erhalten[158]. So soll auch hier unter verschiedenen Gesichtspunkten die Wiedereingliederung erleichtert werden: Zum einen schon während des Vollzugs, indem durch die Kontakte eine innere Abkapselung und der Verlust der Lebensnähe verhindert oder jedenfalls verringert werden soll, zum anderen auch für die Zeit nach der Entlassung, wo diese Kontakte die Basis für ein neues soziales Leben in Freiheit bieten können und sollen.

3. Meinungsstand in der Literatur zu Auslegung und Anwendung des Gesetzes

Der hohen Bedeutung des Rechts auf Besuch und der wichtigen Aufgabe dieser Möglichkeit zu Außenkontakten war man sich demnach schon früh bewußt.

Einigkeit bestand und besteht allerdings auch in der Erkenntnis, dass diese Kontakte mit Gefahren verbunden sind und dass entsprechende Sicherheitsvorkehrungen der Anstalt einen nicht unerheblichen zeitlichen und personellen Aufwand bedeuten können[159].

Eindeutig besagt der Gesetzeswortlaut, dass lediglich bei Gefährdung der Sicherheit eine Durchsuchung angeordnet werden darf. Bei einer Gefahr für die Anstaltsordnung ist eine Durchsuchung von § 24 Abs. 3 StVollzG nicht gedeckt. Wie oben[160] ausgeführt, soll die Regelung nach dem Willen des Ge-

[158] vgl. hier auch BT-Dr. 7/918 S. 57
[159] so auch schon im Regierungsentwurf BT-Dr. 7/918 S. 57
[160] Hauptteil B III 1, S. 87

setzgebers[161] der Vollzugsbehörde ermöglichen, „in extremen Fällen sicherstellen zu können, dass keine Waffen in die Anstalt eingeschmuggelt werden."

Man ist sich darüber einig, dass auch bei der grundsätzlichen Pflicht zur restriktiven Auslegung von Einschränkungstatbeständen die Erwähnung der Waffen in der Entwurfsbegründung keine abschließende Bedeutung hat, sondern gewissermaßen als „Beispiel" der „Rahmenabsteckung" dient, dass also in den genannten „extremen Fällen" die Einschmuggelungsgefahr auch anderer Gegenstände als Waffen – jedoch von vergleichbarer Gefährlichkeit für die Sicherheit – eine Durchsuchung nach dieser Vorschrift rechtfertigt[162].

Diese Auslegung basiert auf dem Bericht des Sonderausschusses für die Strafrechtsreform zu § 25 a StVollzG-E[163], in dem darauf hingewiesen wird, dass die Aufführung speziell der Waffen nur einen Teil des Regelungsinhalts von § 24 Abs. 4 (heute Abs. 3) StVollzG entspricht. Ausdrücklich ist erwähnt, dass durch die Maßnahme auch das Einschmuggeln „anderer sicherheitsgefährdender Gegenstände, wie z.B. Ausbruchwerkzeuge" verhindert werden solle[164]. Nach dem Bericht des Sonderausschusses fällt auch die Durchsuchung i.S.v. inhaltlicher Überprüfung von Schriftstücken, die der Besucher mit sich führt, unter die Regelung des § 24 Abs. 4 (heute Abs. 3) StVollzG. Auch die Übergabe von Schriftstücken könne eine Sicherheitsgefährdung darstellen, zum Beispiel „wenn sie Mitteilungen oder Skizzen zur Vorbereitung der Flucht oder einer Meuterei enthalten."[165]

Von § 24 Abs. 3 StVollzG gedeckt ist das Verlangen, dass sich ein Besucher durchsuchen läßt, wobei „Durchsuchung" das Abtasten der Kleider am Körper sowie den Einsatz von Metallsonden meint. Nicht erlaubt ist demnach etwa eine Untersuchung. Bei einer Weigerung, sich durchsuchen zu lassen, ist als Reaktion nur die Ablehnung der beantragten Besuchserlaubnis gerechtfertigt; Zwang darf nicht ausgeübt werden.

Auch in diesem Zusammenhang gilt der Grundsatz des geringstmöglichen Eingriffs. Wenn eine Sicherheitsgefährdung auch dadurch ausgeschlossen werden kann, dass die betreffenden Taschen, Beutel oder Schriftstücke hin-

[161] BT-Dr. 7/918 S.58
[162] so auch Calliess / Müller-Dietz, StrVollzG § 24 RN 6
[163] BT-Dr. 7/3998 S. 14
[164] BT-Dr. 7/3998 S. 14
[165] BT-Dr. 7/3998 S. 14

terlegt und nicht mit zum Gefangenen genommen werden, stellt sich die Frage, ob ein Durchsuchungsverlangen bzw. bei Weigerung eine dann stets erfolgende Ablehnung der Besuchserlaubnis wirklich gerechtfertigt ist.

Wenn schon der Gefangene nicht mehr als unbedingt erforderlich durch einschränkende Maßnahmen belastet werden darf, so muss dies für den an sich noch „unbeteiligten" Besucher umso mehr seine Bedeutung haben.

Auch hier ist also eine Betrachtung im Einzelfall geboten. Es muss möglich sein, die Erforderlichkeit einer „absoluten" Reaktion mit einer Besuchsablehnung je nach Sicherheitserfordernis der konkreten Anstaltsart differenziert zu beurteilen. Eine generelle Durchsuchungsanordnung scheint demnach nur für Anstalten mit hohem oder zumindest erhöhten Sicherheitsrisiko angebracht, in Anstalten z.B. in denen Terroristen oder andere gefährliche Straftäter einsitzen.[166]

4. konkrete Einzelfälle aus der Praxis

a. Beschluss des OLG Hamm vom 08.12.1980 – 1 VAs 35/78 – [167]

Dem Verteidiger eines Strafgefangenen wurde der erforderliche Zutritt zum Anstaltsgelände nur gestattet, sofern er sich durchsuchen ließe. Diese Maßnahme beruhte auf einer 2 Jahre zuvor getroffenen Anordnung des Anstaltsleiters, die die Sicherheit der Anstalt insbesondere vor Angriffen terroristischer Gewalttäter gewährleisten sollte. Die Anstalt war bereits das Ziel von gewaltsamen Demonstrationen gewesen, bei denen das Eigentum des leitenden Krankenhausarztes beschädigt und leitende Bedienstete der Anstalt bedroht worden sind.

Nach der nunmehr gültigen Dienstanweisung war der Zutritt zum inneren Anstaltsgelände grundsätzlich nur noch solchen Personen gestattet, die bereit waren, sich durchsuchen zu lassen. Eine Durchsuchung von Bediensteten der Anstalt und der Aufsichtsbehörden fand nicht statt; auch bei persönlich be-

[166] so auch Schwind in Schwind / Böhm, § 24 RN 15
[167] NStZ 81, 277

kannten Amtspersonen konnte davon abgesehen werden. Rechtsanwälte als Verteidiger jedoch wurden nicht als Amtspersonen angesehen.

Der Verteidiger des Gefangenen beantragte erfolglos, die Dienstanweisung insgesamt für rechtswidrig zu erklären, oder hilfsweise, bestimmte näher bezeichnete Ordnungsziffern abzuändern.

Das OLG vertritt die Auffassung, dass § 24 Abs. 3 StVollzG die Ermächtigung des Anstaltsleiters mit umfasst, nicht nur im Einzelfall, sondern auch allgemein anzuordnen, dass der Zutritt zur Vollzugsanstalt davon abhängig gemacht wird, dass sich der Besucher durchsuchen lässt. Dem Wortlaut des Gesetzes sei jedenfalls nichts Gegenteiliges zu entnehmen. Zwar unterscheide § 84 Abs. 2 und 3 StVollzG in Bezug auf eine mit einer Entkleidung verbundenen körperlichen Durchsuchung von Gefangenen zwischen der Einzelanordnung und einer allgemeinen Anordnung des Anstaltsleiters. Aus dieser Sonderregelung ließe sich jedoch nicht ableiten, dass für die Durchsuchung von Besuchern mit dem Metallsuchgerät und sodann durch Abtasten über der Bekleidung gemäß der Dienstanweisung eine Einzelanordnung des Anstaltsleiters erforderlich sei.

Auch ließe sich dem Wortlaut des Gesetzes nicht entnehmen, dass für Verteidigerbesuche etwas anderes gelte. Das Gericht könne sich nicht der Auffassung von *Joester*[168] anschließen, dass die entsprechende Anwendung des § 24 Abs.3 StVollzG auf einen Rechtsanwalt voraussetze, dass dieser bereits den konkreten Verdacht des Mißbrauchs der Rechtsberatungsrechte durch konkretes tätliches Handeln begründet habe. In der Entscheidung, auf die sich *Joester* bezogen habe[169], habe man sich mit den Regelungen der §§ 24 Abs. 3, 26 Satz 2 StVollzG nicht auseinandergesetzt, sondern die Entscheidung lediglich auf § 148 StPO gestützt.

Das Gericht folgt *Joester* in der Auffassung, dass der Anstaltsleiter für eine entsprechende Durchsuchungsanordnung eine gesetzliche Ermächtigungsgrundlage benötige, ist jedoch nicht der Ansicht, dass eine allgemeine Durchsuchungsanordnung ausgeschlossen sei, soweit diese Rechtsanwälte als Verteidiger generell einbezöge.

---

[168] zitiert wurde: Joester , AK-StrVollzG, § 26 RN 8
[169] zitiert wurde: OLG Saarbrücken NJW 78, 1446

Denn dem Gesetzgeber sei die dahingehende Praxis der Vollzugsbehörden bekannt gewesen. Hätte er ihr entgegentreten wollen, hätte es deswegen nahegelegen, dies klar und deutlich zum Ausdruck zu bringen. Dies sei jedoch auch im Gesetzgebungsverfahren nicht geschehen. Vielmehr sollte nach der Begründung zu § 24 Abs. 5 des Regierungsentwurfs[170], der § 24 Abs. 3 StVollzG wörtliche entspricht, mit dieser Vorschrift einem Bedürfnis der Praxis Rechnung getragen werden, in extremen Fällen insbesondere das Einschmuggeln von Waffen in die Anstalt zu verhindern.

Der Senat könne weder der Begründung des Gesetzentwurfes noch den Anmerkungen im Bericht des Sonderausschusses [171] entnehmen, dass mit dem einschränkenden Hinweis auf „extreme Fälle“ das Verbot einer generellen Durchsuchungsanordnung zum Ausdruck gebracht werden sollte. Obwohl gerade der Sonderausschuss sich eingehend mit der Frage der körperlichen Durchsuchung von Verteidigern befasst habe, sei die Frage der generellen Durchsuchungsanordnung im Gesetzgebungsverfahren nicht erörtert worden.

Das OLG weist ausdrücklich darauf hin, dass das dem Anstaltsleiter in § 24 Abs. 3 StVollzG eingeräumte Handlungsermessen eine Gefährdung der Sicherheit der Anstalt voraussetze. Diese Voraussetzung sei hier gegeben, weil die in Frage stehende Justizvollzugsanstalt bereits das Ziel von gewaltsamen Demonstrationen gewesen sei und auch gerade zur Aufnahme von solchen Untersuchungs- und Strafgefangenen diene, die dem Kreis krimineller oder gar terroristischer Vereinigungen zuzurechnen seien. Insbesondere das innerhalb des Anstaltsgeländes liegende Bezirkskrankenhaus bringe es mit sich, dass derzeit mit der Aufnahme von Untersuchungs- oder Strafgefangenen gerechnet werden müsse, bei denen organisierte Befreiungsaktionen nach den Erfahrungen in der Vergangenheit in Betracht kämen.

Außerdem entspräche die vom Anstaltsleiter angeordnete Durchsuchung durch Anwendung eines Metallsuchgerätes und durch oberflächliches Abtasten des Körpers der Besucher einer weltweit (z. B. auf Flugplätzen) üblichen Kontrollmaßnahme, die sowohl geeignet als auch geboten sei, das Risiko gewaltsamer Befreiungsaktion aus Vollzugsanstalten herabzusetzen.[172]

---

[170] BT-Dr. 7/918, S. 58

[171] zitiert wurde: BT-Dr. 7/3998, S. 14

[172] Das Gericht weist hier anschließend darauf hin, dass der Sachverhalt der anders lautenden Entscheidung des OLG Saarbrücken vom 28.02.1978 (abgedruckt in der NJW 78,

Meiner Ansicht nach ist eine generelle Durchsuchungsanordnung auch gegenüber Verteidigern unverhältnismäßig und nicht von der Intention des Gesetzgebers zu § 24 Abs. 3 StVollzG gedeckt.

Nicht anschließen kann ich mich vor allem der Auffassung des Senats, dass mit dem einschränkenden Hinweis (im Bericht des Sonderausschusses[173]) auf „extreme Fälle" nicht das Verbot einer generellen Durchsuchungsanordnung zum Ausdruck gebracht werden sollte.

Bereits die Formulierung „Reaktionsmöglichkeit auf extreme Fälle" indiziert, dass eine Durchsuchung eben nicht allgemein durchgeführt werden darf.

Gerade die auf äußerste Ausnahmen ausgerichtete Wortwahl macht ganz deutlich, dass eine Einzelfallprüfung erforderlich ist, um eine solche einschränkende Maßnahme ergreifen zu können. Es muss am konkreten Beispiel überprüft werden, ob ein „extremer Fall" vorliegt, der eine Durchsuchung rechtfertigt.

Selbst wenn es sich – wie hier – um eine Justizvollzugsanstalt handelt, die bereits das Ziel von gewaltsamen Demonstrationen war, müsste auf jeden Fall berücksichtigt werden, ob gerade der spezielle Strafgefangene diesbezüglich auffällig geworden ist oder ob konkrete Anhaltspunkte den Verdacht nahelegen, gerade dieser Verteidiger könne einen solch gravierenden Gesetzesverstoß begehen.

Pauschale Hinweise auf „Erfahrungen in der Vergangenheit hinsichtlich des Bezirkskrankenhauses" sind zu allgemein, um der Forderung des Gesetzgebers auf restriktiven Gebrauch der Einschränkungsbefugnisse gerecht zu werden.

Auch die „Parallele" zu auf Flugplätzen üblichen Kontrollmaßnahmen vermag mangels Vergleichbarkeit nicht zu überzeugen, da ein Fluggast sich gemeinhin freiwillig für den Flug und die *dort* standartisierten Kontrollmöglichkeiten entscheidet.

b. Beschluss des OLG Celle vom 21.05.1986 –3Ws 241/86 (StrVollz)–[174]

Im vorliegenden Fall war vom Leiter der Vollzugsanstalt verfügt worden, dass der Verteidiger eines Strafgefangenen für die Dauer von 6 Monaten vor dem Betreten der Justizvollzugsanstalt zu durchsuchen sei, da dem an der Außen-

1446) sich vom hier entschiedenen Fall insofern unterscheide, als die dort betroffene Justizvollzugsanstalt noch nicht das Ziel gewaltsamer Anschläge gewesen sei und bei der solche Angriffe (andres als beim oben dargelegten hohen Sicherheitsrisiko der dort betroffenen Justizvollzugsanstalt Bochum) auch nicht zu erwarten gewesen seien

[173] vgl. BT-Dr. 7/3998 S. 14

[174] ZfStrVo 87, 185 f = StV 86, 396; NStE Nr.1 zu § 24 StVollzG

pforte diensthabenden Beamten anläßlich eines früheren Besuchs vor dem Betreten der Anstalt in der Aktentasche des Verteidigers eine Flasche Weinbrand aufgefallen war, als der Verteidiger die Tasche öffnete, um die Vollmachtsurkunde herauszunehmen. Der Verfügung des Anstaltsleiters lag die Annahme zu Grunde, der Verteidiger habe die Flasche dem Strafgefangenen übergeben wollen, was dieser jedoch bestritt.

Das OLG stützt die Auffassung des Vollzugsleiters nicht. Es führt aus, dass das Einschmuggeln eines alkoholischen Getränks in die Justizvollzugsanstalt nur gegen deren Ordnung verstoße und insofern eine Ordnungswidrigkeit nach § 115 Abs. 1 Nr. 1 OWiG sei, die jedoch nicht schon die Sicherheit der Anstalt in Frage stelle. Ihre Ordnungsinteressen könne die Anstalt notfalls dadurch verfolgen, dass der Gefangene gem. § 84 StVollzG im Anschluss an den Besuch durchsucht werde.

Eine Durchsuchung aus Ordnungsgründen habe der Gesetzgeber jedoch nicht vorgesehen. Nach § 24 Abs. 3 StVollzG, der nach § 26 Satz 2 StVollzG entsprechend für den Verteidigerbesuch gelte, könne ein Besuch aus Gründen der Sicherheit davon abhängig gemacht werden, dass sich der Besucher durchsuchen lasse. Der hier verwendete Begriff der Sicherheit umfasse, so das OLG, jedoch nicht den Begriff der Ordnung der Vollzugsanstalt. Er sei dem gewöhnlichen Sprachgebrauch entsprechend davon zu unterscheiden.

Dies ergebe die Entstehungsgeschichte der Bestimmung unzweideutig. Vor dem Erlass des Strafvollzugsgesetzes sei eine Durchsuchung von Besuchern in der bundeseinheitlichen Dienst- und Vollzugsordnung nicht vorgesehen gewesen. Auch der Gesetzentwurf der Strafvollzugskommision habe sie nicht enthalten. Sie sei erst in den Regierungsentwurf aufgenommen worden, um einem Bedürfnis der Praxis entsprechend „in extremen Fällen sicher stellen zu können, dass keine Waffen in die Anstalt eingeschmuggelt werden könnten“[175] und habe ihre endgültige Fassung erst auf Änderungsbegehren des Bundesrates erhalten.[176] Dementsprechend habe die Rechtsprechung die Durchsuchung von Verteidigern allein aus Sicherheitsgründen für zulässig gehalten.

Die Durchsuchung von Besuchern nach § 24 Abs. 3 StVollzG diene demnach der Abwehr von Sicherheitsgefahren und nicht bloßen Ordnungszwecken.

---

[175] zitiert wurde: BT-Dr. 7/918 S. 58
[176] zitiert wurde: SondAProt. S. 1830

Demnach, so das OLG, sei die Anordnung, den Verteidiger vor dem Betreten der Justizvollzugsanstalt für die Dauer von 6 Monaten jedesmal zu durchsuchen, auf der Grundlage des § 24 Abs. 3 StVollzG so nicht rechtens.

Bungert[177] kritisiert in der Sache zu Recht die Entscheidung des OLG Celle.

Die Entscheidung sei insoweit korrekt, als Ausführungen darüber gemacht würden, dass Voraussetzung für die Anordnung einer Durchsuchung gem. § 24 Abs. 3 StVollzG eine Sicherheitsgefährdung der Anstalt sein müsse, Ordnungsbedenken insoweit nicht als ausreichend anzusehen seien.

Jedoch, so Bungert, habe das Gericht den Inhalt des Sicherheitsbegriffes verkannt; es habe ihn selbst weder definiert, noch eingegrenzt, sondern ihn nur formelhaft benutzt. So sei der Senat offensichtlich davon ausgegangen, dass der Hinweis im Regierungsentwurf zum StVollzG[178], die in Frage stehende Klausel entspreche einem Bedürfnis der Praxis, in extremen Fällen sicherstellen zu können, dass keine Waffen in die Anstalt eingeschmuggelt würden, eine abschließende Begründung darstelle.

Diese Absicht sei hier jedoch nicht erkennbar; vielmehr müsse den Anmerkungen des Sonderausschusses in seinem Bericht[179] sogar das Gegenteil entnommen werden, wenn es dort unter anderem hieße, es sei „darauf hinzuweisen, dass die im Regierungsentwurf angegebene Begründung, es solle das Einschmuggeln von Waffen verhindert werden, nur ein Teil ihres Inhalts" anspreche. Unter anderem diene die Maßnahme auch dazu, das Einschmuggeln anderer sicherheitsgefährdender Gegenstände (z. B. Ausbruchswerkzeuge) zu verhindern.

Der Sonderausschuss vermutet als Grund für das Fehlen dieses Aspekts in der Entwurfsbegründung, dass besonders aufschlussreiche Erfahrungen erst in der Zeit nach Einbringung des Regierungsentwurfes gemacht worden seien.

Bungert führt aus, dass zu diesen anderen sicherheitsgefährdenden Gegenständen neben den bereits erwähnten Waffen und Ausbruchswerkzeugen auch Rauschgift sowie Genussmittel zählten, die zum unkontrollierten Handel und zur Abhängigkeit unter Gefangenen führen könnten.

---

177 Bungert in NStZ 88, 526
178 BT-Dr. 7/918, S. 58
179 BT-Dr. 7/3998, S. 14

Gerade zur Unterbindung dieser Gefahren und Missbrauchsmöglichkeiten beim Besuch – Bungert weist darauf hin, dass auch einschlägige Erfahrungen hinsichtlich der missbräuchlichen Ausnutzung der Verteidigerstellung gemacht worden seien – sei die Möglichkeit der Durchsuchung der Besucher vorgesehen.[180]

Daher wäre es notwendig gewesen, dass das Gericht im in Frage stehenden Fall in den Entscheidungsgründen näher auf den Begriff der Sicherheit eingehe. Im Laufe des gesetzgeberischen Verfahrens habe sich der Sonderausschuss jedenfalls auf die Begriffsbestimmung des Bundesjustizministers gestützt, die vom Grundsatz der Gefahrenabwehr ausgehend zum Begriff der Anstaltssicherheit die Gefahren für den Gewahrsam sowie die Gefahren für Personen oder Sachen zähle.

Auf der Grundlage der Entstehungsgeschichte des § 24 StVollzG sowie angesichts der allgemein bekannten Probleme mit Alkohol bzw. mit Alkoholabhängigen im Vollzug, über deren Süchtigkeit die Anstalten oft nicht unterrichtet sind, hält Bungert es für verfehlt, das Einschmuggeln von Alkohol lediglich als Ordnungsverstoß einzuordnen und die Abwehr von Gefahren für Gefangene auf den Weg des § 84 StVollzG zu verlagern, einen Weg, den er oft für verspätet erachtet.

Auch ich bin der Ansicht, dass das Gericht fälschlicherweise von einem bloßen Ordnungsverstoß ausgegangen ist, denn verdeckt eingeführter Alkohol stellt eine Gefährdung auch der Anstaltssicherheit dar.

Zum einen können (alkoholbedingte) verstärkte Aggressionen nicht ausgeschlossen werden; zum anderen kann eine Flasche Weinbrand auch ein gewisses Machtmittel darstellen, mit dem Druck z.B. auf Süchtige ausgeübt, das aber auf jeden Fall auch auf dem „schwarzen Markt“ zu Geld gemacht werden kann.

Doch obwohl davon auszugehen ist, dass das Gericht zu Unrecht den grundsätzlichen Anwendungsbereich des § 24 StVollzG abgelehnt hat, ist das Verhalten des Anstaltsleiters hier gleichwohl nicht von § 24 Abs. 3 StVollzG bzw. vom dahinterstehenden gesetzgeberischen Willen gedeckt.

Sämtliche Einschränkungen sollen nur als ultima-ratio erfolgen; vor allem ist stets das mildeste zur Verfügung stehende Mittel zu wählen.

---

[180] zitiert wurde: Protokoll des Sonderausschusses S. 1827 f.

Auch wenn das Verhalten des Verteidigers nicht nur einen Verstoß gegen die Anstaltsordnung bedeutete, sondern auch die Anstaltssicherheit gefährdete und infolgedessen einer Reaktion bedurfte, hätte z.B. die optische Besuchsüberwachung über einen gewissen Zeitraum (ob allerdings sechs Monate als angemessen anzusehen sind, wäre dann weiter zu hinterfragen) als weniger belastendes Mittel ausgereicht, um einer Gefährdung der Sicherheit zu begegnen.

c. Beschluss des OLG Celle vom 15.09.1988 – 1 Ws 226/88 -[181]

Im vorliegenden Fall wurde ein Rechtsanwalt beim Besuch der Justizvollzugsanstalt Celle II unter Hinweis auf eine Hausverfügung aufgefordert, einen Metallsuchrahmen zu passieren.

Erfolglos hatte der Rechtsanwalt Widerspruch eingelegt. Auch der Antrag in eigenem Namen, die Justizvollzugsanstalt zu verpflichten, ihm ohne Durchsuchung Zutritt als Verteidiger zu gestatten, blieb ohne Erfolg.

Die dagegen gerichtete Rechtsbeschwerde führte zur Aufhebung der Kontrollmaßnahme gegenüber dem Betroffenen und zur Verpflichtung der Justizvollzugsanstalt zur Neubescheidung.

Vorab stellte der Senat fest, dass er nicht die Rechtmäßigkeit der Hausverfügung zu beurteilen habe, sondern lediglich die darauf gestützte Maßnahme gegenüber dem betroffenen Rechtsanwalt

Es sei zwar grundsätzlich richtig, dass nach allgemeiner Rechtsauffassung die Vorschrift des § 24 Abs. 3 StVollzG auf Verteidiger entsprechend anzuwenden sei. Danach könne ein Besuch aus Gründen der Sicherheit davon abhängig gemacht werden, dass sich der Besucher (auch ein Verteidiger) durchsuchen lasse.[182]

---

[181] StV 89, 71, 72

[182] zitiert wird hier ein früherer Beschluss des OLG Celle, StV 86, 396; außerdem das OLG Hamm, NStZ 81, 277 sowie das Bundesverfassungsgericht; ZfStrVo 82, 377

Die analoge Anwendung des § 24 Abs. 3 i.V.m. § 26 s. 2 StVollzG auf den Verkehr des Verteidigers mit Gefangenen sei auch im Hinblick auf Art. 2 Abs. 1 und Art. 12 Abs. 1 GG nicht zu beanstanden.[183]

Allerdings hätten die Strafvollzugsbehörden hier das Sicherheitsbedürfnis damit begründet, dass nach dem Vollstreckungsplan in der Justizvollzugsanstalt Celle II Strafgefangene zur Verbüßung von Freiheitsstrafen von 6-8 Jahren neben Sicherungsverwahrten untergebracht seien.

Deshalb zähle Celle II nach Auffassung der Vollzugsbehörden zu den niedersächsischen Justizvollzugsanstalten mit dem höchsten Sicherheitsgrad, so dass die getroffene Maßnahme unter Berücksichtigung des z.T. sehr gefährlichen Täterpotentials erforderlich sei, um insbesondere das Einbringen gefährlicher Gegenstände zu unterbinden.

Die Maßnahme sei gerade auch im Hinblick auf die Vorfälle in Hamburg (Ermordung des Staatsanwalts Bistry) zur Eigensicherung sowohl der Anstalt als auch der weiteren Besucher sowie des Anstaltspersonals notwendig.

Das OLG ist der Ansicht, dass diese von den Justizvollzugsbehörden vorgetragenen Gründe die angeordnete Maßnahme jedenfalls dem Rechtsanwalt gegenüber nicht getragen hätten.

Allein die Tatsache, dass in der Anstalt Straftäter mit Freiheitsstrafen von bis zu 8 Jahren inhaftiert seien, rechtfertigten ein solches allumfassendes, auch gegenüber dem Antragsteller als Verteidiger durchzusetzendes Sicherheitsbedürfnis nicht. Der konkrete Fall sei insofern anders zu beurteilen als die im angefochtenen Beschluss zitierte Entscheidung des OLG Hamm[184], als dort die betroffene Justizvollzugsanstalt bereits das Ziel gewaltsamer Demonstrationen geworden sei. Jene Anstalt diene nach wie vor zur Aufnahme von Untersuchungs- und Strafgefangenen, die zum Kreis krimineller und terroristischer Vereinigungen zuzurechnen seien, bei denen organisierte Befreiungsaktionen nach den Erfahrungen der Vergangenheit durchaus in Betracht kämen.

Bei der hier betroffenen Justizvollzugsanstalt seien derartig hohe Risiken nicht ersichtlich.

---

[183] zitiert wird hier Bundesverfassungsgericht, ZfStrVo 82, 377 und NJW 78, 1048, allerdings je zur U-Haft

[184] NStZ 81, 227; vgl. Hauptteil B III 4 a, S. 90

Auch individuelle Sicherheitsrisiken, die sich aus der Person des Antragstellers oder eines von ihm besuchten Strafgefangenen ergeben könnten oder bereits ergeben hätten, seien den Bescheiden der Strafvollzugsbehörden nicht zu entnehmen.

Einer solchen Konkretisierung hätte es aber bedurft, wenn – wie hier – allgemeine Sicherheitsbelange zu einer solchen Kontrolle generell gegenüber Verteidigern nicht berechtigten.

Zu Recht hat das OLG meiner Meinung nach die Rechtfertigung der generellen Kontrollmaßnahmen gegenüber dem Verteidiger abgelehnt.

Entgegen der Auffassung des OLG, welches allgemeine auf die Situation der Anstalt bezogene Erwägungen der Sicherheit nicht grundsätzlich ausschließt, um alleine deshalb Kontrollmaßnahmen anzuordnen, müssen auch hier im Einzelfall stets besondere Umstände hinzutreten, um ein solches Vorgehen als angemessen und angebracht erscheinen zu lassen. Solche sind hier nicht ersichtlich.

IV. § 25 StVollzG [Besuchsverbot]

1. Regelungsinhalt und Entstehungsgeschichte

Nach § 25 Ziff. 1 StVollzG kann ein Besuch vom Anstaltsleiter untersagt werden, wenn (ansonsten) die Sicherheit oder Ordnung der Anstalt gefährdet würde.

Weiterhin können Besuche mit Ausnahme der Angehörigenbesuche auch dann untersagt werden, wenn ein schädlicher Einfluß auf den Gefangenen oder eine Behinderung seiner Eingliederung von ihnen zu befürchten ist.

Die Möglichkeit, Besuch aus Gründen der Sicherheit oder Ordnung der Anstalt zu untersagen, findet sich bereits im Gesetzesentwurf der Bundesregierung[185].

Der Wille des Gesetzgebers zur restriktiven Anwendung dieser Vorschrift ergibt sich schon aus der Begründung zu diesem Entwurf[186], in der angeführt ist, dass „der Gesichtspunkt der Sicherheit oder Ordnung dabei nach den Aufgaben des Vollzuges notwendig gegenüber allen Bereichen durchdringen" müsse. In der Begründung wird außerdem dargelegt, dass bei Ziffer. 2 der Vorschrift bewußt die Angehörigen ausgenommen worden seien:

„Mit Rücksicht auf die grundrechtlich geschützte Stellung der Familie ist davon abgesehen worden, den Anstaltsleiter zu ermächtigen, Besuche und Schriftwechsel mit Angehörigen auch (dann) zu untersagen, wenn (nicht Sicherheit oder Ordnung gefährdet sind, sondern) ein schädlicher Einfluss oder eine Behinderung der Eingliederung hiervon zu erwarten wäre.

Neben der Frage, ob der Versuch, ungünstige verwandtschaftliche Beziehungen auszuschalten, überhaupt zweckmäßig ist, sollen der Anstaltsleiter und seine Mitarbeiter in diesem Bereich von Verantwortung freigestellt werden. Sie müssen in einem solchen Fall die ungünstigen familiären Beziehungen bei der Behandlung und Eingliederung in Rechnung stellen. Solche Beziehungen auszuschalten, kann nicht Ziel und Aufgabe der Arbeit des Vollzuges sein, zumal

---

[185] BT-Dr. 7/918 S. 13
[186] BT-Dr. 7/918 S. 58

da der Gefangene nach seiner Entlassung ohnehin mit diesen Einflüssen konfrontiert wird."[187]

2. Bedeutung der Norm

Hinsichtlich des hohen Stellenwertes, den Besuche für Gefangene haben, kann auf die Ausführungen unter B I[188] und B III 2[189] verwiesen werden. Dieser hohen Bedeutung entspricht es, dass lediglich Gründe der Sicherheit oder Ordnung eine Besuchsuntersagung ohne Rücksicht auf die Person bzw. das Angehörigenverhältnis zum jeweiligen Gefangenen gestatten.

3. Meinungsstand in der Literatur zu Auslegung und Anwendung des Gesetzes

Entsprechend dem Willen des Gesetzgebers zur restriktiven Anwendung besteht auch heute noch Einigkeit darüber , dass ein Besuchsverbot aus Gründen der Sicherheit oder Ordnung der Anstalt nur bei Vorliegen einer „konkreten und unmittelbaren Gefahr" für die Sicherheit oder Ordnung der Anstalt gerechtfertigt ist. Neben der Existenz einer solchen Gefahr ist auch bei einer Besuchsuntersagung konkret darzulegen, ob sie sich auf die Sicherheit oder aber die Ordnung der Anstalt bezieht[190]. Entsprechend ist die angeordnete Maßnahme in jedem Einzelfall genau zu begründen.[191]

Nach *Calliess / Müller-Dietz*[192] gibt es unter den Voraussetzungen des § 25 Ziff. 1 StVollzG drei Stufen des Besuchsverbots, wobei je nach Eingriffsintensität eine sich erhöhende Prüfungspflicht der Behörde bestehe im Hinblick auf die Konsequenz für den/die Betroffenen (Gefahr der Vereinsamung, Isolierung usw.):

[187] BT-Dr. 7/918 S.58
[188] Hauptteil, B I, S. 79 ff
[189] Hauptteil, B III 2, S. 87 f
[190] so jedenfalls Joester / Wegner, AK-StrVollzG, § 25 RN 3
[191] Joester / Wegner, AK-StrVollzG, § 25 RN 3
[192] Calliess / Müller-Dietz, StrVollzG § 25 RN 3

- So könne die Vollzugsbehörde einen ganz bestimmten Einzelbesuch einer Person für einen Gefangenen verbieten;
- sie könne generell alle Besuche einer bestimmten Person für einen bestimmten Gefangenen unterbinden;
- schließlich sei es ihr auch möglich, die Besuche einer Person generell zu verbieten, gleichgültig, welchem Gefangenen der Besuch dienen soll.

Diese letztgenannte Maßnahme ist jedoch nur dann zulässig, wenn die Gefährdung für Sicherheit oder Ordnung der Anstalt auch wirklich bei jedem Besuch dieser Person ohne Rücksicht auf die Person des zu besuchenden Gefangenen bestehe.

In Betracht käme die Annahme einer „generellen Gefährdung" unter Umständen etwa beim Besuch von ehemaligen Mitgefangenen.

Diese Fallgruppe ist in der Literatur nach wie vor höchst umstritten.

So meinen *Grunau/Tiesler*[193] ohne dies näher zu begründen oder weiter darauf einzugehen, dass ein solcher Besuch „generell als sicherheitsgefährdend gilt".

Joester[194] dagegen bemerkt ebenso pauschal, dass eine Gefährdung von Sicherheit oder Ordnung auch „bei Besuchen ehemaliger Strafgefangener nicht generell unterstellt werden könne".

Sachgerecht dürfte in dieser Frage die (vermittelnde) Position sein, dass zwar eine Gefährdung nicht generell und pauschal unterstellt werden könne, dass aber in Kenntnis der real bestehenden Möglichkeit einer Gefährdung die Prüfung der Zulassung solcher Besuche ehemaliger (Mit-) Strafgefangener im konkreten Einzelfall besonders sorgfältig und unter Berücksichtigung der individuellen Einzelumstände zu erfolgen habe[195]. Bei der Beantwortung der Frage, ob der konkrete Besuch eine Gefährdung der Sicherheit oder Ordnung der Anstalt darstellt, muss also unter anderem die Person des Gefangenen, die des Besuchers, gegebenenfalls der Besuchszweck und auch Art und Intensität

---

[193] Grunau/Tiesler, § 25 RN 1
[194] Joester / Wegner, AK-StrVollzG, § 25 RN 3
[195] so sinngemäß Schwind in Schwind / Böhm § 25 unter RN 4 (inhaltlich RN 6)

der Beziehung zwischen dem Gefangenen und dem Besucher berücksichtigt werden.

Obwohl dieses Besuchsverbot aus Gründen der Sicherheit oder Ordnung der Anstalt grundsätzlich keine Einschränkung des Personenkreises kennt[196] (mit Ausnahme von Verteidiger-, Rechtsanwalts- und Notarsbesuch[197]), ist man sich darüber einig, dass ein generelles Besuchsverbot hinsichtlich des Angehörigenbesuches äußerst restriktiv ausgelegt werden muss[198].

Bei einer solchen Besuchsuntersagung muss unter dem Blickwinkel des grundrechtlich garantierten Schutzes der Familie[199] die Erforderlichkeit dieser Maßnahme besonders streng geprüft werden. Überhaupt kommt der Verhältnismäßigkeitsprüfung mit Rücksicht auf das durch ein Verbot betroffene hohe Rechtsgut eine besondere Rolle zu. Stets ist nämlich konkret zu prüfen, ob nicht in diesem Einzelfall ein milderes Mittel (z.B. eine Besuchsüberwachung) ausreichen würde, um der drohenden Gefahr zu begegnen.[200]

So ist ein generelles Verbot auch von Angehörigenbesuchen nur in wenigen Fällen als rechtmäßig anzusehen, so z.B. dann, wenn konkrete Anhaltspunkte dafür vorliegen, dass eine ernsthaft Bedrohung von Vollzugsbediensteten durch Angehörige des Gefangenen gegeben ist.[201]

4. konkrete Einzelfälle aus der Praxis

a. Beschluss des LG Hamburg (Große Strafkammer 27 als Vollstreckungskammer) vom 31.03.1978 – (98) Vollz 9/77 - [202]

Der Verlobten eines in der Justizvollzugsanstalt F einsitzenden Gefangenen war vom Anstaltsleiter Hausverbot erteilt worden. Dies war damit begründet

[196] vgl. Calliess / Müller-Dietz, StrVollzG § 25 RN 1
[197] vgl. § 26 S. 1 StVollzG
[198] BT-Dr. 7/918 S. 58
[199] Art. 6 GG
[200] Protokoll der 40. Sitzung des Sonderausschusses für die Strafrechtsreform vom 13.11.74 S. 1830
in: Deutscher Bundestag, Veröffentlichte Materialien, Strafvollzugsgesetz, 1976
[201] Calliess / Müller-Dietz, StrVollzG § 25 RN 1 und NStZ 90, 301
[202] ZfStrVo 79 SH, 42, 43

worden, dass die Verlobte Mitglied des „Reso-Zentrum Fuhlsbütteler Damm" sei. Die Vollzugsbehörde war der Auffassung, dass die Ziele dieser Vereinigung geeignet seien, die Sicherheit und Ordnung in der Anstalt zu beeinträchtigen, die Wiedereingliederung der Gefangenen zu gefährden und diese schädlich zu beeinflussen. Die Verlobte stellte gegen dieses Hausverbot einen Antrag auf gerichtliche Entscheidung, der allerdings keinen Erfolg hatte.

Das Landgericht hält das Hausverbot, das hier als generelles Besuchsverbot zu klassifizieren sei, für gerechtfertigt. Da die Verlobte „Angehörige" im Sinne des § 11 Abs. 1 Nr. 1 a StGB sei, sei eine solche Maßnahme nach § 25 Nr. 1 StVollzG [203] ihr gegenüber nur dann zulässig, wenn die Sicherheit oder Ordnung der Anstalt durch diesen Besuch gefährdet wäre. Bei Besuchern, die nicht Angehörige im Sinne des Strafgesetzbuches seien, sei ein generelles Besuchsverbot nach Maßgabe des § 25 StVollzG auch dann gerechtfertigt, wenn zu befürchten sei, dass diese Besucher einen schädlichen Einfluss auf den Gefangenen hätten oder seine Eingliederung behindern könnten.

Die Kammer geht davon aus, dass die Voraussetzungen des § 25 Abs. 1 StVollzG, auf die sich die Justizvollzugsanstalt berufen habe, vorlägen. Es bestünde die konkrete Gefahr, dass ohne dieses Hausverbot Sicherheit und Ordnung in der Justizvollzugsanstalt F durch die Verlobte des Gefangenen ernsthaft beeinträchtigt werden würden, und dass diese weiterhin einen schädlichen Einfluss auf die anderen Gefangenen, mit denen sie kein „Angehörigenverhältnis" verbindet, mit denen sie aber in Kontakt käme, ausüben würde.

Die Verlobte selbst habe eingeräumt, aktives Mitglied des Vereins „Medienzentrum Fuhlsbüttel" zu sein. Dieser Verein nehme für sich in Anspruch, insbesondere für die Belange der Strafgefangenen einzutreten und deren Betreuung und Resozialisierung zu fördern.

Das Gericht geht ebenso wie die Justizvollzugsanstalt davon aus, dass die Zielsetzung dieses Vereins in Wahrheit unter anderem darauf ausgerichtet sei, Unruhe unter den Gefangenen zu erregen, diese gegen die Vollzugsanstalt aufzubringen und die im Interesse der Allgemeinheit bestehende Institution

---

[203] Das Landgericht weist darauf hin, dass § 25 StVollzG der früheren Nr. 139 Abs. 2 DvollzO entspricht

des Strafvollzugs in Frage zu stellen, ohne sich jedoch mit den damit verbundenen Problemen echt auseinanderzusetzen.

Zu dieser Überzeugung gelangte die Kammer unter anderem nach der Lektüre einiger Mitteilungen im gerichtsbekannten „Info" Nr. 8 Hamburger undogmatischer Gruppen vom 11.03.1976, in dem allem Anschein nach auch die Antragstellerin persönlich unter dem Artikel „Bulleneinsatz bei Videoaufnahmen vor Santa-Fu" ihre Einstellung diesbezüglich offenbart habe.

Sowohl von der Sprache als auch von der einseitigen Argumentation her, lasse dieser Artikel das Bestreben des Vereins erkennen, „die im überwiegenden Interesse der Allgemeinheit getroffenen Maßnahmen des Strafvollzuges nicht nur zu verurteilen, sondern vielmehr auch emotionell zum gezielten Widerstand dagegen zu veranlassen".

Als kennzeichnendes Beispiel führt die Kammer den Schluss des Artikels an, in dem zu lesen sei: „Über diese Vorfälle vor dem Knast ist der Videofilm „Selbstmord im Knast ist Mord" entstanden. Nach seiner vorläufigen Fertigstellung innerhalb von drei Tagen wurde der Film schon dreimal gezeigt; jedes Mal setzte er Diskussionen in Gang, die von der persönlichen Betroffenheit ausgehend zum Entwerfen von Widerstandsformen gelangten. Als Teil einer gezielten Aktion und mit konkreten Forderungen verbunden, so kann ich mir denken – und das müsste diskutiert werden – sollte er noch direkter und schlagkräftiger eingesetzt werden können."

Das Gericht unterstützt das von der Justizvollzugsanstalt erteilte Hausverbot. Es betont, dass im Hinblick auf die Zielsetzung des Vereins, an der die Antragstellerin engagiert mitwirke, in Verbindung mit deren Verhalten zum Zeitpunkt des Erlasses der Maßnahme insbesondere bei einer persönlichen Kontaktaufnahme mit Strafgefangenen eine konkrete Gefahr für die Sicherheit oder Ordnung in der Strafvollzugsanstalt bestanden habe, zumal aufgrund von zwei vorangegangenen Suiziden von Inhaftierten Unruhe bei den Strafgefangenen entstanden sei.

So sei es aus Sicherheitsgründen erforderlich gewesen, gegenüber der Verlobten nach Nr.139 Abs. 2 DVollzO (nunmehr § 25 StVollzG) für die gesamte Strafvollzugsanstalt ein Hausverbot im Sinne eines generellen Besuchsverbots auszusprechen.

Auch die Tatsache, dass mit dieser Maßnahme zugleich das Verhältnis der Betroffenen zu ihrem in der Haftanstalt einsitzenden Verlobten beeinträchtigt wurde, könne an diesem Ergebnis nichts ändern; insbesondere sprächen auch verfassungsrechtliche Gesichtspunkte nicht dagegen.

Entgegen der Auffassung der Betroffenen sei sie durch das Hausverbot auch nicht in ihren Grundrechten nach Art. 2, 3 und 6 GG verletzt worden. Das Gericht lässt es dahingestellt, ob sich die Betroffene als Verlobte überhaupt auf den besonderen Schutz im Bereich der ehelichen Privatsphäre berufen könne. Denn selbst wenn man dieses unterstelle, verstoße die Maßnahme unter den hier gegebenen Umständen nicht gegen das verfassungrechtliche Gebot der Achtung der Intimsphäre des Einzelnen, da es seine Grundlage in dem durch Art. 2 Abs. 1 GG verbürgten Recht auf freie Entfaltung der Persönlichkeit habe. Schließlich umfasse der Schutz des Grundrechtes aus Art. 2 Abs. 1 GG nicht den gesamten Bereich des privaten Lebens.

Wie jeder andere Bürger auch, sei die Betroffene von der Gemeinschaft abhängig und ihr verpflichtet und müsse daher staatliche Maßnahmen hinnehmen, die im überwiegenden Interesse der Allgemeinheit unter Wahrung des Verhältismäßigkeitsgebotes getroffen würden, jedenfalls soweit sie nicht den unantastbaren Bereich privater Lebensgestaltung beeinträchtigten.[204]

Aus diesem Grunde sei es auch im Verhältnis der Betroffenen zu ihrem Verlobten zulässig, eine in ihren Auswirkungen ein generelles Besuchsverbot darstellende Maßnahme zu erlassen, um eine Gefährdung der öffentlichen Interessen an einem ordnungsgemäßen Strafvollzug zu verhindern.

Nach Auffassung der Kammer verstieß die getroffene Maßnahme auch nicht gegen den Grundsatz der Verhältnismäßigkeit. Es bestünde zwar grundsätzlich auch die Möglichkeit, den jeweiligen Besuch der Strafgefangenen und insbesondere auch die Unterhaltungen zu überwachen[205], doch sei hier eine solche Maßnahme im Hinblick auf die Bestrebungen der Verlobten unter den gegebenen Umständen nicht geeignet, eine Beeinträchtigung der Sicherheit und Ordnung in der Anstalt wirklich auszuschließen oder jedenfalls erheblich zu mindern. Es sei im Gegenteil zu befürchten gewesen, dass derartige Überwachungsmaßnahmen Anlass nicht nur zu Folgereaktionen bei den Gefangenen,

[204] Das Gericht zitiert hier das Bundesverfassungsgericht in NJW 1973, 1643
[205] vgl. Nr. 143 Abs. 2 DVollzO bzw. § 27 StVollzG

sondern auch zu unberechtigten Angriffen von außen führen würden, durch welche die Sicherheit und Ordnung in der Anstalt weiter beeinträchtigt werden könnten.

Im vorliegenden Fall haben sich die Justizvollzugsanstalt und die Kammer meiner Meinung nach vorbildlich mit dem konkreten Einzelfall auseinandergesetzt. Die Begründung des Besuchsverbots ist umfassend und konkret.

Die Kammer hat sich umfänglich über die Informationen der Antragstellerin informiert und sie in Bezug gesetzt zur aktuellen Situation im Strafvollzug. Aus den Ausführungen geht hervor, dass von der Antragstellerin tatsächlich ein schädlicher Einfluss auf die Gefangenen befürchtet werden muss. Da sie als Verlobte Angehörige im Sinne des § 11 Abs. 1 Nr. 1 a StGB ist, kommt bei ihr (bei Besuchen beim Verlobten) allerdings eine Besuchsuntersagung wegen der Gefahr des schädlichen Einflusses nicht in Betracht.

Zwar kann nicht geleugnet werden, dass die vollzugsfeindliche Haltung der Antragstellerin auch zu Sicherheit und Ordnung gefährdendem Verhalten führen kann. Doch könnte das bei einem Besuch lediglich bei ihrem Verlobten durch optische und akustische Überwachung auf ein Minimum reduziert werden.

Das Gebot, nur insoweit die Rechte des Gefangenen zu beschneiden, als unbedingt erforderlich, hätte es erfordert, dass zunächst einmal dieser Weg über den überwachten Besuch hätte gewählt werden müssen. Erst danach, d.h. wenn erkennbar geworden wäre, dass der Gefährdung von Sicherheit oder Ordnung hier nicht wirksam begegnet werden kann, die Antragstellerin vielmehr die Besuche dazu nutzt, ihre vollzugsfeindliche Haltung in einer Weise zu manifestieren, dass Sicherheit oder Ordnung tatsächlich konkret gefährdet werden, wäre ein Besuchsverbot auch in Bezug auf ihren Verlobten nach gerechtfertigt.

b. Beschluss des OLG Zweibrücken vom 02.10.1986 – 1 Vollz (Ws) 74/86 – [206]

Im vorliegenden Fall[207] war einem ehemaligen Häftling der Justizvollzugsanstalt Zweibrücken, der bedingt entlassen worden war, sowohl der Schriftwechsel als auch der Besuch aller in der Anstalt inhaftierten Strafgefangenen untersagt worden.

---

[206] NStZ 87, 95, 96 = ZfStrVo 87, 304, 305 = MDR 87, 256, 257

Vorausgegangen war dieser Maßnahme der Eingang einer Postkarte des Betroffenen, die an den zu dieser Zeit noch in der Justizvollzugsanstalt einsitzenden Alfred S. gerichtet war, auf der unter anderem stand: „Lass mal so hören was abgeht und tue fleißig basteln. Versuche meine ganze „Erbschaft" entsprechend zu behandeln. Ich war schon bei Jochen, du bist der Nächste der besucht wird. Schreibe mir mal einen kurzen Bericht was so abgeht auf der D III, mit der GMV und den Rechtsbeugern..."

Das Verbot war mit dem beleidigenden Inhalt der Postkarte begründet worden sowie damit, dass Besuche des Antragstellers und ein Schriftwechsel mit ihm die Gefangenen schädlich beeinflussen und ihre Eingliederung behindern, ferner die Ordnung der Anstalt erheblich stören würden.

Den Antrag des Betroffenen, dieses Schriftwechsel- und Besuchsverbot aufzuheben, hatte die Strafvollstreckungskammer zurückgewiesen, die Rechtsbeschwerde beim OLG führte jedoch zum Erfolg.

Hinsichtlich des Besuchsverbotes[208] ist der Senat der Auffassung, dass der im angefochtenen Beschluss festgestellte Sachverhalt zwar ein Verbot von Besuchen des Betroffenen bei dem damals noch in der Justizvollzugsanstalt einsitzenden Alfred S. gerechtfertigt, dass aber für die hier ausgesprochene generelle Verbotsverfügung keine ausreichende tatsächliche Grundlage bestanden habe.

Der Anstaltsleiter und die Strafvollstreckungskammer hatten die Gefahr für die Ordnung der Anstalt und den schädlichen Einfluss von Besuchen des Betroffenen auf die Gefangenen aus seinem früheren Verhalten hergeleitet (exzessive Wahrnehmung von Antrags- und Rechtsbehelfsmöglichkeiten, dabei auch Eingaben beleidigenden Inhalts, Beeinflussung von Mitgefangenen im Sinne der Beteiligung an der „Antragsflut" auch noch nach der Entlassung des Betroffenen in Verbindung mit dem durch die Postkarte belegten Versuch der Einflussnahme auf den Gefangenen Alfred S.)

Es sei, so das OLG, aus Rechtsgründen nicht zu beanstanden, wenn das LG nicht aus der Ausschöpfung von Antragsmöglichkeiten an sich, sondern aus ihrer erklärten Zielrichtung (die Anstalt „lahmzulegen") und ihrer Verbindung

---

[207] die Entscheidung wird auch unter § 31, vgl. Hauptteil, B IX 4 b, dargestellt, vgl. S. 182

[208] zum Aspekt des Schriftwechselverbots vgl. § 31, Text Hauptteil B IX 4 a, dargestellt, vgl. S. 179

mit Beleidigungen von Anstaltsbediensteten auf eine dem Vollzugsziel widersprechende negative Haltung des Betroffenen geschlossen habe, die er auch seinen Mitgefangenen habe vermitteln wollen.

Ebenfalls für vertretbar erachtet es das OLG, dass die Strafvollstreckungskammer die fragliche Postkarte dahin ausgelegt habe, der Betroffene habe bei dem Gefangenen S. eine feindselige und aufrührerische Haltung gegenüber der Vollzugsbehörde herbeiführen oder verstärken wollen. Das OLG betont, dass es bei dieser Sachlage – eine gewisse Empfänglichkeit des Gefangenen S. für eine solche Einflußnahme vorausgesetzt – zulässig gewesen sei, dem Betroffenen den Besuch dieses Gefangenen auf der Grundlage des § 25 Nr. 2 StVollzG zu untersagen.

Nicht gerechtfertigt sei es jedoch gewesen, dem Betroffenen ohne Rücksicht auf die jeweilige zu besuchende Person und den Zweck des Besuchs eine generelles Besuchsverbot für alle in der Justizvollzugsanstalt Zweibrücken einsitzenden Gefangenen aufzuerlegen.

Zumindest in der Regel setze eine Verfügung nach § 25 StVollzG eine Abwägung im Einzelfall voraus, die auch von der Person des zu besuchenden Gefangenen und dem Besuchszweck abhänge. Gründe, im vorliegenden Fall von diesem Grundsatz abzuweichen, seien jedoch nicht ersichtlich.

Auch wenn man von der vom LG festgestellten generellen vollzugsfeindlichen Haltung des Betroffenen ausginge, seien durchaus Situationen denkbar, in denen ein bestimmter Besuchswunsch achtenswert erscheine und ihm auch unter Berücksichtigung der persönlichen Eigenschaften des Besuchten nichts entgegenstünde.

Daher sei das ausgesprochene generelle Besuchsverbot nicht zulässig. Das gelte unabhängig davon, ob man im Rahmen des § 25 StVollzG bei Besuchen früherer Mitgefangener grundsätzlich einen strengeren Maßstab anlegen wolle als bei sonstigen Besuchen. Ein absolutes Besuchsverbot ohne jede Rücksicht auf die Person des besuchten Gefangenen und den Anlass sei auch für ehemalige Mitgefangene nur in Ausnahmefällen zu rechtfertigen. Selbst vom Standpunkt der strengeren Auffassung her gebe es im vorliegenden Fall keine hinreichenden Gründe für ein generelles Verbot; daher sei die Maßnahme rechtswidrig.

Meines Erachtens kritisiert das OLG das Vorgehen der Justizvollzugsanstalt zu Recht. Neben der fehlenden Einzelfallbetrachtung lassen sich auch keinerlei Erwägungen zu der Frage nach einem möglichen milderen Mittel finden, weshalb auch der gebotene Verhältnismäßigkeitsgrundsatz nicht beachtet wurde. Überlegenswert wäre es etwa gewesen, ob der Gefahr nicht durch optische und gegebenenfalls zusätzliche akustische Überwachung des Besuches hätte begegnet werden können.

Es kann auch nicht davon ausgegangen werden, dass bei jedem Gefangenen die entsprechende Empfänglichkeit für die Beeinflussung durch den Betroffenen besteht. Auch hätte geprüft werden müssen, wie sich die Beeinflussung im Einzelfall ausgewirkt hätte. Lediglich eine Aufstachelung zu Anträgen, die an sich gerechtfertigt sind, stellt möglicherweise eine Erhöhung des Arbeitsaufwandes für die Anstalt dar, jedoch nicht unbedingt eine Gefahr für Sicherheit oder Ordnung.

c. Beschluss des OLG Koblenz vom 07.11. 1989 –2 Vollz (Ws) 44/89–[209]

In dieser Entscheidung wandte sich ein Gefangener gegen ein gegen seine beiden Brüder ausgesprochenes Besuchsverbot auf der Grundlage des § 25 Nr. 1 StVollzG wegen Gefährdung der Sicherheit der Anstalt.

Nach einem Besuch bei ihrem in der Justizvollzugsanstalt Werl inhaftierten Bruder, der sich beklagt hatte, dass die meisten Vollzugsbeamten der Anstalt unfreundlich zu ihm seien und ein bestimmter Vollzugsbeamter ihm unberechtigt eine Palette Coca-Cola aus der Zelle geholt habe, hatten die beiden Brüder die Privatwohnung des genannten Vollzugsbeamten – allerdings gegen den Willen des inhaftierten Bruders – aufgesucht und die die Türe öffnende Ehefrau des Beamten aufgefordert, ihren Ehemann zu holen. Als diese ihnen entgegnete, ihr Mann sei nicht zu Hause, trat einer der Brüder unvermittelt so heftig gegen die Haustüre, dass ein dahinterstehender Blumenstock umfiel. In drohendem Ton forderten die Brüder die Ehefrau auf, ihrem Mann auszurichten, er solle ihren in der Justizvollzugsanstalt W. einsitzenden Bruder in Ruhe lassen. Sie seien eine große Familie und hielten zusammen. Danach ging dieser Bruder mit drohender Gebärde auf die Ehefrau zu, wurde aber von dem anderen Bruder an der Schulter festgehalten und zurückgezogen. Unter Wiederholung ihrer vorgenannten Drohungen und Äußerungen von Schimpfworten verließen sie dann den Ort.

---

[209] NStZ 90, 301, 302

Als dem Inhaftierten die Besuchsverbote gegen seine Brüder bekannt gegeben wurden, äußerte er, er lasse sich in der Anstalt von keinem Beamten bedrohen. Sinngemäß erklärte er weiter, er werde solchen Beamten gegebenenfalls auch außerhalb der Anstalt „Bescheid stoßen" lassen.

Den einige Monate später von ihm gestellten Antrag, die Besuchsverbote aufzuheben, lehnte der Anstaltsleiter unter Berufung auf die noch fortgeltenden Gründe beim Erlass des Besuchsverbots ab.

Die zur Entscheidung angerufene Strafvollstreckungskammer hob den ablehnenden Bescheid des Anstaltsleiters auf und wies die Justizvollzugsanstalt an, über den Antrag des Gefangenen auf Aufhebung der Besuchsverbote unter Beachtung der Rechtsauffassung des Gerichts erneut zu bescheiden.

Dagegen legte die Justizvollzugsanstalt erfolgreich Rechtsbeschwerde ein.

Das OLG kritisierte die lückenhafte Begründung der Kammer. Dem Senat sei so die rechtliche Überprüfung verwehrt, ob die Strafvollstreckungskammer die nach § 25 Nr. 1 StVollzG zu beurteilenden Rechtsbegriffe der „Sicherheit und Ordnung der Anstalt" richtig erkannt und angewendet habe. Die dargelegte Auffassung, die Voraussetzungen eines Besuchsverbots nach § 25 Nr.1 StVollzG lägen nicht vor, beruhten nicht auf einer umfassenden Prüfung aller entscheidungserheblichen Umstände, sondern allein auf einer durch Tatsachen nicht belegten Feststellung.

Die Kammer hatte ausgeführt, dass (lediglich) aufgrund der Belästigung und Bedrohung der Ehefrau des Vollzugsbeamten durch die Brüder nicht festgestellt werden könne, dass bei ihren weiteren Besuchen Leben, Gesundheit und Sachwerte sowie der sichere Gewahrsam der Gefangenen oder das geordnete Zusammenleben in der Anstalt gefährdet würden. Das nach dem in Frage stehenden Besuch der beiden Brüder gezeigte Verhalten führe nicht zu der Annahme einer Beeinträchtigung der Sicherheit oder Ordnung der Anstalt.

Nach der h.M. sowohl in der Literatur als auch in der Rechtsprechung schütze § 25 StVollzG mit der Möglichkeit zum Erlass von Besuchsverboten aber gerade diese anstaltsinterne Sicherheit und Ordnung. Danach erscheine der Kammer die Anordnung des Besuchsverbots und die Ablehnung des Antrags des Inhaftierten auf Aufhebung des Besuchsverbots nicht rechtmäßig.

Das OLG legt dar, dass diese Ausführungen an dem Mangel litten, nicht klar erkennen zu lassen, ob die Strafvollstreckungskammer eine Gefährdung der

Sicherheit und Ordnung in der Anstalt durch das Verhalten der Brüder aus grundsätzlichen Erwägungen oder nur aufgrund der konkreten Umstände des vorliegenden Einzelfalles verneint habe.

Es bleibe somit unklar, ob sie bei ihrer Entscheidung die maßgeblichen Rechtsbegriffe der Sicherheit und Ordnung in der Anstalt zutreffend ausgelegt habe. Hierfür hätte es einer Auseinandersetzung mit der Frage bedurft, ob und gegebenenfalls wodurch die Sicherheit und Ordnung in der Anstalt gefährdet werde, wenn Angehörige von Anstaltsbediensteten in der von den Brüdern ausgeübten Weise belästigt und bedroht würden.

Das OLG stützt die Auffassung der Justizvollzugsanstalt, dass Einschüchterungsversuche, wie sie von den Brüdern unternommen worden seien, die Sicherheit und Ordnung in der Anstalt in besonderem Maße gefährdeten, denn es sei zu befürchten, dass eingeschüchterte Vollzugsbedienstete bereit sein könnten, bei Pflichtverstößen der betreffenden Gefangenen „ein Auge zuzudrücken", um sich und ihre Familie nicht weiteren Belästigungen und Bedrohungen auszusetzen.

Durch eine solche – menschlich verständliche – Reaktion der Bediensteten würden jedoch nicht nur das Gleichbehandlungsgebot verletzt und damit gleichzeitig die Ordnung in der Anstalt gravierend gestört; auch die Sicherheitsinteressen der Anstalt seien dadurch gefährdet. Ein Gefangener, der in den Genuss einer solchen „Sonderbehandlung" komme, könnte die damit einhergehende Beaufsichtigungseinschränkungen möglicherweise auch zur Flucht nutzen.

Nach Auffassung des OLG ergibt sich die besondere Gefährlichkeit solcher Einschüchterungsversuche für die Sicherheit und Ordnung der Anstalt aber v.a. daraus, dass sie auf die Beseitigung der für den ordnungsgemäßen Anstaltsbetrieb unerlässlichen persönlichen Integrität der Vollzugsbediensteten abzielten und damit die Organisation der Justizvollzugsanstalt an ihrer empfindlichsten Stelle träfen.

Es sei nicht nur das durch § 25 Nr. 1 StVollzG begründete Recht des Anstaltsleiters, sondern auch seine Pflicht, solche Gefahren für die Sicherheit und Ordnung der Anstalt durch Besuchsverbote gegen diejenigen, von denen diese Gefahr ausgehe, entgegenzuwirken. Dies gelte auch dann, wenn es sich bei diesen Besuchern um Angehörige des Inhaftierten handle.

Außerdem ließe die Entscheidung der Strafvollstreckungskammer eine Auseinandersetzung mit dem Verhalten des Inhaftierten vermissen. Dieses hätte jedoch in die Beurteilung mit einbezogen werden müssen, denn dies sei nicht nur für die Bewertung der Rechtmäßigkeit des Besuchsverbotes, sondern auch für dessen Dauer von Bedeutung.

Es hätte auch berücksichtigt werden müssen, dass die Initiative für das Verhalten der Brüder von dem Inhaftierten ausgegangen sei, auch wenn dieser das Gegenteil beteuert hätte. Er sei es gewesen, der sich bei seinen Brüdern ganz besonders über den namentlich genannten Beamten beklagt und ihnen dessen private Wohnanschrift mitgeteilt habe. Damit habe er den Weg zur Einschüchterung des Beamten weisen wollen, was ihm auch gelungen sei. Die zuvor an die Brüder gerichtete Aufforderung, nichts zu unternehmen, könne daher nur als Verschleierung seiner wirklichen Absicht angesehen werden.

Weiter führt der Senat aus, dass auch die Reaktion des Inhaftierten auf die Bekanntgabe der Besuchsverbote unberücksichtigt bleibe. Seine Äußerung, sich von keinem Anstaltsbediensteten bedrohen zu lassen, sowie die Ankündigung, er werde dem betreffenden Bediensteten gegebenenfalls auch außerhalb der Anstalt Bescheid stoßen lassen, zeige deutlich, dass er hinter den Aktionen seiner Brüder gestanden habe. Das bedrohliche Auftreten der Brüder gegenüber der Ehefrau des Bediensteten sowie die Aufforderung, sie möge ihrem Mann ausrichten, er solle den inhaftierten Bruder künftig in Ruhe lassen, sie seien einer große Familie und würden zusammenhalten, seien auch zweifelsfrei als ein solcher Versuch des „Bescheid-Stoßen-Lassens“ zu werten.

Diese Äußerung zeige aber auch die grundsätzliche Einstellung des Inhaftierten gegenüber den Vollzugsbediensteten, die offensichtlich hauptsächlich darin bestünde, sich nichts gefallen zu lassen. Dafür spreche auch der Umstand, dass der Gefangene in der Vergangenheit wiederholt Bedienstete beleidigt habe.

In Anbetracht dieser zum Zeitpunkt des Erlasses der Besuchsverbote noch vorherrschenden negativen Grundeinstellung des inhaftierten Bruders sei die Befürchtung der Justizvollzugsanstalt berechtigt gewesen, dass der Bruder im Fall der Wiederzulassung der Besuche seiner Brüder diese zu erneuten Einschüchterungsversuchen zu verleiten versuchte.

So sei zumindest der Erlass der Verbote gerechtfertigt gewesen. Der Senat vermochte jedoch nicht zu beurteilen, ob auch die Aufrechterhaltung auf unbestimmte Zeit durch den späteren Bescheid des Anstaltsleiters berechtigt war, da weder die Justizvollzugsanstalt noch die Strafvollstreckungskammer zu dieser Frage konkrete Feststellungen getroffen hätten.

Zwar habe die Strafvollstreckungskammer erkannt, dass es solcher Feststellungen bedürfe, was man ihrem im angefochtenen Beschluss enthaltenen Hinweis an die Justizvollzugsanstalt entnehmen konnte, eine Gefährdung der anstaltsinternen Sicherheit durch weitere Besuche der Brüder des Verurteilten könne ohne Hinzutreten weiterer Umstände nicht angenommen werden. Die Strafvollstreckungskammer habe jedoch verkannt, dass sie selbst alle für ihre Entscheidung bedeutsamen Tatsachen zu ermitteln gehabt hätte, da für sie der Amtsermittlungsgrundsatz gelte.

Das OLG führt an, dass die Kammer bei korrekter Sachbehandlung vor Erlass des angefochtenen Beschlusses (Aufhebung der Besuchsverbote und Neubescheidungsanweisung an die Justizvollzugsanstalt) hätte prüfen müssen, ob in Bezug auf den Gefangenen und/oder auf seine Brüder im Zeitraum nach Erlass des Besuchsverbotes Umstände eingetreten seien, die eine Aufrechterhaltung der – rechtmäßig erlassenen – Besuchsverbote trotz deren schon erheblichen Dauer erfordert hätten.

Dem Senat sei es als Rechtsbeschwerdegericht verwehrt gewesen, diese Feststellungen selbst zu treffen. Daher sei es unumgänglich, die Sache an die Strafvollstreckungskammer zur Nachholung der vorgezeichneten Ermittlungen und zu neuer Entscheidung zurückzuverweisen.

Molketin[210] geht hier ebenso wie dasOLG Koblenz vom Vorliegen der Voraussetzungen des § 25 Nr. 1 StVollzG, einer (ernsthaften) Gefährdung der Sicherheit oder Ordnung in der Justizvollzugsanstalt, aus.

Einschüchterungsversuche von Familienangehörigen, wie sie im konkreten Fall geschehen seien, denen der Inhaftierte durch Angabe der Wohnanschrift der Beamten auch Vorschub geleistet habe, seien von vornherein geeignet, die Beamten bei ihrer schwierigen Aufgabe „einzuschüchtern" und sie im Interesse der eigenen Familienmitglieder von einer korrekten Diensterfüllung abzuhalten. Das Gericht spreche hier zu Recht davon, dass die Justizvoll-

[210] Dr. Rüdiger Molketin, Bochum, in NStZ 90, 302, 303

zugsanstalt durch ein solches Verhalten an „ihrer empfindlichsten Stelle" getroffen werden solle.[211]

Er führt weiter aus, dass § 25 Nr. 1 StVollzG eine sog. „Kann-Vorschrift" sei, d.h., der Anstaltsleiter könne nach pflichtgemäßem Ermessensgebrauch auch Angehörige der Gefangenen, welche die Sicherheit oder Ordnung der Justizvollzugsanstalt gefährdeten, (zumindest zeitweise) von weiteren Besuchen ausschließen, wobei jedoch alle Umstände des Einzelfalles konkret zu würdigen seien. Von Amts wegen sei v.a. im Wege der Verhältnismäßigkeit zu prüfen, ob nicht auch weniger einschneidende Maßnahmen ebenfalls erfolgversprechend seien. Als „milderer Eingriff" biete sich in vielen Fällen beispielsweise die (optische und/oder akustische) Besuchsüberwachung (§ 27 StVollzG) an.

Im konkreten Fall sei jedoch nicht von vornherein auszuschließen, dass der Inhaftierte seinen Brüdern auch verschlüsselte Nachrichten übermitteln würde, so dass diese dann weitere Bedrohungen gegenüber Vollzugsbediensteten oder deren Familien begehen könnten. Aus diesem Grunde sei hier der Anstaltsleiter schon aufgrund seiner „beamtenrechtlichen Fürsorgepflicht" geradezu zur massivsten, weil tatsächlich allein erfolgversprechenden, Maßnahme genötigt gewesen.[212]

Molketin verdeutlicht, dass durch das Verhalten des Gefangenen und seiner Brüder nicht nur die Ordnung innerhalb der Anstalt, sondern auch die externe Sicherheit erheblich gestört werde. Zu Recht stelle der Senat in seiner Entscheidung in den Vordergrund, dass hier die Gefahr bestünde, dass Beamte „ein Auge zu drückten", um sich und ihre Familien vor unangenehmen Folgen und Belästigungen soweit als möglich zu schützen. Diese „menschlich nur allzu verständliche" Haltung führe zu schwer erträglichen Verletzungen des Gleichbehandlungsgrundsatzes aus Art. 3 Abs. 1 GG, dem – gerade im Strafvollzug – eine überragende Bedeutung zukomme.

Außerdem könne es, wie das OLG zu Recht feststellte, aufgrund einer möglichen „Sonderbehandlung" zu Erleichterungen von Flucht oder Ausbruchsversuchen kommen.

---

[211] hierzu führt Molketin ergänzend an: Schuler in Schwind / Blau, 2. Aufl., S. 158, 160, 162; sowie Calliess, 2. Aufl., S. 39 f., je m.w.N.
[212] zitiert wird hier Böhm, Strafvollzug, 2. Auflage, S. 153 f.

Ein ganz wesentlicher Gesichtspunkt sei vor allem die Unerlässlichkeit, die persönliche Integrität der Anstaltsbeamten mit allen zur Verfügung stehenden rechtlichen Mitteln sicher zu stellen.

Der Gefangene hatte in seiner Beschwerde vor allem geltend gemacht, in Art. 6 Abs. 1 GG (Schutz der Familie) sowie im Angehörigenprivileg aus § 25 Nr. 2 StVollzG verletzt zu sein. Tatsächlich ist bei der Versagung einer grundrechtlich geschützten Position oder Einschränkung eines solchen Bereiches eine besonders sorgfältige Abwägung im Einzelfall erforderlich. Ein völliges (wenn auch möglicherweise nur zeitlich begrenztes) Besuchsverbot gegenüber einem Angehörigen ist sachlich und juristisch daher wirklich nur im Falle der Unerlässlichkeit gerechtfertigt.

Molketin vertritt in seiner Darstellung die Auffassung, dass das Verhalten des Inhaftierten und seiner Brüder dem Anstaltsleiter nur eine Entscheidung geboten hätten. Vor allem aufgrund der Aussprüche vom „Bescheid stoßen" und „sich nichts gefallen lassen" sei als Reaktion lediglich die völlige Versagung weiterer Besuche der genannten Personen angeraten gewesen.

Hinsichtlich der Verbotsdauer steht dem Anstaltsleiter die Ausübung des pflichtgemäßen Ermessens zu, wobei er jedoch alle Umstände des Einzelfalles, speziell die Persönlichkeiten des Gefangenen und der Besucher, zu würdigen hat. [213]

Da die Strafvollstreckungskammer insoweit keine ausreichenden tatrichterlichen Feststellungen getroffen habe, habe der Senat tatsächlich nicht abschließend Stellung beziehen können.

Molketin gibt seiner Überzeugung Ausdruck, dass angesichts des besonders schwerwiegenden Fehlverhaltens der drei Beteiligten nur ein völlig unbefristetes Besuchsverbot sachgerecht sei, zumal eine Verhaltensänderung der Betroffenen auch nicht zu erwarten sei. Gerade auch die Nichtigkeit des Anlasses, hier die Wegnahme einer Palette Coca-Cola durch den Beamten, sei berücksichtigenswert. Es sei zwar nicht mitgeteilt worden, weshalb dieser Mitarbeiter zu der Maßnahme geschritten sei; der Inhaftierte jedoch hätte den vorgeschriebenen Weg über die Beschwerde an den Anstaltsleiter und notfalls die gerichtliche Rechtskontrolle (§§ 108, 109 ff StVollzG) beschreiten müssen und können.

---

[213] zitiert wurde hier zustimmend : OLG Zweibrücken, NStZ 87, 95 f.

Auch sei die Aufrechterhaltung der familiären Kontakte in schriftlicher Form (§§ 28, 29 StVollzG) in der gegebenen Situation als ausreichend anzusehen, da hierbei eine lückenlose Kontrolle der ein- und ausgehenden Post möglich sei.

Molketin hält die Entscheidung des OLG Koblenz für ein Beispiel wünschenswerter Klarheit, dass für ein „Faustrecht“ und „Mafia-Methoden“ in der Justizvollzugsanstalt kein Raum sei, dass ein derartiges Verhalten vielmehr von der Anstaltsleitung mit den härtesten und allein erfolgversprechenden Maßnahmen in Keim unterbunden werden müsse.

Meines Erachtens ist dieser Fall tatsächlich ein Beispiel für das Vorliegen einer realen Gefahr für Sicherheit und Ordnung der Anstalt. Die Konsequenzen, die die Justizvollzugsanstalt und Molketin für angemessen halten, erscheinen mir jedoch zu eng gezogen.

Zuzustimmen ist den Ausführungen vor allem darin, dass das durch den inhaftierten Bruder initiierte oder jedenfalls unterstützte Vorgehen der Brüder sehr wohl dazu führen kann, dass sich Beamte zu pflichtvernachlässigendem oder pflichtwidrigem Verhalten verleiten lassen, wodurch schließlich die Sicherheit und Ordnung der Anstalt empfindlich gestört bzw. gefährdet werden kann. Allerdings ist nicht nachzuvollziehen, dass nur mit einem absoluten Besuchsverbot der Gefahr begegnet werden kann.

Als milderes Mittel überlegenswert wäre zusätzlich zur optischen eine akustische Besuchsüberwachung gewesen.

Dem Hinweis von Molketin, dass auf diesem Weg verschlüsselte Nachrichten ausgetauscht werden könnten, ist so nicht zu folgen, da Molketin auf der anderen Seite auf die Möglichkeit der schriftlichen Kommunikation verweist. Hier wäre die Gefahr der Weitergabe verschlüsselter Botschaften ebenso gegeben.

In Anbetracht der hohen Bedeutung gerade der Kontakte zur Familie wäre zumindest bei der Antragstellung auf Aufhebung des Besuchsverbots einige Monate nach Erlass desselben diese weniger belastende Reaktion angeraten oder jedenfalls überlegenswert gewesen. Bei einer erneuten Versagung des Aufhebungsantrags hätte zumindest genau begründet werden müssen, weshalb die Justizvollzugsanstalt davon ausgeht, dass „die Erlassgründe unvermindert fortbestehen“. Ein einfacher Verweis auf die ursprünglich dargelegten Gründe ohne erneute Auseinandersetzung mit der konkreten Situation wird der Forderung nach einer (aktuellen) Einzelfallprüfung und einer daran angepassten Suche nach dem mildesten Mittel bzw. dem geringstmöglichen Eingriff in die Rechte des Gefangenen nicht gerecht.

V. § 27 StVollzG [Überwachung der Besuche]

1. Regelungsinhalt und Entstehungsgeschichte

Nach § 27 Abs. 1 StVollzG ist es aus Gründen der Behandlung oder der Sicherheit oder Ordnung möglich, dass Besuche (Satz 1) und sogar Unterhaltungen (Satz 2) überwacht werden.

§ 27 Abs. 4 S. 2 StVollzG regelt eine Ausnahme zu dem in Satz 1 normierten Grundsatz, dass die Übergabe von Gegenständen nur mit einer Erlaubnis erfolgen kann. Schriftstücke und Unterlagen, die beim Verteidigerbesuch übergeben werden, sind ebenso von dieser Erlaubnispflicht ausgenommen wie grundsätzlich solche Schriftstücke und Unterlagen, die ein Rechtsanwalt oder Notar in einer den Gefangenen betreffenden Rechtssache dem Gefangenen übergibt. § 27 Abs. 4 S. 2 HS. 2 StVollzG normiert hier gewissermaßen wieder eine „Rückausnahme". Aus Gründen der Sicherheit oder Ordnung der Anstalt kann nämlich auch die an sich erlaubnisfreie Übergabe von Schriftstücken und Unterlagen bei Rechtsanwalts- oder Notarbesuchen (nicht beim Verteidigerbesuch!) von einer Erlaubnis abhängig gemacht werden.

Nach dem Willen des Gesetzgebers[214] sollte von der Praxis der generellen Besuchsüberwachung mit dem Inkrafttreten des Strafvollzugsgesetzes Abstand genommen werden, eine Besuchsüberwachung sollte demnach „grundsätzlich" nicht mehr stattfinden. Dementsprechend geht das Gesetz nicht von einer „generellen Besuchsüberwachung" aus; vielmehr sollte eine Besuchsüberwachung nur „ausnahmsweise" aus den im Gesetz genannten Gründen erfolgen können.

Schon aus der Entstehungsgeschichte dieser Regelung zur Besuchsüberwachung läßt sich erkennen, dass auch hier von der Eingriffsmöglichkeit aus Gründen der Sicherheit oder Ordnung nur restriktiv Gebrauch gemacht werden sollte.

[214] vgl. Wortlaut der Begründung des Regierungsentwurfs BT-Dr. 7/918 S. 59

Schon in der Begründung[215] zum Regierungsentwurf[216] wird ausgeführt, dass die (optische[217] und auch akustische[218]) Überwachung „nicht häufiger und eingehender durchgeführt" werden sollte, als dies „notwendig" ist[219], da die (optische und akustische) Besuchsüberwachung „regelmäßig für den Gefangenen und seine Besucher eine starke Beeinträchtigung der persönlichen Sphäre und für die Anstalt einen erheblichen Aufwand"[220] bedeute.

Begründet wird die Schaffung einer Einschränkungsmöglichkeit aus Gründen der Sicherheit oder Ordnung damit, dass die Vollzugsbehörde in der Lage sein muss, „durch Besuchsüberwachung Gefahren für Leben, Gesundheit und Sachwerte sowie für den sicheren Gewahrsam abzuwenden". Gleiches müsse gelten, „wenn das geordnete Zusammenleben in der Anstalt durch unüberwachte Besuche gefährdet würde" (z.B. auch durch das Einschmuggeln von Alkohol oder Rauschgift).[221]

Im Gesetzesentwurf der Bundesregierung[222] war eine solche („Rück"-) Ausnahme wie die aus § 27 Abs. 4 StVollzG noch nicht vorgesehen. Absatz 3 des (damaligen) § 26 StVollzG bestimmte entsprechend Absatz 3 des heutigen § 27 StVollzG , dass Besuche von Verteidigern nicht überwacht werden. Der Entwurf der Bundesregierung ging allerdings insofern weiter, als auch Besuche von Rechtsanwälten und Notaren in einer den Gefangenen betreffenden Rechtssache unüberwacht bleiben sollten.[223] Absatz 4 regelte pauschal und ohne Ausnahmen, dass Gegenstände bei Besuchen (generell) nur mit Erlaubnis übergeben werden dürften.

---

[215] BT-Dr. 7/918
[216] die Vorschrift an sich war bereits im Regierungsentwurf – allerdings als § 26 StVollzG - in fast diesem Wortlaut enthalten, vgl. BT-Dr. 7/918 S. 13, lediglich aus Gründen der redaktionellen Klarstellung schlug der Bundesrat kleine grammatikalische Korrekturen vor, vgl. BT-Dr. 7/918 S. 113
[217] vgl. § 27 Abs.1 S. 1 StVollzG
[218] vgl. § 27 Abs.1 S. 2 StVollzG
[219] BT-Dr. 7/918 S. 58
[220] BT-Dr. 7/918 S. 58
[221] BT-Dr. 7/918 S. 59
[222] BT-Dr. 7/918
[223] BT-Dr. 7/918 S. 13

Der Sonderausschuss für die Strafrechtsreform schlug in seinem Antrag[224] dann die Umgestaltung der Absätze 3 und 4 vor. So sollten lediglich (entsprechend ist die heutige Fassung) die Besuche des Verteidigers gänzlich unüberwacht bleiben, dieser sollte Unterlagen und Schriftstücke auch ohne Erlaubnis übergeben dürfen.

Grundsätzlich sollte diese Privilegierung auch Rechtsanwälten und Notaren hinsichtlich der eine Rechtssache des Gefangenen betreffenden Unterlagen und Schriftstücke zugute kommen, jedoch mit der Möglichkeit, aus Gründen der Sicherheit oder Ordnung der Anstalt von dieser Erlaubnisfreiheit wieder abzusehen.

Die Regelung, dass lediglich Verteidigerbesuche unüberwacht bleiben sollten und es dem Verteidiger vorbehalten bleiben sollte, Schriftstücke und Unterlagen uneingeschränkt erlaubnisfrei zu übergeben, wurde damit begründet, dass gerade beim Verteidigerbesuch das Bedürfnis nach einem ungestörten Gespräch besonders groß sei. Deshalb sollten diese Besuche gänzlich unüberwacht bleiben.

Die Übergabe von Schriftstücken und Unterlagen dann jedoch von einer Erlaubnis abhängig zu machen, wäre wenig praxisgerecht, denn zum einen stieße dies auf organisatorische Schwierigkeiten, jedesmal für diesen Fall einen Bediensteten herbeizurufen, ihn um Erlaubnis zur Übergabe zu bitten, obwohl er vom Inhalt des Schriftstücks gem. § 25 a StVollzG gar nicht Kenntnis nehmen dürfte, und ihm damit Versagungsgründe gar nicht bekannt werden würden[225]. Zum anderen bestünde aber auch wegen der fehlenden Besuchsüberwachung keine Kontrollmöglichkeit, ob diese Vorschrift wirklich eingehalten würde, also tatsächlich stets ein Bediensteter gerufen und um Erlaubnis gebeten würde.

Beide „Vergünstigungen", d.h. die fehlende Überwachung sowie die generelle Erlaubnisfreiheit der Schriftstückübergabe, kommt den Rechtsanwälten und Notaren, die den Gefangenen in einer (anderen) Rechtssache vertreten, nicht zu Gute. Ihre Besuche werden überwacht. Aus Gründen der Sicherheit oder Ordnung der Anstalt kann bei Ihnen die Übergabe von Unterlagen von einer Erlaubnis abhängig gemacht werden.

---

[224] BT-Dr. 7/3998 S. 64
[225] BT-Dr. 7/3998 S. 15

Begründet wurde diese „Rückausnahmenregelung" damit, dass das große Schutzbedürfnis hinsichtlich des besonderen Vertrauensverhältnisses gerade zum Verteidiger nicht in gleichem Maße für Rechtsanwälte und Notare gelte, die eine andere Rechtsangelegenheit für den Gefangenen klären, das Bedürfnis nach einem unüberwachten Gedankenaustausch nicht so dringend sei, umgekehrt aber die Risiken um ein vielfaches höher seien, da der Kreis derjenigen, die in einer beliebigen Rechtssache als Vertreter des Gefangenen auftreten könnten, im Gegensatz zum Kreis der Verteidiger groß und unüberschaubar sein könne.[226]

2. Bedeutung der Norm

Auf die hohe Bedeutung und die Wichtigkeit von Kontakten zur Außenwelt durch Besuche wurde bereits hingewiesen[227].

Die Spontaneität und Ungezwungenheit des Besuchs– sofern diese in der Atmosphäre der Haftanstalt und in der zeitlichen Beschränkung überhaupt entstehen können – werden zumindest zum Teil verhindert durch das Bewußtsein der Betroffenen, beobachtet zu werden.

Ein Gespräch, von dem man weiß, dass Dritte mithören (akustische Überwachung), wird nicht so frei geführt werden und eine so persönliche Ausgestaltung haben, wie ein Vieraugengespräch zwischen vertrauten und sich vertrauenden Menschen.

So stellt eine optische oder akustische Überwachung tatsächlich eine nicht unerhebliche Beeinträchtigung bei der Pflege sozialer Kontakte durch Besuch dar; eine Beeinträchtigung, die sowohl den Gefangenen als aber auch den „unbeteiligten" Außenstehenden belastet.

Auf der anderen Seite bedeutet (unüberwachter) Besuch tatsächlich stets ein gewisses Risiko. Es könnten (in der Anstalt unerwünschte oder auch verbotene) Gegenstände (z.B. Alkohol oder Rauschgift[228]) übergeben werden; die

---

[226] BT-Dr. 7/3998 S. 15
[227] vgl. Darstellung unter Hauptteil B I, S. 79 und B III 2, S. 87
[228] explizit als Beispiel in der Begründung zum Regierungsentwurf genannt, vgl. BT-Dr. 7/918 S.59

Gespräche können einen für die Anstalt oder die Behandlung des Gefangenen gefährlichen oder schädlichen Inhalt haben (Ausbruchspläne könnten z.B. geschmiedet oder besprochen werden; unrichtige Darstellungen aus den Anstaltsinterna könnten so verbreitet werden u.ä.). Je nach der Person des Gefangenen und des Besuchers sowie nach den konkreten Umständen kann eine Gefahr so wahrscheinlich oder aber eine zumindest mögliche Gefahr so schwerwiegend sein, dass die Anstalt über eine gewisse Kontrolle die Möglichkeit haben muss, schwerwiegende Gefahren für das Behandlungsziel oder aber für Sicherheit oder Ordnung der Anstalt zu verhindern oder ihnen zu begegnen.

Die Überwachungsfreiheit von Verteidigerbesuchen sowie die Möglichkeit der erlaubnisfreien Schriftstückübergabe bei einem Verteidigerbesuch ist ein Ausfluß des Rechts auf freie und unbeschränkte Verteidigung. Diesem für den Inhaftierten elementaren Recht kommt in der Abwägung mit den Interessen der Vollzugsbehörde auf Vermeidung von Risiken für Sicherheit oder Ordnung der Anstalt die höhere Bedeutung zu. Gerade beim Verteidigerbesuch ist das Bedürfnis nach einem ungestörten Gespräch besonders groß. Auch die Übergabe etwa von Prozessunterlagen kann hier nicht von einer Erlaubnis abhängig gemacht werden, da dies den Kontakt mit dem Verteidiger verkomplizieren, formalisieren, verlangsamen und damit erschweren würde.

Diese „Höherwertigkeit" in der Abwägung mit dem durch Besuch und Schriftstückübergabe bestehenden Risiko für Sicherheit oder Ordnung der Anstalt gibt es jedoch nur im Hinblick auf den Verteidigerbesuch. Rechtsanwälten und Notaren, die den Gefangenen in einer (anderen) Rechtssache vertreten, kommt diese Privilegierung nicht zu Gute. Das Bedürfnis nach einem völlig ungestörten und unüberwachten Besuch ist hier nicht als so dringlich wie beim Verteidigerbesuch anzusehen; umgekehrt sind aber die Risiken um ein vielfaches höher einzuschätzen, da der denkbare Kreis derjenigen, die in einer beliebigen Rechtssache als Vertreter des Gefangenen auftreten können im Gegensatz zum Kreis der Verteidiger groß und unüberschaubar ist. Die Besuche dieser Gruppe werden demnach überwacht. Aus Gründen der Sicherheit oder Ordnung der Anstalt kann bei Ihnen die Übergabe von Unterlagen von einer Erlaubnis abhängig gemacht werden.

3. Meinungsstand in der Literatur zu Auslegung und Anwendung des Gesetzes

Die Eingriffsermächtigung des § 27 Abs. 1 StVollzG ist eine sog. „besondere Regelung", wie sie § 4 Abs. 2 S. 2 StVollzG fordert.[229] Der Bereich der Besuchsüberwachung ist damit durch diesen § 27 StVollzG abschließend geregelt.

Einig ist man sich in Rechtsprechung[230] und Literatur[231] darüber, dass die Anordnung einer Überwachung konkrete, auch gerichtlich nachzuprüfende Anhaltspunkte für das Vorliegen einer Gefährdung von Sicherheit oder Ordnung voraussetzt. So muss eine Überwachung der Unterhaltung aus Gründen der Sicherheit oder Ordnung „geboten", also nicht nur angezeigt, sondern „notwendig" sein.[232]

Nicht erforderlich, um eine Anordnung der Besuchsüberwachung zu rechtfertigen, ist jedoch, dass sie geradezu „unerlässlich" ist zur Aufrechterhaltung von Sicherheit oder Ordnung.[233]

Umstritten ist jedoch, ob eine Überwachung zur Abwehr von Gefahren für Sicherheit oder Ordnung nur aus Gründen, die in der Person des Gefangenen oder auch des Besuchers liegen, gerechtfertigt ist, oder ob auch Gründe, die allein im Anstaltsbereich liegen (Sicherheitsgrad, bauliche Mängel, Überbelegung o.ä.), angeführt werden können. Die h.M. in der Literatur[234] stimmt dieser erweiterten Auffassung grundsätzlich zu, fordert aber auch das Vorliegen konkreter Anhaltspunkte für das Vorliegen einer Gefahr sowie weiterhin die Möglichkeit für den Gefangenen, diesen besonderen Umständen in absehbarer Zeit entgehen zu können, sei es dass er in einen anderen Trakt mit anderem Sicherheitsgrad oder baulicher Ausstattung verlegt wird oder ihm ermöglicht wird, den Nachweis der Zuverlässigkeit erbringen zu können.[235]

Sogar die im Gefängnisalltag gängige Praxis, dass in Anstalten des geschlossenen Vollzugs (zumindest) die Sichtkontrolle eher die Regel als die Ausnah-

---

[229] so auch Calliess / Müller-Dietz, StrVollzG § 27 RN 2
[230] vgl. z.B. OLG Saarbrücken NStZ 83,94 und OLG Frankfurt ZfStrVo 90,186
[231] Vgl. z.B. Calliess / Müller-Dietz, StrVollzG § 27 RN 2, Grunau/Tiesler, § 27 RN 1
[232] Grunau / Tiesler § 27 RN 1
[233] Schwind in Schwind / Böhm, § 25 RN 4
[234] so z.B. Schwind in Schwind / Böhm, § 27 RN 6; Calliess / Müller-Dietz, StrVollzG, § 27 RN 1; Müller- Dietz in NStZ 83, 95;
[235] so Schwind in Schwind/Böhm, § 27 RN 6

me bildet, wird von Teilen der Literatur[236] als rechtmäßig erachtet. Solche von der Person des Gefangenen und des Besuchers unabhängige Sicherheitsgefahren (gewissermaßen „objektive Gefährdungsumstände") sind in Abteilungen mit erhöhtem Sicherheitsbedürfnis auch eher regelmäßig als ausnahmsweise gegeben[237]; somit sei eine generelle optische Besuchsüberwachung im geschlossenen Vollzug nicht zu bemängeln.

Es muss aber gesehen werden, dass eine solche Praxis das Gebot der Individualisierung (ausgestaltet auch in § 143 Abs.1 StVollzG) verletzt[238]. Auch das einhellig geforderte Vorliegen konkreter Anhaltspunkte für eine Gefährdung im Einzelfall ist mit dieser pauschalen Praxis gerade nicht gewährleistet. Es kann nicht von vornherein davon ausgegangen werden, dass ein unüberwachter Besuch in einer geschlossenen Anstalt Sicherheit oder Ordnung gefährdet[239].

Selbst *Schwind*[240], Vertreter der erstgenannten Auffassung räumt ein, dass Fälle denkbar seien, in denen eine Ausnahme der pauschalen Überwachung möglich sein müsste. Es könne tatsächlich nicht richtig sein, eine Überwachung aus Gründen der Sicherheit oder Ordnung der Anstalt anzuordnen bzw. durchzuführen, wo an der Integrität des Besuchers und auch des Gefangenen (zumindest diesbezüglich) gar kein Zweifel bestehe. Eine solche Vorgehensweise, bei denen die persönlichen Umstände und der konkrete Einzelfall völlig unbeachtlich seien, widerspräche dem ausdrücklichen Willen des Gesetzgebers zur restriktiven Anwendung der Einschränkungsermächtigungen.

Aus diesem Grund scheint auch die Auffassung, die eine Überwachung von Besuchen durch Trennscheiben[241] zur Bekämpfung des Drogenmissbrauchs auch ohne das Vorliegen einer konkreten individualisierten Missbrauchsgefahr für zulässig erachtet[242], bedenklich. Steht demgegenüber fest, dass im konkreten Fall die Gefahr einen Missbrauchs ausgeschlossen ist, wäre eine Beeinträchtigung des Besuchs durch eine Trennscheibe zu weitgehend.

[236] so Bandell / Kühling / Schwind in NStZ 88,383
[237] Schwind in Schwind / Böhm, § 27 RN 6
[238] so auch Müller-Dietz in NStZ 83,96, vgl hier auch NStZ 88,382=ZfStrVo 87,305,
[239] Joester / Wegner, AK-StrVollzG, §27 RN 2 vgl hier auch ZfStrVo 87,305
[240] Schwind in Schwind / Böhm, § 27 RN 6
[241] nach dem BverfG selbst bei Ehegattenbesuch grundsätzlich zulässig, allerdings erhöhte Einzelfall-prüfungspflicht wg Art.6 GG, NJW 94,1401
[242] ZfStrVo 83,306 und 93, 309; NStZ 84,94

Im Verhältnis zu der in Satz 1 geregelten optischen Überwachung steht die akustische Überwachung (systematisches und gezieltes Mithören von Gesprächen[243]) aus Satz 2 gewissermaßen in einem Stufenverhältnis[244]. Demgemäß gilt das zur (nur) optischen Besuchsüberwachung hinsichtlich der restriktiven Auslegung Gesagte umso mehr für die den Gefangenen sowie den Besucher in ihrem persönlichen Bereich wesentlich belastendere akustische Gesprächsüberwachung. Eine solche, insoweit besteht in der Literatur auch weitgehend Einigkeit[245], darf nur dann angeordnet und durchgeführt werden, wenn sie „unerlässlich"[246] ist und konkrete Anhaltspunkte dies auch im Einzelfall belegen[247]

Aufgrund des Stufenverhältnisses, das wegen der Belastung für den Gefangen und den Besucher zwischen Satz 1 und Satz 2 besteht, ist es nur konsequent, wenn die Anordnung der akustischen Überwachung nicht – wie hinsichtlich der reinen Sichtüberwachung – lediglich auf Ermessensfehler hin, sondern vollständig gerichtlich überprüfbar ist.[248]

Generell ist natürlich auch bei der (optischen oder akustischen) Besuchsüberwachung stets eine Verhältnismäßigkeitsprüfung durchzuführen. Insbesondere muss berücksichtigt werden, in welchem Näheverhältnis sich Gefangener und Besucher befinden. Je näher der Besucher dem Gefangen steht (z.B. beim Angehörigenbesuch), umso höher sind die Voraussetzungen vor allem für eine akustische Überwachung, denn je vertrauter der Umgang, umso mehr stellt diese Überwachung eine Belastung des persönlichsten Bereichs dar; je größer die Nähe, umso höher ist die Wahrscheinlichkeit, dass in einem solchen Gespräch höchstpersönliche Angelegenheiten an- oder besprochen werden könnten, die dann z.T. auch grundsätzlich unter den Schutz des Persönlichkeitsrechtes nach Art. 2 Abs.1 i.V.m. Art. 1 Abs. 1 GG fielen.

---

[243] OLG Koblenz BlStrVollzK 92 H.2,2 sonst Calliess / Müller-Dietz, StrVollzG § 27 RN 5
[244] Schwind in Schwind / Böhm, § 27 RN 4
[245] Joester / Wegner, AK-StrVollzG, § 27 RN 3; Schwind in Schwind / Böhm § 27 RN 7 (sinngemäß 8); Calliess / Müller-Dietz, StrVollzG § 27 RN 5
[246] Calliess / Müller-Dietz, StrVollzG § 27 RN 5, vgl. dazu auch den Wortlaut der Begründung zum Regierungsentwurf BT-Dr. 7/918 S.59
[247] Joester / Wegner, AK-StrVollzG, § 27 RN 3; Schwind in Schwind / Böhm § 27 RN 7 (sinngemäß 8), auch OLG Koblenz ZfStrVo 87,305
[248] Joester / Wegner , AK-StrVollzG, § 27 RN 3

In der Praxis werden allerdings deutlich geringere Anforderungen an die Anordnung und Durchführung einer akustischen Überwachung von Besuchen bei terroristischen Gewalttätern gestellt. So wird ein Überwachung wegen Annahme einer konkreten Gefahr für Sicherheit oder Ordnung schon damit gerechtfertigt, dass beim Gefangenen ein „überzeugender Gesinnungswandel nicht stattgefunden hat und er weiterhin Kontakte zur Sympathisantenszene unterhält".[249]

Da eine Überwachung des Vertreidigerbesuches nicht stattfindet und eine inhaltliche Überprüfung der vom Verteidiger mitgeführten Unterlagen unzulässig ist, ergibt sich schon aus der Praxis, dass das Erfordernis einer Erlaubnis für die Übergabe wenig Sinn machen würde, da zum einen die Anstalt nicht kontrollieren könnte, ob sich der Verteidiger an die Maßgabe hält, oder einen Verstoß sanktionieren könnte, es zum anderen aber auch unmöglich wäre, zu entscheiden, ob eine Schriftstückübergabe gefahrlos für Sicherheit oder Ordnung der Anstalt ist, wenn man von seinem Inhalt keine Kenntnis nehmen darf.

Notare und Rechtsanwälte, die nicht Verteidiger des Gefangenen sind, werden vom Gesetzgeber dem Verteidiger jedoch insofern gleichgestellt, als die Übergabe von Unterlagen oder Schriftstücken nicht wie bei sonstigem Besuch generell erlaubnispflichtig ist, sondern vielmehr grundsätzlich erlaubnisfrei erfolgen darf, sofern nicht die Übergabe aus den explizit genannten Gründen, d.h. lediglich bei konkreten Anhaltspunkten für eine Gefährdung von Sicherheit oder Ordnung der Anstalt, von einer Erlaubnis abhängig gemacht wird.[250]

4. konkrete Einzelfälle aus der Praxis

a. Beschluss des OLG Celle vom 22.11.1979 –3 Ws 428/79 (StrVollz)-[251]

In diesem Fall hatte ein Strafgefangener beantragt, den Besuch eines Arbeitsamtsbediensteten unüberwacht zu lassen.

---

[249] NStZ 89,494 sonst Calliess / Müller-Dietz, StrVollzG § 27 RN 5
[250] vgl. Calliess / Müller-Dietz, StrVollzG § 27 RN 11; Joester / Wegner, AK-StrVollzG, § 27 RN 13; Schwind in Schwind / Böhm § 27 RN 15
[251] ZfStrVo 80, 187, 188

Sowohl die Justizvollzugsanstalt als auch die Strafvollstreckungskammer hatten dies abgelehnt, da sie hinsichtlich des Antragstellers eine Gesprächsüberwachung bei allen Besuchen mit Ausnahme der – mit Trennscheibe durchgeführten – Verteidigerbesuche für notwendig erachtet hatte. Die vom Antragsteller eingelegte Rechtsbeschwerde hatte jedoch Erfolg.

Der Senat geht davon aus, dass die Strafvollstreckungskammer verkannt habe, dass in § 27 Abs. 1 StVollzG zwischen optischer Überwachung von Besuchen und der Gesprächsüberwachung unterschieden werde und dass letztere strengeren Voraussetzungen genügen müsse.

Die Anordnung einer Gesprächsüberwachung bei allen Besuchen lasse sich weder mit einer bestehenden entsprechenden Anordnung des Anstaltsleiters noch mit einer nicht für den Einzelfall konkretisierten Missbrauchsgefahr begründen.

Eine so weit reichende Besuchsüberwachung müsse *geboten* sein, wobei es dabei nicht allein auf das mutmaßliche Verhalten des Strafgefangenen[252] abgestellt werden. Es müsse ebenso bedacht werden, ob bei dem Besucher die Gefahr bestünde, dass er einem solchen Ansinnen nachkomme. Das aber sei bei einem Bediensteten des Arbeitsamtes so wenig wahrscheinlich, dass es im Einzelfall belegt werden müsse.

Im Übrigen könne auch bei der Frage, ob die optische Besuchsüberwachung ermessensfehlerfrei angeordnet worden sei, Person oder Funktion des Besuchers nicht völlig außer Betracht bleiben.

Der Senat wollte hier nicht ausschließen, dass auch in diesem Fall die Anordnung zumindest einer optischen Überwachung ermessensfehlerfrei möglich sein könnte. Doch bedürfe es dafür weiterer tatsächlicher Feststellungen.

Meines Erachtens hat der Senat zu Recht die pauschale Anordnung der Besuchsüberwachung verworfen. Auch wenn bei einem Gefangenen die Vermutung naheliegt, dass er Besuche z.B. zur Nachrichtenübermittlung auszunutzen sucht, muss zumindest im Einzelfall geprüft werden, ob der Besucher sich für ein solches Ansinnen wohl hergeben könnte. Selbst wenn eine solche Möglichkeit nicht ausgeschlossen werden kann, ist immer zu überlegen, ob

[252] als Beispiel wurde ein „beim Antragsteller durchaus naheliegendes Ausnutzenwollen des Besuchs zur Nachrichtenübermittlung" angeführt

diese so wenig wahrscheinlich ist, dass man zunächst allenfalls mit einer optischen Überwachung reagiert.

Ein Vorgehen, wie es die Justizvollzugsanstalt hier – von der Strafvollstreckungskammer unterstützt – pflegte, wird jedenfalls weder dem Gebot der Einzelfall- noch der Forderung nach einer Verhältnismäßikeitsprüfung gerecht.

b. Beschluss des OLG Koblenz vom 18.08.1980 – 2 Vollz (Ws) 15 /80-[253]

Gegen den Betroffenen, der eine lebenslange Freiheitsstrafe wegen Mordes und Mitgliedschaft in einer kriminellen Vereinigung (RAF) verbüßt, hatte der Anstaltsleiter einen Bescheid erlassen, in dem er angeordnet hatte, dass die Besuche des Betroffenen aus Gründen der Sicherheit der Anstalt ausnahmslos von einem Vollzugsbeamten sowie einem hinzugezogenen Polizeibeamten mit Kenntnissen über das Vorgehen terroristischer Vereinigungen nicht nur optisch sondern auch akustisch überwacht werden.

Als Begründung für die Anordnung auch der akustischen Besuchsüberwachung führte die Justizvollzugsanstalt an, dass der Betroffene sich von seiner Vergangenheit als terroristischer Gewalttäter bislang nicht distanziert habe und somit immer noch als ein besonders gefährlicher Gefangener anzusehen sei.

Die Beiziehung eines Polizeibeamten hielt die Justizvollzugsanstalt für erforderlich, weil ohne das notwendige Hintergrundwissen über die „terroristische Szene“ die Wirksamkeit der Überwachung nicht gewährleistet sei.

Die Überwachung werde ausgewertet, indem der Polizeibeamte noch in der Justizvollzugsanstalt einen Bericht anfertige, den er dem Anstaltsleiter vorlege, dieser entscheide dann darüber, ob die Kenntnisse gemäß § 34 Abs. 3 StVollzG weitergeleitet würden.

Der Betroffene beantragte gerichtliche Entscheidung über den Bescheid des Anstaltsleiters, mit dem dieser es abgelehnt hatte, von einer Heranziehung des Polizeibeamten abzusehen und die Besuche der Eltern des Betroffenen von der Überwachung auszunehmen.

---

[253] ZfStrVo 81, 59, 60;

Die Strafvollstreckungskammer bestätigte den Bescheid des Anstaltsleiters, auch das anschließend angerufene OLG hielt die Rechtsbeschwerde in der Sache für unbegründet.

Der Betroffene beanstandete eine Verletzung des § 155 StVollzG[254]. Er hatte argumentiert, dass die Mitwirkung eines Polizeibeamten zu einer Einschränkung des Besuchsrechts führe, die das Strafvollzugsgesetz nicht vorsehe.

Schon die Gesprächsüberwachung setze eine konkrete Gefährdung für die Sicherheit der Anstalt voraus. Für die Beurteilung dieser Frage sei nicht nur auf das mutmaßliche Verhalten des Gefangenen abzustellen, sondern auch auf die Persönlichkeit der Besucher. Eine generelle Anordnung zur Besuchsüberwachung sei deshalb nicht zulässig, die Aufzeichnung von Gesprächen zwischen dem Betroffenen und seinen Eltern durch den Polizeibeamten rechtswidrig.

Das OLG führt dagegen an, dass die Besuchsüberwachung zu den Aufgaben der Justizvollzugsanstalt gehöre. Ihre Erledigung obliege zwar tatsächlich nicht Polizeibeamten, da § 155 StVollzG nicht den Einsatz von Polizeibeamten für die Erledigung von Vollzugsaufgaben hoheitlichen Charakters trage. Doch diene die Hinzuziehung hier lediglich dazu, sich die Sachkunde des Beamten zunutze zu machen, so dass die Tätigkeit ihrem Wesen nach nicht hoheitlicher Art sei, sondern der eines Sachverständigen entspräche. (...)[255]

Die Besuchsüberwachung selbst werde stets von Vollzugsbediensteten durchgeführt, denen der Polizeibeamte nur beigeordnet sei.

Die vom Polizeibeamten angefertigten Aufzeichnungen seien zunächst allein für den Anstaltsleiter bestimmt und würden diesem sogleich übergeben, so dass eine Kenntnisnahme durch die Polizeidienststelle ausgeschlossen sei. Über die anschließende Verwertung im Sinne des § 34 StVollzG entscheide ausschließlich der Anstaltsleiter.

Das OLG führt weiter aus, dass die Voraussetzungen für die optische und akustische Besuchsüberwachung beim Betroffenen gegeben seien.

---

[254] § 155 Abs. 1 StVollzG: „Die Aufgaben der Justizvollzugsanstalten werden von Vollzugsbeamten wahrgenommen. Aus besonderen Gründen können sie auch anderen Bediensteten der Justizvollzugsanstalten sowie nebenamtlichen oder vertraglich verpflichteten Personen übertragen werden."

[255] ausführlich zu diesem Problem: vgl. ZfStrVo 81, 60

Gegenüber einem früheren Mitglied einer terroristischen Vereinigung, das sich von deren Bestrebungen bislang nicht distanziert habe, sei ein Höchstmaß an gesetzlich zulässigen Sicherheitsvorkehrungen sachlich gerechtfertigt.

Schon nach den allgemein bekannt gewordenen Erkenntnissen der Polizei stehe der Fortbestand terroristischer Vereinigungen in der Bundesrepublik nicht in Zweifel. Es sei daher jederzeit mit der neuerlichen Begehung von Verbrechen gegen das Leben und die Freiheit Dritter zu rechnen.

Die Erfahrungen hätten in der Vergangenheit gezeigt, dass derartige Vereinigungen bestrebt seien, die Verbindung zu ihren früheren sich nun in U- oder Strafhaft befindlichen Mitgliedern mit dem Ziel einer späteren Befreiung aufrechtzuerhalten.

Unterstützung fänden sie in einem breitgefächerten Umfeld ideologisch bestimmter Sympathisanten.

Der Senat vertritt die Auffassung, dass die Justizvollzugsanstalt angesichts dieser Gegebenheiten davon habe ausgehen müssen, dass jeder Besucher des Betroffenen aus dem Bereich seiner persönlichen oder verwandtschaftlichen Beziehung mit einer konkreten Gefahr für die Sicherheit der Anstalt verbunden sein könne, die es rechtfertige, auch die geführten Gespräche gemäß § 27 Abs. 1 S. 2 StVollzG zu überwachen.[256]

Auch sei nachvollziehbar, wenn die Justizvollzugsanstalt davon ausgegangen sei, einen „Sachkundigen“ hinzuziehen zu müssen, um die Wirksamkeit einer Überwachung zu gewährleisten.

Die Anstaltsleitung müsse jedenfalls auch den Kreis der Personen kennen, mit denen der Betroffene in Beziehung stehe, um das Maß der Gefährdung der Sicherheit in der Anstalt abschätzen und sich auf den jeweiligen Gefährlichkeitsgrad eines Besuchers einstellen zu können. Den damit verbundenen Einbruch in die persönliche Sphäre habe der Gefangene hinzunehmen.

Die Befugnis der Justizvollzugsanstalt zur Überwachung von Besuch und Schriftwechsel, so folgert der Senat, gebe der Anstaltsleitung das Recht, sich auch auf diesem Weg ein Bild von Persönlichkeit und Umgang des Gefangenen zu machen. Könne sie dies mit eigenen Kräften nicht bewerkstelligen, so

---

[256] auf diese Begründung hat das OLG Koblenz in seinem Beschluss vom 26.09.1983 - 2 Vollz (Ws) 52/83 später bestätigend verwiesen in ZfStrVo 84, 179, 180

dürfe sie sich auch der Hilfe von Sachkundigen bedienen (...)[257], sofern sichergestellt sei, dass die Rechte des Gefangenen dadurch nicht geschmälert würden, was vorwiegend bedeute, dass die Vertraulichkeit gewahrt bliebe. Dies sei hier der Fall, weil zum einen der Sachkundige als Polizeibeamter ebenfalls zur Verschwiegenheit verpflichtet und andererseits auch sichergestellt sei, dass er voll der Aufsicht und Leitung des Anstaltsleiters unterstehe.

Allerdings sei dem Betroffenen einzuräumen, dass sich die Gegenwart mehrerer Überwacher zu einer erhöhten Belastung der Gesprächsteilnehmer führen könne. Bei engen Verwandten wie z.B. der Eltern bedürfe es daher der wiederholten und sorgfältigen Prüfung durch die Justizvollzugsanstalt, ob und wie lange es auch bei ihnen noch der Mitwirkung eines Polizeibeamten bedürfe.

Meiner Ansicht nach ist die Anordnung des Anstaltsleiters, ausnahmslos jeden Besuch sowohl optisch als auch akustisch unter Hinzuziehung eines Polizeibediensteten zu überwachen, zu weit gefasst.

Um dem Gebot der Einzelfallprüfung gerecht zu werden, muss nicht nur jeder einzelne Gefangene betrachtet werden, sondern auch die einzelnen sich unterscheidenden Situationen bzw. bei Vergleichbarkeit einzelne Situationsgruppen.

So darf der Besuch der Eltern nicht unterschiedslos ebenso behandelt werden wie der Besuch von Bekannten, ehemaligen Kollegen, früheren Gefangenen, oder gar alten „Mitstreitern".

Bei der Suche nach dem geringstmöglichen Eingriff wäre als milderes Mittel zumindest überlegenswert gewesen, ob nicht wenigstens bei den Eltern auf die Hinzuziehung eines Polizeibeamten als zusätzlicher Beobachter bzw. Zuhörer verzichtet werden könnte – jedenfalls bis zum Vorliegen konkreter Verdachtsmomente, die auch hier den stärkeren Eingriff fordern würden.

c. Beschluss des OLG Koblenz vom 09.06.1987 – 2 Vollz (Ws) 27/87 -[258]

Im vorliegenden Fall wendet sich ein Gefangener gegen die optische und akustische Überwachung der Besuche eines ehemaligen Mitgefangenen. Diese Maßnahme war auf der Grundlage einer allgemeinen Anordnung des Voll-

---

[257] dieser Aspekt der Entscheidung ist hier stark verkürzt dargestellt
[258] ZfStrVo 87, 305, 306 = NStZ 88, 382

zugsleiters ergangen, nach der „wegen des hohen Sicherheitsgrades der Anstalt“ Besuche ehemaliger Inhaftierter sowohl optisch als auch akustisch zu überwachen seien.

Die Strafvollstreckungskammer hatte die Anordnung der Vollzugsanstalt unterstützt und als Begründung auch die Rechtfertigung, die die Justizvollzugsanstalt für die generelle Überwachungsanordnung vorgetragen hatte, angeführt: „Maßgeblich für die Art der Besuchsabwicklung ist der Sicherheitsgrad der Anstalt und die Gefahr, die der betreffende Gefangene oder Besucher für die Sicherheit der Anstalt darstellt. Aufgrund des hohen Sicherheitsgrades der hiesigen Anstalt wurde deshalb angeordnet, dass die Besuche ehemaliger Inhaftierter grundsätzlich akustisch und optisch überwacht werden. Diese Besuche unterliegen in besonderem Maße der Gefahr, Fluchtpläne zu besprechen oder aber die Übergabe unerlaubter Gegenstände zu ermöglichen, sofern keine ständige optische und akustische Überwachung stattfindet. Im übrigen werden auch Besuche bei Gefangenen mit erheblichem Sicherheitsrisiko oder von Besuchern, die bereits schon einmal in negativer Weise (Übernahme von unerlaubten Gegenständen, pp.) aufgefallen sind, akustisch und optisch überwacht.“

Die gegen den Beschluss der Strafvollstreckungskammer eingelegte Rechtsbeschwerde hatte - zum Teil – einen vorläufigen Erfolg.

Das OLG führt zunächst aus, dass die Frage der Besuchsüberwachung in § 27 StVollzG abschließend geregelt sei, und dass diese Vorschrift eine „besondere Regelung“ i.S.d. § 4 Abs. 2 StVollzG darstelle und diesem daher vorgehe. Somit sei für die Anordnung einer Besuchsüberwachung nicht erforderlich, dass sie „zur Aufrechterhaltung der Sicherheit oder zur Abwendung einer schwerwiegenden Störung der Ordnung der Anstalt unerlässlich“ sei, wie es dem § 4 Abs. 2 StVollzG entspreche; es genügten hier vielmehr die weniger strengen Voraussetzungen des § 27 Abs. 1 StVollzG.

Eine Besuchsüberwachung aus Sicherheitsgründen war von der Strafvollstreckungskammer hier gebilligt worden. Das OLG führt aus, dass die Beurteilung der Frage, ob ein Besuch geeignet ist, die Sicherheit der Anstalt zu gefährden, in erster Linie von der Person des Gefangenen und der seines Besuchers abhänge. Zugleich aber könnten nach der h.M. auch die besonderen Anstaltsverhältnisse von Bedeutung sein, wie z.B. ein besonders hoher Grad der Sicherheitsempfindlichkeit oder auch der Umstand, dass in einer Anstalt

Straf- und Untersuchungsgefangene untereinander Kontakt haben könnten. Der Wortlaut des § 27 Abs. 1 StVollzG, so das OLG, lasse die Berücksichtigung sowohl der persönlichen, als aber auch der objektiven Umstände zu. Folgerichtig sei die Frage der Gefährdung der Anstaltssicherheit zutreffend auch nur in einer Gesamtschau aller dieser relevanten Umstände zu beurteilen.

Doch auch wenn unter diesen Gesichtspunkten eine Sicherheitsgefährdung in Betracht gezogen werden könne, sei des weiteren zu prüfen, ob die vom Anstaltsleiter getroffene Maßnahme sowohl dem pflichtgemäßen Ermessen[259] als auch nach Art und Umfang dem Verhältnismäßigkeitsgrundsatz entspreche[260].

Es könne hier durchaus offen bleiben, ob die generelle Anordnung, dass alle Besuche ehemaliger Gefangener zu überwachen seien, rechtmäßig sei; Gegenstand einer gerichtlichen Überprüfung seien schließlich nicht allgemeine Anordnungen, sondern nur Maßnahmen zur Regelung einer einzelnen Angelegenheit eines Strafgefangenen[261]. Auch eine Rechtswidrigkeitsfeststellung gem. § 115 Abs. 3 StVollzG beträfe immer nur eine Einzelmaßnahme. Demgemäß sei hier allein die Anwendung der generellen Anordnung des Anstaltsleiters in dem zu beurteilenden Einzelfall zu überprüfen.

Das OLG vertritt die Auffassung, dass die Maßnahme im konkreten Fall zumindest jedenfalls insoweit nicht zu beanstanden sei, als eine optische Überwachung angeordnet werde. Zwar seien die tatsächlichen Feststellungen zu der Frage in den Gründen des angefochtenen Beschlusses außerordentlich knapp gehalten; sie reichten jedoch gerade noch aus, um beurteilen zu können, dass die Überwachungsanordnung nicht ermessensfehlerhaft gewesen sei. Dabei folge der Senat hier nicht der Ansicht von *Schwind*[262], wonach unüberwachte Besuch im geschlossenen Vollzug grundsätzlich als gefährdend für die Sicherheit und Ordnung anzusehen seien. Vielmehr lägen hier besondere Umstände vor: so sei der Beschwerdeführer schon seit 12 Jahren inhaftiert, auch sein Besucher sei Insasse dieser Justizvollzugsanstalt gewesen. Da in dieser Anstalt ausschließlich Freiheitsstrafen von drei und mehr Jahren voll-

[259] vgl. Wortlaut des § 27 Abs. 1 S. 1 StVollzG: „dürfen"
[260] vgl. § 81 Abs. 2 StVollzG
[261] vgl. § 109 Abs. 1 StVollzG
[262] vgl. Schwind in Schwind / Böhm, StVollzG § 27 RN 6

streckt würden, sei davon auszugehen, dass auch der Besucher längere Zeit in der Anstalt gewesen sei.

Dieser Umstand verbunden mit der Tatsache, dass der Gefangene seinem Besucher die Verwaltung des Hausanwesens seiner taubstummen Schwester anvertraut hatte, spräche für das Bestehen eines engen Vertrauensverhältnisses. Zudem kenne der Besucher aus der Zeit seiner eigenen Strafverbüßung genauestens die Anstaltsverhältnisse.

Bei dieser Sachlage müsse eine um die Sicherheit besorgte Anstaltsleitung die Möglichkeit in Betracht ziehen, dass der Besucher - möglicherweise auch nur aus falsch verstandener Kameradschaft – dem Gefangenen verbotenerweise Gegenstände zukommen lasse, die in dessen Hand oder auch im Besitz eines anderen Gefangenen ein Sicherheitsrisiko bedeuten können.

Da die konkret betroffenen Justizvollzugsanstalt zudem als Anstalt mit hohem Sicherheitsgrad einzustufen sei, entspreche eine optische Überwachung dieses Besuches durchaus einem pflichtgemäßen Ermessen. Auch im Hinblick auf den Verhältnismäßigkeitsgrundsatz sei die Anordnung nicht zu kritisieren, da sie dem verfolgten Zweck angemessen sei und den Gefangenen nur geringfügig belaste.[263]

Zu einem anderen Ergebnis kommt das OLG jedoch hinsichtlich der Anordnung auch der akustischen Überwachung, die sowohl den Besuchten als auch den Besucher in ihrem persönlichen Bereich wesentlich stärker belasten würden. Aus dem Grund sei eine solche Anordnung dann auch nur gestattet, wenn sie aus Gründen der Anstaltssicherheit „geboten" sei[264]; die Voraussetzungen für eine akustische Überwachung seien also wesentlich höher anzusetzen. Nach Sachlage müsse sie „unerlässlich" sein, was auch durch konkrete, tatsächliche Anhaltspunkte belegt werden müsse.

Im konkreten Fall reichten die Feststellungen im angefochtenen Beschlusses hierzu nicht aus. Das OLG stimmt der Auffassung der Kammer zwar insoweit zu, als auch hinsichtlich der akustischen Besuchsüberwachung der hohe Sicherheitsgrad der Anstalt eine Rolle spielen müsse. Auch könne sicher berücksichtigt werden, ob und mit welcher Häufigkeit Fälle vorgekommen seien, in denen ehemalige Gefangene Besuche bei Häftlingen dazu missbraucht

---

[263] vgl. § 81 Abs. 2 StVollzG
[264] vgl. § 27 Abs. 1 S. 1 StVollzG

hätten, Unternehmen abzusprechen und zu planen, durch die die Anstaltssicherheit gefährdet würde (z.B. Flucht, Befreiung, Meuterei u.ä.).

Doch kritisiert das OLG am Beschluss der Kammer u.a. das Fehlen eingehenderer Feststellungen zur Persönlichkeit des Strafgefangenen und seines Besuchers. Nicht von jedem Gefangenen und auch erst recht nicht von jedem Besucher, auch wenn er ein ehemaliger Strafgefangener sei, sei die Verabredung gewaltsamer Angriffe auf die Anstaltssicherheit zu erwarten. Es käme in diesem Zusammenhang bei beiden Betroffenen vor allem auf ihr kriminelles Vorleben an, so z.B. auf Zahl und Art der Vortaten und Vorstrafen, frühere gemeinsam begangene Straftaten, ihr Verhalten im Vollzug, wie auch frühere Ausbruchs- oder Fluchtversuche, Gewalttätigkeiten gegen Vollzugsbedienstete u.ä., sowie auf andere in diesem Sinn auffällige Charaktereigenschaften. Zusätzlich müssten beim Gefangenen noch Feststellungen zur Dauer der noch zu verbüßenden Strafe mitberücksichtigt werden; beim Besucher müsste in einer umfassenden Gesamtschau auch die derzeitigen Lebensverhältnisse mit einbezogen werden.

Kurz gesagt sei also alles von Belang, was auf die Möglichkeit hindeute, dass zwischen dem Gefangenen und seinem Besucher Gespräche geführt werden könnten, die in der Lage wären, die Sicherheit (oder Ordnung) der Anstalt zu beeinträchtigen. Zu all dem jedoch habe die Kammer keine Ausführungen gemacht.

Das OLG kommt folgerichtig zu dem Ergebnis, dass die Strafvollstreckungskammer bei der Anwendung des unbestimmten Rechtsbegriffs des „Gebotenseins“ in § 27 Abs. 1 S. 2 StVollzG von unzureichenden Feststellungen ausgegangen sei. Der Kammerbeschluss sei daher aufzuheben, soweit darin der Antrag auf gerichtliche Entscheidung auch bezüglich der akustischen Besuchsüberwachung zurückgewiesen worden sei.

Meines Erachtens verletzt die hier geübte Praxis das Gebot der Individualisierung (ausgestaltet auch in § 143 Abs.1 StVollzG). Auch das einhellig geforderte Vorliegen konkreter Anhaltspunkte für eine Gefährdung im Einzelfall ist hier gerade nicht gewährleistet. Es kann nicht von vornherein davon ausgegangen werden, dass ein unüberwachter Besuch in einer geschlossenen Anstalt Sicherheit oder Ordnung gefährdet[265].

Dies gilt auch für den Besuch eines ehemaligen Mitgefangenen. Eine generelle Überwachungsanordnung ist auch ihm gegenüber nicht ohne das Hinzutreten weiterer Gründe gerechtfertigt.

Die Anordnung im konkreten Fall hätte einer genauen Darstellung bedurft, aus welchem Grund hier eine generelle optische und akustische Überwachung gegen ehemalige Mitgefangene geboten ist (so z.B. weil die ehemaligen Mitgefangenen die Gefängnisanlage bestens kennen, um Fluchthilfe zu leisten, oder weil einschlägige Vorstrafen negative Beeinflussung konkret befürchten lassen. Stets wäre dann auch das Vorhandensein einer entsprechenden Neigung beim Inhaftierten zu überprüfen).

Es entspricht nicht der gesetzlichen Intention, eine Überwachung aus Gründen der Sicherheit oder Ordnung der Anstalt anzuordnen bzw. durchzuführen, soweit an der diesbezüglichen Integrität des Besuchers und des Gefangenen kein Zweifel besteht.

Eine solche, hier geübte, Vorgehensweise, bei denen die persönlichen Umstände und der konkrete Einzelfall völlig unbeachtlich bleiben, widerspricht dem ausdrücklichen Willen des Gesetzgebers, die Einschränkungsermächtigungen restriktiv anzuwenden.

Allein die Aufteilung und Unterscheidung der Besucher in ehemalige Strafgefangene und bislang „unbescholtene" Bürger durch generelle Anordnung wird der gebotenen Einzelfallprüfung jedenfalls nicht gerecht.

d. Beschluss des OLG Frankfurt a.M. vom 28.08.1989 – 3 Ws 606/89 (StrVollz) - [266]

In folgendem Fall[267] wandte sich ein zu 12 Jahren Freiheitsstrafe verurteilter Strafgefangener nach ca. 1/3 der Strafe gegen die Anordnung, den Besuch seiner Freundin akustisch zu überwachen und ein Gesprächsprotokoll anzufertigen.

---

[265] so auch in der Literatur, z.B. Joester / Wegner, AK-StrVollzG, § 27 RN 2, aber selbst Vertreter einer engeren Auffassung, wie z.B. Schwind in Schwind / Böhm, § 27 RN 6, räumen ein, dass Fälle denkbar sind, in denen eine Ausnahme der pauschalen Überwachung möglich sein müssten

[266] StV 90, 215, 216

[267] die Entscheidung wird noch einmal dargestellt unter § 34, Hauptteil B, XII 4 b, S. 218

Der Anstaltsleiter wollte durch diese Maßnahme neue Erkenntnisse zu einem einige Tage zuvor geschehenen Zwischenfall erlangen. Damals waren im Fernsehraum der Fernsehapparat sowie einige Fensterscheiben zertrümmert worden. Der Antragsteller stand im Verdacht, daran beteiligt zu sein.

Der Antragsteller hatte beantragt, die Rechtswidrigkeit der Anordnung festzustellen und den Anstaltsleiter zu verpflichten, die angefertigte Gesprächsnotiz zu vernichten.

Die Strafvollstreckungskammer hat den Antrag mit der Begründung zurückgewiesen, dass für den Feststellungsantrag das erforderliche Interesse fehle, da nicht zu erwarten sei, dass der Anstaltseiter weitere Besuche wegen des in Frage stehenden Vorfalls überwachen lasse.

Der Antrag auf Verpflichtung zur Vernichtung der Gesprächsnotiz sei unbegründet, weil sogar die Verwertung der erlangten Kenntnisse unter den Voraussetzungen des § 34 StVollzG zulässig sei.

Die daraufhin vom Antragsteller eingelegte Rechtsbeschwerde hatte Erfolg.

Der Senat stellte fest, dass der Feststellungsantrag (Rechtswidrigkeit der akustischen Besuchsüberwachung) nicht wegen Fehlens des berechtigten Interesses als unzulässig hätte verworfen werden dürfen. Obwohl im Hinblick auf den eingetretenen Zeitablauf nicht zu erwarten sei, dass gerade wegen des in Frage stehenden Vorfalls weitere Besuche akustisch überwacht werden würden, sei das Feststellungsinteresse wegen ausreichend konkret sich abzeichnender Wiederholungsgefahr hier zu bejahen.

Unter Berücksichtigung der noch langen Haftzeit des Antragstellers und nach den bisherigen Erfahrungen mit Zerstörungsaktionen im Strafvollzug könne durchaus angenommen werden, dass sich ein Geschehen wie das zuvor vorgefallene wiederholen könnte und dann in diesem Zusammenhang erneut eine akustische Besuchsüberwachung angeordnet würde.

Die von der Kammer getroffenen Feststellungen reichten nicht aus, um den Feststellungsantrag als unbegründet zurückweisen zu können. Nach § 27 Abs. 1 S. 2 StVollzG sei eine akustische Besuchsüberwachung aus den hier in Betracht kommenden Gründen der Sicherheit und Ordnung der Anstalt nur zulässig, wenn diese Art der Überwachung aus den genannten Gründen geboten sei, wobei dieses „Gebotensein" konkrete tatsächliche Anhaltspunkte für eine Gefährdung von Sicherheit und Ordnung voraussetze. Außerdem müsse die Maßnahme unerlässlich sein, um Sicherheit und Ordnung der Anstalt zu gewährleisten.

Nach dem mitgeteilten Sachverhalt seien diese strengen Voraussetzungen für den durch die Gesprächskontrolle stattfindenden einschneidenden Eingriff in die Persönlichkeitsbereiche des Gefangenen und des Besuchers jedenfalls nicht erfüllt.

Die Justizvollzugsanstalt habe die akustische Besuchsüberwachung lediglich mit der Erwartung begründet, so gegebenenfalls weitere Angaben zum Vorfall im Fernsehraum zu erhalten.

Mit einer so formulierten Erwartung seien noch keine konkreten tatsächlichen Anhaltspunkte für die Annahme gegeben, dass gerade das Gespräch zwischen dem Antragsteller und dessen Freundin zur Aufklärung des in Frage stehenden Zwischenfalls dienlich sein könnte.

Außerdem sei mit der bisherigen Begründung überhaupt nichts dafür dargetan, dass die Kontrolle des Gesprächs mit der Freundin unerlässlich sei, um Sicherheit und Ordnung der Anstalt zu gewährleisten.

Insoweit seien gerade hier hohe Anforderungen zu stellen, weil beim Besuch einer Freundin (oft) höchstpersönliche Umstände zur Sprache kämen, die grundsätzlich dem Schutz des Persönlichkeitsrechtes aus Art. 2 Abs. 1 GG unterlägen. (...)[268]

Meines Erachtens hat das OLG die Entscheidung der Strafvollstreckungskammer zu Recht kritisiert. Weder die Justizvollzugsanstalt noch die Kammer haben sich mit den Voraussetzungen des § 27 StVollzG auseinandergesetzt.

Um einen Eingriff dieser Art mit § 27 StVollzG rechtfertigen zu können, hätten Justizvollzugsanstalt bzw. Strafvollstreckungskammer konkrete Angaben machen müssen, warum gerade diese Maßnahme geboten war, Sicherheit und Ordnung zu gewährleisten. Warum also zum einen zu erwarten war, dass der Antragsteller gerade seiner Freundin gegenüber dazu nähere Angaben macht und inwieweit zum anderen die Kenntnis über diese Angaben so dringend angeraten ist, um Sicherheit und Ordnung in Zukunft zu gewährleisten.

Eine erhöhte Begründungspflicht entsteht in diesem Fall zudem daraus, dass die akustische Gesprächsüberwachung hier auch deshalb so massiv in die

[268] die Ausführungen des Senats zum Antrag auf Vernichtung der angefertigten Gesprächsprotokolle vgl. unten zu § 34, Hauptteil B, XII 4 a, S. 214

Rechte des Gefangenen und des Besuchers einschneidet, als es sich um den Besuch der Freundin handelt.

Auch dies hätte bei der erforderlichen Güterabwägung Berücksichtigung finden müssen.

VII. § 28 StVollzG [Recht auf Schriftwechsel]

1. Regelungsinhalt und Entstehungsgeschichte

Gem. § 28 Abs. 1 StVollzG hat der Gefangene das Recht, unbeschränkt Schreiben abzusenden und zu empfangen. In Absatz 2 sind die Ausnahmen, d.h. die Einschränkungsmöglichkeiten dieses an sich nach Absatz 1 unbeschränkten Rechts enthalten. So kann der Anstaltsleiter nach § 28 Abs. 2 Ziff. 1 StVollzG den Schriftwechsel mit bestimmten Personen bei Vorliegen einer Gefährdung von Sicherheit oder Ordnung der Anstalt untersagen.

Diese Regelung war bereits im Entwurf der Bundesregierung zur Strafrechtsreform in diesem Wortlaut (damals als § 27 Abs. 2 Ziff. 1) enthalten[269] und erfuhr weder durch den Bundesrat[270] noch durch den Sonderausschuss[271] letztendlich eine Änderung.

Der Regierungsentwurf bezieht sich in seiner Begründung auf die Dienst- und Vollzugsvorschriften in der Fassung von 1969. Danach ging man damals davon aus, dass der Schriftwechsel auch in den Fällen, in denen eine Überwachung erfolgen muss, zumindest im Umfang nicht eingeschränkt werden sollte.[272] In der Begründung ist aufgeführt, dass diese durch die Selbstbindung der Verwaltung eingeführte Berechtigung schon eine weitgehende Angleichung des Anstaltslebens an die Lebensverhältnisse in Freiheit darstellt[273], wie sie das in der Entstehung begriffene Strafvollzugsgesetz in § 3 Abs. 1 StVollzG ausdrücklich forderte. Die aufgrund der besonderen Situation erforderlichen Einschränkungen zeigten sich jetzt, so führt der Gesetzgeber aus, „in der Überwachung, dem Ausschluss des Briefwechsels mit einer einzelnen Person und in der Berechtigung der Vollzugsbehörden, die Absendung einzelner Schreiben zu unterbinden".[274]

[269] BT-Dr. 7/918 S. 13
[270] BT-Dr. 7/918 S. 113
[271] BT-Dr. 7/3998 S. 15,16 und 65
[272] vgl. BT-Dr. 7/918 S. 59
[273] BT-Dr. 7/918 S. 59
[274] BT-Dr. 7/918 S. 59

Der Sonderausschuss zur Strafrechtsreform führt in seiner Begründung[275] aus, wann ein solch genereller Ausschluss des Briefwechsels mit einer Person in Frage kommt. Dies beträfe vor allem die Fälle, in denen „es eine bestimmte Person darauf angelegt hat, den Gefangenen durch Schreiben negativ, etwa zur Auflehnung gegen die Anstaltsordnung, zu beeinflussen."[276]

So wurde in der Begründung weiterhin ausdrücklich darauf hingewiesen, dass als Einschränkungsgrund eine Gefährdung der Anstalts*ordnung* beibehalten werden solle, weil „es viele Fälle gibt, wie etwa Aufruf zur Arbeitsniederlegung, zum Hungerstreik, zum Widerstand gegen Vollzugsbedienstete, die einerseits nicht hingenommen werden können, andererseits aber nur die Anstaltsordnung (und nicht unbedingt die Sicherheit der Anstalt oder das Resozialisierungsinteresse des Gefangenen) tangieren."[277]

2. Bedeutung der Norm

Für Gefangene, deren Wohnort weit von der Anstalt entfernt liegt, ist der Briefwechsel häufig die einzige Möglichkeit, mit Angehörigen und Freunden wirklich regelmäßigen Kontakt zu pflegen oder aufrechtzuerhalten. Außerdem ist das Recht auf Briefwechsel weitreichender als das Recht, Besuch empfangen zu können, da grundsätzlich keine Einschränkung hinsichtlich Menge und Häufigkeit des Postein- und -ausgangs besteht; auch die Zahl der Briefpartner ist nicht beschränkt.In dieser Hinsicht ist dem Angleichungsgrundsatz des § 3 Abs. 1 StVollzG also weitgehend Rechnung getragen: Prinzipiell kann der Gefangene frei entscheiden, mit wem er in großem Umfang oder auch nur gelegentlich Briefe austauschen möchte.

Die aufgrund der besonderen Situation des Freiheitsentzuges und des Anstaltslebens erforderlichen Einschränkungen sollen demnach jedenfalls nicht in der grundsätzlichen Beschränkung von Zahl und Umfang der abgehenden oder empfangenen Schreiben liegen. Grundsätzlich ist der Briefwechsel auch nicht zu überwachen.

---

275 BT-Dr. 7/3998 S. 15
276 BT-Dr. 7/3998 S. 16
277 BT-Dr. 7/3998 S. 16

Mit anderen Worten heißt dies, das Grundrecht aus Art. 10 GG ist so weit als möglich auch im Strafvollzug zu schützen. *Joester* formuliert dies recht prägnant mit den Worten, dass „der Strafvollzug eine Einschränkung der Bewegungsfreiheit, nicht aber der Gedankenfreiheit" darstelle.[278]

Dem entspricht es auf der anderen Seite aber auch, dass die §§ 28 ff StVollzG nur für den Fall des Gedankenaustausches in Schriftform anwendbar sind, d.h. für den Fall der schriftlichen Kommunikation zwischen dem Gefangenen und dem Adressaten bzw. Absender, nicht aber für die Zusendung von Drucksachen und Zeitschriften[279], reinen Informationsmaterials oder Warenproben[280].

3. Meinungsstand in der Literatur zu Auslegung und Anwendung des Gesetzes

Selbst in Kenntnis der hohen Bedeutung der Außenkontakte auch mittels Briefwechsels liegt es auf der Hand, dass aufgrund der besonderen Situation des Freiheitsentzuges eine völlige Gleichstellung mit den Lebensverhältnissen in Freiheit nicht möglich ist.

Unter bestimmten Voraussetzungen muss es der Anstalt möglich sein, in dieses grundsätzlich unbeschränkte Recht einzugreifen, sei es über die Überwachung des Briefwechsels (§ 29 StVollzG) oder über den Weg, ein Schreiben anzuhalten (§ 31 StVollzG) oder auch den Briefwechsel mit einer bestimmten Person zu untersagen (§ 28 Absatz StVollzG).

(Im Gegensatz zu § 31 StVollzG, nach dem einzelne Schreiben angehalten und nicht weitergeleitet werden können, ist die Regelung des § 28 Abs. 2 StVollzG darauf gerichtet, generell und auf Dauer mit bestimmten Personen den Schriftwechsel zu untersagen. Schreiben, die entgegen dieses Verbotes

---

[278] Joester, AK-StrVollzG, 3. Auflage, 1990, § 28 RN 2
[279] Joester / Wegner, AK-StrVollzG, § 28 RN 2
[280] Calliess / Müller-Dietz, StrVollzG, § 28 RN 1

eingehen, werden nach § 31 Abs. 3 StVollzG behandelt[281], weil nach dem Sinn der Vorschrift insoweit eine vergleichbare Interessenlage besteht[282].)

Bei diesen Maßnahmen bzw. bei der Auswahl der geeigneten Reaktion ist stets das Verhältnismäßigkeitsprinzip zu beachten. Eine dauernde Untersagung des Briefverkehrs kann nur dann gerechtfertigt sein, wenn es der Anstalt unzumutbar ist, jeden Brief an oder von einer bestimmten Person zu lesen, und der gewünschte Erfolg auch nicht durch ein milderes Mittel erreicht werden kann, wenn also z.B. auch ein vorheriges Gespräch mit dem Gefangenen keine Klärung herbeiführen konnte.[283]

Eine Gefahr im Sinne dieses § 28 Abs. 2 StVollzG setzt allerdings nicht „Gewissheit" voraus, es muss aber mit ihrem Eintritt tatsächlich gerechnet werden können[284], d.h. dass das Vorliegen einer solchen Gefährdung von Sicherheit oder Ordnung der Anstalt „aufgrund konkreter und (schon wegen der gerichtlichen Nachprüfbarkeit) auch belegbarer Anhaltspunkte wahrscheinlich"[285] sein muss.

Das heißt mit anderen Worten, der Verdacht eines negativen Einflusses durch den Briefpartner muss z.B. durch Tatsachen aus dem vergangenen Briefwechsel erhärtet sein, damit der massive Eingriff der generellen Untersagung des Briefverkehrs überhaupt gerechtfertigt sein kann.[286]
Diese den Verdacht stützenden Tatsachen müssen ebenso belegt werden, wie voll zu begründen ist, warum das Bestehen einer Gefahr gerade bei diesem bestimmten Gefangenen angenommen wird. Dementsprechend ist auch die Anstalt beweispflichtig für die genannten Gefährdungen und Befürchtungen.[287]

Aufgrund der hohen Bedeutung des Wiedereingliederungsinteresses und entsprechend auch des Verhältnismäßigkeitsgrundsatzes ist stets zu prüfen, ob die Gefährdung nicht mit milderen Mitteln wie z.B. der Briefüberwachung nach § 29 StVollzG oder das Anhalten eines einzelnen Briefes nach § 31 StVollzG ausreichend verringert oder ausgeräumt werden kann.

---

[281] Calliess / Müller-Dietz, StrVollzG § 28 RN 3, so auch Joester / Wegner, AK-StrVollzG, § 28 RN 6 sowie Schwind in Schwind / Böhm § 28 RN 8
[282] vgl. dazu Schwind in Schwind / Böhm § 28 RN17
[283] Joester / Wegner, AK-StrVollzG, § 28 RN 7
[284] Joester / Wegner, AK-StrVollzG, § 28 RN 7
[285] vgl. Schwind in Schwind / Böhm § 28 RN 5, ebenso auch Grunau-Tiesler § 28 RN 3; Calliess / Müller-Dietz, StrVollzG § 28 RN 3; Joester / Wegner, AK-StrVollzG, § 28 RN 8
[286] Joester, AK-StrVollzG, § 28 RN 11
[287] vgl. Grunau-Tiesler § 28 RN 4

Der massive Eingriff der generellen Untersagung kann demnach nicht bei lediglich geringfügigen Beeinträchtigungen der Anstaltsordnung gerechtfertigt sein, die Schwere des Eingriffs fordert also eine entsprechende Schwere der Gefahr.

Als Beispiel, in denen der Eingriff eines generellen Verbots gerechtfertigt sein könnte, sind Fälle denkbar, in denen der durch Tatsachen erhärtete Verdacht besteht, dass der schriftliche Austausch eines Gefangenen mit einem bestimmten Adressaten/Absender zu einer Gewalttat, einem Ausbruchsversuch, zu Meuterei oder massivem Widerstand oder aber zu einer vergleichbar gefährlichen Situation führt.[288] Schriftverkehr, der (lediglich) zur „Aufsässigkeit" eines Gefangenen führt, ist kein Grund zur Untersagung.[289]

Ebensowenig genügt allein die Tatsache, dass der externe Briefschreiber bzw. Briefempfänger daneben noch in Briefkontakt mit einem anderen Mitgefangenen steht, um ein generelles Verbot zu rechtfertigen, zumal auch ein tägliches Gespräch zwischen diesen Gefangenen, die die entsprechenden Informationen dann austauschen könnten, nicht untersagt ist.

Zu beachten ist weiterhin, dass wegen Art. 6 GG hinsichtlich des Austausches mit Familienangehörigen besonders hohe Anforderungen an das Vorliegen der Voraussetzungen für ein generelles Briefverbot zu stellen sind.[290]

Umstritten ist die Einordnung des internen Briefverkehrs, also des Schriftwechsels der Gefangenen einer Anstalt untereinander.

Joester / Wegner[291] gehen davon aus, dass auch diese Fallkonstellation von den §§ 28 ff StVollzG mitumfasst wird, denn schließlich billige das Gesetz dem Gefangenen das Recht zu, unbeschränkt Schreiben abzusenden und zu empfangen. Dieser Auffassung stehe auch nicht entgegen, dass sich § 23 StVollzG ausschließlich auf Außenkontakte beziehe, denn der Außenkontakt

---

288 so auch Grunau-Tiesler § 28 RN 3; Calliess / Müller-Dietz, StrVollzG § 28 RN 3

289 Joester / Wegner, AK-StrVollzG, § 28 RN 9; a.A. jedoch Schwind in Schwind / Böhm § 28 RN 5, Grunau-Tiesler § 28 RN 3.
Letztgenannte übersehen jedoch, dass es nicht im Sinn des Gesetzgebers war, dass lediglich ein pflegeleichter, konfliktscheuer und ruhiger Häftling gezogen werden sollte. Daher muss mehr gefordert werden, als nur „Aufsässigkeit".

290 Neibecker in ZfStrVo 94,337

291 Joester / Wegner, AK-StrVollzG, § 28 RN 5

beginne bereits bei einer getrennten Unterbringung, die eine normale Kommunikation von Angesicht zu Angesicht ausschließe.

Calliess / Müller-Dietz dagegen sind der Ansicht, dass die §§ 28 ff StVollzG keinesfalls für den internen Briefverkehr zwischen den Gefangenen[292] direkt anzuwenden sind; sie stellen lediglich die Frage, ob diese Regelungen zumindest entsprechend anzuwenden, oder ob mangels spezieller gesetzlicher Regelungen diese Fälle nach § 4 Abs. 2 S. 2 StVollzG zu behandeln sind.[293]

An anderer Stelle, nämlich im Zusammenhang mit § 23 StVollzG, beziehen sie dann zu der Frage eindeutig zu letztgenannter Ansicht Stellung, da das Gesetz in der grundsätzlichen Regelung des § 23 StVollzG eindeutig von „Personen außerhalb der Anstalt" spreche. Eine Ausdehnung des Geltungsbereiches der §§ 23 ff StVollzG (und damit auch der §§ 28 ff StVollzG) auf einen Austausch zwischen Personen *innerhalb* der Anstalt ist ihrer Meinung nach zu weitgehend und mithin unzulässig.[294]

Derselben Ansicht ist *Schwind*, der ausführt, dass das Strafvollzugsgesetz keine besonderen Vorschriften über den internen Briefverkehr, d.h. über den Briefwechsel zwischen (z.B. männlichen und weiblichen) Strafgefangenen, die in derselben Anstalt untergebracht sind, enthalte, weswegen auf die Generalklausel des § 4 Abs. 2 S. 2 StVollzG zurückgegriffen werden müsse.[295]

Böhm sagt dazu an anderer Stelle, dass eine analoge Anwendung der für den Kontakt zur Außenwelt geltenden Regelungen der §§ 28 ff StVollzG zwar vielleicht sachdienlicher wäre, sich aber verbiete, weil keine Regelungslücke vorliege. So könne ein Verbot des Austausches schriftlicher Nachrichten unter Gefangenen derselben Anstalt nur nach § 4 Abs. 2 S. 2 StVollzG erfolgen, der so Rechtsbeschränkungen im Weg der Analogie verhindere.[296], [297]

---

[292] in Betracht kommt hier sowieso hauptsächlich der Briefverkehr zwischen männlichen und weiblichen Gefangenen derselben Anstalt, denn da gleichgeschlechtliche Gefangene auch die Möglichkeit zum persönlichen Gespräch haben, macht es nicht viel Sinn, dann den Briefverkehr zu unterbinden

[293] Calliess / Müller-Dietz, StrVollzG § 28 RN 1

[294] Calliess / Müller-Dietz, StrVollzG § 23 RN 5

[295] Schwind in Schwind / Böhm § 28 RN 3 m.w.N.

[296] Böhm in Schwind / Böhm § 4 RN 24 m.w.N. Der Vollständigkeit wegen sei hier aber erwähnt, dass Böhm aaO auch weiter anführt, dass auch nach dieser Vorschrift bei lediglich „organisatorischen Belastungen" die Voraussetzungen für eine Untersagung jedenfalls nicht vorliegen.

[297] vgl. zum Ganzen in der Rspr. z.B. ZfStrVo 84, 178, 178; NStZ 95, 151 m. Anm. NStZ 95, 463, 464

4. konkrete Einzelfälle aus der Praxis

a. Beschluss des OLG Nürnberg vom 04.08.1986 – Ws 341/86-[298]

Im folgenden Fall wurde einem Strafgefangenen der Justizvollzugsanstalt Straubing, Mitglied des Vereins Solidarität e.V. mittels einer mündlich eröffneten Verfügung jeglicher Briefwechsel mit dem in der Justizvollzugsanstalt Werl einsitzenden Vorsitzenden des Vereins untersagt.

Mitglieder des Vereins sind in erster Linie Häftlinge aus zahlreichen Strafanstalten in der Bundesrepublik, aber auch Nichtinhaftierte, wie Angehörige von Strafgefangenen, Rechtsanwälte, Sozialarbeiter u.s.w.

Die einige Monate nach dem Vorfall verabschiedete Satzung des Vereins definiert den Vereinszweck wie folgt:

„Der Verein Solidarität ist eine Gefangenenorganisation. Er beschäftigt sich in erster Linie mit sämtlichen Problemen des deutschen Vollzugs, versucht dabei vorhandene Missstände transparent zu machen und sie in Interaktion mit den zuständigen und der Öffentlichkeit abzubauen. Die Haftbedingungen sollen verbessert und die Voraussetzungen zur schrittweisen Abschaffung der Internierung gefördert werden. Eine wichtige Aufgabe der Solidarität ist die legitime Wahrnehmung und Verfechtung der Grundrechte von Gefangenen. Weitestgehende Meinungs-, Informations- und Vereinigungsfreiheit müssen nicht zuletzt durch den Zusammenschluss aller bundesdeutschen Inhaftierten erreicht werden."

Weiter bestimmt die Satzung in § 7:
„Organe des Vereins sind der Bundesvorstand, die SOL-Anstaltssprecher, die Mitgliederversammlung und die schriftliche Mitgliederabstimmung."

In § 12 ist zu lesen:
„1. In jeder Justizvollzugsanstalt werden zwei Anstaltssprecher gewählt. Bei Ausscheiden eines oder beider rückt der jeweils bei der letzten Wahl Nächstplatzierte nach.

[298] NStZ 86, 576

2. Die Anstaltssprecher werden in schriftlicher Abstimmung für die Dauer von einem Jahr gewählt. Stimmberechtigt sind alle in der jeweiligen Anstalt einsitzenden Vereinsmitglieder.
3. Die SOL-Anstaltssprecher vertreten die Vereinsmitglieder ihrer jeweiligen Anstalt und stellen den Kontakt zwischen Bundesvorstand und Einzelmitgliedern her.
4. Bei Beschwerdeverfahren entscheiden sämtliche SOL-Anstaltssprecher und ihre Vertreter im schriftlichen Verfahren über die jeweils eingelegte Beschwerde."

Als Begründung für die Untersagung jeglichen Briefwechsels des Strafgefangenen mit dem Vereinsvorsitzenden führte die Justizvollzugsanstalt an, dass es Ziel der Solidarität sei, in jeder Justizvollzugsanstalt Vereinigungen von Inhaftierten zu gründen und diese Vereinigungen auf Bundesebene zusammenzuführen, um dadurch gemeinsame Ziele der Inhaftierten zu verfolgen. Dies jedoch störe die Anstaltsordnung und sei (...) nicht durch Art. 9 GG gedeckt, sondern unzulässig.

Die Verteidiger des Antragstellers hatten mit ihrem Antrag auf gerichtliche Entscheidung mit dem Ziel der Aufhebung der Verfügung Erfolg.

Dagegen hat die Justizvollzugsanstalt Rechtsbeschwerde eingelegt, die das OLG jedoch als unbegründet zurückwies, da beide Alternativen des Schriftwechselverbots eines Strafgefangenen mit einer bestimmten Person (§ 28 Abs. 2 StVollzG) das Vorliegen konkreter Anhaltspunkte für die in § 28 Abs. 2 StVollzG genannten Verbotsgründe forderten.[299]

Unter bestimmten Umständen könne dann auch der Schriftwechsel mit Mitgliedern einer bestimmten Vereinigungen oder mit Herausgebern von Informationsschriften untersagt werden.

Dies bedeute für den hier zu entscheidenden Fall, dass die Untersagung des Schriftwechsels für den Betroffenen mit dem Verein Solidarität erfolgen könne, wenn die Zielsetzung des Vereins einen Untersagungsgrund nach § 28 Abs. 2 StVollzG beinhalte oder wenn die tatsächliche Betätigung des Vereins, soweit

[299] zitiert wird hier Schwind / Böhm § 28 Nr. 5/6

sie sich in Informationsschriften und anderen Veröffentlichungen manifestiere, einen Untersagungstatbestand des § 28 Abs. 2 StVollzG erfülle.

Nach Ansicht des Senats rechtfertigen Zweck und Organisation des Vereins Solidarität jedoch eine Briefwechselverbot mit Organen dieses Vereins nicht; auch der in § 2 Abs. 1 der Satzung niedergelegte Vereinszweck sei nicht geeignet, die Sicherheit oder Ordnung einer Justizvollzugsanstalt zu gefährden.

Der Zweck der Auseinandersetzung mit den Problemen des Strafvollzuges, der auch den Versuch umfasse, vorhandene Missstände aufzudecken und bekannt zu machen, könne allein noch keine Gefährdung von Ordnung und Sicherheit einer Anstalt bedeuten.

Ebensowenig verwirkliche das Ziel der Verbesserung des Haftbedingungen eine derartige Gefährdung. Auch stelle weder die Wahl von Anstaltssprechern in jeder Justizvollzugsanstalt eine Umgehung von § 160 StVollzG[300], noch eine andere Gefährdung von Sicherheit oder Ordnung einer Justizvollzugsanstalt dar.

Aufgabe dieses Anstaltssprechers sei nach § 12 Abs. 3 der Satzung nicht die Teilnahme an der in § 160 StVollzG vorgesehenen Mitverantwortung der Gefangenen, sondern die Herstellung einer Verbindung zwischen den in einer Justizvollzugsanstalt einsitzenden Mitgliedern des Vereins und der Vereinsspitze. Eine derartige Vereinsstruktur jedoch sei bei großen, überörtlich tätigen Vereinen weitgehend üblich.[301]

Die Wahl von Anstaltssprechern durch die in einer Justizvollzugsanstalt inhaftierten Vereinsmitglieder führe auch nicht zur Bildung von Gruppen, die in Konkurrenz zur Gefangenenmitverantwortung im Rahmen des § 160 StVollzG träten. Aufgabe der Anstaltssprecher sei es nämlich nach der Satzung nicht, in Zusammenarbeit mit der Leitung der Justizvollzugsanstalt irgendwelche Rahmenbedingungen für die Haft herbeizuführen oder zu ändern, sondern die Verbindung herzustellen zwischen dem Vereinsvorstand und dem einzelnen Vereinsmitglied.

---

[300] § 160 StVollzG: „Den Gefangenen und Untergebrachten soll ermöglicht werden, an der Verantwortung für Angelegenheiten von gemeinsamem Interesse teilzunehmen, die sich ihrer Eigenart und der Aufgabe der Anstalt nach für ihre Mitwirkung eignen."

[301] als Vergleich werden die Organisation von ADAC sowie der Deutschen Sportverbände angeführt

Ergänzend führt der Senat aus, dass ein Rundschreiben des Vereins im Zusammenhang mit einem Fragenkatalog, das den einzelnen Mitgliedern zugeschickt worden sei, für sich ebenfalls Sicherheit oder Ordnung einer Anstalt nicht gefährde. In diesem Rundschreiben seien in erster Linie Absichten und Ziele des Vereins dargestellt gewesen.

Außerdem habe man durch Übersendung des Fragenkatalogs ermitteln wollen, welche Probleme zur Zeit im bundesdeutschen Strafvollzug nach Meinung der Strafgefangenen besonders akut seien.

Eine Aufhetzung von Gefangenen oder eine Aufforderung, sich nicht anstaltsordnungsgemäß zu verhalten, seien in dem Rundschreiben jedenfalls nicht zu erkennen.

Zusammenfassend führt der Senat aus, dass hier jedenfalls nicht genügend konkrete Punkte vorlägen, die zu einer Anwendung des § 28 Abs. 2 StVollzG führen könnten.

Nicht ausgeschlossen sei jedoch, dass einzelne Schreiben des Vereins Solidarität gem. § 31 StVollzG angehalten werden könnten oder dass die Voraussetzungen für ein Korrespondenzverbot mit dem Verein möglicherweise später noch eintrete, z.B. nach einer Konstituierung mehrerer ähnlicher Vereine, die sich innerhalb von Justizvollzugsanstalten gegenseitig Konkurrenz machten.

Dies könne dann sehr wohl zu einer Störung der Anstaltsordnung führen. Derzeit jedoch seien keine Anhaltspunkte dafür vorhanden, dass es derartige Konkurrenzkämpfe gäbe, die zu einem Korrespondenzverbot führen könnten.

Meiner Meinung nach besteht die Kritik an der Praxis der Justizvollzugsanstalt zu Recht.

Der Verein mag für die Anstaltsorganisation insofern missliebig sein, als er offensichtlich ein Sprachorgan für Missstände, Probleme und ähnliches darstellt.

Naturgemäß werden dabei auch Forderungen laut werden, die einer Auseinandersetzung sowie einer Lösungssuche bedürfen, Forderungen, die häufig ein Mehr an Arbeitsaufwand nach sich ziehen, stellenweise für die Anstalt vielleicht auch unzumutbar sein werden.

Doch an sich ist an der Zielsetzung des Vereins nichts Unangemessenes oder gar Verbotenes.

In einem Rechtsstaat muss es erlaubt und möglich sein, sich auf die Suche nach Missständen zu begeben und diese öffentlich zur Sprache zu bringen, gegebenenfalls mit einer Forderung verbunden.

In Einzelfällen mag der Bogen überspannt werden, und möglicherweise das Maß aufrührerischer oder aufwiegelnder Tendenzen überschritten sein, das für Sicherheit oder Ordnung noch hinnehmbar ist, doch sollten solche Tendenzen bei einer Kontrolle gem. § 27 StVollzG (als milderem Mittel gegenüber dem absoluten Verbot) bemerkt werden, könnte immer noch mit gleichem Erfolg eingeschritten werden.

Das absolute Briefwechselverbot im konkreten Fall widerspricht insoweit dem Grundsatz der Verhältnismäßigkeit.

VIII. § 29 StVollzG [Überwachung des Schriftwechsels]

1. Regelungsinhalt und Entstehungsgeschichte

§ 29 StVollzG behandelt die Überwachung des Schriftwechsels. In § 29 Abs. 1 S. 1 StVollzG ist geregelt, dass Schriftwechsel des Gefangenen mit seinem Verteidiger grundsätzlich nicht überwacht wird.[302]

Entsprechendes gilt gemäß § 29 Abs. 2 StVollzG für Schreiben des Gefangenen an die Europäische Kommission für Menschenrechte, an die Volksvertretungen des Bundes und der Länder sowie an deren Mitglieder, soweit die Schreiben an die Anschriften der Volksvertretungen gerichtet sind und den Absender zutreffend angeben.

§ 29 Abs. 3 StVollzG beinhaltet hinsichtlich des übrigen Schriftwechsels die Einschränkung, dass aus Gründen der Behandlung oder der Sicherheit oder Ordnung der Anstalt eine Überwachung stattfinden darf.

In der ursprünglichen Entwurfsfassung der Bundesregierung[303] war der Kreis derer, mit denen ein Schriftwechsel unüberwacht möglich sein sollte, deutlich größer als im verabschiedeten Gesetz. So beinhaltet der damalige § 28 in Abs. 1 [304], dass der Schriftwechsel mit Volksvertretungen und ihren Mitgliedern, mit Gerichten und Justizbehörden in der Bundesrepublik, mit der Europäischen Kommission für Menschenrechte sowie mit Verteidigern, Rechtsanwälten und Notaren in einer den Gefangenen betreffenden Rechtssache nicht überwacht werden dürfe.[305]

Der heutige § 29 Abs. 3 StVollzG war dagegen bereits im Entwurf der Bundesregierung in genau diesem Wortlaut als § 28 Abs. 2 enthalten[306]. In der Be-

---

[302] Abweichende bzw. ergänzende Regelungen bezüglich der Gefangenen, die wegen einer Straftat nach § 129 a StGB verurteilt worden sind, sind in den Sätzen 2 und 3 geregelt.
[303] BT-Dr. 7/ 918 S.13
[304] Entspricht (mit den unten angeführten Änderungen) dem heutigen § 29 Abs. 1 und 2 StVollzG
[305] BT-Dr. 7/ 918 S.13
[306] BT-Dr. 7/ 918 S.13

gründung[307] wird hinsichtlich der Überwachungsgründe auf die Regelung der Besuchsüberwachung Bezug genommen: „Die Überwachung des Schriftwechsels stellt ähnlich wie die Überwachung des Besuchs regelmäßig eine erhebliche Beeinträchtigung des Gefangenen und der mit ihm korrespondierenden Person dar und bedeutet für die Vollzugsbehörden eine aufwendige Aufgabe."[308] (...)
„Als Gründe für die Überwachung erkennt der Entwurf wie bei der Überwachung des Besuchs die Behandlung des Gefangenen sowie Sicherheit oder Ordnung der Anstalt an. Nicht anerkannt werden damit unbeschadet der Regelung über das Anhalten (§ 30[309]) und die Verwertung der Kenntnisse (§ 34) Gesichtspunkte der Öffentlichen Sicherheit, der allgemeinen Verbrechensverhütung, des persönlichen Schutzes Außenstehender und des guten Geschmacks."[310]

Der Bundesrat schlägt in seiner Stellungnahme[311] die Einschränkung vor, dass zwar der Schriftwechsel des Gefangenen mit seinem Verteidiger nicht überwacht werden solle, gleiches jedoch nur für Schreiben des Gefangenen an Volksvertretungen in der Bundesrepublik sowie an die Europäische Kommission für Menschenrechte gelte. (Nicht jedoch für Schreiben mit diesem Absender an den Gefangenen.)

Begründet wurde die Einschränkung der Überwachungsfreiheit auf Schreiben *an die genannten Stellen*, nicht jedoch für Schreiben *von* denselben, damit, dass Briefumschläge mit beliebigen Absenderangaben versehen werden könnten. Bei allen an den Gefangenen gerichteten Schreiben (mit Ausnahme der Verteidigerpost) bedürfe es aus Gründen der Anstaltssicherheit daher einer Prüfung, ob der angegebene mit dem wirklichen Absender übereinstimme, eine Überprüfung, die nur durch eine Briefkontrolle erfolgen könne.[312] Hinsichtlich der Beschränkung des Personen- bzw. Institutionenkreises erfolgt an dieser Stelle keine Erläuterung oder Begründung.

---

[307] BT-Dr. 7/ 918 S.59, 60
[308] BT-Dr. 7/ 918 S.59
[309] im schließlich in Kraft getretenen und heute gültigen Strafvollzugsgesetz § 31
[310] BT-Dr. 7/ 918 S.60
[311] BT-Dr. 7/ 918 S.114
[312] BT-Dr. 7/ 918 S.114

Der Sonderausschuss[313] schließlich ändert bzw. konkretisiert diesen Kreis der Personen oder Institutionen, an die unüberwacht Schreiben gesandt werden können, ein weiteres Mal. Nicht überwacht werden sollten danach der Schriftwechsel des Gefangenen mit seinem Verteidiger (unverändert) sowie Schreiben des Gefangenen an die Volksvertretungen des Bundes und der Länder sowie an deren Mitglieder, soweit die Schreiben an die Anschriften dieser Volksvertretungen gerichtet sind, sowie an die Europäische Kommission für Menschenrechte.[314] [315] In diesem Bericht des Sonderausschusses findet sich dann auch die entsprechende Begründung: Eine Beschränkung der Überwachungsfreiheit lediglich auf Schreiben an o.g. Kreis und damit die Zulassung von Überwachung von Schreiben an Kommunalparlamente, Gerichte und Justizbehörden sei nötig, weil die Erfahrung aus der Praxis zeige, „dass andernfalls Gefangene auf dem Umweg über solche Institutionen , z.B. aufgrund der Arglosigkeit oder eines Versehens von Bediensteten der Postverteilungsstelle, die unzulässige Weiterbeförderung eines beigefügten, an einen anderen Adressaten gerichteten Briefes erreichen können."[316] Dieses Risiko könne zwar auch bei den Volksvertretungen des Bundes und der Länder sowie bei der Europäischen Kommission für Menschenrechte nicht völlig ausgeschlossen werden, doch müssten solche Bedenken bei diesen Institutionen, die als Petitionsstellen in besonderem Maße für den Schutz der Grundrechte berufen sind und zu denen deshalb jeder Bürger unkontrollierten schriftlichen Zugang haben müsse, zurücktreten.[317]

Hinsichtlich der von außerhalb an den Gefangenen gerichteten Schreiben stimmt der Sonderausschuss der Stellungnahme des Bundesrates[318] zu, dass Briefumschläge mit beliebigen Absenderangaben versehen werden könnten, man ihnen nicht ansehen könne, ob sie tatsächlich vom angegebenen Absender stammten oder aber ob diese Absenderangaben von einem Dritten missbräuchlich verwendet worden sind.[319]

Diese hier ausgeführten Bedenken haben auch Gültigkeit hinsichtlich des Schriftwechsels mit Rechtsanwälten und Notaren in einer den Gefangenen

---

313 BT-Dr. 7/ 3998 S. 16 und S.65
314 BT-Dr. 7/ 3998 S.65
315 Diese Fassung fand dann auch den Weg ins verabschiedete Strafvollzugsgesetz
316 BT-Dr. 7/ 3998 S. 16
317 BT-Dr. 7/ 3998 S. 16
318 BT-Dr. 7/ 918 S.114
319 BT-Dr. 7/ 3998 S. 16

betreffenden Rechtssache, denn es sei nicht erkennbar, „wie von der Vollzugsbehörde ohne Durchsicht des Inhalts des Schriftstücks und ohne unvertretbaren Aufwand der vorausgesetzte Bezug des Schreibens sowie die Identität des Absenders bzw. die vorausgesetzte Funktion des Empfängers festgestellt werden könnten. Auch für diesen Schriftwechsel (ein- und ausgehende Schreiben)" seien „deshalb in Absatz 3 die Überwachung zugelassen" worden.[320]

Lediglich hinsichtlich des Schriftwechsels mit dem Verteidiger überwiegt danach also das Interesse des Gefangenen am ungestörten Austausch, das heißt, lediglich Verteidigerpost darf bzw. muss[321] unkontrolliert und ungeöffnet eingehen.[322]

2. Bedeutung der Norm

Hinsichtlich der hohen Bedeutung der Möglichkeit, schriftlich mit Verwandten, Freunden oder anderen Personen außerhalb der Anstalt kommunizieren zu können, kann ergänzend auf die Erläuterungen zu § 28 Abs. 2 StVollzG[323] verwiesen werden.

Die Regelungen des Briefverkehrs im Strafvollzugsgesetz basieren auf der Erkenntnis, dass das grundgesetzlich geschützte Briefgeheimnis[324] auch für den Gefangenen Gültigkeit hat.[325] Daher normiert § 28 Abs. 1 StVollzG auch das Recht, grundsätzlich[326] unbeschränkt Schreiben absenden und empfangen zu dürfen. Eine durch die Besonderheiten des Strafvollzugs bedingte notwendige Einschränkung ist die Möglichkeit, den Schriftwechsel zu überwachen. Dies ist jedoch nur aus den in § 29 Abs. 3 StVollzG genannten Gründen

---

320 BT-Dr. 7/ 3998 S. 16

321 mit den in FN 302 (Hauptteil B VIII 1, S. 153)angesprochenen Besonderheiten hinsichtlich der Gefangenen, die wegen einer Straftat nach § 129 a StVollzG verurteilt worden sind.

322 es sei hier jedoch noch einmal darauf hingewiesen, dass auch der übrige Schriftwechsel nicht generell, sondern lediglich aus Gründen der Behandlung oder der Sicherheit oder Ordnung der Anstalt überwacht werden darf.

323 Vgl. Hauptteil , B VII 2 ; S. 142

324 Art. 10 Absatz 2 Satz 1 GG

325 vgl. dazu die Grundsatzentscheidung des Bundesverfassungsgerichts BVerfGE 33,1 ff

326 Einschränkungen erfährt dieses Recht dann durch § 28 Absatz 2 StVollzG , vgl. oben Hauptteil, B VII 1, 2 u. 3, S. 141 ff

zulässig, nämlich aus Gründen der Behandlung, der Sicherheit oder Ordnung der Anstalt.

In den in den Absätzen 1 und 2 genannten Fällen ist die Überwachung dagegen sogar völlig ausgeschlossen; auch bei Vorliegen eines in Absatz 3 genannten Grundes darf eine Überwachung nicht erfolgen.

So darf nach Absatz 1 der Schriftwechsel, d.h. betroffen sind ein- und ausgehende Schreiben, mit dem Verteidiger grundsätzlich nicht überwacht werden[327]. Damit soll das Recht des Gefangenen sichergestellt werden, eine ungehinderte und uneingeschränkte Verteidigung zu erhalten. Der Gefangene muss die Möglichkeit haben, auch schriftlich frei und ohne Argwohn mit seinem Verteidiger kommunizieren zu können, er muss so die Gelegenheit haben, ein Vertrauensverhältnis zu entwickeln und erhalten zu können. Ebenso wie er darauf vertrauen können muss, dass der Inhalt seiner Gespräche mit seinem Verteidiger nicht ohne seine Veranlassung an „außenstehende" Dritte dringt, muss er sich darauf verlassen können, dass auch der schriftliche Austausch nicht publik wird. Wenn er eine Überwachung fürchten muss, wird er weder selbst wirklich offen dem Verteidiger schreiben können noch wünschen, dass der Verteidiger deutlich und in aller Klarheit schreibt, Fragen stellt, Ergebnisse eigener Recherchen darstellt oder gar die Verteidigungsstrategie offenlegt. Das uneingeschränkte Recht auf Verteidigung wäre bei der Möglichkeit der Kontrolle damit sehr in Frage gestellt.

Hinsichtlich der Schreiben an die Volksvertretungen des Bundes und der Länder sowie an die Europäische Kommission für Menschenrechte ist es Sinn des Überwachungsverbotes, dass es sich bei diesen Stellen um Institutionen handelt, die als Petitionsstellen in besonderem Maße zum Schutz der Grundrechte berufen sind. Wie jeder andere Bürger muss der Gefangene – vielleicht er sogar in besonderem Maße - hierzu unkontrollierten schriftlichen Zugang haben.

Lediglich hinsichtlich dieser zwei genannten Ausnahmen überwiegt das Interesse des Gefangenen an der unüberwachten Wahrnehmung seiner Rechte gegenüber dem nicht zu leugnenden Sicherheitsrisiko, das bei fehlender Kontrolle der aus- und z.T. auch eingehenden Schreiben besteht.

---

[327] etwas anderes gilt hinsichtlich der wegen einer Straftat nach § 129a StGB verurteilten Gefangenen, vgl. § 29 Absatz 1 Satz 2

3. Meinungsstand in der Literatur zu Auslegung und Anwendung des Gesetzes

Von der Erlaubnis zur Überwachung des Briefverkehrs i.S.d. § 29 Abs. 3 StVollzG ist sowohl die Sicht- als aber auch die Textkontrolle erfaßt[328]. Dies bedeutet, dass der Anstaltsleiter bzw. der damit beauftragte Bedienstete sowohl vom verbalen wie aber auch vom sonstigen, nicht verbalen Inhalt des Schriftverkehrs Kenntnis nehmen darf.

Es besteht in der Literatur Einigkeit darüber, dass die Grundzüge der freien Kommunikation und des Briefgeheimnisses auch im Strafvollzug weiterbestehen[329], die Nichtüberwachung des Schriftwechsels also die Regel ist, die Überwachung als ausdrücklich normierter Ausnahmefall nur aus den in Absatz 3 genannten Gründen erfolgen darf, wenn also Gründe der Behandlung, der Sicherheit oder Ordnung der Anstalt vorliegen.

Diese Aufzählung ist abschließend; andere Beweggründe wie z.B. Gründe der öffentlichen Sicherheit, der allgemeinen Verbrechensverhütung, dem persönlichen Schutz Außenstehender oder dem guten Geschmack rechtfertigen eine Überwachung daher nicht.[330] Auch bei Vorliegen der in Absatz 3 genannten Gründe besteht jedoch keine Pflicht zur Überwachung. Unter den Voraussetzungen des Absatz 3 wird die Anstaltsleitung lediglich ermächtigt, den Briefverkehr zu überwachen.[331] Stets ist dabei auch zu berücksichtigen, dass die Überwachung eine erhebliche Beeinträchtigung der Kommunikationsfreiheit des Gefangen sowie einen nicht unerheblichen Arbeitsaufwand für die Anstalt bedeutet.

Folgt man streng dem Gesetzeswortlaut, drängt sich die Überlegung auf, ob die Überwachung des geschriebenen Wortes durch die Anstalt eher erlaubt sein soll als die Überwachung des gesprochenen Wortes beim Besuch, denn bei diesem muss die Überwachung „geboten" sein. Es scheint sich hierbei um ein redaktionelles Versehen zu handeln, da ein Grund für diese Differenzierung im Gesetzgebungsverfahren nirgends angeführt wurde und auch nicht

---

[328] Calliess / Müller-Dietz, StrVollzG § 29 RN 2

[329] basierend auf der Grundsatzentscheidung des BVerfGE 33,1 ff = BVerfG NJW 72,811; vgl. Joester / Wegner, AK-StrVollzG, § 29 RN 1;Calliess / Müller-Dietz, StrVollzG § 29 RN 1; Schwind in Schwind / Böhm § 29 RN 1, entspr. auch OLG Celle ZfStrVo SH 79,54

[330] vgl. Joester, AK-StrVollzG, § 29 RN 1

[331] Calliess / Müller-Dietz, StrVollzG § 29 RN 1

ersichtlich ist. Für ein solches Versehen spricht weiterhin, dass schon bei den Beratungen zum Strafvollzugsgesetz[332] die Formulierung „geboten" übersehen worden ist. So ist nach herrschender Ansicht in der Literatur der Schriftwechsel hinsichtlich der Überwachungsgründe ebenso zu behandeln wie der Besuch.[333] Auch beim Schriftverkehr soll daher eine entsprechende Einzelfallprüfung erfolgen, ob im konkreten Fall nicht nur ein in Absatz 3 genannter Grund vorliegt, sondern ob dieser eine Überwachung auch „gebietet".[334] So müssen danach „konkrete Anhaltspunkte"[335] für das Vorliegen einer Gefährdung der in Absatz 3 genannten Art gegeben sein, die zur Überwachung führenden Gründe sollen „objektivierbar und konkretisierbar"[336] sein.

Ablehnend äußern sich *Calliess / Müller-Dietz*[337] zu der in der Rechtsprechung vertretenen Auffassung, dass generelle Anordnungen, den Schriftwechsel sämtlicher Gefangener im geschlossenen Vollzug ohne Einzelfallprüfung zu überwachen, zulässig seien.

Die Rechtsprechung will eine solche generelle Überwachungsanordnung zulassen, um so Konstellationen begegnen und gerecht werden zu können, in denen durch den Personenkreis der Gefangenen besondere Sicherheitsrisiken gegeben sind, aus personellen oder baulichen Gründen eine räumlich getrennte Unterbringung nach Grad der Gefährlichkeit jedoch nicht möglich ist. Bei dieser Sachlage ist es nämlich denkbar und nicht einmal unwahrscheinlich, dass ein Informationsaustausch erfolgt von einem an sich „ungefährlichen" Insassen mit aus dem Grund unüberwachten Schriftwechsel mit Personen, bei denen nach dem Ergebnis einer Einzelfallprüfung die Überwachung geboten ist.

Schwind[338] unterstützt diese Ansicht der Zulässigkeit genereller Überwachungsanordnungen zumindest hinsichtlich von Vollzugsanstalten mit besonderem Sicherheitsbedürfnis – und ein solches liege „heute im geschlossenen Vollzug grundsätzlich in Bezug auf die Unterbindung des Handels mit Betäubungsmitteln vor".

---

[332] Protokolle des Sonderausschusses für die Strafrechtsreform, S.1911
[333] Calliess / Müller-Dietz, StrVollzG § 29 RN 3, Joester / Wegner, AK-StrVollzG, § 29 RN 6
[334] vgl. Calliess / Müller-Dietz, StrVollzG § 29 RN 3, der sich bezieht auf BT-Dr. 7/918 S.59
[335] Calliess / Müller-Dietz, StrVollzG § 29 RN 3, vgl. OLG F ZfStrVo SH 79,51 OLG Saarbrücken ZfStrVo 83,305; OLG Koblenz NStZ 84,46
[336] Calliess / Müller-Dietz, StrVollzG § 29 RN 3, LG HH b. Franke NStZ 85,352
[337] Calliess / Müller-Dietz, StrVollzG § 29 RN 3
[338] Schwind in Schwind / Böhm § 29 RN 7

Calliess / Müller-Dietz[339] führen jedoch an, dass mit einer solchen Regelung „das Gebot differenzierender und individualisierender Behandlung unterlaufen" und der einzelne Gefangene zum Sicherheitsrisiko erklärt werde, obwohl er es tatsächlich gar nicht zu sein brauche.[340] Dadurch würden aber die in den §§ 2 und 3 StVollzG normierten Vollzugsgrundsätze tangiert, wonach der Resozialisierungsvollzug „ein Mindestmaß an Vertrauen und Normalität der Lebensbezüge" voraussetze; letztlich würde das grundrechtlich geschützte Briefgeheimnis (mehr als erforderlich und durch die Besonderheiten des Vollzugs bedingt) verkürzt. Allein die Beachtung des Gebots der Einzelfallprüfung trage dem Gesetz und seinen Intentionen Rechnung.

Das BVerfG allerdings hält eine allgemeine Briefüberwachung, die auf besondere Sicherheitsbedürfnisse gestützt wird, für verfassungskonform.[341]

Auch bei den zur Verfügung stehenden Überwachungsmöglichkeiten sollte unter dem Gesichtspunkt des Gebotes des geringstmöglichen Eingriffs geprüft werden, ob die umfassendere und belastendere Textkontrolle wirklich erforderlich ist, oder die reine Sichtkontrolle nicht auch ausreicht.

So ist nach verbreiteter Ansicht in der Literatur[342] zumindest bei eingehender Post in der Regel die Sichtkontrolle, die möglichst in Gegenwart des Gefangenen erfolgen sollte, ausreichend. Entsprechend der Sichtüberwachung beim Besuch, die lediglich die Übergabe verbotener Gegenstände verhindern soll, ist Aufgabe und Ziel der Sichtkontrolle des Schriftwechsels nicht das geschriebene Wort „auszuforschen" im Sinne der Einschränkung der Gedankenfreiheit,

---

339 Calliess / Müller-Dietz, StrVollzG § 29 RN 3

340 a.A. aber Schwind in Schwind / Böhm § 29 RN 6, der den Standpunkt vertritt, dass es nicht auf die Gefährlichkeit des einzelnen Gefangenen ankomme, sondern dass es darum gehe, durch die Überwachung Sicherheitsrisiken auszuschließen, die sich aus der Postverbindung mit der Außenwelt ergeben. Schwind führt aus, dass die Anstalt eben gerade nicht in jedem Einzelfall konkret darlegen muss, warum der Brief eines Gefangenen aus Sicherheitsgründen überwacht werden muss, sondern dass es im Gegenteil nur in besonders gelagerten Ausnahmefällen für den Anstaltsleiter geboten sein kann, zu überprüfen, ob Gründe der Behandlung, der Sicherheit oder Ordnung der Anstalt eine Briefkontrolle entbehrlich machen können. Dabei übersieht Schwind jedoch m.E. das Regel/Ausnahmeverhältnis: Begründet werden muss nicht der Verzicht auf die Einschränkung eines grundrechtlich geschützten Gutes, sondern die Einschränkung bzw. die Beschränkung dieses Grundrechts! Generelle Überwachungsanordnungen hält er demnach für zulässig.

341 ZfStrVo 82,126; vgl. dazu auch OLG F bei Bungert NStZ 94, 377

342 Calliess / Müller-Dietz, StrVollzG § 29 RN 3; Joester / Wegner, AK-StrVollzG, § 29 RN 7; Schwind in Schwind / Böhm § 29 RN 8

sondern die Zusendung zu verhindern von Schreiben, die die Behandlung, die Sicherheit oder Ordnung gefährden.[343]

4. konkrete Einzelfälle aus der Praxis

a. Beschluss des LG Saarbrücken vom 05.12.1983 – I StVK 1162/83 – und I StVK 1229/83 und I StVK 1200/83[344]

Die Antragsteller wandten sich hier gegen die Überwachung ihrer eingehenden Post durch Sichtkontrolle. (...)[345]

Die Justizvollzugsanstalt erwiderte, dass die eingehende Post nach Maßgabe einer Verfügung des Vollzugsleiters ohne Kenntnisnahme vom wörtlichen Inhalt auf eventuell unzulässige Einlagen unterzogen werde.

Nach dieser Verfügung seien von einer Kontrolle ausgenommen:

a. Schreiben des Gefangenen an Volksvertretungen des Bundes und der Länder sowie an deren Mitglieder, soweit die Schreiben an die Anschriften dieser Volksvertretungen gerichtet sind und den Absender zutreffend angeben sowie an die Europäische Kommission für Menschenrechte,

b. Der Schriftwechsel des Gefangenen mit dem Ministerium für Rechtspflege, dem Antsaltsbeirat, den Vollstreckungskammern beim Landgericht und dem Strafsenat beim OLG in Saarbrücken,

c. Schreiben des Landtages des Saarlandes – Eingabenausschuss – an Gefangene, wenn sie in einem Sammelumschlag eingehen,

d. der Schriftwechsel des Gefangenen mit seinem Verteidiger vorbehaltlich der Anwendung des § 29 Abs. 1 S. 2 StVollzG.

---

343 Joester / Wegner, AK-StrVollzG, § 29 RN 6
344 ZfStrVo 84, 182 ff
345 dargestellt wird hier, bei welchen Briefen die Sichtkontrolle jeweils erfolgt ist. Außerdem war bei einem der Antragsteller auch die ausgehende Post kontrolliert worden, doch zielte auch sein Antragsbegehren nach Auslegung des LG lediglich auf Überprüfung der Rechtmäßigkeit der Sichtkontrolle bei eingehender Post.

Danach unterliegen von Privaten eingehende Schreiben der Sichtkontrolle; ausgehende Post des Gefangenen an Private werden überwacht, sofern dies im Einzelfall angeordnet ist. Der Schriftwechsel des Gefangenen mit Behörden werde nur bei Anordnung im Einzelfall stichprobenweise überprüft.

Die Anträge der Gefangenen auf Feststellung der Rechtswidrigkeit der angeordneten Maßnahmen (Sichtkontrolle) und Verpflichtung der Justizvollzugsanstalt, die Sichkontrolle zu unterlassen, erachtete das Landgericht gem. § 115 Abs. 4 StVollzG zwar für zulässig, aber unbegründet.

Zunächst zitiert die Kammer § 29 Abs. 3 StVollzG als Rechtsgrundlage für die Überwachung des Schriftwechsels.

Die Vorschrift gewähre ausgehend vom Grundsatz des grundgesetzlich geschützten Briefgeheimnisses auch für Strafgefangene[346] bei Vorliegen ihrer Anwendungsvoraussetzungen dem Anstaltsleiter einen Ermessensspielraum zur Überprüfung des Schriftwechsels, wobei hier Anhaltspunkte für eine fehlerhafte oder missbräuchliche Ermessensausübung nicht ersichtlich seien.

Nach dem Gesetzeswortlaut sei die Überwachung des geschriebenen Wortes durch die Anstalt eher gestattet als die des gesprochenen Wortes.

Während die akustische Besuchsüberwachung nur dann angeordnet werden dürfe, wo sie *geboten* sei, kenne § 29 Abs. 3 StVollzG eine solche Einschränkung für die Überwachung des Schriftwechsels nicht.

Das LG führt aus, dass der Gesetzgeber mit gutem Grund insoweit differenziert habe, denn bei verschlossen ausgehändigten Sachen bestünde die Gefahr des Einschmuggelns unzulässiger Einlagen, während bei Besuchen diese Gefahr durch die auch bei nicht gebotener akustischer Überwachung dennoch zulässige optische Kontrolle gebannt werden könne.

An eine Gleichbehandlung der Überwachung des geschriebenen und des gesprochenen Wortes sei daher allenfalls hinsichtlich der Inhaltskontrolle zu denken: die *Sicht*kontrolle auf unzulässige Einlagen ohne Kenntnisnahme vom Inhalt des Schreibens sei nicht der akustischen, sondern der *optischen* Gesprächsüberwachung vergleichbar; die Voraussetzungen des § 27 Abs. 1 S. 1 und § 29 Abs. 3 StVollzG seien insoweit identisch.

---

[346] zitiert wird hier: NJW 72, 811

Im Gegensatz zur Schriftüberwachung aus Behandlungsgründen, so das LG, setze die Überwachung aus Gründen der Sicherheit oder Ordnung der Anstalt keine Einzelfallprüfung hinsichtlich des konkreten Urhebers oder Empfängers von Schreiben voraus.

Das Vorliegen tatsächlicher Anhaltspunkte, dass aufgrund der konkreten Anstaltssituation der unkontrollierte Schriftwechsel eine Gefährdung im Sinne der Vorschrift bewirken würde, sei als ausreichend anzusehen.

Damit sei der Geltung des grundgesetzlich geschützten Briefgeheimnisses für Gefangene Genüge getan. Das Strafvollzugsgesetz habe vom Gesetzesvorbehalt des Art. 10 Abs. 2 GG Gebrauch gemacht und mit § 29 StVollzG dieses Grundrecht in § 196 StVollzG ausdrücklich eingeschränkt.

Selbst wenn man eine verfassungskonforme Auslegung der gesetzlichen Grundrechtsbeschränkung im Lichte der grundsätzlichen Geltung des Grundrechts fordere, sei dieses Postulat mit dem Abstellen auf tatsächliche Anhaltspunkte für eine Gefährdung der Sicherheit oder Ordnung im Hinblick auf die konkrete Anstaltssituation erfüllt. Die Gegenmeinung[347], die auch insoweit auf tatsächliche Anhaltspunkte in der Person des einzelnen Gefangenen abstelle, überzeuge nicht.

Die Rechtsprechung erachte jedenfalls die Briefüberwachung sämtlicher sich im geschlossenen Vollzug befindender Gefangenen ohne Einzelfallprüfung für zulässig.

Die Sichtkontrolle eingehender Post von Gefangenen, die sich im geschlossenen Vollzug befinden, stelle kein generelles Misstrauen gegenüber dem einzelnen Gefangenen dar. Gerade die generelle Anordnung für einen größeren Personenkereis schließe auch nur den Anschein einer Diskriminierung des Einzelnen aus.

Es sei Sinn der Sichtkontrolle eingehender Post aus Gründen der Sicherheit der Anstalt, besonderen Sicherheitsrisiken Rechnung zu tragen, die sich aus der Belegungssituation sowie baulichen und personellen Umständen der konkreten Anstalt ergäben; auf die Gefährlichkeit des einzelnen Gefangenen komme es dagegen nicht an.

---

[347] zitiert wird hier: Calliess / Müller-Dietz, StrVollzG, StVollzG, 3. Aufl. 1983, § 29 RN ; Joester, AK-StrVollzG, 2. Aufl. 1982, § 29 RN 1

Der Bereich des geschlossenen Vollzugs und des angeschlossenen Untersuchungshaftgebäudes in der betroffenen Justizvollzugsanstalt habe höchste Sicherheitsstufe, denn neben einem Untersuchungsgefangenen, der wegen des Verdachts terroristischer Gewalttaten der Häftlingsüberwachung durch den BGH unterliege, seien im geschlossenen Vollzug auch eine Vielzahl zu langjähriger und sogar zu lebenslänglicher Freiheitsstrafe Verurteilter untergebracht.

Eine Einzelunterbringung und eine räumliche Trennung der Straf- von den Untersuchungsgefangenen sei wegen der hohen Belegungssituation und der baulichen Anlage der Anstalt vielfach nicht möglich.

Es sei bekannt, dass gewisse Gefangene Ausbruchspläne schmiedeten oder Straftaten in der Anstalt vorbereiteten, wohingegen andere auf illegalem Weg in den Besitz von Drogen oder Alkohol zu kommen suchten.

Die hohe Wahrscheinlichkeit, dass solche Gefangene in einer so stark belegten Justizvollzugsanstalt zur Anstaltspopulation gehörten, begründe die Notwendigkeit der Sichtkontrolle eingehender Post aller Gefangener, damit ein gefährlicher Gefangener sich nicht über einen ihm bekannten Mitgefangenen unerlaubte Briefeinlagen verschaffen könne. Ein unkontrollierter Schriftverkehr böte die Möglichkeit, derartige Aktivitäten risikolos zu unternehmen.

Zwar ließen sich nicht alle Risiken ausschließen, da ein entsprechend eingestellter Gefangener auch andere Wege als den Postverkehr zur Verfolgung seiner Ziele fände. Doch biete der unkontrollierte Postverkehr geringere Risiken und gefährde darum stärker die Sicherheit.

Die Kammer erklärt, dass die Erfordernisse an eine Konkretisierung der Gefahrenlage nicht so hoch gesteckt werden dürften, dass damit eine wirksame Gefahrenabwehr unmöglich werde.

Schließlich sei der Gefahrenbegriff eine abstrakte Größe, die sich schon begriffsnotwendig nicht zur sicheren Gewissheit verdichten könne und damit eine Sicherheitsgefahr rein abstrakt, d.h. ohne jeden tatsächlichen Anhaltspunkt angenommen werden könne.

Es würden jedoch, so das Landgericht, für die Annahme gefahrenbegründeter Umstände bereits die Feststellung konkreter Tatsachen genügen, die typischerweise generell geeignet seien, Sicherheitsrisiken zu bewirken; eine konkrete Verwirklichung der Gefahrenlage sei hierzu nicht erforderlich.

Schließlich sei die Sicherheit der Anstalt nur so gut wie deren schwächstes Glied. Wenn in einer Anstalt gefährliche und andere Gefangene aus vollzugsorganisatorischen Gründen nicht strikt voneinander getrennt werden könnten, müsse immer auch zumindest mit einer indirekten Kontaktaufnahme gerechnet werden, wobei sich dann der „harmlose" Gefangene als Korrespondent des Helfers für den gefährlichen Gefangenen betätige.

So stelle die Sichtkontrolle eingehender Post ohne Kenntnisnahme vom wörtlichen Inhalt der Schreiben die schonendste Maßnahme zur Ausschaltung von Sicherheitsrisiken dar.

Ob der Anstaltsleiter den Schriftverkehr im Interesse der Anstaltssicherheit allerdings auch weitergehend inhaltlich kontrollieren dürfe, bleibe dahingestellt.

Die Sichtkontrolle eingehender Post jedenfalls sei verhältnismäßig und stelle eine zulässige Maßnahme im Sinne von § 29 Abs. 3 StVollzG dar.

Im Gegensatz zur Auffassung des Landgerichts bin ich nicht der Ansicht, dass eine generell angeordnete Maßnahme vom Sinngehalt des § 29 Abs. 3 StVollzG gedeckt ist.

Schon der Wortlaut lässt erkennen, dass in Anstalten mit hohem Sicherheitsbedürfnis aus Sicherheitsgründen der Briefwechsel nicht zu überwachen *ist*, sondern dass er überwacht werden *darf*.

Aufgrund dieses gesetzlich eingeräumten Ermessens ist also doch eine gewisse Einzelfallbetrachtung erforderlich. Die Begründung des Landgerichts, dass eine Beeinträchtigung der Sicherheit der Anstalt auch schon durch Rahmenbedingungen gegeben sein könnte, die typischerweise geeignet seien, Sicherheitsrisiken zu begründen, ohne dass es auf eine Gefährdung im Einzelfall ankomme, reicht zur Rechtfertigung der allgemeinen Anordnung daher nicht aus.

Es müssen Verdachtsmomente dafür gegeben sein, dass der konkrete Briefempfänger den Briefverkehr nicht lediglich zu Kommunikationszwecken nutzt, sondern missbraucht und so eine konkrete Gefährdungslage für die Sicherheit oder Ordnung der Anstalt schafft.

Hinsichtlich der Gefangenen, die in dieser Richtung nie auffällig geworden sind und bei denen auch keine Anhaltspunkte dafür bestehen, dass sie ausgenutzt oder unter Druck gesetzt werden, ist eine solch generelle Anordnung bedenklich und nicht mit der Intention des Gesetzes, insbesondere dem Gebot der Einzelfallprüfung, vereinbar.

b. Beschluss des OLG Koblenz vom 30.01.1986 – 2 Vollz (Ws) 118/85[348]

Im folgenden Fall hatte die Justizvollzugsanstalt es abgelehnt, einen als Verteidigerpost gekennzeichneten Brief, der zudem auf der Rückseite den Kanzleistempel des Verteidigers aufwies, an einen Strafgefangenen auszuhändigen, weil dieser die Öffnung des Schreibens und die Kontrolle auf unerlaubte Einlagen in seiner Gegenwart nicht gestattet hatte.

Mit dieser Begründung als Anlage versehen, wurde der Brief daraufhin an den Verteidiger zurückgesandt.

Gleichzeitig wurde dem Betroffenen, der die Nichtaushändigung beanstandet hatte, eröffnet, dass ein Gefangener in solchen Fällen nicht im Mindesten in seinen Rechten getroffen werde, da die Öffnung in Gegenwart des Gefangenen erfolge und ein Kenntnisnahme vom gedanklichen Inhalt des Schreibens unterbleibe.

Bereits einen Monat zuvor hatte die Justizvollzugsanstalt folgende Verfügung zur Behandlung von Verteidigerpost erlassen:

„Eingehende Verteidigerpost ist ab sofort im Beisein des Gefangenen zu öffnen, um die Absenderidentität festzustellen und die Sendung auf unzulässige Einlagen zu überprüfen. Dabei darf vom gedanklichen Inhalt der Verteidigerpost keine Kenntnis genommen werden.

Der Gefangene ist vor Öffnung der Verteidigerpost zu befragen, ob er damit einverstanden ist. Falls der Gefangene nicht zustimmt, ist die Verteidigerpost an den Verteidiger mit einem entsprechenden Vermerk zurückzusenden.

Eingehende Post von Rechtsanwälten u.ä., die nicht als Verteidigerpost gekennzeichnet ist, unterliegt der üblichen Überwachung wie der übrige Schriftwechsel der Gefangenen nach § 29 Abs. 3 StVollzG.

Geht als Verteidigerpost gekennzeichnete Gefangenenpost ein, ohne dass die Bevollmächtigung des als Absender bezeichneten Rechtsanwalts u.ä. bzw. die Bestellungsanordnung des Gerichts in der Anstalt vorliegt oder vorgelegen hat, so ist der Gefangene zu befragen, ob der Brief in seiner Gegenwart geöffnet werden kann.

---

[348] StV 86, 396, 397

Ist der Gefangene mit der Öffnung des Briefes einverstanden, so wird in seiner Gegenwart geprüft, ob es sich bei dem Briefschreiber tatsächlich um den auf dem Umschlag angegebenen Rechtsanwalt als Absender handelt, wobei wiederum vom gedanklichen Inhalt des Schreibens nicht Kenntnis genommen werden darf.

Ist der Gefangene mit der Öffnung des Briefes nicht einverstanden, so wird der Brief mit einem entsprechenden Vermerk an den Absender zurückgesandt mit der Anheimgabe, eine Vollmacht oder Bestellunganordnung des Gerichts hier vorzulegen."

In Ergänzung dazu erließ die Justizvollzugsanstalt zweieinhalb Monate danach folgende Verfügung:

„Entgegen der Verfügung vom 10.06.1985 ist die Verteidigerpost in keinem Falle an den Verteidiger zurückzusenden, auch dann nicht, wenn der Gefangene vor Öffnung der Verteidigerpost in seinem Beisein einer solchen Öffnung nicht zustimmt.

Die eingehende Verteidigerpost in nach Prüfung im *Einzelfall* im Beisein des Gefangenen zu öffnen, ohne dass von dem gedanklichen Inhalt der Verteidigerpost Kenntnis genommen wird. Eine solche Öffnung ist immer dann gegeben, wenn bei Einzeltätern der Verdacht eines Missbrauchs bestehen könnte (z.B. bei BTM-Tätern, bei erheblich fluchtverdächtigen Gefangenen usw.). Im übrigen wird gegen die Entscheidung der Strafvollstreckungskammer, durch die eine solche Handlung als rechtswidrig bezeichnet worden ist, Rechtsbeschwerde eingelegt, mit dem Ziel (...), eine neue Entscheidung zu erhalten."

Der Betroffene hatte sich zunächst erfolgreich bei der Strafvollstreckungskammer gegen diese Praxis gewandt. Die Kammer stellte fest, dass die Nichtaushändigung des als Verteidigerpost gekennzeichneten Briefes rechtswidrig war und verpflichtete den Anstaltsleiter, den Brief ungeöffnet und unzensiert an den Betroffenen auszuhändigen.

Gegen diese Entscheidung hatte der Anstaltsleiter Rechtsbeschwerde eingelegt, die das OLG zwar für zulässig hielt, weil es geboten sei, die Nachprüfung zur Sicherung einer einheitlichen Rechtsprechung zu ermöglichen, im Ergebnis jedoch für unbegründet erachtete.

Als Begründung zitiert das OLG zunächst § 29 Abs. 1 S. 1 StVollzG, wonach der Schriftwechsel des Gefangenen mit dem Verteidiger grundsätzlich nicht überwacht wird.

Sinn dieser Vorschrift sei es, so das OLG, das Recht des Gefangenen auf eine behinderungsfreie und uneingeschränkte Verteidigung zu gewährleisten.

Die Kontrolle durch die Justizvollzugsanstalt sei lediglich insoweit zulässig, als sie feststellen dürfe und müsse, ob es sich nach den äußeren Merkmalen um Verteidigerpost handle (was hier jedoch auch von der Justizvollzugsanstalt nicht angezweifelt worden war).

Das Öffnen der Verteidigerpost in der von der Justizvollzugsanstalt gehandhabten Weise gehe jedoch über eine als berechtigt anzusehende Kontrolle der äußeren Merkmale der Verteidigerpost hinaus und sei daher unzulässig.

Jedes Entnehmen der Verteidigerpost aus der Versandumhüllung berge die Gefahr in sich, dass der Öffnende auch vom Inhalt Kenntnis nehmen könne.

Eine solche Aufnahme von Geschriebenem bei bloßem Hinsehen liege in der Natur des Vorgangs, wie die Erfahrung lehre. Ein bloßer Blick auf ein Schriftstück gestatte bereits die Aufnahme eines Stichworts oder eines Bruchstücks des in dem Schriftstück Erklärten, selbst wenn der Öffnende es auf eine Kenntnisnahme nicht anlege.

Hinzu komme, dass sich die Sichtkontrolle auch auf die vom Verteidiger zulässigerweise beigefügten Unterlagen erstrecken würden.

Da diese jedoch zumeist nicht den Verteidiger als Absender aufführten, müsste der kontrollierende Beamte sie zumindest teilweise inhaltlich überprüfen, um festzustellen, ob alle Beilagen vom Verteidigerzweck getragen würde.

Eine derartige Sichtkontrolle würde zumindest partiell in das Überwachungsverbot der Verteidigerpost eingreifen.

Dass der Gesetzgeber von einem umfassenden Kontrollverbot von Verteidigerpost ausgegangen sei, ergebe sich, so der Senat, auch aus der Formulierungshilfe zu § 28 des Entwurfs eines Strafvollzugsgesetzes[349]. Denn dort heiße es in der Begründung:

---

[349] zitiert wird hier: 40. Sitzung des Sonderausschusses für die Strafrechtsreform, S. 1841

„Unzweifelhaft muss der gesamte Schriftwechsel des Gefangenen mit seinem *Verteidiger* von der Überwachung ausgenommen bleiben.

Die geringe Gefahr, dass man unbefugt den Absender des Verteidigers benutzen könnte, muss hinter dem Interesse am ungestörten Verkehr des Gefangenen mit seinem Verteidiger unbeachtlich bleiben."

Das Öffnen der Verteidigerpost, so argumentiert das OLG weiter, gehe danach über die zulässige Kontrolle der äußeren Merkmale der Verteidigerpost hinaus und tangiere den Bereich der unzulässigen inhaltlichen Überprüfung. Dies gelte auch dann, wenn ausdrücklich angeordnet worden sei, dass der Beamte vom Inhalt der Post keine Kenntnis nehmen dürfe.

Vertiefend führt der Senat aus, dass stellenweise abweichend hiervon für den Bereich der Auslieferungshaft die Ansicht vertreten werde, die Öffnung der in der Anstalt eingehenden Verteidigerpost im Beisein des Gefangenen sei zulässig, wenn hierfür aus Sicherheitsgründen ein dringendes Bedürfnis bestehe und die Kontrolle sich darauf beschränke, die Sendung auf unzulässige Einlagen zu überprüfen. Doch vermöge dies für Fälle wie den hier vorliegenden nicht zu überzeugen.

Auch die Tatsache, dass die kontrollierenden Beamten „strenge Anweisung" hätten, in den Briefinhalt der Verteidigerpost keinen Einblick zu nehmen, könne eine andere Beurteilung nicht rechtfertigen.

Denn selbst bei Vorliegen einer strikten Anweisung könne der Fall eintreten, dass der Beamte Bestandteile des Inhalts zumindest bruchstückhaft in sich aufnehme, wie dies sogar beim flüchtigen Anblick eines Schriftstücks geschehen könne.

Auch bei einer „nur oberflächlich vorgenommenen Sichtkontrolle"[350] sei diese Gefahr nicht auszuschließen.

Inwieweit bei konkretem Missbrauchsverdacht Abweichendes zu gelten habe, stehe hier nicht zur Entscheidung, denn wie der Anstaltsleiter selbst dargelegt habe, bestünde kein Zweifel daran, dass es sich bei dem angehaltenen Schriftstück um Verteidigerpost handle.

---

350 zitiert wird OLG Koblenz; NStZ 82, 260 = StV 82, 427

Meiner Ansicht nach verstößt die Justizvollzugsanstalt mit ihrer Kontrollpraxis tatsächlich gegen den im Strafvollzugsgesetz manifestierten Willen des Gesetzgebers.

Verteidigerpost muss unüberwacht bleiben, was sowohl der Wortlaut als auch die Entstehungsgeschichte des Strafvollzugsgesetzes unmissverständlich ausdrücken.[351]

Der Argumentation des OLG ist zuzustimmen, vor allem sind die Ausführungen des Senats hinsichtlich der Problematik der „oberflächlichen Sichtkontrolle“ nachvollziehbar und umfassend.

Der im ersten Bescheid der Justizvollzugsanstalt angeführte Kontrollgrund „man wolle überprüfen, ob das Schreiben tatsächlich vom auf dem Kuvert angegebenen Absender stamme“, erachte ich als nicht überzeugend.

Sofern man eine inhaltliche Kontrolle tatsächlich ausschließen möchte (zur Praxistauglichkeit vgl. die korrekten Ausführungen des OLG), bliebe als Überprüfung lediglich die Inaugenscheinnahme der Unterschrift. Dass diese dann ebenso gefälscht sein könnte, wie man es bei Kanzleistempeln offensichtlich stellenweise fast zu erwarten scheint, liegt auf der Hand. Es bedarf ebenfalls keiner weiteren Ausführung, dass auch die Gestaltung eines Briefkopfes oder das äußere Erscheinungsbild des Briefes mit Hilfe moderner Techniken (Computers, ggf. Scanner) kein wirkliches Problem darstellt und demnach auch nicht als „Echtheitsgarant“ angesehen werden würde.

c. Beschluss d. HansOLG Hamburg v. 07.01.1991–3 Vollz (Ws) 60/90-[352]

Der Senat manifestiert in dieser Entscheidung seine Auffassung, dass es nicht ermessensfehlerhaft sei, wenn in der Justizvollzugsanstalt Fuhlsbüttel, in der, wie gerichtsbekannt, besonders viele Gefangene inhaftiert seien, die generelle Überwachung des Schriftwechsels angeordnet werde, da die Sicherheit der Anstalt diese Maßnahme erfordere, um eventuellen Fluchtplänen, Meutereien oder dem Einbringen von Betäubungsmitteln zu begegnen.

Das Landgericht, das davor mit der Entscheidung befaßt war, habe, so das OLG fälschlicherweise angenommen, § 29 Abs. 3 StVollzG gehe vom Grundsatz der Überwachungsfreiheit des Schriftwechsels aus. Diese Auffassung jedoch fände keine Stütze im Gesetz. Vielmehr wiesen die Absätze 1 und 2 des

[351] vgl. Ausführungen oben Hauptteil, B VIII 1, S. 153 f

[352] ZfStrVo 91, 185,186

§ 29 StVollzG, in denen die Fälle geregelt seien, in denen der Schriftwechsel überwachungsfrei bleibe, in der Gegenüberstellung zu Absatz 3 darauf hin, dass grundsätzlich von einer Überwachung auszugehen sei, wenn (die Behandlung des Verurteilten oder) die Sicherheit oder die Ordnung der Anstalt es erforderlich machten. Allerdings werde dem Anstaltsleiter ein Ermessen eingeräumt, ob er von dieser Möglichkeit Gebrauch mache, wie das Wort „darf" in Absatz 3 zeige. Jedenfalls sei das Grundrecht aus Art. 10 Abs. 1 GG dadurch zulässig eingeschränkt.

Von einer generellen Überwachugnsanordnung könnten – vom Gleichheitsgrundsatz ganz abgesehen – einzelne Gefangene auch nicht ausgenommen werden, da angesichts der undurchschaubaren Subkultur und des undurchsichtigen Beziehungsgeflechts innerhalb der weitgehend nach innen offenen Anstalt stets die Gefahr bestünde, dass die von der Überwachung ausgenommenen Gefangenen, unter Druck gesetzt, den unkontrollierten Schriftwechsel missbrauchen würden.

Deshalb könne in dieser Justizvollzugsanstalt mit ihrem hohen Sicherheitsrisiko nicht auf eine im Einzelfall objektivierbare konkrete Gefährdung abgestellt werden. Dies gelte auch für Behördenpost und somit Schreiben der Bundesanwaltschaft, da die Gefahr bestünde, dass Umschläge kopiert und benutzte wiederverwandt werden, um den Eindruck zu erwecken, eine Behörde sei der Absender.

Auch sei das mildere Mittel der bloßen Sichtkontrolle in Gegenwart des Gefangenen nicht ausreichend. Es bestünde die Gefahr, dass ein an den Gefangenen gerichtetes Schreiben von einem anderen Gefangenen bei Urlaub, Entlassung oder Vollzugslockerung aus der Anstalt verbracht und zum Teil kopiert werde, um den Eindruck zu erwecken, es handle sich um ein Behördenschreiben, während im Anschluss an den teilkopierten Text eine nicht von der Behörde stammende Nachricht mitgeteilt würde und lediglich die Schlussformel des Behördenbriefs wieder kopiert hinten angefügt sei. Diese Gefahr und Möglichkeit sei gerichtsbekannt; ihr könne nur durch Inhaltskontrolle begegnet werden. (...)

Meiner Meinung nach ist diese Haltung entschieden zu restriktiv. Richtig ist sicher, das Missbrauch in der oben dargestellten Weise betrieben worden ist, wobei erwähnt werden sollte, dass die oben näher beschriebenen Missbrauchsaktionen im Zeitalter von Computern/Scannern und Farbdruckern[353] nicht mehr erforderlich sind, will man fälschlicherweise den Eindruck von Behördenpost erwecken.

Daraus jedoch eine Berechtigung für eine generelle Überwachungsanordnung herzuleiten, ohne Rücksicht auf die Person des Antragstellers (Neigung - oder jedenfalls Anhaltspunkte dafür - zu Missbrauch oder Sich-unter-Druck-setzen-Lassen) bzw. des Briefabsenders halte ich gerade im Hinblick darauf, dass dabei das grundrechtlich geschützte Gut des Breifgeheimnisses aus Art. 10 GG verletzt wird, für höchst bedenklich.

Meines Erachtens ist auch in einer Anstalt wie Fuhlsbüttel erforderlich, dass eine Einzelfallbetrachtung insofern erfolgt, als nicht von vornherein jedes Schreiben an jeden Gefangenen gleich von welchem Absender mittels Inhaltskontrolle überwacht wird.

Vielen Gefahren kann schon mit reiner Sichtkontrolle begegnet werden, und die Auffassung, dass die übrigen Gefährdungen, denen man lediglich mit Inhaltskontrolle beikommen kann, so häufig seien, dass sie eine generelle Überwachungsanordnung mittels Inhaltskontrolle rechtfertigen, ist überaus zweifelhaft. Aufgrund der Eingriffsintensität und des auszuübenden Ermessens im Einzelfall müssen nach konkrete Anhaltspunkte für das Vorliegen einer Gefährdung gegeben sein, um eine Inhaltskontrolle zu rechtfertigen.

Der pauschale Hinweis auf Umgehungsmöglichkeiten bei Ausnahmen von der Kontrolle kann jedenfalls nicht von der gesetzlichen Pflicht zur konkreten Prüfung im Einzelfall entbinden.

---

[353] auch bereits zum Zeitpunkt der Entscheidung 1990

IX. § 31 StVollzG [Anhalten von Schreiben]

1. Regelungsinhalt und Entstehungsgeschichte

§ 31 Abs. 1 Ziff. 1 StVollzG eröffnet dem Anstaltsleiter die Möglichkeit, (einzelne) Schreiben anzuhalten, wenn das Vollzugsziel oder aber Sicherheit oder Ordnung der Anstalt andernfalls gefährdet wären.

Die Eingriffsmöglichkeit aus Gründen der Sicherheit oder Ordnung der Anstalt war bereits im Regierungsentwurf enthalten.[354]

In der Begründung zum Regierungsentwurf[355] ist ausgeführt, dass durch diese Vorschrift der Anstaltsleiter befugt (aber nicht verpflichtet) werden solle, die nach einer Prüfung beanstandenden Schreiben dann auch anhalten zu können, sofern die entsprechenden Voraussetzungen vorlägen. Die Bundesregierung weist aber in dieser Begründung darauf hin, dass es sich beim Anhalten von Schreiben um einen Grundrechtseingriff handelt: „Häufig werden sich die von der Vollzugsbehörde zu berücksichtigenden Interessen auch auf andere Weise ohne Einschränkung des Grundrechts auf Freiheit der Meinungsäußerung wahren lassen."[356] Die Befugnis zum Anhalten der Schreiben stelle die gesetzliche Folgerung aus den Aufgaben des Strafvollzuges dar. Aus der Aufgabe, einen Gefangenen so zu behandeln, dass er fähig werde, in Zukunft in sozialer Verantwortung ein Leben ohne Straftaten zu führen, folge, dass die Behörde einen Schriftwechsel, der z.B. der Vorbereitung weiterer Straftaten diene oder den Gefangenen in einer kriminellen Handlung bestärke, unterbinden können müsse.

Die Aufgabe, den Gefangenengewahrsam zu gewährleisten und für die Sicherheit vor Schäden an Personen oder Sachen zu sorgen, erfordere es, dass die Vollzugsbehörde in der Lage sei, Schreiben anzuhalten, die „Ausbrüche und Entweichungen sowie Angriffe auf Personen oder Sachen vorbereiten oder den Gefangenen in einer Haltung bestärken, dies zu tun". Anders formu-

[354] BT-Dr. 7/918 S.14
[355] BT-Dr. 7/918 S.60
[356] BT-Dr. 7/918 S.60

liert bedeutet das, „die Aufgabe, Verantwortungsbewußtsein des Gefangenen zu entwickeln und ihn verantwortlich an der Gestaltung des Gemeinschaftslebens zu beteiligen, muss die Anstalt dazu berechtigen, Schreiben, die diese Aufgabe gefährden, zurückzuhalten".

An dieser Stelle wird dann nochmals auf die Bedeutung des Eingriffs als Grundrechtseinschränkung und die daraus resultierende Abwägungspflicht hingewiesen: „Die Vollzugsbehörde wird jedoch in jedem Einzelfall die Bedeutung der Grundrechte aus Art. 5 Abs 1 GG gegenüber der von ihr wahrzunehmenden Aufgaben abzuwägen haben."[357]

Die hohe Bedeutung der Grundrechte sowie die Erkenntnis, dass auch Strafgefangene grundsätzlich den Schutz derselben genießen[358], hat auch dazu geführt, dass Gesetzesentwurf und dann auch das später tatsächlich in Kraft getretene Gesetz die Gründe für eine Einschränkung des Grundrechts, d.h. die Voraussetzungen für ein Einschreiten der Vollzugsbehörde im Vergleich zu der zuvor geltenden Dienst- und Vollzugsordnung[359], eingeengt haben. „Im Gegensatz zu Nr. 155 der Dienst- und Vollzugsordnung sieht der Entwurf die Beeinträchtigung der öffentlichen Sicherheit, den beleidigenden oder sonst strafbaren Inhalt eines Schreibens, unwahre Angaben sowie die Erörterung von Verhältnissen der Anstalt, anderer Gefangener oder Vollzugsbediensteter nicht mehr als besondere Anhaltegründe vor."[360] Soweit Behandlungsziel oder Sicherheit oder Ordnung der Anstalt hierdurch gefährdet wären, seien diese Anhaltegründe ohnehin erfaßt. Die Verhinderung darüber hinaus gehender Gefahren sah die Bundesregierung demnach nicht (mehr) als Aufgabe der Vollzugsbehörde an, woraus konsequenterweise folgt, dass diese o.g. über eine Gefährdung des Behandlungsziels oder der Sicherheit oder Ordnung der Anstalt hinausgehenden Risiken kein Einschreiten der Vollzugsbehörde i.S.d. § 31 StVollzG (im Entwurf § 30) und damit keine Grundrechtseinschränkung rechtfertigten.[361]

Lediglich aus redaktionellen Gründen wurde diese Eingriffsermächtigung „aus Gründen der Sicherheit oder Ordnung der Anstalt" in Wortlaut und Satzstellung vom Bundesrat [362] bzw. anschließend vom Sonderausschuss für die Strafrechtsreform in die letztlich verabschiedete und in Kraft getretene Version abgeändert.

---

[357] vgl. zum Ganzen BT-Dr. 7/918 S.60
[358] vgl. BVerfGE 33,1
[359] vgl. Dienst- und Vollzugsordnung
[360] BT-Dr. 7/918 S. 60
[361] zum Ganzen BT-Dr. 7/918 S. 60, 61
[362] vgl. BT-Dr. 7/918 S. 114

2. Bedeutung der Norm

Hier ist auf die Ausführungen zu § 28 StVollzG[363] zu verweisen, in denen zum einen die hohe Bedeutung auch der schriftlichen Kommunikationsmöglichkeit mit Angehörigen und Freunden gerade für den in vielen Bereichen von der Außenwelt isolierten Gefangenen hingewiesen wird.

Die Regelungen des Strafvollzugsgesetzes spiegeln die Erkenntnis des Gesetzgebers wider, wonach sich grundsätzlich auch der Gefangene auf seine Grundrechte, wie hier das geschützte Briefgeheimnis aus Art. 10 Abs. 2 S. 1 GG, berufen kann.[364]

Die durch die Besonderheiten des Strafvollzuges erforderlichen Einschränkungen aus Gründen der Anstaltssicherheit und –ordnung erfährt dieses Recht jedoch neben § 28 Abs. 2 Nr. 1 StVollzG[365] und § 29 Abs. 3 StVollzG[366] auch durch § 31 StVollzG, der dem Anstaltsleiter die Möglichkeit eröffnet, das an sich geschützte Briefgeheimnis hier nicht nur durch Kontrolle zu verletzen, sondern auch bereits geschriebene Post dem Empfänger in- oder außerhalb der Anstalt aus Gründen der Sicherheit oder Ordnung gänzlich oder zumindest vorübergehend vorzuenthalten.

3. Meinungsstand in der Literatur zu Auslegung und Anwendung des Gesetzes

Die in § 31 Abs. 1 StVollzG aufgeführten Anhaltegründe stellen eine abschließende Aufzählung dar[367]; aus anderen als den in Absatz 1 genannten Gründen dürfen Schreiben also nicht angehalten werden.

§ 31 StVollzG verpflichtet den Anstaltsleiter allerdings nicht, bei Vorliegen eines in Absatz 1 genannten Tatbestandes das Schreiben anzuhalten; es ermächtigt ihn lediglich dazu.

---

[363] vgl. Ausführungen zur Bedeutung der § 28, Hauptteil, B, VII 2 S. 142 und § 29, Hauptteil, B VIII 2, S. 156

[364] BVerfGE 33, 1 ff

[365] Hauptteil B VII 3, S. 143

[366] Hauptteil B VIII 3, S. 158

[367] Calliess / Müller-Dietz, StrVollzG § 31 RN 1; Joester / Wegner, AK-StrVollzG, § 31 RN 1

Wenn keine *zwingenden* Gründe für das Anhalten eines Schreibens sprechen, sollte im Zweifel davon Abstand genommen werden.

Dies entspricht zum Einen der Forderung des Gesetzgebers nach restriktiver Anwendung der Eingriffsbefugnisse als ultima-ratio. Zum anderen entspringt ein solches zurückhaltendes Vorgehen auch der taktischen und psychologischen Überlegung, dass eine allzu forsche Handhabung das Verhältnis des Gefangenen zur Anstalt stärker als erforderlich belastet[368]; so sind z.B. auch Ohnmachtsgefühle und offene Aggression durchaus nicht seltene Folgen des Anhaltens.[369] Letztendlich könnten dann dadurch auch Behandlungsmaßnahmen ebenso leiden wie schließlich die Anstaltsordnung[370].

Stets muss in einem solchen Fall eine Güterabwägung erfolgen zwischen dem auf Grund der Weiterleitung des Schreibens drohenden Schaden und dem Schaden, der durch den Eingriff in den Schriftverkehr möglicherweise angerichtet wird.[371]

Bei der Güterabwägung und der Wahl des Mittels ist zu berücksichtigen, dass durch das Anhalten bzw. Zurückbehalten von Schreiben (neben den psychologischen Folgen) das Grundrecht aus Art. 5 GG tangiert wird.[372]

Allgemeine Gesetze – wie hier § 31 StVollzG – müssen in ihrer das Grundrecht einschränkenden Wirkung ihrerseits im Lichte der Bedeutung der Meinungsfreiheit gesehen und so interpretiert werden, damit der besondere Wertgehalt des Rechts auf jeden Fall gewahrt bleibt.[373]

Joester vertritt die Ansicht, dass einige bekanntgewordenen Fälle[374] eine kritische Überprüfung der allgemeinen Praxis in den Anstalten erforderten.

Soweit einzelne Ausgaben von Zeitungen nicht allgemein zugänglicher Periodika[375] der Beurteilung nach § 31 Abs. 1 Nr. 1 StVollzG unterliegen, ist an den unbestimmten (gerichtlich voll kontrollierbaren) Rechtsbegriff der Gefahr im Hinblick auf das tangierte Grundrecht aus Art. 5 Abs. 1 GG ein noch strenge-

---

[368] Calliess / Müller-Dietz, StrVollzG § 31 RN 1
[369] Schwind in Schwind / Böhm, § 31 RN 1; Joester / Wegner, AK-StrVollzG, § 31 RN 1
[370] AE-StVollzG, § 115 Abs. 1, S. 179
[371] Calliess / Müller-Dietz, StrVollzG § 31 RN 1
[372] BT-Dr. 7/918 S. 60
[373] vgl. BVerfGE 7, 198, 208
[374] vgl. dazu auch Hauptteil, B IX 4, S. 179 ff
[375] nur solche kommen in Betracht, da sonst nicht § 31 StVollzG sondern § 68 StVollzG einschlägig

rer Maßstab als bei sonstigen Postsendungen anzulegen; es darf nur in besonderen Ausnahmefällen eingegriffen werden. Es muss in solchen Fällen eine *erhebliche* Gefahr gegeben sein, die den Eingriff geradezu *unerlässlich* macht.[376] Es muss hier also eine Abwägung der Vollzugsinteressen gegen das Informationsinteresse des Gefangenen erfolgen.

Dabei wird, so *Joester*[377], allerdings auch zu beachten sein, dass durch Schriften allein die Sicherheit oder Ordnung weniger zu erschüttern ist, als häufig angenommen werde.

Stets ist hier die Suche nach dem mildesten Mittel erforderlich, also die Frage zu stellen, ob etwaigen Gefährdungen auch auf andere Weise[378] als durch das Anhalten von Schreiben hinreichend begegnet werden könne. Auf jeden Fall muss die Reaktion der Anstalt auf die Verwirklichung eines Anhaltetatbestandes diesem nach Art und Intensität angemessen sein.

Weitgehende Einhelligkeit besteht in der Literatur darüber, dass § 31 StVollzG nur Reaktionen hinsichtlich einzelner Schreiben zulässt und keine Grundlage für generelle Maßnahmen bietet; auch für eine Vorwegnahme einer Anhalteverfügung z.B. in Form eines aus präventiven Gründen angeordneten Schreibverbots bietet die Vorschrift keinen Raum[379].

§ 31 StVollzG berechtigt nicht zu einem generellen Anhalten ohne konkrete Einzelfallprüfung und ohne nähere Anhaltspunkte für eine Gefährdung.

Der in § 31 Abs. 1 Nr.1 StVollzG genannte Anhaltetatbestand aus Gefährdungsgründen für die Sicherheit oder Ordnung der Anstalt knüpft inhaltlich an die Voraussetzungen für das Besuchsverbot nach § 25 StVollzG an, privilegiert aber im Unterschied zu dieser Vorschrift den Kontakt mit den eigenen Angehörigen nicht.[380]

Übereinstimmung zwischen beiden Regelungen besteht jedoch insoweit, als sie Eingriffe in die Außenweltkontakte zulassen, wenn sonst (das Vollzugsziel

---

[376] Calliess / Müller-Dietz, StrVollzG § 31 RN 2; Joester / Wegner, AK-StrVollzG, § 31 RN 2
[377] Joester / Wegner, AK-StrVollzG, § 31 RN 2
[378] so könnten z.B. Gespräche mit dem Gefangenen die Situation entspannen oder aber es könnte gem Abs. 2 ein Begleitschreiben dem Brief beigefügt werden, der grob unrichtige Angaben richtig stellt, Vgl. BT-Dr. 7/3998, 17
[379] Calliess / Müller-Dietz, StrVollzG § 31 RN 1;
[380] vgl. Calliess / Müller-Dietz, StrVollzG § 31 RN 2

oder) Sicherheit oder Ordnung der Anstalt gefährdet wären, wobei die Gefährdung allerdings ein gewisses Gewicht haben muss[381] und unerhebliche Gefährdungen das Anhalten von Briefen nicht rechtfertigen können.[382] Auch muss ein konkreter Anlass für das Misstrauen vorliegen.[383]

Musterbegründungen für Anträge und Beschwerden im Strafvollzug sowie entsprechende „Merkhefte" verstoßen nicht schon wegen ihres Gegenstandes gegen Sicherheit und Ordnung der Anstalt, eine Gefahr im Sinne von § 31 Abs. 1 Nr. 1 StVollzG begründen sie erst im Falle einer vollzugsfeindlichen Tendenz.[384]

Zu differenzieren ist bei Flugblättern politischen Inhalts: Forderungen nach Zusammenlegung von Gefangenen der RAF gefährden für sich allein (noch) nicht das Vollzugsziel; auch Stellungnahmen zur Nachrüstungsdebatte sind zulässig; nicht jede Äußerung kritischer Distanz zum Staat ist geeignet, verurteilte Terroristen in ihrer staatsfeindlichen Haltung zu bestärken, wohl dagegen Aufrufe zu gewalttätigen Aktionen.

Eingehende Schreiben, die das Gedankengut des 3. Reiches rechtfertigen, können ebenfalls Unruhe und Spannungen unter den Gefangenen hervorrufen. So ist das Anhalten rechtsextremistischer Briefe an einen entsprechend eingestellten (Text: „unbelehrbaren nationalsozialistischen Aktivisten") Gewalttäter verfassungsgemäß.[385]

Relativ restriktiv ist *Schwind*[386] der Ansicht, dass Sicherheit und Ordnung durch die Erörterung von Ausbruchsplänen[387] oder durch die Vorbereitung einer Meuterei[388] gefährdet würden.[389]

Umstritten in der Literatur ist die Frage, ob § 31 Abs. 1 Nr. 1 StVollzG auch die Gefährdung der Sicherheit einer anderen Justizvollzugsanstalt erfasst, wovon *Schwind*[390] ausgeht, da das Strafvollzugsgesetz nicht nur den Vollzug in einer

381 vgl. Calliess / Müller-Dietz, StrVollzG § 31 RN 2; Joester / Wegner, AK-StrVollzG, § 31 RN 2; Schwind in Schwind / Böhm § 31 RN 5
382 vgl. AE-StVollzG § 115 Abs. 1, S. 179
383 Joester / Wegner, AK-StrVollzG, § 31 RN 2
384 vgl. Calliess / Müller-Dietz, StrVollzG § 31 RN 2
385 so das Bundesverfassungsgericht in NStZ 95, 613
386 Schwind in Schwind / Böhm § 31 RN 10
387 so auch Grunau/Tiesler § 31 RN 2
388 vgl. den Alternativentwurf zum StVollzG, S. 179
389 vgl. BT-Dr. 7/ 918, 60
390 so Schwind in Schwind / Böhm § 31 RN 10

Anstalt, sondern den Vollzug in der Gesamtheit aller Anstalten regle, oder ob § 31 StVollzG nur den Schutz der Anstalt bezweckt, in der der Absender oder der Empfänger des Schreibens inhaftiert ist. Nach Auffassung von *Calliess / Müller-Dietz*[391] und *Joester*[392] sprechen sowohl Regelungsgegenstand als auch Regelungsinhalt für die letztgenannte Auffassung.

4. konkrete Einzelfälle aus der Praxis

a. Beschluss des OLG Dresden vom 15.01.1998 – 2 Ws 75/97 - [393]

Im vorliegenden Fall hatte ein Vollzugsleiter dem Antragsteller die Aushändigung eines an diesen gerichteten Briefes mit der Begründung verweigert, der Brief enthalte ein pornographisches Schreiben, zwei pornographische Fotografien sowie eine benützte Slipeinlage; seine Aushändigung gefährde mithin die Sicherheit und Ordnung der Anstalt, denn es könne nicht ausgeschlossen werden, dass der Antragsteller den Brief gegen Vorteilsversprechen an andere Gefangene weitergeben oder dazu benutzen werde, Mitgefangene zu sexuellen Handlungen zu nötigen bzw. Abhängigkeitsverhältnisse zu begründen. Außerdem sei es nach Ansicht des Vollzugsleiters nicht auszuschließen, dass die Absenderin minderjährig sei und daher die Weitergabe des Briefes einen Straftatbestand verwirklichen könne.

Die Strafvollstreckungskammer hat die Auffassung des Vollzugsleiters gestützt und den Antrag des Beschwerdeführers auf Aufhebung der Anhalteverfügung und Aushändigung des Briefes als unbegründet zurückgewiesen.

Die daraufhin eingelegte Rechtsbeschwerde des Antragstellers beim OLG hatte jedoch Erfolg. Das OLG führt aus, dass an die Berechtigung einer Aushändigungsverweigerung hohe Anforderungen zu stellen sei, da diese einen schwerwiegenden Eingriff in die grundrechtlich geschützte Rechtsstellung des Beschwerdeführers darstellen könne. Nur in einer bestimmten Gefährdung von Sicherheit und Ordnung in der Anstalt sowie in persönlichkeitsbedingten Um-

---

[391] Calliess / Müller-Dietz, StrVollzG § 31 RN 2
[392] Joester / Wegner, AK-StrVollzG, § 31 RN 2
[393] NStZ 98, 320

ständen des jeweiligen Betroffenen könnten rechtfertigende Gründe im allgemeinen überhaupt begründet liegen; daher seien neben der objektiven Gefahrenlage stets auch die o.g. persönlichkeitsbedingten Umstände zu prüfen und zu erörtern.

Das OLG stimmt der Strafvollstreckungskammer insoweit zu, als die Fotografien und das angehaltene Schreiben, das die Grenzen der Verbalerotik deutlich überschreite, Pornografie i.S.d. § 184 StGB darstellten. Nach Auffassung des OLG reiche diese Tatsache allein jedoch nicht aus, um das Anhalten und Zurückbehalten eines Briefes zu rechtfertigen. Auch wenn derartige Post auf sittliche Bedenken stoßen möge, begründe sie jedoch aus sich heraus noch keine Gefahr für die Sicherheit und Ordnung in der Justizvollzugsanstalt oder eine Gefährdung des Vollzugszieles, sofern nicht weitere Umstände hinzuträten.[394]

Aus diesem Grund könne das Anhalten eines solchen Schreibens nur dann gerechtfertigt sein, wenn in der Person des Gefangenen bestimmte – nicht nur mutmaßliche – Anhaltspunkte entweder für eine missbräuchliche Verwendung des Briefinhalts und einer deshalb bestehenden Gefahr für die Sicherheit und Ordnung in der Vollzugsanstalt oder für eine Gefährdung des Vollzugszieles (d.h. hier: des Hinwirkens auf eine künftig straffreie Lebensführung des Gefangenen) vorlägen.

Der Senat kritisiert, dass die Anstaltsleitung, wie schon von der Strafvollstreckungskammer festgestellt, solche persönlichkeitsbezogenen Feststellungen und ihre Würdigung auch unter spezialpräventiven Gesichtspunkten nicht vorgenommen habe.

Auch seien die Bedenken der Anstaltsleitung, die Weiterleitung des Schreibens durch sie könne einen Straftatbestand verwirklichen, weil eine Minderjährige als Absenderin möglich sei, hier nicht rechtsfehlerfrei. Denn selbst wenn die Minderjährigkeit der Briefverfasserin oder der abgebildeten Person nicht ausgeschlossen werden könne, erfülle die Aushändigung des Briefes an den Gefangenen als ordnungsgemäßem Briefempfänger keinen der in § 184 Abs. 1 Nr. 1-9 StGB aufgeführten Tatbestandsmöglichkeiten. Auch seien Anhaltspunkte, dass es sich bei der abgebildeten Person um ein Kind i.S.d. § 184 Abs. 3 StGB handeln könnte, nicht ersichtlich.

---

[394] hier als weiterer Nachweis: NJW 76, 985; MDR 87, 76

Das OLG kommt demgemäß zu dem Ergebnis, dass die Rechtsbeschwerde des Gefangenen in der Sache überwiegend Erfolg hat.

Hinsichtlich der Aushändigung des Schreibens und der beiliegenden Fotografien sei sowohl der Beschluss der Aushändigungsverweigerung als auch die zugrundeliegende Anstaltsverfügung als rechtsfehlerhaft anzusehen.

Die Verfügung der Anstaltsleitung leide insoweit an den dargestellten Aufklärungs- und Feststellungsmängeln; nach Auffassung des OLG sei es nicht auszuschließen, dass sie bei vollständiger Einbeziehung und Würdigung aller maßgeblicher Gesichtspunkte anders, d.h. hier zugunsten des betroffenen Gefangenen, ausgefallen wäre.

Auch die Entscheidung der Strafvollstreckungskammer sei als rechtsfehlerhaft anzusehen, da sie die unzureichenden Feststellungen der Anstaltsleitung für ausreichend erachtet habe.

Daher seien beide Entscheidungen im dargelegten Umfang aufzuheben gewesen (gem. §§ 119 IV, 115 II 1, IV 2 StVollzG). Sie wurden dem Leiter der zuständigen Justizvollzugsanstalt zur erneuten Entscheidung zugeleitet.

Bestätigt wurde dagegen die Auffassung der Anstaltsleitung und der Strafvollstreckungskammer hinsichtlich der Aushändigung der im Brief enthaltenen benutzten Slipeinlage. Die Ablehnung der Aushändigung aus hygienischen Gründen ist auch nach Auffassung des Senates frei von Rechtsfehlern erfolgt.

Um wirklich eine umfassende Einzelfallprüfung zu gewährleisten, wäre es hier meines Erachtens tatsächlich erforderlich gewesen, einigen Augenmerk auf die Person des Gefangenen bzw. sein bisheriges Verhalten zu richten.

Für die Frage, ob durch den Brief und die Fotografien Sicherheit oder Ordnung der Anstalt oder das Vollzugsziel gefährdet werden, kommt es nämlich nicht unmaßgeblich auf gerade diese persönlichen Umstände an, d.h. auf die Fragen, ob z.B. der Gefangene zum Missbrauch neigt, ob er sexuell bislang aufgefallen ist, ob er bekanntermaßen andere Gefangene unterdrückt oder von diesen unter Druck gesetzt wird.

Erst nach Betrachtung dieser Umstände könnte wirklich beurteilt werden, ob hier eine konkrete Gefahrenlage gegeben ist, die eine Maßnahme nach § 31 Abs. 1 S. 1 StVollzG rechtfertigt.

Dass die Slipeinlage schon aus hygienischen Gründen (Gefahr für die Sicherheit) nicht ausgehändigt wurde, ist nicht zu beanstanden.

b. Beschluss d. OLG Zweibrücken v. 02.10.1986 – 1 Vollz (Ws) 74/86–[395]

Im vorliegenden Fall[396] war einem ehemaligen Häftling der Justizvollzugsanstalt Zweibrücken, der bedingt entlassen worden war, sowohl der Schriftwechsel mit allen in der Anstalt einsitzenden Strafgefangenen als auch der Besuch bei einem von ihnen untersagt worden.

Vorausgegangen war dieser Maßnahme der Eingang einer Postkarte des Betroffenen, die an den zu dieser Zeit noch in der Justizvollzugsanstalt inhaftierten Alfred S. gerichtet war, auf der unter anderem stand: „Lass mal so hören was abgeht und tue fleißig basteln. Versuche meine ganze „Erbschaft" entsprechend zu behandeln. Ich war schon bei Jochen, du bist der Nächste der besucht wird. Schreibe mir mal einen kurzen Bericht was so abgeht auf der D III, mit der GMV und den Rechtsbeugern...".

Das Verbot war mit dem beleidigenden Inhalt der Postkarte begründet worden sowie damit, dass Besuche des Antragstellers und ein Schriftwechsel mit ihm die Gefangenen schädlich beeinflussen und ihre Eingliederung behindern könnten, und dadurch die Ordnung der Anstalt erheblich gestört werde.

Den Antrag des Betroffenen, dieses Schriftwechsel- und Besuchverbot aufzuheben, hatte die Strafvollstreckungskammer zurückgewiesen, die Rechtsbeschwerde beim OLG führte jedoch zum Erfolg.

Der Senat ist der Auffassung, dass die Kammer dem Antrag hätte stattgeben müssen, was sich hinsichtlich des Schriftwechselverbotes[397] aus Folgendem ergebe:

§ 28 StVollzG regle lediglich das Recht des Gefangenen auf Briefkontakt mit einem Dritten[398]und enthalte folglich eine Eingriffsgrundlage auch nur für an den Gefangenen gerichtete Verbote. Für Schreiben Außenstehender (...) gebe diese Vorschrift dagegen nichts her. Insofern bleibe dem Anstaltsleiter nur die Möglichkeit, das jeweils eingehende Schreiben nach § 31 StVollzG anzuhalten, sofern die Voraussetzungen dieser Vorschrift erfüllt seien.

Vorliegend sei das Schriftwechselverbot ausdrücklich an den (außenstehenden) Antragssteller gerichtet gewesen (...) und könne sich demnach nur aus

---

[395] NStZ 87, 95, 96 = ZfStrVo 87, 304, 305
[396] die Entscheidung wurde bereits unter § 25 StVollzG, vgl. Hauptteil, B IV 4 b, S. 108
[397] zum Aspekt des Schriftwechselverbots vgl. Hauptteil B IV 4 b, S. 108
[398] zitiert wird hier KG ZfStrVo 82, 125 f.

§ 31 StVollzG rechtfertigen, wenn es im Sinne einer für alle seine Schreiben geltenden generellen Anhalteverfügung ausgelegt werden könne und wenn eine solche Verfügung nach dieser Bestimmung rechtmäßig wäre.

Letzteres sei hier jedoch zu verneinen. Anders als § 28 Abs. 2StVollzG, der gegenüber dem Gefangenen die Untersagung des gesamten Schriftwechsels mit bestimmten Personen ermögliche, lasse § 31 StVollzG nur Maßnahmen hinsichtlich einzelner Schreiben zu. Das ergebe sich ohne weiteres aus dem Gesetzeswortlaut[399]. Außerdem setze die Anhalteverfügung – zumindest in aller Regel – eine Prüfung des Inhalts des einzelnen Schreibens voraus. Fälle, in denen sämtliche Schreiben eines bestimmten Absenders ohne jede Rücksicht auf ihren Inhalt und die Person des Empfängers eine Verfügung nach § 31 Abs. 1 (...) rechtfertigten, seien kaum denkbar.

Vorliegend jedenfalls sei eine solche generelle, vorweggenommene Anhalteverfügung unzulässig; es ließe sich mit dem Gesetz nicht vereinbaren, beispielsweise auch eine harmlose Geburtstagskarte des Beschwerdeführers an einen früheren Mitgefangenen nur mit Rücksicht auf die Person des Absenders anzuhalten. Da folglich § 31 StVollzG die getroffene Verfügung nicht rechtfertige, könne offenbleiben, ob die beanstandete Verfügung sich überhaupt im Sinne einer Maßnahme nach dieser Vorschrift verstehen lasse.

Meiner Meinung nach hat das Gericht zu Recht die Verfügung des Anstaltsleiters aufgehoben. Die Maßnahme ist schon mit dem Wortlaut des § 31 StVollzG nicht vereinbar, da dieser in der Regel Kenntnis vom Inhalt des angehaltenen Schreibens voraussetzt und deshalb eine vorweg genommene Maßnahme zumindest in dieser generellen Form nicht trägt.

[399] zitiert wird hier auch Schwind in Schwind / Böhm § 28 RN 4

X. § 32 StVollzG [Ferngespräche und Telegramme]

1. Regelungsinhalt und Entstehungsgeschichte

§ 32 StVollzG nimmt hinsichtlich der Gestattung von Ferngesprächen und Telegrammen lediglich Bezug auf die Vorschriften zum Schriftwechsel. Auch Ferngespräche und Telegramme dürfen demnach aus Gründen der Behandlung der Sicherheit oder Ordnung der Anstalt untersagt bzw. überwacht werden.

§ 32 StVollzG war bereits im Entwurf der Bundesregierung[400] im Wesentlichen der heutigen Vorschrift entsprechend enthalten. Lediglich die ursprünglich vorgesehene Einschränkung, dass dem Gefangenen nur „in begründeten Fällen" Ferngespräche bzw. Telegramme gestattet werden könnten, hat der Sonderauschuss[401] mit der Begründung abgelehnt, dass „eine nicht weiter eingeschränkte Kannvorschrift (...) die besseren Möglichkeiten (bietet), der Situation des Gefangenen und der Anstalt weitestgehend Rechnung zu tragen."[402]

Hinsichtlich des Verweises auf die Vorschriften über den Besuch für das Führen von Ferngesprächen bzw. auf die Vorschriften über den Schriftwechsel für Telegramme und damit auch auf die entsprechende Eingriffsermächtigung aus Gründen der Sicherheit oder Ordnung der Anstalt hat sich im Lauf des Gesetzgebungsverfahrens keine Änderung ergeben.

2. Bedeutung der Norm

Ferngespräche und Telegramme sind ein weiteres wichtiges Mittel der sozialen Kommunikation. Vor allem in eiligen Angelegenheiten gestaltet es sich oft als einfacher und flexibler, auf diese Möglichkeiten zurückgreifen zu können,

---

[400] BT-Dr. 7/918 S. 14
[401] BT-Dr. 7/3998 S. 17
[402] BT-Dr. 7/3998 S. 17

als einen Brief zu formulieren. Selbst nachdem ein Brief geschrieben ist und er die Anstalt verlassen hat, muss man wegen des normalen Postlaufs mit einiger Verzögerung rechnen, ehe er sein Ziel erreicht.

Auch auf den entsprechenden Besuch warten zu müssen, stellt vor allem in dringenden Fällen keine Alternative dar, da einige Zeit bis zu diesem vergehen kann, sei es aus Gründen, die in der Anstaltsordnung liegen oder sei es aus Gründen, die im Umfeld des Besuchers zu suchen sind.

Aus den zu Besuch und Schriftwechsel angestellten Erwägungen ergibt sich, dass die Anstalt auch hier die Möglichkeit haben muss, bestimmte Gefahrensituationen durch Kontrollen oder Einziehungsmöglichkeiten zu entschärfen oder auch völlig zu verhindern. Im Gegensatz zu den Besuchsregelungen handelt es sich hier um ein Verbot mit Gestattungsvorbehalt.

3. Meinungsstand in der Literatur zu Auslegung und Anwendung des Gesetzes

Einhelligkeit besteht in der Literatur darüber, dass diese Vorschrift lediglich den Anstaltsleiter zur Gestattung von Ferngesprächen oder Telegrammen ermächtigt, nicht jedoch dem Gefangenen einen Rechtsanspruch auf Bewilligung gewährt. Der Gefangene hat aber einen Anspruch auf eine fehlerfreie Ermessensentscheidung.[403] Leitlinien für einen fehlerfreien Ermessensgebrauch nach dem Willen des Gesetzgebers lassen sich aus den allgemeinen Grundsätzen des Strafvollzugsgesetz, den §§ 2 – 4 StVollzG, entnehmen.[404].

So kann aufgrund des Angleichungsgrundsatzes aus § 3 Abs. 1 StVollzG und der Förderungspflicht der Anstalt aus § 23 S. 2 StVollzG[405] dieser Anspruch auf fehlerfreie Ermessensentscheidung in Einzelfällen zu einem Recht auf te-

[403] BVerfG ZfStrVo 84, 255; Calliess / Müller-Dietz, StrVollzG § 32 RN 1; Joester / Wegner, AK-StrVollzG, § 32 RN 1 Schwind in Schwind / Böhm, § 32 RN 2 BVerfG-VPA-ZfStrVo 84, 255 [LS]; OL Koblenz ZfStrVo 88, 110; NStZ 93, 558; OLG Hamm b. Bungert NStZ 95, 382

[404] Joester, AK-StrVollzG, § 32 RN 1

[405] die auch Telefonkontakte umfaßt, vgl. Joester / Wegner, AK-StrVollzG, § 32 RN 2

lefonischen Kontakt erstarken[406], denn das Telefon gilt als wichtiges Element psychischer Entlastung und Aktivierung sozialer Kontakte.[407]

Calliess / Müller-Dietz führen dazu aus, dass dies zum einen im Hinblick darauf gelte, dass gerade Telefongespräche zur Aufrechterhaltung und Vertiefung sozialer Bindungen und zum Abbau von Spannungen in Krisensituationen beitragen könnten, dass zum anderen aber auch zu berücksichtigen sei, dass ganz allgemein das Telefon (vor allem auch in der Außenwelt: Angleichungsgrundsatz!) zu einem bedeutsamen Kontaktmittel geworden sei; vielfach seien telefonische Kontakte sogar an die Stelle des Schriftverkehrs getreten.[408] Vor diesem Hintergrund wird erkennbar, dass tatsächlich „vernünftige Gründe" für ein Ferngespräch ausreichen müssen, damit dieses gestattet wird; „besondere Gründe"[409] zu fordern, würde zum einen der Fassung des Strafvollzugsgesetzes widersprechen[410], zum anderen aber auch der Bedeutung der Kommunikation mittels Fernsprecher nicht gerecht werden. In jedem Fall als ermessensfehlerhaft anzusehen wäre es jedenfalls, von vornherein selbst Telefongespräche in dringenden Familien- oder auch Anwaltsangelegenheiten abzulehnen.[411]

Dies gilt vor allem dann, wenn auch in Freiheit in vergleichbaren Fällen aus Termin- oder sonstigen Gründen telefoniert und nicht geschrieben würde.[412] Aber auch außerhalb dieser Extremfälle geht die im Vollzugsalltag oft geübte Praxis dahin, tatsächlich stets „besondere Gründe" oder „besondere Dringlichkeit" zu fordern, und den Gefangenen in allen anderen Fällen auf die Möglichkeit der schriftlichen Kommunikation zu verweisen , am erklärten Willen des Gesetzgebers vorbei. Denn dieser ist ganz bewußt von der einengenden Formulierung der „besonderen Gründe" abgewichen, weil „eine nicht weiter eingeschränkte Kannvorschrift (...) die besseren Möglichkeiten (bietet), (sowohl) der Situation des Gefangenen und (als auch der) der Anstalt weitestgehend Rechnung zu tragen."[413]

---

[406] Joester / Wegner, AK-StrVollzG, § 32 RN 2; Calliess / Müller-Dietz, StrVollzG, § 32 RN 1
[407] Joester / Wegner, AK-StrVollzG, § 32 RN 3
[408] Calliess / Müller-Dietz, StrVollzG § 32 RN 1
[409] wie noch im Regierungsentwurf, vgl. BT-Dr. 7/918 S. 14
[410] vgl. BT-Dr. 7/3998 S. 17
[411] Calliess / Müller-Dietz, StrVollzG § 32 RN 1
[412] Joester / Wegner, AK-StrVollzG, § 32 RN 9
[413] BT-Dr. 7/3998 S. 17

Bei der Anführung einer besonderen Begründung für ein Telefonat wird in der Regel aus dem „kann" eine Pflicht für die Anstalt zur Erlaubnis des Gespräches werden. Analphabeten z.B. wird das Führen von Ferngesprächen demnach auch regelmäßig zu gestatten sein. Einmal würden schematische Verbote sie oft gerade ihrer letzten Bezugspersonen berauben, zum anderen würde ein generelles Telefonverbot gegenüber dieser Personengruppe geradezu die nie ganz zu verhindernde Subkultur in der Anstalt noch unterstützen. Durch ein solches Verbot werden Analphabeten oder im Schriftverkehr ungeübte Gefangene gezwungen, schreibkundige Mitinsassen gegen ein „entsprechendes" Honorar ihre Korrespondenz erledigen zu lassen.

Joester[414] weist auch auf die Gefahr hin, dass bei allzu kleinlicher häufig die Sozialarbeiter letztlich fast zu einer Art „Telefonvermittler" degradiert würden, dass wertvolle Arbeitszeit und –kraft auf diese Weise für solche Vermittlungsaufgaben aufgebraucht, sogar regelrecht vergeudet würden, die dann nicht mehr im Rahmen der in Strafvollzugsalltag so wesentlichen Sozialarbeitstätigkeit zur Verfügung stühen.

Joester[415] geht dabei sogar so weit, Anstalten, die eine entsprechend enge Praxis üben und stets auf die Möglichkeit des Briefwechsels verweisen, zu überlegen gibt, ob sie auch den Sozialarbeitern oder den Psychologen empfehlen würden, ihre Therapie gegenüber den Gefangenen schriftlich zu erledigen. Ebenso absurd wie dieses Schriftformerfordernis für die Kontakte des Psychologen oder Sozialarbeiters, die sich in der Regel doch gewandter schriftlich ausdrücken könnten als der durchschnittliche Gefangene, ist nach *Joesters* Auffassung der Gedanke, menschliche Beziehungen könnten durch Briefe allein auf Dauer aufrechterhalten werden.

Gerade für Gefangene im geschlossenen Vollzug hat die Kommumnikation auch mittels Fernsprecher eine hohe Bedeutung, weil sie verstärkt der Gefahr der Prisonisation[416] unterliegen; vielfältige und verschiedene Kontakte zur Außenwelt können diese „Vollzugsnebenwirkung" zwar nicht verhindern, aber doch wenigstens vermindern. Eine Untersagung ist unter diesem Gesichts-

---

414 Joester / Wegner, AK-StrVollzG, § 32 RN 1
415 Joester / Wegner, AK-StrVollzG, § 32 RN 1
416 zum Begriff vgl. Hauptteil A IV 3, S. 44

punkt besonders auf seine Berechtigung zu überprüfen, zumal die Anstalt auch hier den Verpflichtungen aus § 3 StVollzG nachkommen muss.[417]

Aus anderen Überlegungen macht eine kleinliche Vollzugspraxis im offenen Vollzug wenig Sinn. Durch den bei diesen Gefangenen auch ohne Telefonate vorhandenen Kontakt zur Außenwelt läßt sich eine Untersagung von Telefonaten allenfalls auf organisatorische Gründe, ganz sicher jedoch nicht auf Gründe der Sicherheit oder Ordnung der Anstalt stützen.[418] *Joester*[419] merkt zu diesem Argument kritisch an, dass der Vollzug seit Einführung des Gesetzes nun viele Jahre Zeit gehabt habe, die Organisation dem Gesetz anzupassen, so dass die Gerichte die Ausflüchte, die auf die Organisation gestützt werden, kritisch ansehen sollten.

Die Überwachung des gestatteten Telefonats hat sich gem. § 32 S. 2 StVollzG an den Grundsätzen des Besuchs zu orientieren. Danach ist die an sich allein in Frage kommende akustische Überwachung nur in Ausnahmefällen erlaubt. Insbesondere ist die Überwachung von Verteidigertelefonaten rechtswidrig.

4. konkrete Einzelfälle aus der Praxis

a. Beschluss des OLG Koblenz vom 28.04.1993 – 3 Ws 141/93 -[420]

Die Justizvollzugsanstalt Diez hält für Strafgefangene ein Kartentelefon bereit, das in einem kleinen Raum aufgestellt ist und Gespräche mit beliebigen Teilnehmern außerhalb der Anstalt ermöglicht.

Die Anstaltsleitung besteht aus Sicherheitsgründen darauf, dass während eines Telefonats stets ein Bediensteter anwesend ist, der die Übereinstimmung der angewählten mit der im Antrag angegebenen Telefonnummer überprüft und Rufnummer, Teilnehmer, Zeitpunkt und Dauer des Telefonats notiert. Eine Mithörvorrichtung existiert nicht, der Bedienstete kann jedoch die Worte des telefonierenden Gefangenen akustisch wahrnehmen.

---

[417] Joester / Wegner, AK-StrVollzG, § 32 RN 7
[418] vgl. Joester / Wegner, AK-StrVollzG, § 32 RN 9
[419] vgl. Joester / Wegner, AK-StrVollzG, § 32 RN 9
[420] NStZ 93, 558, 559

Der Antragsteller, der in dieser Justizvollzugsanstalt eine lebenslange Freiheitsstrafe wegen Mordes verbüßt, begehrte die Feststellung der Rechtswidrigkeit dieser generellen Maßnahme, da seiner Meinung nach Telefonate nur dann überwacht werden dürften, wenn im Einzelfall konkrete Tatsachen eine Gefährdung von Sicherheit und Ordnung der Anstalt erkennen ließen.

Die Strafvollstreckungskammer hat den Antrag als unbegründet zurückgewiesen; auch die Rechtsbeschwerde blieb erfolglos.

Das OLG weist in seiner Begründung darauf hin, dass § 32 StVollzG, nach dem einem Strafgefangenen das Führen von Ferngesprächen[421] gestattet werden könne, der Haftanstalt eine Ermessensentscheidung einräume. Der Strafgefangene habe also keinen Anspruch auf die Gestattung des Telefongesprächs, sondern nur auf eine ermessensfehlerhafte Entscheidung über sein Anliegen.[422]

Wenn ein Antragsteller keinen Anspruch habe und eine ermessensfehlerfreie Prüfung dafür spräche, dass eine Erlaubnis zu versagen sei, bestünden nach allgemeinen verwaltungsrechtlichen Grundsätzen keine Bedenken dagegen, die Erlaubnis unter Auflagen oder Bedingungen zu erteilen, welche dann die einer Erlaubnis entgegenstehenden Gründe weniger gewichtig erscheinen ließen und dem Antragsteller mehr gewähren würden, als er aus Rechtsgründen beanspruchen könne. Zur fehlerfreien Ermessensausübung gehöre es sogar, dass die Behörde die Möglichkeit der Auferlegung solcher Nebenbestimmungen in ihre Erwägung miteinbeziehe.[423]

Es könne bei einer Haftanstalt mit dem hohen Sicherheitsgrad der Justizvollzugsanstalt Diez kein fehlerhafter Ermessensgebrauch darin gesehen werden, wenn Strafgefangenen generell keine Gelegenheit zum Telefonieren gegeben werde.

Bei der Höhe der zu verbüßenden Strafen und der Art der zugrundeliegenden Straftaten sei mit hoher Fluchtgefahr bei erheblicher Gewaltbereitschaft seitens der Gefangenen zu rechnen. Gerade der unkontrollierte Fernsprechverkehr sei besonders gefahrenträchtig.

---

[421] unter dem Begriff „Ferngespräche“ sind „Telefongespräche“ zu verstehen, also auch Ortsgespräche; vgl. auch den Beschluss des OLG Koblenz vom 29.07.1987 – 2 Vollz (Ws) 38/87 – (LS), abgedruckt in ZfStrVo 88, 110

[422] zitiert wird hier: OLG Koblenz, ZfStrVo 88, 110

[423] zitiert wird hier: Kopp, VwVfG, 5. Aufl., § 36 RN 16

Dementsprechend sei es hier nicht zu beanstanden, wenn die Justizvollzugsanstalt Diez das Führen von Telefonaten generell von der Anwesenheit eines Bediensteten abhängig gemacht habe, der Namen und Anschluss des ursprünglich angegebenen Gesprächspartners kenne, den Anruf bei einem anderen Teilnehmer verhindere und zumindest bruchstückhaft den Gesprächsinhalt aufnehmen könne. Wenn man diese Handhabung verbieten wolle, so der Senat, verbliebe nur die völlige Versagung von Ferngesprächen für alle Strafgefangenen in Anstalten mit hohem Sicherheitsgrad.

Vertiefend legt das OLG dar, dass Wortlaut und Systematik des §§ 32, 27 StVollzG dieser Auslegung nicht entgegenstünden. Der Verweis in § 32 S. 2 StVollzG auf § 27 StVollzG, der bestimmt, dass Telefonate aus Gründen der Sicherheit und Ordnung überwacht werden dürfen, stelle keine Einschränkung der Überwachungsmöglichkeiten im Sinne der durch die Rechtsprechung zu § 27 StVollzG entwickelten Grundsätze dar, wonach die Gefahr durch konkrete tatsächliche Anhaltspunkte belegt sein müsse[424].

Es sei zu berücksichtigen, dass das Strafvollzugsgesetz für alle Strafgefangenen und alle Haftanstalten in der Bundesrepublik Deutschland Gültigkeit habe. In Anstalten des offenen Vollzugs, wo die Möglichkeit zum Telefonieren sicher nicht ausgeschlossen werde, bedürfe es allenfalls einer Eingriffsklausel, um in besonders gelagerten Einzelfällen eine Überwachung zu ermöglichen. Die Eingriffsklausel müsse sich auf die Gefangenen beschränken, von denen ein Missbrauch zu erwarten sei.

Ein Übermaß an Einschränkungen gegen Kleinkriminelle oder sonst als ungefährlich erkannte Gefangene aus lediglich allgemeinen, abstrakten Sicherheitserwägungen würde gegen den Verhältnismäßigkeitsgrundsatz verstoßen und den Zielen des Strafvollzugsgesetzes zuwiderlaufen.

Demnach könne sich die im Gesetz vorgesehene entsprechende Anwendung der Vorschriften über die Besuchsüberwachung nur auf die Fälle beziehen, in denen das Telefonieren an sich problemlos sei, nicht aber auf solche, in denen die Telefoniererlaubnis als solche grundsätzlichen Bedenken wegen des hohen Sicherheitsgrades der Haftanstalt unterliege.

[424] zitiert wird hier das OLG Koblenz in ZfStrVo 77, 305

Die „entsprechende Anwendung" könne hier erst Bedeutung erlangen, wenn über eine mit Auflagen versehene Erlaubnis überhaupt die Gelegenheit zum Telefonieren geschaffen werde. [425]

Im Ergebnis bin auch ich mit dem Senat der Auffassung, dass die von der Justizvollzugsanstalt Diez geübte Praxis rechtmäßig ist.

Allerdings teile ich nicht die Auffassung, dass es zumindest in einer Anstalt mit hohem Sicherheitsgrad auch rechtmäßig wäre, wenn den Gefangenen gar keine Möglichkeit zum Telefonieren gegeben würde. Dieser Weg stellt jedenfalls in der heutigen Zeit ein wesentliches Kommunikationsmittel für die Inhaftierten dar.

Das mag zum Zeitpunkt des Erlasses des Strafvollzugsgesetzes anders zu beurteilen gewesen sein, doch wurde die Vorschrift des § 32 StVollzG vom Gesetzgeber sehr offen gehalten, so dass Raum geschaffen wurde für Entwicklungen und sich ändernde Umstände.[426]

Bei der schon aus Resozialisierungsgründen zu fördernden Kontaktpflege mit Angehörigen und Freunden kommt der Möglichkeit des Telefonierens eine wesentliche Bedeutung zu, denn mit *Perwein*[427] bin ich der Auffassung, dass auf keinem anderen Weg so schnell spontan und direkt Kontakt zu den Bezugspersonen in Freiheit hergestellt werden kann.

In besonderem Maß gilt dies für die Strafgefangenen, deren Verwandte und Freunde entfernungs- oder altersbedingt allenfalls selten Besuchstermine wahrnehmen können.

Als weiterer Gesichtspunkt kommt hinzu, dass im Zeitalter von Telefon/Telefax/E-Mails die Kommunikationswege immer kürzer wurden. Unter diesen Umständen gerade die häufig schreibungewohnten Strafgefangenen auf den Briefverkehr zu verweisen, dürfte nicht sachgerecht sein.

So halte ich das Schaffen von Möglichkeiten zum Führen von Telefonaten im Rahmen des bestehenden Erlaubnisermessens im Regelfall für geboten.

Dass diese Kontaktpflege nicht völlig unüberwacht vonstatten gehen kann, liegt auf der Hand. Problematisch ist allerdings die Auffassung des Senats, dass die Telefonüberwachung insofern strenger erfolgen müsse als die Besuchsüberwachung, als hinsichtlich des Telefonierens kein konkreter Missbrauchsverdacht bzw. keine konkreten Anhaltspunkte für eine Gefährdung von

[425] im Anschluss hieran wird der Gesichtspunkt angeführt, dass ein Antragsteller aus „Gleichbehandlungsgründen" kein Anspruch auf eine fehlerhafte Ermessensentscheidung hat. Der Strafgefangene hatte hier angeführt, dass ausländische Mitgefangene aufgrund der fremden Sprache inhaltlich faktisch unkontrolliert telefonieren könnten.

[426] Vgl. dazu Sigmund Perwein zur Dauertelefoniergenehmigung, III 2 b in ZfStrVo 96, 16 ff

[427] ZfStrVo 96, 16

Sicherheit und Ordnung der Anstalt erforderlich seien. Diese Argumentation führt dazu, dass § 32 S. 2 StVollzG leerlaufen würde.

Der Systematik der Vorschrift dürfte es eher entsprechen, Fragen der Sicherheit und Ordnung erst bei der Ausformung der Erlaubnis (dem „Wie") als bei der Gestattung selbst (dem „Ob") zuzulassen; dann unterlägen Auflagen den Anforderungen des § 27 Abs. 1 S. 2 StVollzG.
Nur eine solche restriktive Auslegung des Gesetzes wird auch der Bedeutung der Kommunikation mittels Fernsprecher gerecht.[428]

b. Beschluss d. HansOLG Hamburg v. 10.09.1999–3 Vollz (Ws) 60/99-[429]

Im vorliegenden Fall hatte ein Strafgefangener in einer Justizvollzugsanstalt des geschlossenen Vollzugs mit hohem Sicherheitsstandart Besitz und Gebrauch eines Funktelefons beantragt. Die nach Ablehnung durch die Justizvollzugsanstalt eingelegten Rechtsmittel blieben ohne Erfolg.

Das OLG legt in seiner Begründung zunächst dar, dass es dem Beschwerdeführer eigentlich um die Möglichkeit des *unüberwachten* Telefonierens gehe, da die Möglichkeit zum Führen eines Telefonats an sich unstrittig gegeben sei. Das Argument des Betroffenen, es gehe ihm (auch) um ein billigeres Telefonieren, erscheint dem Senat vorgeschoben, weil auch Anrufe von außerhalb der Anstalt nicht kostenfrei wären und auch ein finanzieller Ausgleich zwischen den Telefonpartnern eine denkbare Möglichkeit sei.

Zu Recht, so das OLG, habe bereits das Landgericht darauf hingewiesen, dass schon ein Anspruch auf ein überwachtes Telefonat nicht bestehe; demnach sei ein Anspruch auf ein unüberwachtes Telefongespräch erst recht nicht gegeben.

Im Gegensatz zum Landgericht vertritt das OLG allerdings die Auffassung, dass der Gefangene in dieser Frage auch keinen Anspruch auf eine fehlerfreie Ermessensausübung habe, da dem Anstaltsleiter hinsichtlich der Möglichkeit, Telefonate und sonstige Kommunikation zu überwachen, abzubrechen oder zu unterbinden, kein Ermessen eingeräumt sei. Den Anstaltsleiter träfe gemäß § 156 Abs. 2 i.V.m. den §§ 2 und 81 StVollzG die Pflicht, sich der Möglichkeit

[428] vgl. Hauptteil, B X 2, S. 185 f
[429] NStZ 99, 638, 639

des Einsatzes gesetzlich vorgesehener Instrumente zur Gewährleistung von Sicherheit und Ordnung der Anstalt nicht zu entledigen.

Das OLG erklärt, dass die Notwendigkeit eines solchen Instrumentariums, für dessen Verfassungswidrigkeit insoweit keine Anhaltspunkte erkennbar wären, dem Wesen des Strafvollzuges regelrecht immanent sei. Demnach stehe dem Anstaltsleiter ein Ermessen nur insoweit zu, als es um das Gebrauchmachen von diesen Möglichkeiten ginge.

Wenn die Möglichkeit zum Führen von (formell) überwachten Gesprächen tatsächlich unproblematisch gegeben ist, besteht meiner Meinung nach kein Anlass, die Entscheidung der Justizvollzugsanstalt als zu restriktiv zu kritisieren, denn das Telefonieren stellt gerade in der heutigen Zeit ein wesentliches Mittel der Kommunikation mit der Außenwelt dar und entspricht insofern auch den Forderungen der §§ 2 und 3 StVollzG.

Dass das Führen von Telefonaten an sich aber auch ein nicht zu unterschätzendes Risiko für die Sicherheit oder Ordnung gerade in einer Anstalt mit hohem Sicherheitsstandart darstellt, dem man jedoch durch eine (zumindest einseitige) Überwachung wirksam und in der Regel auch ausreichend begegnen kann, wurde bereits oben anlässlich des Beschlusses des OLG Koblenz vom 28.04.1993[430] erörtert.

Problematisch ist allerdings die pauschale Aussage des Oberlandesgerichts, es gäbe keinen Anspruch auf ein unüberwachtes Gespräch.
Es könnte (auch nach den Äußerungen in der Literatur[431]) durchaus die weitergehende Auffassung vertreten werden, wonach ein solcher Anspruch (Ermessensreduzierung auf Null) dann besteht, wenn vernünftige Gründe für die Verweigerung eines Telefonats nicht vorliegen und auch keine konkreten Umstände darauf hindeuten, dass hierdurch eine Gefahr für die Sicherheit der Anstalt begründet wird (Gebotenheit der Überwachung). Dies gilt zumindest für die *inhaltliche* Überwachung.

Dem OLG ist allerdings zuzustimmen, dass der Vollzugsbehörde zumindest die Möglichkeit erhalten bleiben muss, von einem Außenkontakt Kenntnis zu erlangen. Dies ist bei einem Funktelefon im Besitz des Gefangenen nicht mehr gewährleistet. Aus diesem Grund ist der ablehnenden Entscheidung zuzustimmen.

---

[430] OLG Koblenz, NStZ 93, 558, 559; vgl. Hauptteil, B X 4 a, S. 189
[431] vgl. Text Hauptteil, B X 3, S. 186 ff

XI. § 33 StVollzG [Pakete]

1. Regelungsinhalt und Entstehungsgeschichte

Nach § 33 Abs. 1 StVollzG ist es dem Gefangenen erlaubt, dreimal jährlich in angemessenen Abständen ein Paket mit Nahrungs- und Genussmitteln zu empfangen, wobei die Vollzugsbehörde sowohl Zeitpunkt als auch die Höchstmenge für die Sendung und für einzelne Gegenstände festsetzen darf. Weitere Pakete bzw. Pakete mit anderem als dem festgesetzten Inhalt dürfen nur mit Erlaubnis der Vollzugsbehörde empfangen werden. Satz 4 der Vorschrift schließlich verweist hinsichtlich des Ausschlusses von Gegenständen auf § 22 Abs. 2 StVollzG, wonach Gegenstände, welche die Sicherheit oder Ordnung der Anstalt gefährden, ausgeschlossen werden können.

§ 33 Abs. 3 StVollzG schränkt das grundsätzlich bestehende Recht auf Paketempfang noch weiter ein. Er bestimmt, dass der Empfang von Paketen vorübergehend (ganz) untersagt werden kann, sofern dies wegen Gefährdung der Sicherheit oder Ordnung der Anstalt unerlässlich ist.

Umgekehrt gestattet § 33 Abs. 4 StVollzG dem Gefangenen die Versendung von Paketen. Deren Inhalt darf von der Vollzugsbehörde jedoch aus Gründen der Sicherheit oder Ordnung der Anstalt überprüft werden.

Hinsichtlich der Einschränkungsmöglichkeit aus Gründen der Sicherheit oder Ordnung der Anstalt entsprach bereits der Regierungsentwurf[432] sinngemäß dem dann verabschiedeten Gesetz. In diesem Entwurf war jedoch ebenso wie auch in der Stellungnahme des Bundesrates[433] der Ausschlußgrund bei Vorliegen einer Gefährdung für Sicherheit oder Ordnung der Anstalt noch ausformuliert.

Erst der Sonderausschuss[434] paßte die Vorschrift dann aus Gründen der Verdeutlichung des Gewollten und der Vereinheitlichung des Gesetzes an die entsprechende Eingriffsermächtigungen im Zusammenhang mit dem Aus-

---

[432] BT-Dr. 7/918 S.14
[433] BT-Dr. 7/918 S.114
[434] BT-Dr. 7/3998 S.17

schluss von Gegenständen vom Einkauf an und verwies hinsichtlich der Ausschlussgründe auf § 22 Abs. 2 StVollzG.

In der Begründung zum Erfordernis einer solchen Einschränkungsmöglichkeit hat die Bundesregierung ausgeführt, dass die Regelung über den Ausschluß ungeeigneter Sachen und die Durchsuchung der Pakete „auf die Bedürfnisse der Vollzugspraxis und des Gefangenen Rücksicht" nimmt, und „die hierdurch gegebenen Einschränkungen (...) mit dem Freiheitsentzug unvermeidbar verbunden" sind.[435]

§ 33 Abs. 3 StVollzG dagegen fand sich im selben Wortlaut bereits im Gesetzesentwurf der Bundesregierung[436] und wurde auch im weiteren Gesetzgebungsverfahren nicht in Frage gestellt, sondern sowohl vom Bundesrat[437] als auch vom Sonderausschuss für die Strafrechtsreform[438] unverändert übernommen.

Auch § 33 Abs. 4 StVollzG fand sich sinngemäß bereits im Gesetzesentwurf der Bundesregierung[439], allerdings war damals der Vollzugsbehörde eine „Überwachung", statt der verabschiedeten „Überprüfung" eingeräumt. Diese Änderung erfolgte auf Initiative des Bundesrates[440]; der Sonderausschuss für die Strafrechtsreform[441] übernahm diesen Vorschlag dann unverändert.

2. Bedeutung der Norm

Der Empfang von Paketen mit Nahrungs- und Genussmitteln zu Weihnachten, Ostern und zum Geburtstag des Gefangenen ist ohne Zweifel ein weiteres wichtiges Element, um der Gefahr der Anonymisierung und dem völligen Verlust des Selbstwertgefühls vorzubeugen. Pakete erfüllen insofern einen doppelten Zweck: sie beinhalten einen Aspekt, der mit dem Schriftwechsel korrespondiert; denn auch auf diese Art bleibt der Kontakt mit der Außenwelt, mit

[435] BT-Dr. 7/918 S.62
[436] BT-Dr. 7/918 S.14
[437] BT-Dr. 7/918 S.114
[438] BT-Dr. 7/3998 S.67
[439] BT-Dr. 7/918 S.14
[440] BT-Dr. 7/918 S.114
[441] BT-Dr. 7/3998 S.67

der Familie und mit Freunden aufrechterhalten. Beim Gefangenen kann so dem Gefühl vorgebeugt werden, von „der Welt" und vor allem von den ihm nahestehenden Menschen verlassen und vergessen worden zu sein. Zum anderen verkörpert der Paketempfang auch ein dem Einkauf entsprechendes Moment. Denn ähnlich wie beim Einkauf besteht hier die Möglichkeit, abweichend von der im Vollzugsalltag unvermeidlichen „Gleichmacherei", Nahrungs- und Genussmittel nach individuellen Vorlieben und persönlichem Geschmack zu erhalten. Beide Gesichtspunkte tragen, wie bereits zu Einkauf und Schriftwechsel ausgeführt[442], wesentlich dazu bei, den Gefahren der Prisonisation[443], der totalen Isolation und dem Verlust des Bewußtseins der eigenen individuellen Identität vorzubeugen bzw. dieselben zu vermindern.

Dennoch versteht es sich wegen der Besonderheiten des Strafvollzugs, dass das Recht auf Paketempfang nicht grenzenlos zuerkannt werden kann, sowohl was Menge und Anzahl betrifft (hier soll auch der Gefahr der völligen Ungleichstellung einzelner Gefangener und der damit verbundenen Unterstützung von Subkultur und Abhängigkeitsverhältnissen vorgebeugt werden), als auch hinsichtlich des Inhaltes. Den Regelungen des Einkaufs entsprechend muss die Vollzugsbehörde die Möglichkeit haben, einzelne Gegenstände, welche die Sicherheit oder Ordnung der Anstalt gefährden, vom empfangsfähigen Paketinhalt ausschließen zu können.

Eine Einschränkung gemäß Absatz 3 der Vorschrift, d.h. die vorübergehende Versagung des Paketempfangs, kommt jedoch nur unter strengen Voraussetzungen in Betracht, wie die Wortwahl der „Unerlässlichkeit der Maßnahme" im Gesetzestext zeigt.[444] Nach Auffassung des Bundesverfassungsgerichts bedeutet diese Formulierung, dass eine solche Maßnahme nur gewählt werden dürfe, wenn ohne sie gewissermaßen „ der Strafvollzug als Institution zusammenbräche.[445]

Die Bedeutung der Versendung von Paketen (Abs. 4 der Vorschrift) korrespondiert weitgehend mit der Bedeutung des Paketempfangs; daher kann auf

442 vgl. Hauptteil, A I und V 2, S. 29 ff und 68 ff; sowie Hauptteil, B I und VII 2, S. 79 ff und 142 ff
443 vgl. Hauptteil, A IV 3, S. 44
444 vgl. oben Einleitung, VII 2 c, S. 24
445 vgl. BVerfGE 33, 1,13; 40, 276, 284

die dortigen Ausführungen verwiesen werden. Die Versendung von Gegenständen, die dem Gefangenen wichtig sind, die er möglicherweise in der Haftanstalt selbst hergestellt hat, dient ebenfalls der Stärkung oder zumindest Aufrechterhaltung der Kontakte mit Menschen außerhalb der Anstalt. Außerdem kann die Möglichkeit, z.B. dem Verteidiger Unterlagen zu schicken, Teil des Rechtes auf Verteidigung sein, wenn so der Verteidiger schneller und umfassender informiert werden kann, was diesem dann gegebenenfalls die frühzeitig Planung oder auch Umstellung Verteidigungsstrategie ermöglicht.

3. Meinungsstand in der Literatur zu Auslegung und Anwendung des Gesetzes

Wie sich aus dem Verweis auf § 22 Abs. 2 StVollzG ergibt, kann die Zusendung von Gegenständen, die Sicherheit oder Ordnung der Anstalt gefährden (oder aus ärztlichen Gründen nicht ausgehändigt werden dürfen) untersagt werden. Auch hier darf jeweils nur ein auf einem konkreten Umstand beruhendes Einzelverbot ausgesprochen werden; die Anstalt muss die Erforderlichkeit der Maßnahme im konkreten Einzelfall stets belegen können.[446]

Selbst bei einem Gefangenen, bei dem aufgrund seines Charakters oder seiner Vorgeschichte grundsätzlich Sicherheitsbedenken bestehen, ist ein generelles Empfangsverbot unzulässig. Allerdings kann zur Wahrung der Anstaltsordnung die Zusendung und Aushändigung bestimmter Gegenstände zahlenmäßig beschränkt werden.[447]

Bei der Abwägung zwischen der Bedeutung des Paketempfangs für Bindung und Kontakt des Gefangenen mit der Außenwelt und der Problematik von Paketsendungen im Hinblick auf die notwendigen Sicherheitsvorkehrungen habe sich der Gesetzgeber, so *Calliess / Müller-Dietz*[448], maßgeblich von den Anstaltsinteressen leiten lassen und seien der eigenen Vorgabe nach möglichst restriktivem Einsatz von Einschränkungen aus Gründen der Sicherheit oder Ordnung nicht gerecht geworden. Daher solle, so ihr Vorschlag, wenigstens

[446] Calliess / Müller-Dietz, StrVollzG § 33 RN 2
[447] Calliess / Müller-Dietz, StrVollzG § 33 RN 2
[448] Calliess / Müller-Dietz, StrVollzG § 33 RN 3

die Vollzugsbehörde angesichts der anerkannt hohen Bedeutung des Paketempfangs für Aufrechterhaltung und Stärkung der sozialer Bindungen des Gefangenen so weit als möglich von ihrer Ermächtigung nach Satz 3 Gebrauch machen, der das „Minimalrecht" des Gefangenen insoweit erweitere, als die Vollzugsbehörde die Zusendung weiterer Pakete gestatten könne. Nach *Calliess / Müller-Dietz*[449] sollte diese Erweiterung soweit zugelassen werden, als zwingende Gründe der Sicherheit oder Ordnung der Anstalt nicht entgegenstünden, wobei sie aber einräumen, dass der Gleichbehandlungsgrundsatz dabei nicht außer acht gelassen werden dürfe.

Die (wenn auch nur vorübergehende) völlige Untersagung vom Paketempfang stellt eine überaus einschneidende Maßnahme dar und darf daher tatsächlich nur dann angeordnet werden, wenn sie wegen Gefährdung von Sicherheit oder Ordnung der Anstalt *unerlässlich* ist. D.h. es handelt sich hier um die dritte und damit höchste Stufe bei der Einteilung der Einschränkungsmöglichkeiten aus Gründen der Sicherheit oder Ordnung der Anstalt. Aufgrund der Schwere bzw. der Intensität dieses Eingriffs kann eine solche Maßnahme tatsächlich nur dann in Betracht kommen, wenn eine erhebliche Gefährdung der Anstaltssicherheit bzw. eine schwerwiegende Störung der Anstaltsordnung aufgrund ganz konkreter Anhaltspunkte angenommen werden kann[450] und es keine milderer Möglichkeit für die Aufrechterhaltung von Sicherheit oder Ordnung der Anstalt gibt.[451]

Zu beachten ist, dass das Merkmal der „Unerlässlichkeit" für Anstalten nach der Sicherheitsstufe beurteilt werden muss, dass also im Rahmen des offenen Vollzugs diesbezüglich andere Maßstäbe gelten als im geschlossenen Vollzug. Das Unerlässlichkeitsmerkmal muss demnach unterschiedlich, d.h. der Sicherheitsstufe angepaßt, interpretiert werden.[452]

Überhaupt darf ein generelles Verbot, Pakete zu empfangen auch dann lediglich vorübergehend angeordnet werden, wobei Voraussetzungen sowie Dauer uneingeschränkter gerichtlicher Überprüfung unterliegen.[453]

---

[449] Calliess / Müller-Dietz, StrVollzG § 33 RN 3
[450] vgl. Grunau-Tiesler § 33 RN 3, er spricht in diesem Zusammenhang von einem drohenden „Zusammenbrechen von Sicherheit oder Ordnung in der Anstalt"
[451] Joester / Wegner, AK-StrVollzG, § 33 RN 12 sowie NStZ 85,335
[452] Schwind in Schwind / Böhm § 33 RN 12
[453] Calliess / Müller-Dietz, StrVollzG § 33 RN 2

Selbst bei generell als gefährlich geltenden Gefangenen darf eine (auch nur kurzfristige) völlige Paketsperre nur aufgrund einer konkreten Gefahrenlage erfolgen. Als zusätzliches Indiz ist dabei auch die Zuverlässigkeit des Absenders zu berücksichtigen [454]; außerdem muss die Anstalt in jedem Einzelfall erneut prüfen, ob nicht auch ein milderes Mittel gewählt werden könnte.[455]

So wird wohl in nicht wenigen Fällen die Überprüfung des Paketinhaltes als milderer Eingriff ausreichend sein, um die Gefahrenabwehr sicherzustellen. Auch eine Beschränkung hinsichtlich des Absenderkreises kann entsprechend nur dann in Erwägung gezogen werden, wenn eine wirksame Überwachung anderweitig nicht gewährleistet werden kann, was im Einzelfall aber dargelegt werden muss, um als rechtmäßig angesehen werden zu können.[456]

Absatz 4 bietet nach allgemein herrschender Auffassung in der Literatur[457] keinen Anspruch auf die Gestattung, Pakete zu versenden, doch hat der Gefangene einen Anspruch auf eine fehlerfreie Ermessensentscheidung. Der Stellung dieser Regelung im Gesetz entspricht es, dass die Versendung von Paketen wohl soweit zu gestatten sein wird, als nicht zwingenden Gründe der Sicherheit oder Ordnung der Anstalt entgegenstehen.[458]

Sofern die Versendung gestattet wird, ist die Behörde an sich berechtigt, den Paketinhalt aus Gründen der Sicherheit oder Ordnung der Anstalt zu überprüfen. Ebensowenig wie die Paketversendung ohne zwingenden Grund unterbunden werden sollte, ist die Durchführung einer Paketkontrolle ohne zwingendes Erfordernis angeraten.[459]

Die Versendung von Prozeßunterlagen an den Verteidiger unterliegt dagegen im Interesse einer unbeschränkten Verteidigung in keinem Fall der Kontrollmöglichkeit des § 33 Abs. 4 StVollzG.[460]

---

454 Joester / Wegner, AK-StrVollzG, § 33 RN 12
455 Calliess / Müller-Dietz, StrVollzG § 33 RN 2
456 vgl. Calliess / Müller-Dietz, StrVollzG § 33 RN 2
457 vgl. Calliess / Müller-Dietz, StrVollzG § 33 RN 6; Joester / Wegner, AK-StrVollzG, § 33 RN 13;
458 Calliess / Müller-Dietz, StrVollzG § 33 RN 6
459 Joester / Wegner, AK-StrVollzG, § 33 RN 13
460 Joester / Wegner, AK-StrVollzG, § 33 RN 13; NStZ 83,96

4. konkrete Einzelfälle aus der Praxis

a. Beschluss des LG Düsseldorf vom 08.12.1982 – StrVollzG 5/82 - [461]

Ein Inhaftierter beantragte in diesem Fall eine Weihnachtspaketmarke; er wollte sich von seinen Eltern ein Paket mit Nahrungs- und Genussmitteln schicken lassen.

Sein Antrag wurde unter gleichzeitigem Verweis auf die Möglichkeit der Genehmigung eines Sondereinkaufs mit der Begründung abgelehnt, dass der Paketempfang für den Antragsteller wegen Sicherheitsbedenken nicht in Betracht komme.

Gegen diesen Bescheid legte der Inhaftierte Widerspruch ein, der vom Präsidenten des Justizvollzugsamtes Köln zurückgewiesen wurde.

Daraufhin stellte der Betroffene Antrag auf gerichtliche Entscheidung.

Der Leiter der Justizvollzugsanstalt hatte die Ablehnung auch in seiner Stellungnahme gegenüber der Kammer damit begründet, dass dem Antragsteller der Empfang eines Weihnachtspaketes aus Sicherheitsgründen nicht hätte genehmigt werden können: „Beim Antragsteller handelt es sich um einen mutmaßlichen terroristischen Gewalttäter, der nach den Erkenntnissen der Sicherheitsbehörden als in erhöhtem Maße fluchtverdächtig anzusehen ist und eine erhebliches Sicherheitsrisiko darstellt. Eine wirksame Kontrolle des Paketinhalts auf verbotene Gegenstände sowie auf versteckte Nachrichten ist ohne Zerstörung der übersandten Sachen nicht möglich."

Die Kammer erachtete den Antrag des Gefangenen für begründet. Die durch den Präsidenten des Justizvollzugsamtes bestätigte Maßnahme der Justizvollzugsanstalt sei mit § 33 StVollzG nicht vereinbar und daher aufzuheben.

Das Landgericht argumentiert, dass gemäß § 33 Abs. 1 StVollzG ein Strafgefangener drei Mal jährlich in angemessenen Abständen ein Paket mit Nahrungs- und Genussmitteln erhalten dürfe, wobei als geeignete Zeitpunkte nach den Verwaltungsvorschriften insbesondere Weihnachten, Ostern sowie der Geburtstag des Gefangenen in Frage kämen.

---

[461] StV 83, 512, 513

Das Gericht zitiert weiter § 33 Abs. 3 StVollzG, nach dem der Paketempfang nur vorübergehend ausgeschlossen werden kann und dies auch lediglich dann, wenn es wegen einer Gefährdung der Sicherheit oder Ordnung der Anstalt unerlässlich ist.

Zu dieser Vorschrift, so das Landgericht, stünden die hier angefochtenen Entscheidungen als *generelles Verbot des Paketempfangs* in Widerspruch.

Aber auch als *Einzelverbot* seien sie als rechtswidrig anzusehen, da die Voraussetzungen des § 33 Abs. 3 StVollzG weder von der Anstalt dargetan, noch sonst ersichtlich seien.

Ihrem Wortlaut nach („Der Empfang *von Paketen* kommt für den Strafgefangenen H wegen Sicherheitsbedenken nicht in Betracht") enthalte sowohl die ursprüngliche ablehnende Entscheidung als auch später die Stellungnahme der Justizvollzugsanstalt ein generelles Paketverbot.

Zwar sei hier auf einen konkreten Einzelantrag reagiert worden, doch sei dieser als erster Paketantrag des Gefangenen offensichtlich zum Anlass genommen worden, die Frage des Paketempfangs für diesen Inhaftierten behördenintern grundsätzlich zu erörtern. (...)

Das Landgericht führt weiter aus, dass § 33 Abs. 3 StVollzG zwar eine vorübergehende Einschränkung der allgemeinen Erlaubnis des § 33 Abs. 1 StVollzG zulasse, dass diese Einschränkung jedoch keinesfalls in das freie Ermessen der Vollzugsbehörde gestellt, sondern an zwei in vollem Umfang gerichtlich nachprüfbare Voraussetzungen geknüpft sei:

Zum einen müsse durch den Paketempfang Sicherheit oder Ordnung der Anstalt gefährdet werden, zum anderen sei erforderlich, dass gerade das Verbot des Paketempfangs zur Beseitigung eben dieser Gefahr unerlässlich sei.

Beide Voraussetzungen seien hier weder von der Vollzugsbehörde dargetan noch sonst ersichtlich.

Hinsichtlich der Sicherheitsgefährdung der Anstalt beziehe sich die Justizvollzugsanstalt auf völlig vage Erkenntnisse des Landeskriminalamtes über geplante Aktionen aus dem terroristischen Bereich.

Daher sei schon zweifelhaft, ob dem Vollzugsleiter die Erkenntnisse überhaupt im einzelnen bekannt waren und ob er geprüft habe, ob diese Aktionen in irgendeinem Zusammenhang mit dem Antragsteller stehen.

Die Kammer verdeutlicht, dass für sie bei diesem Sachvortrag die Nachprüfung völlig ausgeschlossen sei, ob die Befürchtung des Landeskriminalamtes eine vernünftige tatsächliche Grundlage hätte, ob die angeblich geplanten Aktionen eine Gefährdung der hier betroffenen Justizvollzugsanstalt überhaupt möglich erscheinen ließen und ob die Annahme eines Pakets für den Antragsteller in irgendeiner Weise geeignet gewesen sei, die behauptete Gefahrensituation zu verschärfen.

Weiter sei zu fragen, weshalb die Justizvollzugsanstalt (trotz zuvor erfolgtem Hinweis) keinerlei Ausführungen dazu gemacht habe, warum der angenommenen Gefahr nicht durch sorgfältige Kontrolle des Pakets hätte begegnet werden können.

Das Argument, eine sorgfältige Kontrolle sei nicht möglich, ohne den Paketinhalt zu zerstören, sei insofern nicht schlagkräftig, als dies dann bei jedem Paket für den Antragsteller der Fall wäre. Dass aber der Antragsteller nicht dauerhaft vom Paketempfang ausgeschlossen werden könne, sei schon angesichts der klaren Gesetzesregelung offensichtlich.

Ohne Zweifel handle es sich beim Antragsteller um einen außerordentlich gefährlichen Gefangenen, dessen Einbindung in eine Organisation terroristischer Gewalttäter eine zusätzliche Gefährdung der Justizvollzugsanstalt darstelle. Es stehe außer Frage, dass diese Gefährlichkeit des Antragstellers gewisse Einschränkungen von anderen Gefangenen zustehenden Rechten rechtfertige; sie gestatte allerdings nicht, für den Antragsteller „einen vom Strafvollzugsgesetz gelösten Sonderstatus" zu schaffen.

Das bedeute, dass die Gefährlichkeit des Antragstellers immer nur *ein* zu berücksichtigender Gesichtspunkt sei bei einer vom Gesetz eingeräumten Ermessensentscheidung bezüglich einer Maßnahme wegen Gefährdung der Sicherheit oder Ordnung der Justizvollzugsanstalt.

Auch dabei sei in jedem Einzelfall die Gefährdung konkret darzustellen und unter Berücksichtigung des Verhältnismäßigkeitsgrundsatzes das am wenigsten beschwerende Mittel zu wählen.

Der oben angeführten Kritik der Strafvollstreckungskammer ist meiner Meinung nach an Deutlichkeit wenig hinzuzufügen.

Das so formulierte Verbot stellt eine vom Gesetz nicht gerechtfertigte „Daueruntersagung“ dar, die dazu führen würde, dass jeder Paketempfang für einen nicht nur vorübergehenden Zeitraum ausgeschlossen wäre.

Außerdem wäre hier aber auch noch die Person des Paketabsenders berücksichtigenswert gewesen.

Sofern von den Eltern keine negativen Tatsachen bekannt sind, wäre ein Paket von ihnen vermutlich als weniger sicherheitsgefährdend einzustufen als beispielsweise ein Paket von einem früheren Mitstreiter oder einer als radikal bekannten Organisation.

Zunächst hätte jedenfalls, um der Forderung nach dem mildest möglichen Eingriff gerecht zu werden, der Empfang des Weihnachtspakets von den Eltern unter sorgfältiger Kontrolle und unter Inkaufnahme möglicher Zerstörung oder – viel wahrscheinlicher – jedenfalls Zerteilung einzelner Nahrungs-/ Genussmittel gestattet werden müssen.

Danach und erst bei konkreten Anhaltspunkten für einen Missbrauch wäre für zukünftige Paketsendungen das einschneidendere Verbot gegebenenfalls überlegenswert gewesen.[462]

b. Beschluss des OLG Nürnberg vom 02.04.1985 – Ws 35/85 - [463]

Der wegen gemeinschaftlichen Mordes und mitgliedschaftlicher Beteiligung an einer terroristischen Vereinigung zu lebenslanger Freiheitsstrafe verurteilte Gefangene hatte eine Marke zum Empfang eines Geburtstagspakets von seinen Eltern beantragt. Dieser Antrag wurde abgelehnt; gleichzeitig wurde dem Antragsteller die Möglichkeit des Ersatzeinkaufs mit einer zweckgebundenen Überweisung angeboten.

Auch der anschließenden Beschwerde wurde nicht abgeholfen, der Antrag auf gerichtliche Entscheidung als unbegründet verworfen.

Dagegen legte der Gefangene erfolgreich Rechtsbeschwerde ein.

Die Voraussetzungen für eine Untersagung des Paketempfangs, so der Senat, seien nur dann gegeben, wenn konkrete Anhaltspunkte vorlägen, dass durch den Empfang des speziellen Pakets die Sicherheit oder Ordnung der Anstalt nicht unerheblich beeinträchtigt wären.

---

[462] wobei ein generelles Verbot jedoch unzulässig wäre, vgl. oben
[463] NStZ 85, 335, 336

Dies ergebe sich bereits aus der reinen Wortinterpretation des § 33 Abs. 3 StVollzG. Der Gesetzgeber habe mit seiner Formulierung, dass die Untersagung des Paketempfangs „unerlässlich" sein müsse, eindeutig zum Ausdruck gebracht, dass dieses Mittel die ultima ratio darstellen müsse und nur dann zur Anwendung gelangen dürfe, wenn keine weniger einschneidende Maßnahme zur Aufrechterhaltung der Sicherheit und Ordnung in der Justizvollzugsanstalt zur Verfügung stünde.

Der Paketempfang stelle ein wesentliches Recht des Gefangenen dar. So solle die Verbindung insbesondere zu den Angehörigen teilweise aufrecht erhalten werden, womit auch dem Ziel des § 3 Abs. 1 StVollzG gedient werde, nach dem das Leben im Vollzug den allgemeinen Lebensverhältnissen möglichst angepasst werden solle.

Dem Anstaltsinteresse an der Sicherheit und der Aufrechterhaltung eines geordneten Betriebs sei dagegen bereits weitgehend durch die gesetzliche Beschränkung des Paketempfangs Rechnung getragen. Darüber hinausgehende Einschränkungen seien nur in besonders gelagerten Einzelfällen zulässig.

Dies ergebe sich auch daraus, dass der Gesetzgeber lediglich die vorübergehende Versagung des Paketempfangs zugelassen und damit nochmals zum Ausdruck gebracht habe, dass es sich bei dieser Maßnahme um eine Sonderregelung zur Abwehr konkreter Gefährdungen handle.

Das OLG kritisiert an den Feststellungen der Strafvollstreckungskammer, dass sie die Annahme einer derartig konkreten Gefahrenlage nicht trügen.

Allerdings sei der Strafvollstreckungskammer insoweit zuzustimmen, als H zum härtesten Kern der RAF zu rechnen sei. Bei ihm handle es sich um einen Überzeugungstäter, der selbst vor der Begehung schwerster krimineller Delikte nicht zurückschrecke.

Auch habe er sich bislang offensichtlich nicht von den politischen Zielen der RAF, die verfassugnsmäßige Ordnung der Bundesrepublik Deutschland zu besetitigen, und deren (RAF) verbrecherischen Mitteln zur Erreichung dieser Ziele distanziert. Er hielte im Gegenteil soweit als möglich Kontakt zu seinen Gesinnungsgenossen.

Damit sei, so zutreffend ursprünglich auch die Strafvollstreckungskammer, die Annahme einer hohen Gefährdung für die Sicherheit der Anstalt gerechtfertigt.

Allerdings reiche, so das OLG, allein diese allgemeine Gefahrenlage nicht aus, dem Gefangenen sein Recht auf Paketempfang zu entziehen. Es müsse vielmehr aufgrund konkreter Umstände die Befürchtung gerechtfertigt sein, dass gerade durch den Empfang des konkreten Pakets eine Gefahr für Sicherheit oder Ordnung der Anstalt geschaffen werde, der durch eine mit vertretbarem Aufwand betriebene Kontrolle des Paketverkehrs nicht vorgebeugt oder jedenfalls begegnet werden könne.

Die bloß allgemein festgestellte Gefährlichkeit des Gefangenen und seiner sich in Freiheit befindlichen Gesinnungsgenossen sei für die Bejahung der in § 33 Abs. 3 StVollzG geforderten Gefahrensituation jedenfalls nicht ausreichend.

Vielmehr müsse unter Berücksichtigung aller relevanten Umstände eine spezielle Gefahrenlage festgestellt werden. Dabei komme auch der Zuverlässigkeit des Paketabsenders eine entscheidende Bedeutung zu. Der von einem Paket ausgehende Gefährlichkeitsgrad werde nämlich maßgeblich durch die Einstellung seines Absenders bestimmt.

Folglich sei bei einem rechtstreuen Absender, der dem Staat und seinen Organen loyal gegenüber stehe, nicht zu befürchten, dass er dem Gefangenen Gegenstände zukommen lasse, die die Sicherheit oder Ordnung der Anstalt gefährden könnten.

Im konkreten Fall begehrte der Strafgefangene eine Paketmarke ausdrücklich zum Empfang eines Geburtstagspaketes von seinen Eltern.

Das OLG stellt fest, dass nicht die geringsten Anhaltspunkte dafür gegeben seien, dass die Eltern sich mit den verbrecherischen Zielen oder gar Methoden ihres Sohnes identifizierten.

Zwar könne die Möglichkeit nicht ausgeschlossen werden, dass Gesinnungsgenossen des Antragstellers dessen Eltern dazu nötigten, sicherheitsgefährdende Gegenstände dem Paket beizulegen. Hierbei handle es sich jedoch um eine bloße Möglichkeit, für deren Wahrscheinlichkeit weder im konkreten Fall Anhaltspunkte gegeben seien, noch könnten sie aus anderen in der Terroristenszene angesiedelten Fällen abgeleitet werden.

Das noch verbleibende Restrisiko könne durch geeignete Überprüfungsmaßnahmen ausgeschaltet werden.

Ergänzend führt der Senat aus, dass auch die Anstaltsinteressen an der Aufrechterhaltung der Ordnung die hier getroffene Maßnahme nicht rechtfertigen könne.

Die Anstaltsordnung könne durch den Paketempfang allerdings dann empfindlich beeinträchtigt werden, wenn sich in der betroffenen Anstalt eine Vielzahl von Gefangenen befänden, die als höchst gefährlich einzustufen seien und bei denen die Paketkontrolle deshalb mit deutlich überdurchschnittlicher Sorgfalt erfolgen müsse. Dies sei bei der Justizvollzugsanstalt S tatsächlich der Fall.

Doch begehrte der Verurteilte im vorliegenden Fall eine Paketmarke zum Empfang eines Geburtstagspakets. Daher könne ausgeschlossen werden, dass dieses Paket mit einer größeren Zahl anderer Pakete zusammenträfe, die gleichfalls ein Höchstmaß an Überprüfung erforderten. So sei hier ein personeller Aufwand, der den geordneten Vollzug gefährden würde, nicht erforderlich.

Ebenso wie das OLG halte ich das Verbot für den Empfang eines Geburtstagspaketes von den Eltern hier für zu restriktiv.

Die gebotene Einzelfallbetrachtung fand hier allenfalls darin statt, dass die Person des Inhaftierten beurteilt wurde; nach dem dargelegten Sachverhalt dies auch nur insoweit, als es die Affinität des Gefangenen zur terroristischen Szene betrifft.

Es wurde aber nicht berücksichtigt, dass es sich bei dem Absender um die Eltern des Betroffenen handelte, die die vorangegangene kriminelle Haltung bzw. das davon motivierte Verhalten ihres Sohnes offensichtlich nicht unterstützt hatten.

Ebensowenig wurde, wie das OLG zutreffend ausführt, der Tatsache Beachtung geschenkt, dass es sich um ein Geburtstagspaket handelte, so dass das Argument eines nicht zu bewerkstelligenden oder jedenfalls nicht zumutbaren personellen Aufwands nicht durchschlägt. Es erscheint tatsächlich höchst unwahrscheinlich, dass zum fraglichen Zeitpunkt mit einer Vielzahl von Paketen gerechnet werden müsste, wie dies z.B. an Weihnachten der Fall sein könnte. In diesem Fall wäre die Lage möglicherweise anders zu beurteilen gewesen.

Bei sorgfältiger Abwägung der Umstände im konkreten Fall hätte zumindest in Betracht gezogen werden müssen, ob nicht eine bei dieser Konstellation organisatorisch zumutbare genaue Kontrolle als milderes Mittel durchaus als ausreichend hätte angesehen werden müssen, um Sicherheit und Ordnung der Anstalt zu gewährleisten.

c. Beschluss des HansOLG Hamburg vom 13.11.1987 – 3 Vollz (Ws) 21/87 – [464]

Im vorliegenden Fall hat die Anstaltsleitung ein für einen Gefangenen eingesandtes Abzeichen zum Aufnähen zurückbehalten und zur Habe genommen. Der Aufnäher hatte einen Durchmesser von ca. 5 cm, auf ihm war ein Adler abgebildet sowie die Aufschrift „Ich bin stolz, ein Deutscher zu sein".

Nach erfolglosem Widerspruch hat der Gefangene Antrag auf gerichtliche Entscheidung gestellt. Das Landgericht hat diesen Antrag zurückgewiesen mit der Begründung, die Vollzugsanstalt habe den Aufnäher zu Recht gemäß § 83 Abs.1 Satz 1 StVollzG angehalten, weil das Tragen des Abzeichens die Ordnung und Sicherheit der Anstalt gefährden könne. Der Aufnäher habe plakativen, sogar kämpferischen Charakter, er bringe nicht etwas Selbstverständliches zum Ausdruck, sondern wolle Abgrenzendes besonders hervorheben. Er sei somit als andauernde Belästigung für andere Gefangene zu klassifizieren, denen ihr Bekenntnis zur Volkszugehörigkeit nicht minder wichtig sei, die dies aber nicht wie ein Plakat meinten vor sich her tragen zu müssen. Außerdem sei der Aufnäher eine Provokation für Gefangene solcher Volks- oder Rassezugehörigkeit, die unter einem übersteigerten deutschen Nationalismus in der Vergangenheit hätten leiden müssen oder heute noch leiden würden. Die Hervorhebung der Volkszugehörigkeit, gleich mit welchen Mitteln sie erfolge, sei geeignet, Auseinandersetzungen in die Anstalt hinein zu tragen, den die Betroffenen anders als in Freiheit nicht ausweichen könnten.

Der Gefangene rügte in einer Rechtsbeschwerde unter anderem die Verletzung von Artikel 5 GG.

Das OLG hatte darüber zu entscheiden, ob das Tragen eines solchen Aufnähers eine Gefahr für Sicherheit oder Ordnung der Anstalt darstellen kann, ob demnach die Vollzugsanstalt berechtigt ist, das Abzeichen einzubehalten und so das Grundrecht des Gefangenen auf Meinungsfreiheit zu beschränken.

Das OLG vertritt die Auffassung, dass durch die Maßnahme hier keine Verletzung von Artikel 5 Abs. 1 Satz 1 GG gegeben sei. Nach Artikel 5 Abs. 2 GG finde das Grundrecht der freien Meinungsäußerung unter anderem seine Schranken in den Vorschriften der allgemeinen Gesetze. Die vom Landgericht

---

[464] ZfStrVo 88, 185

angewandten Normen des Strafvollzugsgesetzes seien solche allgemeinen Gesetze im Sinne dieser Vorschrift. Das bedeutet, dass das Recht aus Artikel 5 GG eingeschränkt sei, soweit diese Normen höherwertige Rechtsgüter schützen, die durch eine freie Meinungsäußerung verletzt werden könnten.

Das OLG stützt die Auffassung des Landgerichts und auch der Justizvollzugsanstalt. § 83 Abs. 1 Satz 1 StVollzG sei unter Berücksichtigung des den §§ 19 Abs. 2, 33 Abs. 1 Satz 4 und 22 Abs. 2 StVollzG zugrunde liegenden Rechtsgedankens dahin auszulegen, dass die Vollzugsbehörde der Zustimmung zur Überlassung von Sachen verweigern dürfe, wenn Sicherheit oder Ordnung der Anstalt dadurch gefährdet würden.

Das Landgericht habe zutreffend eine Rechtsgüterabwägung vorgenommen, in dem es dem Grundrecht auf freie Meinungsäußerung die Sicherheit und Ordnung der Vollzugsanstalt gegenüber gestellt habe. Die erforderliche und hier auch erfolgte Güterabwägung habe zu dem Ergebnis geführt, dass der Aufnäher zu Recht durch die Anstalt angehalten worden ist.

Als Begründung führt das OLG aus, dass das Tragen eines Aufnähers tatsächlich die Gefahr einer schwerwiegenden Störung der Sicherheit und Ordnung in der Strafanstalt begründe. Es schließt sich der Auffassung des Landgerichtes an, das darauf abgestellt hatte, dass das Abzeichen provokativen, kämpferischen Charakter habe, abgrenzen wolle und somit eine dauernde Belästigung für Gefangene anderer Volkszugehörigkeit darstelle.

Entgegen den Darlegungen des Gefangenen erschöpfe sich die Bedeutung des Aufnähers nicht im Wortlaut seiner Schrift, stelle vielmehr im engen und vielfach unausweichlichen Kontakt mit Ausländern deren menschliche Gleichwertigkeit in Frage und führe damit die Gefahr von Konflikten herbei, welche Sicherheit oder Ordnung in der Anstalt erheblich beeinträchtigen könnten, ohne dass es darauf ankomme, dass der Antragsteller mit dem Tragen des Aufnähers darauf abziele. Im Ergebnis habe diese Kundgabe des Stolzes des Antragstellers darauf, Deutscher zu sein, gegenüber der Sicherheit und Ordnung in der Anstalt keinen durch Artikel 5 GG geschützten Vorrang. Damit habe die Strafvollzugsanstalt das Abzeichen zu Recht zurückbehalten.

Meiner Meinung nach handelt es sich hier um eine an sich stimmige Entscheidung. Es hat eine Auseinandersetzung mit dem konkret in Frage stehenden Gegenstand (Aufnäher) stattgefunden. Die Rechte des Gefangenen wurden abgewogen gegenüber den Rechten anderer Insassen - gegebenenfalls anderer nationaler oder ethnischer Zugehörigkeit - und damit auch gegenüber Sicherheit oder Ordnung der Anstalt. Die angeführten Gründe sind umfassend und ausgewogen; die Abwägung zugunsten von Sicherheit oder Ordnung und damit zu Lasten des Antragstellers bzw. seines Rechts auf freie Meinungsäußerung ist nachvollziehbar.

XII. § 34 StVollzG [Verwertung von Kenntnissen]

§ 34 StVollzG wurde zwar durch das 4. STVollzÄndG vom 26.08.1998 aufgehoben. Nachdem diese Regelung aber zwanzig Jahre Gültigkeit hatte, soll sie hier dennoch berücksichtigt werden.

1. Regelungsinhalt und Entstehungsgeschichte

§ 34 StVollzG betraf die Verwertung der aus der Besuchs- oder Briefüberwachung gewonnenen Kenntnisse. Nach Absatz 1 der Vorschrift durfte eine solche Kenntnisverwertung nur erfolgen, soweit dies notwendig war, um Sicherheit oder Ordnung der Anstalt zu wahren oder Straftaten oder Ordnungswidrigkeiten zu verhüten, zu unterbinden oder zu verfolgen (Ziffer 1), oder aber soweit diese Kenntnisverwertung aus Gründen der Behandlung geboten war, wozu aber der Gefangene gehört werden sollte (Ziffer 2).

Bereits im Entwurf der Bundesregierung[465] war § 34 Abs. 1 Ziff. 1 in Stellung und Wortlaut so gefaßt, wie er letztendlich den Weg ins Strafvollzugsgesetz gefunden hatte. Weder Bundesrat[466] noch Sonderausschuss für die Strafrechtsrefom[467] hatten diesem Absatz 1 Ziffer 1 etwas hinzuzufügen.

In der Begründung zum Gesetzesentwurf führt die Bundesregierung aus, dass die Entwurfsvorschrift klarstellen soll, „dass, gleich aus welchem Grunde Kenntnisse bei der Überwachung des Schriftwechsels oder der Besuche erlangt wurden, sie nur für die angegebenen Zwecke verwendet werden dürfen, aber nicht darüber hinaus".[468]

Allerdings gestattete die Vorschrift weiterhin, so ist in den Entwurfsgrundzügen dargelegt, dass die Kenntnisse nicht ausschließlich für die Aufgaben des Strafvollzuges verwendet wurden, sondern auch für „die allgemeinen Aufga-

---

[465] BT-Dr. 7/918 S.14
[466] BT-Dr. 7/918 S.115
[467] BT-Dr. 7/3998 S.67
[468] BT-Dr. 7/918 S.62

ben der Kriminalrechtspflege, Straftaten oder Ordnungswidrikgeiten zu verhüten und zu verfolgen“[469].

2. Bedeutung der Norm

Abgeleitet aus dem allgemeinen Persönlichkeitsrecht (Art. 1 Abs. 1, 2 Abs. 1 GG)[470] besteht auch für den Strafgefangenen grundsätzlich das „Recht auf informationelle Selbstbestimmung“[471]. Dem entsprach die Regelung des § 34 StVollzG, die sicherstellen sollte, dass durch die Verwertung oder Weitergabe von Kenntnissen bzw. Informationen die die Anstalt aus der Überwachung des Besuchsverkehrs oder des Schriftwechsels erhalten hatte, die Interessen der Betroffenen, vor allem deren Privatsphäre und namentlich das Recht auf informationelle Selbstbestimmung, nicht mehr als unausweichlich erforderlich berührt wurden.[472] Außerdem wurde durch diese Bestimmung noch einmal verdeutlicht, dass die Vertraulichkeit des beim (auch überwachten) Besuch gesprochenen Wortes und des (ggf. überwachten) Schriftwechsels und damit auch die Privat- und Intimsphäre des Gefangenen so weit wie möglich zu schützen ist.[473]

3. Meinungsstand in der Literatur zu Auslegung und Anwendung des Gesetzes

§ 34 Abs. 1 StVollzG regelte abschließend die Voraussetzungen, unter denen von Kenntnissen, die aus der Besuchs- oder Schriftwechselüberwachung gewonnenen worden sind, überhaupt verwertet bzw. weitergegeben werden dürfen.

---

[469] BT-Dr. 7/918 S.62
[470] Calliess / Müller-Dietz, StrVollzG Einleitung, RN 45
[471] vgl. dazu BVerfGE 65, 1; vgl. auch Buttge, Der Staat 97, 281
[472] Calliess / Müller-Dietz, StrVollzG § 34, RN 1
[473] Joester, AK-StrVollzG, 3. Aufl., 1990 , § 34 RN 1

Nach Absatz 1, Ziffer 1, 1. Alternative musste die Verwertung notwendig sein, um die Sicherheit oder Ordnung der Anstalt zu wahren. Die Wahrung der Intimsphäre sowie sinnvolles Verhaltenstraining geboten es nach Ansicht der Literatur[474], die Kenntnisverwertung auf das wirklich unerlässliche Maß zu beschränken. Maßgeblich seien dafür die Zwecke, die mit der Verwertung verfolgt würden, wobei allerdings wiederum der Grundsatz des geringstmöglichen Eingriffs zu beachten sei. Die Vorschriften über die Briefkontrolle z.B. greifen in das Grundrecht auf freie Meinungsäußerung ein, und sind deshalb eng auszulegen.[475] Deshalb ist die Briefweitergabe an andere Behörden lediglich zum Zweck der Auswertung nicht zulässig.

Anerkannt ist die Weitergabe aus Sicherheitsgründen z.B., wenn Einzelheiten zu Rauschgifttatbeständen bekannt werden; eine Eingriffsmöglichkeit aus Ordnungsgründen kann beispielsweise bei Kenntniserlangung über anstekkender Krankheiten vorliegen.[476]

Auch das Ablichten von Seiten z.B. ist wohl zwar grundsätzlich als gedeckt anzusehen, dies jedoch nur dann, wenn sich die Maßnahme im Rahmen des Erforderlichen hält.[477]

Das Abheften ganzer Briefkopien in die Personalakte stellt in den meisten Fällen einen Verstoß gegen das Verwertungsverbot dar, weil in aller Regel nicht alle Textpassagen wirklich die Voraussetzungen für eine Kenntnisverwertung erfüllen, nach der Abheftung aber neben den zensierenden Beamten auch ein größerer Kreis von Personen (Wachtmeister, Verwaltungsmitarbeiter u.ä.) dann vom gesamten Briefwechsel Kenntnis erlangen kann.

Dementsprechend war § 34 StVollzG auch grundsätzlich verletzt, wenn eine solche mit vollständigen Briefkopien versehene Personalakte an die Staatsanwaltschaft, das Gericht oder andere Stellen versandt wurden, die keine Einsicht in alle Briefpassagen erhalten durften, wenn diese sie unmittelbar nicht betrafen. Weiter bedeutet dies, dass selbst bei an sich erlaubter Weitergabe

---

[474] Calliess / Müller-Dietz, StrVollzG § 34 RN 2; Joester , AK-StrVollzG, 3. Aufl., 1990, § 34 RN 2

[475] Joester , AK-StrVollzG, 3. Aufl., 1990, § 34 RN 2

[476] Joester , AK-StrVollzG, 3. Aufl., 1990, § 34 RN 2;Schwind in Schwind / Böhm § 34 RN 1

[477] Schwind in Schwind / Böhm, § 34 RN 3

genauestens darauf zu achten war, dass nicht mehr Text aus diesem Brief weitergegeben wurde, als im konkreten Fall erforderlich.[478]

Soweit Kopien von Seiten angefertigt wurden, war der Gefangene schon aus Gründen des Rechtsschutzes darüber zu unterrichten. Lediglich in Ausnahmefällen entfiel diese Benachrichtigungspflicht dann, wenn der Zweck der Verwertung durch die Bekanntgabe an den Gefangenen vereitelt würde.

In jedem Fall musste aber beachtet werden, dass das konkret beeinträchtigte Rechtsgut so schützenswert sein musste, dass eine Durchbrechung der Vertraulichkeit gerechtfertigt erschien.[479]

Daraus folgt, dass die generelle Weiterleitung von Kenntnissen an die Polizei selbstverständlich nicht gerechtfertigt sein konnte, eine Weitergabe forderte grundsätzlich einen konkreten Verdacht.

4. konkrete Einzelfälle aus der Praxis

a. *Beschluss des OLG Frankfurt a.M. vom 07.08.1979 – 3 Ws 480/79 (StVollz) -*[480]

Im vorliegenden Fall wandte sich ein Strafgefangener mit Erfolg gegen die Weigerung des Anstaltsleiters, ihm Mitteilung zu machen, sofern von seiner ein- und ausgehenden Privatpost Fotokopien für die Personalakten angefertigt werden.

Das OLG erklärt zunächst, dass die Fertigung von Ablichtungen der Privatpost des Gefangenen für die Personalakte einen Eingriff in das durch Art. 10 GG geschützte Briefgeheimnis darstelle und nur insoweit zulässig sei, als eine gesetzliche Regelung dafür vorliege (Art. 10 Abs. 2 GG).

Den Ausgangspunkt für die von der Justizvollzugsanstalt gewählte Maßnahme bilde § 29 Abs. 3 StVollzG, wonach der Schriftwechsel aus Gründen der Behandlung oder der Sicherheit oder Ordnung in der Anstalt überwacht werden

[478] Joester , AK-StrVollzG, § 34 RN 4 Schwind in Schwind / Böhm § 34 RN 3
[479] Joester , AK-StrVollzG, 3. Aufl., 1990, § 34 RN 2
[480] ZfStrVo SH 79, 51ff

dürfe, wobei unter „Überwachung" die Kenntnisnahme vom verbalen Inhalt zu verstehen sei. [481]
Die Überwachung setze allerdings konkrete im Streitfall gerichtlich nachzuprüfende Anhaltspunkte für das Vorliegen einer Gefährdung der Behandlung, Sicherheit oder Ordnung voraus. [482]

Die Überwachung aus Sicherheitsgründen diene der Gefahrenabwehr, denn die Vollzugsbehörde müsse in der Lage sein, durch Besuchsüberwachung und Überwachung des Schriftwechsels Gefahren für Leben, Gesundheit und Sachwerte sowie für den sicheren Gewahrsam des Gefangenen und das geordnete Zusammenleben in der Anstalt abzuwenden.[483]

Diese im Rahmen des § 29 Abs. 3 StVollzG zulässige Überwachung, so das OLG weiter, bilde die Grundlage für die § 31 StVollzG (Anhalten von Schreiben), § 34 StVollzG (Verwertung von Kenntnissen aus Überwachungen von Besuchen und Briefen) und § 28 Abs. 2 StVollzG (Untersagung des Briefverkehrs mit bestimmten Personen). [484]

Die Berechtigung für das Ablichten der im Rahmen des § 29 Abs. 3 StVollzG überwachten Briefe der Gefangenen für die Personalakte könne sich hier allein aus § 34 StVollzG ergeben, der die Verwertung der aus der Überwachung gewonnenen Kenntnisse im Hinblick auf die Gesichtspunkte gestatte, die für die in § 29 Abs. 3 StVollzG getroffene Regelung maßgeblich gewesen seien.

Das bedeute, dass die gewonnenen Kenntnisse verwertet werden dürften, soweit dies notwendig sei, um die Sicherheit oder Ordnung in der Anstalt zu wahren oder Straftaten oder Ordnungswidrigkeiten zu verhüten, zu unterbinden oder zu verfolgen, oder soweit dies aus Gründen der Behandlung geboten sei.

Das OLG führt aus, dass das Gesetz zwar nicht besage, auf welche Weise die Kenntnisse verwertet werden dürften, dass es jedoch im Rahmen der Verwertung als zulässig angesehen werden müsste, anstelle der Niederlegung eigener schriftlicher Vermerke oder Aussagen von Zensurbeamten Fotokopien

---

[481] hieran anschließend wird die Parallele zur Besuchsüberwachung dargelegt
[482] hier folgt eine Darstellung der Voraussetzungen für eine Überwachung aus Behandlungsgründen
[483] zitiert: BT-Dr. 7/918 S.59; Calliess / Müller-Dietz, StrVollzG, StVollzG, 2. Aufl., § 29 RN 2
[484] hier macht das OLG Ausführungen zu § 31 StVollzG und erläutert, warum diese Vorschrift keine Grundlage bieten kann für das Ablichten von Privatpost der Gefangenen für die Personalakte

als wesentlich zuverlässigeres Beweismittel zu fertigen und dies dann den zuständigen Vollzugsbediensteten durch Weiterleitung zu den Personalakten oder den anderen in Abs. 2 genannten Stellen zur Kenntnis zu bringen.[485],[486]

Das OLG macht anschließend deutlich, dass das Fotokopieren der Privatpost (z.B. für die Personalakten) einen über die bloße Briefüberwachung hinausgehenden Eingriff in die Rechte des Gefangenen darstelle, weil außer dem zensierenden Beamten ein größerer Personenkreis vom Postinhalt Kenntnis erhalte und dieser die Kenntnis unter Umständen zum Nachteil des Gefangenen verwerten könne.

Deshalb müsse der Gefangene die Möglichkeit erhalten, die Berechtigung solcher Maßnahmen notfalls gerichtlich überprüfen zu lassen.

Eine solche Möglichkeit habe er nur dann, wenn die Behörde verpflichtet sei, ihm von derartigen Maßnahmen jeweils Mitteilung zu machen, denn allein aus der ihm bekannten Tatsache der Überwachung seiner Post habe er noch nicht die Kenntnis davon, dass seine Schreiben abgelichtet und z.B. durch Weiterleitung zu den Personalakten einem größeren Personenkreis zugänglich gemacht würden.

Das OLG schließt das Erfordernis für eine solche Mitteilungsverpflichtung der Vollzugsbehörde aus einem Vergleich mit § 31 Abs. 3 StVollzG, in dem diese Verpflichtung gesetzlich normiert sei.

Da aber der Gefangene im Falle der Ablichtung von Fotokopien zum Zweck der Verwertung aus den in § 34 StVollzG genannten Gründen unter Umständen noch mehr beschwert sei als durch das bloße Anhalten eines Briefes, müsse auch hier der allgemeine Grundsatz gelten, dass dem Gefangenen der Rechtsweg gegen eine solche Maßnahme nach Art. 19 Abs. 4 GG offenstehen

---

[485] hier wird zitiert: Grunau, StVollzG § 34 RN 3

[486] Die Kenntnisverwertung hielt der Senat bereits in einer früheren Entscheidung (Beschluss des OLG Frankfurt a.M. vom 07.12.71 – 3 VAs 55/71) für zulässig, soweit diese zur zweckmäßigen Behandlung des Gefangenen oder zur Aufrechterhaltung der Sicherheit oder Ordnung in der Anstalt erforderlich sei. In dieser früheren Entscheidung ging es um die Ablichtung einer Strafanzeige eines Gefangenen gegen einen Mitgefangenen, in der auch Vorwürfe gegen Anstaltsbedienstete erhoben worden waren. Da die Strafanzeige weiterzuleiten gewesen sei und nicht hätte angehalten werden dürfen, sei die Ablichtung dieser Anzeige zum Zweck der Verwertung für zulässig erachtet worden, weil dies zur Aufrechterhaltung der Sicherheit und Ordnung in der Anstalt erforderlich gewesen sei. Diese Entscheidung sei zwar vor Inkrafttreten des StVollzG ergangen, doch da die damals geltende Nr. 152 Abs. 4 DVollzO im wesentlichen mit § 34 StVollzG übereinstimme, sei diese Rechtsprechung auch heute noch anzuwenden.

müsse, was (faktisch) jedoch nur möglich sei, wenn er von der ihn belastenden Maßnahme Kenntnis erlange.[487]

Daraus, dass für die aus den in § 34 Abs. 1 Nr. 1 genannten Gründen (im Gegensatz zur Kenntnisverwertung aus Behandlungsgründen) eine Anhörung nicht vorgeschrieben sei, könne nicht gefolgert werden, dass in diesem Fall grundsätzlich auch keine Mitteilung gemacht werden müsse, zumal Anhörung und Mitteilung auch nicht gleichzusetzen seien.

Der Gefangene habe sicher keinen Anspruch darauf, vor jeder belastenden Maßnahme der Vollzugsbehörden gehört zu werden, es reiche aus, dass er Kenntnis davon erhalte und sich dann gegen die Rechtsverletzung wehren könne.[488]

Es sei im übrigen auch kein Grund ersichtlich, im Hinblick auf Sicherheit und Ordnung in der Anstalt grundsätzlich dem Gefangenen keine Mitteilung von der Ablichtung seiner Privatpost für die Personalakte zu machen, da die anschließende Kenntnis des Gefangenen von der Verwertung nicht mehr notwendigerweise die Sicherheit oder Ordnung der Anstalt gefährde.

Eine Einschränkung sei allerdings insoweit erforderlich, als zumindest vorübergehend das Unterlassen einer solchen Mitteilung zur Aufrechterhaltung der Sicherheit und Ordnung in der Anstalt unerlässlich sei (§ 4 Abs. 2 StVollzG).

Dies könne z.B. dann der Fall sein, wenn erst aufgrund einer Reihe von Briefen bestimmte Verdachtsmomente sich verdichten in Richtung etwa auf Ausbruchspläne oder schwerwiegende Angriffe auf die Ordnung in der Anstalt.

In diesem Umfang erlaube § 4 Abs. 2 S. 2 StVollzG über die im Strafvollzugsgesetz sonst geregelten Beschränkungen und Eingriffsbefugnisse in Grundrechte hinaus die Verletzung oder Einschränkung eines Rechtsgutes, sofern dies das einzig wirksame und unerlässliche Mittel darstelle, eine unmittelbare schwerwiegende Gefahr für ein höheres Rechtsgut abzuwenden.[489]

---

[487] Erörterung darüber, dass sich nicht etwas anderes ergibt aus der Tatsache, dass in § 34 Abs. 1 Nr. 2 HS 2 normiert ist, dass bei Kenntnisverwertung aus Behandlungsgründen eine Anhörung erfolgen soll

[488] die *Anhörungs*regelung ergebe sich aus den besonderen Erfordernissen der Behandlung, z.B. aus Therapiegründen

[489] zitiert wird: Grunau, StVollzG Einleitung RN 2

Das bedeute, dass der Anstaltsleiter von der Mitteilung einer weitergeleiteten Ablichtung nur unter dieser genannten Einschränkung absehen dürfe.

Daraus folge, so abschließend das OLG, dass im konkreten Fall der Anstaltsleiter verpflichtet sei, dem Antragsteller von Ablichtungen seiner Privatpost für die Personalakte Mitteilung zu machen, sofern nicht zur Aufrechterhaltung der Sicherheit oder zur Abwendung einer schwerwiegenden Störung der Ordnung in der Anstalt des Unterbleiben der Mitteilung unerlässlich sei.

Der Auffassung des OLG ist meiner Meinung nach zuzustimmen. Die Ausführungen zur Schwere eines solchen Eingriffs, auf die der Betroffene reagieren können sollte, was allerdings Kenntnis voraussetzt, sind ausführlich dargestellt und durchweg nachvollziehbar.

Insbesondere ist der Wille des Gesetzgebers nach genauer Prüfung bezüglich der Erforderlichkeit des Eingriffs durch den Hinweis verwirklicht, dass bei Unterlassen der Mitteilung (d.h. nach einer Überprüfung schon vor Erlass der Überwachungsanordnung) die Prüfung erfolgen muss, ob konkrete Anhaltspunkte dafür vorliegen, dass eine Gefahr für Sicherheit oder Ordnung entweder gerade durch die Mitteilung provoziert wird oder dass einer konkret zu befürchtenden Gefährdung lediglich durch eben dieses Unterlassen begegnet werden kann.

b. Beschluss des OLG Frankfurt a.M. vom 28.08.1989 – 3 Ws 606/89 (StrVollz) - [490]

In folgendem Fall[491] wandte sich ein zu 12 Jahren Freiheitsstrefe verurteilter Strafgefangener nach ca. 1/3 der Haftstrafe gegen die Anordnung, den Besuch seiner Freundin akustisch zu überwachen und ein Gesprächsprotokoll anzufertigen.

Der Anstaltsleiter hoffte, durch diese Maßnahme neue Erkenntnisse zu einem einige Tage zuvor geschehenen Zwischenfall zu erlangen. Damals waren im Fernsehraum der Fernsehapparat sowie einige Fensterscheiben zertrümmert worden. Der Antragsteller stand im Verdacht, daran beteiligt gewesen zu sein.

---

[490] StV 90, 215, 216

[491] die Entscheidung wird noch einmal dargestellt unter § 27, Hauptteil, B V 4 d, S. 137

Der Antragsteller hatte beantragt, die Rechtswidrigkeit der Anordnung festzustellen und den Anstaltsleiter zu verpflichten, die angefertigte Gesprächsnotiz zu vernichten.

Die Kammer hat den Antrag mit der Begründung zurückgewiesen, dass für den Feststellungsantrag das erforderliche Interesse fehle, da nicht zu erwarten sei, dass der Anstaltseiter weitere Besuche wegen des in Frage stehenden Vorfalls überwachen lasse.

Der Antrag auf Verpflichtung zur Vernichtung der Gesprächsnotiz sei unbegründet, weil sogar die Verwertung der erlangten Kenntnisse unter den Voraussetzungen des § 34 StVollzG zulässig sei.

Die daraufhin vom Antragsteller eingelegte Rechtsbeschwerde hatte Erfolg.[492]

Die im angefochtenen Beschluss getroffenen tatsächlichen Feststellungen rechtfertigten, so der Senat, nicht die Ablehnung des Antrags auf Vernichtung der Gesprächsnotiz.

Allein aus der Existenz der Vorschritt des § 34 StVollzG, die unter bestimmten, eng umschriebenen Voraussetzungen die Verwertung von Kenntnissen aus der Besuchsüberwachung zuließen, könne nicht geschlossen werden, dass jedenfalls der geringere Eingriff der Aufbewahrung der gefertigten Gesprächsnotiz bei der Vollzugsbehörde stets zulässig sei.

Der Verbleib der Gesprächsnotiz im Bereich der Vollzugsbehörde stelle einen fortdauernden Eingriff in das durch Art. 2 Abs. 1 GG geschützte Persönlichkeitsrecht des Gefangenen dar und bedürfe deshalb einer die Grundrechtseinschränkung rechtfertigenden gesetzlichen Grundlage.

Diese könne dann von § 34 StVollzG gestellt werden, wenn es sich beim Inhalt der Gesprächsnotiz um Kenntnisse handle, die nach den Voraussetzungen dieser Vorschrift verwertet werden dürften. Dazu habe der angefochtene Beschluss aber keinerlei Angaben enthalten und sei daher aufzuheben und zurückzuverweisen gewesen.

---

[492] zu den Ausführungen hinsichtlich der Anordnung der akustischen Besuchsüberwachung vgl. oben § 27, Hauptteil B, VII 4 d, S. 137 f

Meiner Ansicht nach machte es sich die Justizvollzugsanstalt mit dem Verweis auf § 34 StVollzG tatsächlich etwas zu einfach. Es ist nicht ersichtlich, dass sie sich überhaupt mit den engen Voraussetzungen der Vorschrift auseinandergesetzt hatte. Die Kritik des Senates besteht daher zu Recht.

C. Religionsausübung

I. Die Bedeutung und die Regelungsaufgabe des sechsten Titels des Strafvollzugsgesetzes

Die Freiheit der Religionsausübung ist durch Art. 4 GG grundrechtlich geschützt. Der Sechste Titel des Strafvollzugsgesetzes statuiert dieses Recht für den Gefangenen[493] ausdrücklich im Strafvollzugsgesetz. Seit der in dieser Frage grundlegenden Bundesverfassungsgerichtsentscheidung von 1972[494] bietet auch das Modell des „besonderen Gewaltverhältnisses“[495] keine Basis für eine grundsätzliche Einschränkung im Strafvollzug. Art. 4 GG verbietet es dem Staat nicht nur, einen Einzelnen aufgrund seiner religiösen Überzeugung zu benachteiligen oder ihm die Religionsausübung zu verbieten, sondern hat insofern einen weiteren Wirkungsbereich, als er auch gebietet, den entsprechenden Raum „für die aktive Betätigung der Glaubensüberzeugung und die Verwirklichung der autonomen Persönlichkeit auf weltanschaulich-religiösem Gebiet zu sichern.“[496] Mit anderen Worten bedeutet dies, dass dem Gefangenen grundsätzlich auch in der Praxis des Gefängnisalltags die Möglichkeit gegeben werden muss, seinem Glauben gemäß religiöse Handlungen durchzuführen oder Rituale einzuhalten.

Weitergeführt heißt das aber auch, dass die Befolgung von der Rechtsordnung nicht zuwiderlaufenden Glaubensgeboten grundrechtlich geschützt ist und infolgedessen keine Sanktionen nach sich ziehen darf. Die Fälle, in denen auch ein derart geschütztes Verhalten eingeschränkt oder unterbunden werden soll, bedürften einer sehr differenzierten Abwägung der Belange des Einzelnen mit den Erfordernissen der Anstalt an Sicherheit oder Ordnung.

Aufgrund der Verankerung der Glaubens- und Religionsfreiheit im Grundgesetz haben bei der Auslegung sowie für das Verständnis der entsprechenden Regelungen des Strafvollzugsgesetzes vor allem verfassungs- und staatskirchenrechtliche Grundsätze vorrangige Bedeutung.

[493] für die Geltung auch im Strafvollzug vgl. Art. 140 GG i.V.m. Art. 141 WRV
[494] BVerfGE 33, 1
[495] vgl. Einleitung II, S. 10
[496] BVerfG ZfStrVo 88, 191

Rassow führt zu Recht dazu aus, dass die Pflicht zur weltanschaulich-religiösen Neutralität des Staates sowie das durch Art 137 Abs. 3 WRV i.V.m. Art. 140 GG garantierten Selbstbestimmungsrecht der Religionsgemeinschaften zur Folge haben, dass der Staat nicht das Recht habe, den Seelsorgebegriff inhaltlich auszufüllen. Bezüglich der Fragen zur Gefängnisseelsorge seien daher die grundlegenden theologischen Ansichten und Ausführungen der Kirchen und Religionsgemeinschaften zu berücksichtigen.[497]

Das Bundesverfassungsgericht hat in mehreren Entscheidungen[498] verdeutlicht, dass Art. 4 GG nicht an den Kreis christlich-abendländischer Religion gebunden ist, die Glaubensfreiheit daher nicht nur den Mitgliedern der anerkannten Kirchen und Religionsgemeinschaften gilt, sondern als Menschenrecht für alle in der Bundesrepublik Deutschland wohnenden Menschen Gültigkeit hat, gleich welcher religiösen Vereinigung sie angehören, auch, vielleicht sogar gerade die vereinzelt auftretenden Glaubensrichtungen werden vom Schutz des Art. 4 GG erfaßt. Zur Glaubens- und Religionsfreiheit gehört neben dem Schutz einzelner Personen aber auch das Recht einer Religionsgemeinschaft, den einzelnen Gläubigen ihres Bekenntnisses die entsprechende geistig-seelische Betreuung gewähren zu können[499], worunter neben möglicher Einzelgespräche mit dem Seelsorger auch die Abhaltung von Gottesdiensten oder anderen Gemeinschaftsveranstaltungen fällt.

Gerade im Strafvollzug bei Verbüßung einer Strafe für begangenes Unrecht mag es für den einen oder anderen Gefangenen besonders wichtig sein, sich mit seinem Glauben auseinanderzusetzen oder auch seelische Hilfe zu erhalten, sei es im Dialog mit einem Geistlichen seines Bekenntnisses, oder sei es durch die Gemeinschaft mit anderen Angehörigen seiner Glaubensrichtung.

Trotz der an sich auch im Strafvollzug für die Gefangenen gegebene Geltung von Grundrechten, hier der Glaubens- und Bekenntnisfreiheit sowie der ungestörten Religionsausübung, ist es durch die Situation des Anstaltslebens bedingt nicht schrankenlos gewährleistet, doch darf es gerade wegen der Nähe zur Menschenwürde und wegen der an sich absoluten Gewährung in seinem Kern nur durch grundlegende Verfassungsprinzipien beschränkt werden, die „die sittlichen Grundlagen des Zusammenlebens oder die Fundamente der po-

[497] Rassow in Schwind / Böhm, Vorbemerkungen zu § 53 RN 2 ff;
[498] so z.B. BVerfGE 32, 98, 106 und BVerfGE 33, 23, 29
[499] BVerfGE 24, 245

litischen Ordnung betreffen."[500] Das Bundesverfassungsgericht hat eindeutig ausgeführt, dass Sinn und Zweck des Strafvollzugs grundrechtsbeschränkende Maßnahmen durchaus rechtfertigen können.[501] Dies gilt jedoch nur für Einschränkungen, die lediglich den zeitlich oder örtlichen Umfang der Religionsausübung betreffen, nicht aber ihren Inhalt. Daher kann auch aus dem Grundrecht nicht in Anspruch genommen werden, dass jemand, der sich zur Strafverbüßung in Haft befindet, alle die vielfältigen Glaubensbetätigungsmöglichkeiten vornehmen kann, die er in Freiheit wahrnehmen könnte. Da aber die Religionsfreiheit das Recht des einzelnen mitumfaßt, jedenfalls nicht durch fehlende staatliche Rücksichtnahme an der Befolgung religiöser Gebote, Gebräuche und Sitten gehindert zu werden, darf sie vom Strafvollzug nur insoweit und in der Form beschränkt werden, als es für die Aufrechterhaltung eines geordneten Strafvollzugs wirklich unerlässlich ist.[502]

II. Die einzelnen Einschränkungsregelungen aus Gründen der Sicherheit oder Ordnung

Eine Einschränkung bzw. Eingriffsmöglichkeit unter dem Gesichtspunkt der Sicherheit oder Ordnung ist in diesem Titel lediglich in § 54 Abs. 3 StVollzG ausdrücklich genannt, wonach der Gefangene von der Teilnahme am Gottesdienst oder anderen religiösen Veranstaltungen aus Gründen der Sicherheit oder Ordnung ausgeschlossen werden kann.

---

[500] Rassow in Schwind / Böhm, § 54 RN 5 sowie BVerfGE 33, 1 (LS 3 und 11)
[501] BVerfGE 33, 1, 13; 40, 276 (LS 2) und 284 .
[502] vgl. dazu Rassow in Schwind / Böhm, § 54 RN 5

III. § 54 StVollzG [Religiöse Veranstaltungen]

1. Regelungsinhalt und Entstehungsgeschichte

§ 54 StVollzG statuiert für den Gefangenen das Recht, am Gottesdienst und an anderen religiösen Veranstaltungen seines Bekenntnisses teilzunehmen. Dieses Recht wird durch Absatz 3 der Vorschrift insoweit eingeschränkt, als der Gefangene von der Teilnahme am Gottesdienst oder anderen religiösen Veranstaltungen ausgeschlossen werden kann, sofern dies aus überwiegenden Gründen der Sicherheit oder Ordnung geboten ist. Hierzu soll der Seelsorger vor dem Ausschluß gehört werden.

Bereits § 51, der im Regierungsentwurf die Regelungen hinsichtlich religiöser Veranstaltungen normiert und dem heutigen § 54 StVollzG entspricht, beinhaltet in Absatz 3 die Möglichkeit, den Gefangenen „aus überwiegenden Gründen der Sicherheit oder Ordnung der Anstalt hiervon" auszuschließen.[503]

Aus Klarstellungsgründen schlug der Bundesrat[504] eine sprachliche Veränderung vor, die schließlich auch über den Sonderausschuss[505] Eingang ins Strafvollzugsgesetz gefunden hat. Um zu verdeutlichen, dass die Ausschlußmöglichkeit sowohl für Absatz 1 als auch für Absatz 2 Bedeutung hat, dass der Gefangene also bei Vorliegen überwiegender Gründe der Sicherheit oder Ordnung der Anstalt nicht nur von Veranstaltungen anderer Religionsgemeinschaften, sondern auch von Veranstaltungen seiner eigenen Glaubensrichtung ausgeschlossen werden kann[506], wurde Absatz 3 ausführlicher formuliert. So wurde das „hiervon" des Entwurfs in die Fassung „von der Teilnahme am Gottesdienst oder anderen religiösen Veranstaltungen" erweitert.

Außerdem wurde noch einmal das Erfordernis der Beachtung des Verhältnismäßigkeitsgrundsatzes und des ultima-ratio-Charakters der Eingriffsmöglichkeit gerade auch im Hinblick auf die auch für den Gefangenen grundrechtlich

[503] BT-Dr. 7/918 S. 17
[504] BT-Dr. 7/918 S. 117
[505] BT-Dr. 7/3998 S. 24 u. S. 78
[506] vgl. BT-Dr. 7/918 S. 117

geschützte Religionsfreiheit verdeutlicht: nach der vom Bundesrat vorgeschlagenen und vom Sonderausschuss übernommenen Fassung ist ein solcher Ausschluß von religiösen Veranstaltungen überhaupt nur dann möglich, *wenn dies* aus überwiegenden Gründen der Sicherheit oder Ordnung der Anstalt *geboten* ist".[507]

2. Bedeutung der Norm

Zur Bedeutung der Möglichkeit, auch im Strafvollzug seinem Bekenntnis gemäß betreut zu werden und weitgehend auch seine Religion leben zu können, kann auf das oben zur Bedeutung der Religionsausübung Dargestellte[508] verwiesen werden. § 54 StVollzG kommt in diesem Zusammenhang insofern eine wichtige Rolle zu, als er die Teilnahme am Gottesdienst oder entsprechenden religiösen Veranstaltungen regelt, die einen wesentlichen Teil des „aktiven" Lebens innerhalb des Bekenntnissen ausmachen. Neben der Betreuung durch den Seelsorger ist auch die Möglichkeit, sich mit anderen Gläubigen des eigenen Bekenntnisses auszutauschen ein wesentlicher Aspekt der religiösen Verwirklichung. Gerade der Gemeinschaftscharakter von Gottesdiensten und ähnlichen Veranstaltungen kann auch beim Gefangenen dem Gefühl der Isolation in einem für ihn möglicherweise wesentlichen Bereich entgegenwirken.

3. Meinungsstand in der Literatur zu Auslegung und Anwendung des Gesetzes

Die Freiheit der Religionsausübung ist ein grundrechtlich geschütztes Gut (Art. 4 GG). Aus der Tatsache, dass seit der Grundsatzentscheidung des Bundesverfassungsgerichts[509] kein Zweifel mehr daran besteht, dass der Grundrechtsschutz auch für Gefangene seine Wirksamkeit entfaltet, ergibt sich, dass

---

[507] vgl. BT-Dr. 7/918 S. 117 und BT-Dr. 7/3998 S. 78
[508] Hauptteil C I S. 221 ff.
[509] BVerfGE 33, 1 vom 14. März 1972

dieses Grundrecht auch nur aufgrund eines Gesetzes eingeschränkt werden darf.

So darf der Gefangene nur dann von der Teilnahme am Gottesdienst oder von anderen religiösen Veranstaltungen seines Bekenntnisses gemäß § 54 Abs. 3 StVollzG ausgeschlossen werden, wenn dies aus „überwiegenden Gründen der Sicherheit oder Ordnung" geboten ist. Mit anderen Worten bedeutet dies, dass angesichts der hohen Bedeutung des Grundrechts auf freie Religionsausübung, das durch diesen § 54 Abs. 3 StVollzG eingeschränkt werden kann, ein Ausschluss nur in „ganz schwerwiegenden und offensichtlichen Fällen" vorgenommen werden kann, in denen diese Einschränkung geradezu „unerlässlich" ist, um die Sicherheit oder Ordnung aufrechterhalten zu können.[510]

Eine einfache Störung genügt im Hinblick auf die vollzugspädagogische Einbettung der Grundsätze von Sicherheit und Ordnung und im Zusammenhang mit Art. 4 GG demnach nicht.[511]

Aus der Tatsache, dass ein solch schwerwiegender Grundrechtseingriff auch stets eine Einzelfallprüfung erfordert, ergibt sich, dass der Ausschluss sich auch jeweils nur auf den einzelnen Gefangenen beziehen kann. Ein genereller Ausschluß von Gefangenengruppen, die sich z.B. in einer besonderen gesicherten Station, in einer Abteilung für Transportgefangene oder in einem Freigängerhaus befinden, stellt jedenfalls dann eine Grundrechtsverletzung dar, wenn diesen Personen stattdessen nicht in ihrem Bereich selbständige Möglichkeiten zur Gottesdienstteilnahme eröffnet werden. Auch rein vollzugsorganisatorische Gründe, wie z.B. verminderter Personaleinsatz am Wochenende, sind nicht als hinreichende Begründung anzusehen, da die Verringerung des Sicherheitsgrades (die nicht unvermeidbar ist), nicht von den Gefangenen ausgeht, sondern von der Anstalt selbst.[512]

Ebensowenig bedingt die Verbüßung einer Arreststrafe von vornherein den Ausschluß des Gefangenen vom Gottesdienst[513], da eine Trennung des Arrestierten von den übrigen Gefangenen auch durch eine entsprechende Platzierung erreicht werden kann[514]. Ein Hinweis auf die (zusätzliche) personelle,

---

[510] Huchting / Koch, AK-StrVollzG, § 54 RN
[511] Calliess / Müller-Dietz, StrVollzG § 54 RN 3
[512] vgl. auch Huchting / Koch, AK-StrVollzG, § 54 RN 7
[513] so aber wohl noch OLG Bremen, ZfStrVo 64,47
[514] Rassow in Schwind / Böhm § 54 RN 21

zeitliche und finanzielle Belastung durch die Notwendigkeit von Kontrollen kann nicht als ausreichender Grund für einen solch schwerwiegenden Grundrechtseingriff akzeptiert werden.[515]

Lediglich ein Missbrauch dieses Grundrechts auf freie Religionsausübung, vorstellbar z.B. als nachhaltige beabsichtigte Störung des Gottesdienstes, rechtfertigt eine entsprechende Ausschlußreaktion, weil ein solches Verhalten nicht mehr in den Schutzbereich des Art. 4 GG fällt und gegebenenfalls sogar die Grundrechte der übrigen Gefangenen beeinträchtigt werden.[516]

Aus dem Erfordernis der „überwiegenden Gründe" der Sicherheit oder Ordnung gegenüber dem Grundrecht auf freie Religionsausübung folgt weiterhin, dass eine solche Ausschlußanordnung stets zu einer zwingenden und individuellen Begründbarkeit verpflichtet. Außerdem ergibt sich daraus aber auch, dass die Notwendigkeit einer Fortdauer überprüfbar sein und regelmäßig neu festgelegt werden muss.[517]

Keine Regelung enthält § 54 StVollzG dagegen hinsichtlich der Überwachung der Gottesdienste aus Gründen der Sicherheit oder Ordnung. Die Notwendigkeit muss im konkreten Einzelfall vorliegen, sie wird sich aus dem Sicherheitsgrad der Anstalt, der Teilnehmerzahl oder des Besucherkreises ergeben.

Um rechtmäßig zu sein, wird jedoch eine eventuell stattfindende Überwachung nicht nur dem Verhältnismäßigkeitsgrundsatz folgen, sondern auch auf den Charakter der konkreten religiösen Veranstaltung Rücksicht nehmen müssen. So darf die Tatsache, dass keine Überwachung stattfindet, nicht zur Folge haben, dass ein als gefährlich oder (flucht-) gefährdet angesehener Gefangene nur wegen dieses Überwachungsverzichts von der Veranstaltung ausgeschlossen wird. Außerdem muss berücksichtigt werden, dass gerade bei religiösen Veranstaltungen Situationen denkbar sind (z.B. Beichtgespräche oder Aussprachegruppen), in denen es zu einer Kollision zwischen der Verschwiegenheitspflicht der Seelsorge und dem Sicherheitsaspekt kommt. Die Lösung eines solchen durch die Überwachung gegebenen Interessenskonfliktes muss sich dann aber an den Maßstäben der Gottesdienstteilnahme selbst (§ 54 Abs. 3 StVollzG) orientieren.[518]

---

[515] Rassow in Schwind / Böhm § 54 RN 21,
[516] vgl. dazu auch BVerfGE 12, 4
[517] vgl. Rassow in Schwind / Böhm § 54 RN 21
[518] vgl. dazu Rassow in Schwind / Böhm § 54 RN 23

4. konkrete Einzelfälle aus der Praxis

a. Beschluss des OLG Koblenz vom 30.03.1987 – 2 Vollz (Ws)17/87 -[519]

Im folgenden Fall hatte ein zu lebenslanger Freiheitsstrafe verurteilter Strafgefangener jahrelang an einem vom Anstaltspfarrer im räumlichen Bereich des geschlossenen Vollzugs veranstalteten Gesprächskreis teilgenommen.

Nachdem der Gefangene zur Außenbeschäftigung zugelassen worden war, wurde er in einem anderen Flügel untergebracht, der den Gefangenen des gelockerten Vollzugs vorbehalten war. Wegen der strengen Trennung der Bereiche des geschlossenen und des gelockerten Vollzugs war dem Gefangenen eine weitere Teilnahme am Gesprächskreis nicht mehr möglich. Ein Antrag auf Teilnahme wurde vom Leiter der Justizvollzugsanstalt abgelehnt.

Der Antrag auf gerichtliche Entscheidung hatte die Strafvollstreckungskammer als unbegründet verworfen, da die Trennung der auswärts arbeitenden Gefangenen und der Freigänger von den übrigen Gefangenen aus Gründen der Sicherheit der Anstalt unerlässlich und die ablehnende Entscheidung des Anstaltsleiters nicht ermessensfehlerhaft sei. Zudem sei der Gesprächskreis keine religiöse Veranstaltung, so dass ein Anspruch des Gefangenen auf Teilnahme auch nicht aus § 54 Abs. 1 StVollzG herzuleiten sei.

Die dagegen eingelegte Rechtsbeschwerde des Gefangenen erachtete das OLG für zulässig und zumindest vorläufig auch als erfolgreich.

Der Senat pflichtete der Strafvollstreckungskammer insoweit bei, als bei der Größe und den Sicherheitserfordernissen der betroffenen Justizvollzugsanstalt (Diez) eine möglichst weitgehende Trennung der im geschlossenen Vollzug befindlichen Gefangenen von denjenigen gewährleistet sein muss, die einer Außenbeschäftigung nachgehen oder gar Freigänger sind.

Ohne diese Trennung wäre das Ein- und Ausschmuggeln von Gegenständen sowie eine Übermittlung von Nachrichten zwischen den Gefangenen des geschlossenen Vollzugs und der Außenwelt kaum zu unterbinden.

Deshalb, so der Senat, sei es im allgemeinen auch gerechtfertigt, die Gefangenen des zum gelockerten Vollzug gehörenden Flügels zu Veranstaltungen innerhalb des geschlossenen Vollzuges nicht zuzulassen.

---

519 ZfStrVo 87, 250, 251

Etwas anderes könne aber dann gelten, wenn es sich um eine „religiöse Veranstaltung" handle. Denn dann wäre ein Ausschluss von der Teilnahme nur aus *überwiegenden* Gründen der Sicherheit oder Ordnung (§ 54 Abs. 3 StVollzG) gerechtfertigt.

Hierzu jedoch, so kritisiert der Senat, habe die Strafvollstreckungskammer keine ausreichenden Feststellungen getroffen.

Die Justizvollzugsanstalt habe sich in ihrer schriftlichen Stellungnahme nicht zum Charakter des Gesprächskreises geäußert; von einer fernmündlichen Auskunft fehlt jegliche Inhaltswiedergabe. Dennoch habe die Kammer in ihrer Begründung angeführt, dass es sich bei dem Gesprächskreis *nicht* um eine religiöse Veranstaltung handle.

Der Strafgefangene selbst habe offensichtlich auch keine Gelegenheit zur Stellungnahme erhalten, so dass er insoweit zurecht mangelndes rechtliches Gehör geltend macht.

Auch sonst seien in der Begründung des Kammerbeschlusses keine Fakten mitgeteilt worden, die dem Senat eine Überprüfung ermöglichten, ob der Begriff der „religiösen Veranstaltung" richtig angewandt worden sei. Der Hinweis darauf, dass nach dem Vortrag des Gefangenen „nicht vorwiegend religiöse Themen" besprochen würden, reiche für sich allein jedenfalls nicht aus.

Schon deshalb sei der angefochtene Beschluss aufzuheben und zu weiteren Feststellungen über den Charakter des Gesprächskreises zurückzuverweisen.

Zu beachten sei bei den weiteren Ermittlungen, dass der Begriff der „religiösen Veranstaltung" (§ 54 StVollzG) maßgeblich vom Grundrecht der Freiheit der Religionsausübung (Art. 4 Abs. 2 GG) her bestimmt werden müsse.

Dem Gefangenen müsse die Möglichkeit gegeben werden, sein religiöses Bekenntnis in Gemeinschaftsveranstaltungen zu praktizieren, was bedeute, dass die Veranstaltung auf eine solche religiöse Betätigung ausgerichtet sein müsse.

Dies sei außer bei Gottesdiensten sicher der Fall bei Sakramentsfeiern, Andachten, Gebets- und Bibelstunden; aber auch Veranstaltungen der kirchlichen Erwachsenenbildung könnten dazu zählen.[520] Auch die Behandlung theoretischer Fragen könne der Glaubensvertiefung dienen, nicht jedoch, wenn dies aus rein wissenschaftlichem Interesse erfolge.

Es müsse sich demnach um Veranstaltungen handeln, die der religiösen Erbauung dienten, dem Gläubigen die Betätigung seines Glaubens in der überkommenen kultischen Formen seines Bekenntnisses ermöglichten, eine geistige oder emotionale Verbindung zu Gott eröffneten oder Glaubensunterweisung im Sinne einer Glaubensfestigung dienten.[521]

Sollte sich bei den weiteren Ermittlungen ergeben, dass der Gesprächskreis eine religiöse Veranstaltung darstelle, sei, so der Senat, die weitere Prüfung erforderlich, ob die Gründe der Sicherheit oder Ordnung, die für einen Ausschluss des Gefangenen von der Vearnstaltung sprechen, „überwiegen" (§ 54 Abs. 3 StVollzG).

Tatsächliche Feststellungen seien hierzu umso notwendiger, als solche Gründe bei der Teilnahme der Gefangenen aus dem gelockerten Vollzug offenbar *nicht* bestünden, wie aus der Stellungnahme der Anstaltsleitung hervorgehe.

Der generelle Hinweis auf die personelle Belastung durch die Notwendigkeit von Kontrollen reiche allein jedenfalls nicht aus.

Nach Ansicht des Senats wäre in diesem Zusammenhang zum Beispiel auch von Bedeutung, mit wie vielen Teilnehmern aus dem gelockerten Vollzug überhaupt zu rechnen sei, ob eine optische Überwachung in Frage käme, inwieweit die Gefahr unzulässiger Kontakte etwa durch eine getrennte Sitzordnung vermieden werden könne. Außerdem wäre vor einem Ausschluss gem. § 53 Abs. 3 2.HS StVollzG auch der Seelsorger zu hören.

Zu Recht kritisiert das OLG hier den Beschluss der Strafvollstreckungskammer in zweierlei Hinsicht.

---

520 als zu weitgehend kritisiert der Senat hier die Meinung von Grunau / Tiesler (StVollzG 2. Aufl., § 54 RN 2), der davon ausgeht, dass der Gegenstand einer solchen Erwachsenenbildung „beinahe unbegrenzten Inhalt haben könne".

521 an dieser Stelle setzt sich der Senat damit auseinander, dass „religiöse Veranstaltung" hier nicht vom Begriff der „Seelsorge" umschrieben werden könne, da es hier nicht m die religiöse Betruung des individuellen Gefangenen durch einen Seelsorger ginge (§ 53 Abs. 1StVollzG), sondern um Glaubenserfahrung und -betätigung in der Glaubensgemeinschaft.

Zum einen reichten die tatsächlichen Feststellungen der Kammer nicht aus, um sicher auszuschließen, dass es sich bei dem Gesprächskreis um eine religiöse Veranstaltung handelt und eine Teilnahme demnach unter grundrechtlichem Schutz stünde und nur unter äußerst engen Voraussetzungen versagt werden könnte.

Eine sachgerechte Antwort auf diese Frage ist insofern von erheblicher Bedeutung, als hier gegebenenfalls in ein Grundrecht des Gefangenen eingegriffen würde.

So umging die Kammer auch den zweiten problematischen Punkt in der Entscheidung, nämlich die Abwägung der Belange der Sicherheit oder Ordnung und der grundrechtlich geschützten Betätigung des Gefangenen. Lediglich bei Vorliegen überwiegender Gründe der Sicherheit oder Ordnung wäre ein Ausschluss von der Teilnahme nach dem Strafvollzugsgesetz rechtens.

Auch eine Auseinandersetzung mit der Frage, ob kein milderes (erfolgversprechendes) Mittel als der Ausschluss von der Teilnahme zur Verfügung stehen könne, wäre erforderlich, um eine ablehnende Entscheidung auf der Grundlage des Strafvollzugsgesetzes rechtfertigen zu können.

Der pauschale Hinweis auf die (zusätzliche) personelle, zeitliche und finanzielle Belastung durch die Notwendigkeit von Kontrollen kann nicht als ausreichende Grund für einen solch schwerwiegenden Grundrechtseingriff akzeptiert werden.[522]

b. Beschluss des OLG Hamm vom 01.06.1999 – 1 Vollz (Ws) 80/99 - [523]

Im folgenden Fall wurde gegen den in der Justizvollzugsanstalt D. inhaftierten Antragsteller eine Disziplinarmaßnahme nach § 103 Abs. 1 Nr. 4 StVollzG wegen unentschuldigten Fehlens bei der Arbeit erlassen, nach der er für die Dauer von einer Woche von der Teilnahme an gemeinsamen Veranstaltungen gesperrt wurde.

Infolgedessen war ihm untersagt worden, an der in dieser Woche stattfindenden Adventsfeier sowie an einem Bibelkreis teilzunehmen.

Der dagegen eingelegte Widerspruch wurde mit der Begründung als unbegründet zurückgewiesen, dass die Disziplinarentscheidung, die unter Berücksichtigung des Schwere der Verfehlung nach Art und Höhe als gerechtfertigt

---

[522] So auch Rassow in Schwind / Böhm § 54 RN 21
[523] NStZ 99, 591, 592

anzusehen sei, die in Frage stehenden Veranstaltungen nicht aus der Maßnahme ausgeschlossen habe.

Daraufhin hatte der Antragsteller gerichtliche Entscheidung begehrt mit dem Ziel der Feststellung, dass der Ausschluss von der Teilnahme an der Adventsfeier und am Bibelkreis rechtswidrig gewesen sei.

Die Strafvollstreckungskammer hat den Antrag zwar zurückgewiesen, die daraufhin von Antragsteller eingelegte Rechtsbeschwerde hatte jedoch Erfolg. Nach Auffassung des OLG war die Untersagung an der Teilnahme an Adventsfeier und Bibelkreis weder durch § 103 Abs. 1 Nr. 4 noch durch § 54 Abs. 3 StVollzG gerechtfertigt.

Entgegen der Auffassung des Anstaltsleiters handle es sich bei beiden Zusammenkünften um „andere religiöse Veranstaltungen" im Sinne des § 54 StVollzG, denn in dieser umstrittenen Frage folge der Senat nicht der engen Auffassung[524], wonach „andere religiöse Veranstaltungen" auf „gottesdienstähnliche", d.h. solche mit vorwiegend kultischem Charakter beschränkt seien.

Zuzustimmen sei vielmehr der auch dem staatskirchenrechtlichen Selbstverständnis entsprechenden weiteren Auffassung des Bundesverfassungsgerichts[525], wonach auch caritative, diakonisch-fürsorgerische Maßnahmen oder Veranstaltungen der konfessionellen Erwachsenenbildung mitumfasst würden.

Dies bedeute für den kirchlichen Auftrag in einer Justizvollzugsanstalt, den vom Strafvollzugsalltag belasteten Gefangenen unter den Bedingungen des Strafvollzugs Zugang zur Seelsorge zu eröffnen. Seelsorge umfasse dabei neben der Unterrichtung in Glaubensfragen auch den Dienst am ganzen Menschen im umfassenden Sinn als Lebensdeutung, Lebensorientierung und Hilfe zur Lebensgestaltung.[526],[527]

Da es sich demnach sowohl bei der Adventsfeier als auch beim Bibelkreis um „andere religiöse Veranstaltungen" handle, sei der Ausschluss des Antrag-

---

[524] vertreten z.B. vom OLG Koblenz in ZfStrVo 87, 250; 88, 57

[525] zitiert wird hier: BVerfGE 24, 236, 245

[526] zitiert wird hier: Rassow in Schwind / Böhm , StVollzG, 1991, § 53 RN 2

[527] hier werden weitere Gesichtspunkte der Diskussion dargelegt, die im Ergebnis auf das oben angegebene weitere Verständnis führen, wonach sowohl Adventsfeier als auch Bibelkreis eindeutig zu den „andere religiöse Veranstaltungen" zu zählen sind

stellers von der Teilnahme an den beiden Zusammenkünften nicht durch § 103 Abs. 1 Nr. 4 StVollzG gedeckt.

Wegen ihrer Grundrechtsbedeutung (Art. 4 GG) sei religiösen Veranstaltungen eine andere rechtliche Qualität beizumessen als den übrigen Freizeitveranstaltungen. Eine Freizeitsperre gemäß § 103 Abs. 1 Nr. 4 StVollzG bedeute demnach nicht den Ausschluss von religiösen Veranstaltungen.

Vielmehr enthalte insoweit § 54 Abs. 3 StVollzG eine spezielle Regelung. Danach könne mit Rücksicht auf die Bedeutung des Grundrechts aus Art. 4 GG „ein Gefangener von der Teilnahme an anderen religiösen Veranstaltungen nur dann ausgeschlossen werden, wenn das aus überwiegenden Gründen der Sicherheit oder Ordnung geboten ist".

Es müsse sich hierbei um Gründe handeln, so das OLG weiter, die in der Person oder individuellen Situation des Gefangenen lägen. Auch genüge mit Rücksicht auf die vollzugspädagogische Einbettung der Grundsätze von Sicherheit und Ordnung und vor allem im Zusammenhang mit Art. 4 GG eine einfache Störung nicht.

Vielmehr müssten für eine Maßnahme auf der Grundlage des § 54 Abs. 3 StVollzG „überwiegende Gründe" und konkrete Gefahren vorliegen, die anders als durch den Ausschluss nicht vermieden oder zumindest behoben werden könnten.[528]

Im vorliegenden Fall seien solche Gründe, die konkrete Sicherheitsaspekte im Auge hätten, nicht gegeben. Vielmehr sei die Disziplinarmaßnahme verhängt worden, weil der Antragsteller nach Auffassung der Justizvollzugsanstalt gegen seine Arbeitspflicht verstoßen habe; ein Zusammenhang mit der Teilnahme an religiösen Veranstaltungen bestehe jedenfalls nicht.

Der Senat hat meiner Meinung nach zu Recht die Einbeziehung von Adventsfeier und Bibelkreis in die Ausschlussmaßnahme nach § 103 Abs. 1Nr. 4 StVollzG sowie den Rückgriff auf § 54 Abs. 3 StVollzG kritisiert.

Der Ausschluss von Freizeitveranstaltungen war als Reaktion auf nachlässiges und unzuverlässiges Verhalten bzw. mangelhafte Pflichterfüllung durch den Antragsteller erfolgt.

---

[528] zitiert wird hier: Calliess / Müller-Dietz, StrVollzG, 7. Aufl., § 54 RN 3 sowie Rassow in Schwind / Böhm, StVollzG, 1991, § 54 RN 19 ff

Es bestand jedoch kein Zusammenhang zu den in Frage stehenden Zusammenkünften, die als andere religiöse Veranstaltungen zu klassifizieren sind.

Es ist nicht ersichtlich und vor allem auch nicht vorgetragen, dass neben des unentschuldigten Fehlens von der Arbeit das Verhalten des Antragstellers anlässlich eines religiösen Treffens oder seine Einstellung zu religiösen Fragen die Sicherheit oder Ordnung in der Anstalt in einem Maß gefährdeten, dass dem nur mit einem Ausschluss von den besagten Veranstaltungen begegnet werden könnte. Deshalb erfolgte der Rückgriff auf § 54 Abs. 3 StVollzG unberechtigt. Eine konkrete Gefährdungslage für Sicherheit oder Ordnung war nicht die Ursache der Maßnahme; der Ausschluss von Adventsfeier und Bibelkreis war demnach insoweit rechtswidrig.

D. Freizeit

I. Die Bedeutung und die Regelungsaufgabe des achten Titels des Strafvollzugsgesetzes

Weil das Leben im Strafvollzug allgemein, und ganz besonders in einer geschlossenen Anstalt, einen relativ streng und straff geregelten Tagesablauf bedingt, nimmt die Freizeit nicht den gleichen Raum ein wie es im „normalen" Leben in Freiheit der Fall ist. Es versteht sich, dass eine Vielzahl von Beschäftigungsmöglichkeiten, die für viele Menschen die Freizeit gerade besonders interessant gestalten, im Strafvollzug nicht gegeben sind, sei es, weil Platz oder Geld dafür fehlen, oder sei es aufgrund der besonderen Situation des Lebens in Gefangenschaft.

Die Besonderheiten der Freizeit im Strafvollzug gegenüber der in der Außenwelt folgen nach *Kaiser/Kerner/Schöch*[529] daraus, „dass sich die Insassen auch während der freien Stunden (räumlich wie psychisch) nicht losmachen können von der Einbindung in das Beziehungsgefüge der Anstalt; der Rückzug aus dem Zwangskollektiv gelingt im besten Fall nur partiell und die Aktivitäten sind nach Gegenstand wie Ausprägung in einen engen Rahmen gespannt". Der Gefangene könne deshalb „seine Freizeit nicht als Lebensraum erhöhter Unabhängigkeit" nutzen. So hat der Gefangene zwar ein Recht auf Freizeitgestaltung und freie Wahl innerhalb der angebotenen Freizeitbeschäftigungen, er hat aber keinen Anspruch auf ein bestimmtes Freizeitangebot.[530]

Dennoch bietet die Freizeitgestaltung auch im Strafvollzug „begrenzte Möglichkeiten für Eigenverantwortung und individuelle Entfaltung der Persönlichkeit".[531] In der Freizeit kann der Gefangene (soweit als möglich) seine individuellen Interessen pflegen, er kann selbst entscheiden, ob er den Kontakt zur Gruppe sucht oder sich allein beschäftigen möchte, ob er sich geistige oder körperliche Betätigung sucht.
Dieses Eigenentscheidungsrecht, diese Selbstverantwortung ist wesentlicher Faktor für die Erhaltung des Selbstwertgefühls und des „individuellen Identitätsbewußtseins" des einzelnen Gefangenen, dem sich so nicht das Gefühl aufdrängt, einer aus einer zahllosen Menge zu sein, die völlig anonym und oh-

[529] Kaiser/Kerner/Schöch § 14 RN 47
[530] Kaiser/Kerner/Schöch § 6 RN 137
[531] Kaiser/Kerner/Schöch § 6 RN 134

ne Rücksicht auf persönliche Interessen oder Unterschiede den gesamten Gefängnisalltag verbringen muss.

Ein weiterer Aspekt, den man nicht unterschätzen sollte, ist das Moment der Abwechslung, die in der Anstaltssituation beinahe als Wert an sich oder als „kontextfreier Eigenwert“[532] einzuordnen ist, da zum einen beim Leben im Strafvollzug generell die Gefahr der Eintönigkeit besteht, zum anderen aber auch bei vielen Gefangenen die Fähigkeiten zu eigenständiger und sinnvoller Freizeitgestaltung nie geweckt worden oder aber schon frühzeitig verloren gegangen ist.[533]

II. Die einzelnen Einschränkungsregelungen aus Gründen der Sicherheit oder Ordnung

Einschränkungen bzw. Eingriffsmöglichkeiten unter dem Gesichtspunkt der Sicherheit oder Ordnung finden sich in diesem die Freizeit des Gefangenen betreffenden Titel in den Vorschriften § 68 Abs. 2 S. 2, § 69 Abs. 1 S. 3 sowie § 70 Abs. 2 Ziff. 2 StVollzG.

- So dürfen einzelne Ausgaben oder Teile von Zeitschriften dem Gefangenen vorenthalten werden, sofern sie (das Vollzugsziel,) Sicherheit oder Ordnung der Anstalt erheblich gefährden würden (§ 68 Abs. 2 S. 2 StVollzG).
- Vorübergehend kann der Hörfunk- oder Fernsehempfang ausgesetzt oder einzelnen Gefangenen untersagt werden, wenn dies zu Aufrechterhaltung der Sicherheit oder Ordnung der Anstalt unerlässlich ist (§ 69 Abs. 1 S. 3).
- Außerdem darf der Gefangene Bücher oder andere Gegenstände zur Fortbildung oder Freizeitbeschäftigung dann nicht besitzen, überlassen bekommen oder benutzen, wenn sonst (das Vollzugsziel oder) die Sicherheit oder Ordnung der Anstalt erheblich gefährdet würden (§ 70 Abs. 2 Ziff. 2 StVollzG).

---

532 siehe Kaiser/Kerner/Schöch § 14 RN 48
533 so Kaiser/Kerner/Schöch § 14 RN 48

III. § 68 StVollzG [Zeitungen und Zeitschriften]

1. Regelungsinhalt und Entstehungsgeschichte

Gemäß § 68 Abs. 1 StVollzG ist es dem Gefangenen erlaubt, in angemessenem Umfang durch Vermittlung der Anstalt Zeitschriften und Zeitungen zu empfangen, mit Ausnahme solcher Zeitungen und Zeitschriften, deren Verbreitung mit Strafe oder Geldbuße bedroht ist. Nach Absatz 2 Satz 2 besteht eine weitere Einschränkung dahingehend, dass einzelne Ausgaben oder Teile von Zeitungen oder Zeitschriften dem Gefangenen vorenthalten werden können, wenn sie das Vollzugsziel oder Sicherheit oder Ordnung der Anstalt erheblich gefährden würden.

Der heutige § 68 Abs. 2 StVollzG war in eben diesem Wortlaut als Absatz 2 bereits im Gesetzesentwurf der Bundesregierung enthalten[534], damals allerdings als § 61, was jedoch keine Bedeutung hinsichtlich Stellung oder Gewichtung der Vorschrift hat, sondern gesetzessystematischen Gründen folgt, weil im Laufe des Gesetzgebungsverfahrens einzelne, im Entwurf nicht vorgesehene Regelungen eingeführt, oder im Entwurf unter einem Paragraphen abgehandelte Regelungen in zwei Paragraphen aufgeteilt wurden.

In der Begründung zum Gesetzesentwurf weist die Bundesregierung auf die Bedeutung der grundrechtlich geschützten Informationsfreiheit und die dadurch bedingte erhöhte Abwägungspflicht der Behörde vor einem Einschreiten ihrerseits hin: „Die Entwurfsvorschrift regelt die Ausübung des in Artikel 5 des Grundgesetzes enthaltenen Grundrechts, sich aus allgemein zugänglichen Quellen ungehindert zu unterrichten, soweit es den Bezug von Zeitungen und Zeitschriften betrifft. Die Begrenzung des Bezuges auf den angemessenen Umfang und die Einschränkungsgründe des Absatzes 2 geben der Vollzugsbehörde die Möglichkeit, die notwendigen Anordnungen zu treffen. Mit Rücksicht auf die Bedeutung des Grundrechts wird die Vollzugsbehörde jedoch nur die unerlässlichen Einschränkungen vornehmen dürfen. (...) Das Grundrecht

---

[534] BT-Dr. 7/918 S.18

der Informationsfreiheit läßt eine Auswahl der Publikationen unter dem Gesichtspunkt der Behandlung sowie der Sicherheit oder Ordnung der Anstalt nicht zu. Dagegen können nach Prüfung im Einzelfall einzelne Ausgaben oder Teile hiervon aus diesen Gesichtspunkten zurückgehalten werden."[535]

Der Bundesrat nahm hierzu nicht einmal Stellung, und auch der Sonderausschuss[536] behielt die ursprüngliche Fassung dieses Absatzes unverändert bei.

2. Bedeutung der Norm

§ 68 StVollzG konkretisiert die Ausübung des in Art. 5 GG enthaltenen Grundrechts, sich aus allgemein zugänglichen Quellen ungehindert informieren zu können, für den Strafgefangenen hinsichtlich der Unterrichtung aus Zeitungen und Zeitschriften. Neben einer reinen Freizeitbeschäftigung eröffnet die Lektüre von Presseerzeugnissen dieser Art dem Gefangenen die Möglichkeit, sich über die Ereignisse, die das Tagesgeschehen in Freiheit bestimmen, ein Bild zu machen. Er kann sich je nach Interessensgebiet über Politik, Wirtschaft oder Kultur informieren, er kann aber auch über Fachzeitschriften Kenntnisse speziellerer Art gewinnen oder aufrechterhalten. Er kann so zumindest indirekt Anteil haben an den Entwicklungen in der Außenwelt, was ihm die Wiedereingliederung nach seiner Haftentlassung erleichtern dürfte.

Diese Konkretisierung des durch Art. 5 GG garantierten Rechts auf Information stellt gewissermaßen den Rahmen für die kommunikative Entfaltung der Gefangenen.[537] Diese ist gerade für den sich im Vollzug befindlichen Menschen von erhöhter Bedeutung, da der Gefangene durch die Situation des Freiheitsentzugs besonderen Beschränkungen in der individuellen Organisation seiner Kommunikation unterliegt und daher umso mehr auf die ihm verbleibenden Kommunikationsmittel sowie die Kommunikationsleistungen und –anregungen angewiesen ist.[538]

---

[535] BT-Dr. 7/918 S. 74
[536] BT-Dr. 7/3998 S. 82
[537] Boetticher, AK-StrVollzG, § 68 RN 1
[538] Boetticher, AK-StrVollzG, § 68 RN 1

Daraus ergibt sich, dass die Ausführungen des Bundesverfassungsgerichts zu Art. 5 GG in besonderer Weise gerade für den Strafgefangenen Bedeutung haben. Danach gehört es „zu den elementaren Bedürfnissen des Menschen, sich aus möglichst vielen Quellen zu unterrichten, das eigene Wissen zu erweitern und sich so als Persönlichkeit zu entfalten." Zudem sei „in der modernen Industriegesellschaft der Besitz von Informationen von wesentlicher Bedeutung für die soziale Stellung des Einzelnen."[539] Auch die Tatsache, dass der Gefangene nicht in dem Maß an der aktiven Kommunikation und der allgemeinen Meinungsbildung teilnehmen kann, wie er es vielleicht in Freiheit könnte, ändert daran nichts, da Art. 5 GG auch die schlichte Entgegennahme und selbstbestimmte Informationsverwertung schützt. [540]

Mit Rücksicht auf dieses hohe Rechtsgut, das bei einer einschränkenden Maßnahme nach § 68 Abs. 2 StVollzG betroffen wäre, gestaltete der Gesetzgeber die Vorschrift dahingehend, dass eine „erhebliche Gefährdung" erforderlich ist, um einen Eingriff aufgrund dieser Vorschrift zu rechtfertigen[541], eine Formulierung, die strengste Voraussetzungen für einen Beschränkung fordert.

3. Meinungsstand in der Literatur zu Auslegung und Anwendung des Gesetzes

Mit Rücksicht auf die hohe Bedeutung des Grundrechts auf Informationsfreiheit sind Einschränkungen des Rechts auf freie Auswahl und freien Bezug von Zeitungen und Zeitschriften nur dann und insoweit zulässig, als sie unerlässlich sind, wobei „unerlässlich" enger einzustufen ist als „erforderlich" oder „notwendig".[542] In diesem Sinn sind als „unerlässlich" lediglich solche Maßnahmen anzusehen, „ohne die der Strafvollzug als Institution zusammenbrechen würde, oder durch die der Zweck des Strafvollzugs, insbesondere das Bemühen um die Wiedereingliederung des Gefangenen in die Gesellschaft,

---

539 BVerfGE 27, 71, 81
540 BVerfGE 57, 319
541 vgl. Einleitung VII 2 c, S. 24
542 vgl. Protokoll S. 2108 ff.; Boetticher, AK-StrVollzG, § 68 RN 15

ernstlich gefährdet würde".[543] Es ist das reale Vorliegen einer erheblichen Gefahr zu fordern.[544]

Die Auswahl, welche Zeitungen und Zeitschriften der Gefangene zu beziehen wünscht, steht diesem allein zu.[545] Unter dem Gesichtspunkt (der Behandlung oder) der Sicherheit oder Ordnung der Anstalt können nach einer Prüfung im Einzelfall lediglich einzelne Ausgaben des gewünschten Druckerzeugnisses oder auch Teile hiervon dem Gefangenen vorenthalten werden.

Eine "Vorauswahl" dagegen, welche Zeitungen oder Zeitschriften überhaupt bezogen werden dürfen, steht der Anstalt selbst bei Vorliegen der den genannten Gründen (der Behandlung, der Sicherheit oder Ordnung der Anstalt) nicht zu. Das Grundrecht der Informationsfreiheit, das grundsätzlich auch dem Gefangenen zusteht[546], läßt eine solche Einschränkung nicht zu.[547]

Anlässlich einer Entscheidung zur Aushändigung der rechtsradikalen Schrift „HNG-Nachrichten" an Gefangene hat das Bundesverfassungsgericht nochmals grundsätzlich klargestellt, dass „in Auslegung und Anwendung der Vorschrift mithin darauf abgehoben werden muss, dass das gesetzliche Erfordernis der erheblichen Gefährdung seine ihm zukommende vollzugssteuernde Wirkung entfaltet und damit die Freiheit vor dem Eingriff möglichst weitgehend bewahrt wird. Der Eingriff muss mithin geeignet und erforderlich sein, um eine erhebliche Gefahr für die in § 68 Abs. 2 S. 2 StVollzG genannten Belange abzuwehren, die erhebliche Gefahr muss real sein."[548]

Aber auch bei Vorliegen der Voraussetzungen des § 68 Abs. 2 StVollzG ist stets zu prüfen, ob nicht auch ein geringerer Eingriff in die Rechte des Gefangenen ausreichend ist, um die Funktionsfähigkeit des Strafvollzugs nicht zu beeinträchtigen.[549] So kommt als weniger einschneidend als das Vorenthalten einer Zeitung oder Zeitschrift z.B. das Schwärzen einzelner zu beanstandender Abschnitte oder Artikel in Betracht.

---

[543] BVerfGE 40, 276, 284, vgl. Text Einleitung VII 2 c, S. 23; außerdem Calliess / Müller-Dietz, StrVollzG, § 68 RN 1; Boetticher, AK-StrVollzG, § 68 RN 15,

[544] BVerfG NStZ 96, 613;; ZfStrVo 80, 59 auch Calliess / Müller-Dietz, StrVollzG, § 4 RN 20

[545] im durch § 68 Abs. 2 S. 1 StVollzG gesetzten Rahmen, ausgeschlossen daher die Erzeugnisse, deren Verbreitung mit Strafe oder Geldbuße bedroht ist.

[546] Vgl. BverfGE 33,1 vom 14. März 1972

[547] vgl. dazu Calliess / Müller-Dietz, StrVollzG § 68 RN 1

[548] abgedruckt in NStZ 95, 613 und ZfStrVo 96, 175

[549] BVerfGE 41, 251; Boeticher, AK-StrVollzG, § 68 RN 16; Schwind in Schwind / Böhm § 68 RN 12

Nicht gerechtfertigt durch § 68 Abs. 2 StVollzG ist es auch, die gesamte Zeitung oder Zeitschrift einzubehalten, obwohl sie offensichtlich neben den beanstandeten Teilen auch unbeanstandete enthält.[550]

Umstritten ist dabei in der Literatur, ob aus Gründen der Verhältnismäßigkeit der Verlust der an sich nicht zu beanstandenden (Vorder- oder Rück-) Seite bei beidseitig bedruckten Erzeugnissen in Kauf zu nehmen ist.[551]

Gänzlich untersagt werden wegen einer erheblichen Gefährdung der Sicherheit oder Ordnung der Anstalt kann ein Presseerzeugnis[552] nicht. § 68 StVollzG bietet für einen solchen Eingriff in das Recht auf Informationsfreiheit keine Grundlage. Auch auf § 4 Abs. 2 S.2 StVollzG kann nicht zurück gegriffen werden[553], da § 68 Absatz 2 insoweit eine abschließende Regelung enthält.[554]

Die betroffenen Gefangenen sind darüber in Kenntnis zu setzen, wenn und soweit Zeitungen oder Zeitschriften vom Bezug ausgeschlossen oder einzelne Ausgaben oder auch Teile einer Ausgabe den Gefangenen vorenthalten werden (VV 6 zu § 68 StVollzG).[555]

4. konkrete Einzelfälle aus der Praxis

a. Beschluss des OLG Koblenz vom 26.09.1983 – 2 Vollz (Ws) 52/83–[556]

Der Antragsteller wandte sich hier gegen die von der Strafvollstreckungskammer bestätigten Maßnahmen der Justizvollzugsanstalt, die von ihm an zwei Gefangene der Anstalt geschickten Kopien von Buch- und Zeitungsauszügen

---

[550] Calliess / Müller-Dietz, StrVollzG § 68 RN 1; Boetticher, AK-StrVollzG, § 68 RN 16; Schwind in Schwind / Böhm § 68 RN 13

[551] so Calliess / Müller-Dietz, StrVollzG § 68 RN 1, kritisch dagegen Boetticher, AK-StrVollzG, § 68 RN 15; Schwind in Schwind / Böhm § 68 RN 13

[552] sofern es nicht schon v. § 68 Abs. 2 S. 1 StVollzG umfaßt u. damit vom Bezug ausgeschlossen ist

[553] a.A. aber Grunau StVollzG 1977, § 68 RN 4, der jedoch übersieht, dass zum Rückgriff auf die Generalklausel eine ungewollte Regelungslücke bestehen würde, die hier nicht gegeben ist.

[554] Calliess / Müller-Dietz, StrVollzG § 68 RN 1; Schwind in Schwind / Böhm § 68 RN 4

[555] vgl. auch Calliess / Müller-Dietz, StrVollzG § 68 RN 3; Boetticher, AK-StrVollzG, § 68 RN 14

[556] NStZ 84, 46

anzuhalten und sonstige Kopien nur bis zu einer Stückzahl von je 30 Seiten pro Monat zuzulassen.

Das OLG führt zunächst aus, unter welchen Voraussetzungen durch eine auf § 68 Abs. 2 StVollzG gestützte Maßnahme auch den Rechtskreis einer Person treffen kann, die sich nicht im Strafvollzug befindet.

Für den Fall, dass sich herausstellen sollte, dass der Antragsteller sehr wohl durch die Maßnahme betroffen ist, habe, so das OLG, die Strafvollstreckungskammer zu beachten, dass neben Zeitungen und Zeitschriften auch komplette Ablichtungen dieser Druckerzeugnisse nur unter den engen Voraussetzungen des § 68 Abs. 2 StVollzG vorenthalten werden dürfen. Zwar seien gelegentliche Zusendungen von Einzelexemplaren nach überwiegender Meinung nicht als (laufender) Zeitschriftenbezug i.S.d. § 68 Abs. 1 StVollzG einzuordnen, sondern vielmehr als Schreiben i.S.v. § 28 StVollzG, das dann unter den Voraussetzungen des § 31 StVollzG angehalten oder zurückbehalten werden könne.

Dennoch sei hier nicht diese Bestimmung, sondern die speziellere des § 68 Abs. 2 StVollzG maßgebend, wenn es sich bei dem (auch nur gelegentlich zugesandten) Druckwerk um eine allgemein zugängliche Zeitschrift oder Zeitung handle. In diesen Fällen bedeute das Anhalten einen Eingriff in das Grundrecht der Informationsfreiheit (Art. 5 GG), das dementsprechend den (im Vergleich zu § 31 Abs. 1 StVollzG) weitergehenden Schutz des § 68 Abs. 2 StVollzG erfordere. Daraus folge, dass der generelle Ausschluss von solchen Druckerzeugnissen oder den entsprechenden Kopien nicht statthaft sei.

Die zahlenmäßige Begrenzung der Zusendung von Fotokopien sei dann nicht zu beanstanden, wenn die unbeschränkte Zulassung die Sicherheit oder Ordnung in der Anstalt (hinsichtlich eingehender Schreiben) „gefährden“ oder (hinsichtlich der Einsendung von Zeitschriften und Zeitungen) „erheblich gefährden“ würde.[557]

---

[557] Das OLG Celle führt im Leitsatz seines Beschlusses vom 13.02.1994 – 3 Ws 14/84 – (ZfStrVo 85, 184) sinngemäß folgendes aus: „Soweit es sich bei den Ablichtungen um Teile von Zeitungen oder Zeitschriften handelt, gilt § 68 Abs. 2 StVollzG. Sofern die Verbreitung der betreffenden Zeitung oder Zeitschrift nicht mit Strafe oder Geldbuße belegt ist, kann eine einfache, gewöhnliche Gefahr für die Anstaltsordnung ein Anhalten noch nicht rechtfertigen. Das zu fordernde Maß der Gefahr ist hier das selbe wie beim regelmäßigen Bezug. Sie muss mit Rücksicht auf Art. 5 Abs. 1 GG erheblich sein; insoweit sind nur die zur Aufrechterhaltung der Ordnung unerlässlichen Einschränkungen zulässig.“

Das OLG betont explizit, dass bei einer Maßnahme nach § 68 Abs. 2 StVollzG das Grundrecht der Informationsfreiheit auf dem Spiel stehe, so dass hier nur die zur Aufrechterhaltung von Sicherheit und Ordnung wirklich unerlässlichen Einschränkungen zuzulassen seien.

Bezogen auf den vorliegenden Fall rügt das OLG, dass die Ausführungen der Strafvollstreckungskammer eingehendere Feststellungen vermissen ließen.

Meines Erachtens geht aus der vorliegenden Entscheidung nicht hervor, warum bzw. in welchem Rahmen die Zusendungen dieses Antragstellers konkret an die betroffenen Anstaltsinsassen die Sicherheit oder Ordnung der Anstalt gefährden. Solche Ausführungen wären aber notwendig gewesen, um beurteilen zu können, ob eine Gefahr überhaupt konkret vorliegt, ob diese Gefährdung auch ein Maß erreicht, das eine solch einschneidende Maßnahme, die immerhin das Grundrecht auf Informationsfreiheit beeinträchtigt, rechtfertigt. Der Gesetzgeber verlangt das Vorliegen einer erheblichen Gefährdung, was laut Bundesverfassungsgericht[558] bedeutet, dass der drohende Schaden den Zweck des Strafvollzuges ernsthaft gefährden müsste.

Auch ließe sich nur mit Hilfe derartiger Tatsachenfeststellungen beurteilen, ob die zahlenmäßige Beschränkung auf 30 Fotokopien pro Monat eine geeignete Maßnahme zur Unterbindung gerade dieser Gefährdung darstellt[559] und ob nicht auch mildere Maßnahmen zum gleichen Ergebnis führen würden.

Bei dieser Praxis, von vornherein und ohne die Möglichkeit einer individuellen Betrachtung der Situation (Absender, Empfänger, Art und Inhalt der Kopie usw.) die Anzahl der Kopien auf 30 Seiten pro Monat zu beschränken, wird sowohl das Gebot der Einzelfallprüfung als auch der Verhältnismäßigkeitsgrundsatz verletzt.

b. Beschluss des OLG Hamm vom 19.11.1984 – 1 Vollz (Ws) 218/84 –[560]

Im vorliegenden Fall hat die Justizvollzugsanstalt G einem Gefangenen die Zeitschrift „Die Mauer“ (Winterausgabe ‘83) nicht ausgehändigt. Die Strafvollstreckungskammer hat den Leiter der Justizvollzugsanstalt zur Aushändigung

---

558 BVerfGE 33,1,13 ;40, 276, 284; vgl. Einleitung VII 2 c, S. 24

559 ein Verweis lediglich auf den ansonsten (zu stark) erhöhten Kontrollaufwand genügt zur Rechtfertigung der zahlenmäßigen Beschränkung nämlich nicht

560 NStZ 85, 143

verpflichtet, wogegen der Leiter der Justizvollzugsanstalt G erfolgreich Rechtsbeschwerde eingelegt hat.

Das OLG meint, dass diese Maßnahme auf der Grundlage des § 68 Abs. 2 S. 2 StVollzG (Gefährdung der Sicherheit oder Ordnung der Anstalt durch einzelne Ausgaben oder Teile einer Zeitschrift) gerechtfertigt war. Zahlreiche Artikel der obengenannten Ausgabe oder einzelne darin enthaltene Äußerungen ließen „eine zersetzende Tendenz gegenüber Staat und Gesellschaft, insbesondere dem Strafvollzug, erkennen und propagieren Verweigerung und offenen gemeinschaftlichen Widerstand."

So sei auf der Titelseite eine Wandparole abgebildet, in der zur Zerschlagung des Machtapparates aufgefordert werden würde. Weiter werde es als eine der Aufgaben der Zeitschrift dargestellt, über Widerstandsaktionen, insbesondere Hungerstreiks, zu berichten, um koordiniertes Handeln zu ermöglichen. Es werde zur Überwindung des „menschenverachtenden Apparates" aufgefordert. Eine frühere Beschimpfung einer Staatsanwältin als „Staatsgewalttäterin" werde in Form einer Nachricht über die Bestrafung einer früheren Äußerung wiederholt. Es sei von „Bullenterror" die Rede. Durchgehend werde jegliches Bemühen um die medizinische Versorgung der Gefangenen diffamiert. Weiter sei ein Aufruf abgedruckt, in dem unter der Adresse „Knastmedizin Ruhrgebiet" um Einsendungen von Erfahrungsberichten über „sogenannte ärztliche Versorgung im Knast" gebeten werde.

So werde alles in allem „durch zersetzende Agitation, die auf Diffamierung sowie die Erzeugung von Verweigerungs- und Abwehrhaltung und das Hinwirken auf eine Solidarisierung ausgerichtet seien, erhebliche Gefahren für Sicherheit und Ordnung der Vollzugsanstalt erzeugt." Da außerdem die Erreichung des Vollzugsziels in Frage gestellt werde, sei unter diesen Umständen das Anhalten der so beschaffenen Ausgabe einer Zeitschrift gerechtfertigt.

Auch das Grundrecht auf Informationsfreiheit stünde dem nicht entgegen, denn das Strafvollzugsgesetz sei eine diese Freiheit beschränkendes „allgemeines Gesetz" im Sinne des Art. 5 Abs. 2 GG. Das auf eine spätere straffreie Lebensführung gerichtete Vollzugsziel rechtfertige grundsätzlich die Einschränkung des Grundrechtes.

Der Senat sei sich durchaus bewusst, dass die das Grundrecht einschränkenden „allgemeinen Gesetze" im Licht der Wertentscheidung der Verfassung auszulegen seien. Aber auch unter Berücksichtigung dieses Gesichtspunkts sei der Bereich der noch hinzunehmenden offenen Kritik entgegen der Ansicht der Strafvollstreckungskammer hier bei weitem überschritten.

Auch die völlige Vorenthaltung der Zeitschrift sei hier unerlässlich gewesen, denn weniger einschneidende Maßnahmen, wie etwa das Schwärzen einzelner Artikel wären hier wegen der die gesamte Zeitschrift durchziehenden „verunglimpfenden, agitatorischen und zersetzenden Tendenz und des ganz überwiegend Sicherheit und Ordnung und die Erreichbarkeit des Vollzugsziels erheblich gefährdenden Inhalts der Schrift“ nicht ausreichend gewesen.

Meiner Meinung nach ist hier die gebotene restriktive Auslegung und Anwendung des Begriffspaares „Sicherheit und Ordnung“ in der Anstalt nicht verletzt. Die Justizvollzugsanstalt und letztendlich auch das OLG haben sich mit dem konkreten Einzelfall auseinandergesetzt, und Art und auch Maß der Gefährdung konkret dargestellt. Auch sind in nachvollziehbarer Weise Überlegungen dazu angestellt worden, ob auch andere, mildere Mittel denkbar gewesen wären, den erforderlichen Zweck, die Verringerung oder gar Verhinderung einer entsprechenden Gefährdung von Sicherheit und Ordnung, zu erreichen.

Es ist nicht ersichtlich, dass sich Justizvollzugsanstalt oder OLG hier hinter leeren Formeln und starren Grundsätzen versteckt hätten. Nach den detaillierten Ausführungen zum gefährdendem Inhalt der Zeitschrift erscheint der Rückgriff auf § 68 Abs. 2 StVollzG zumindest vertretbar.

c. Beschluss des OLG Nürnberg vom 15.08.1983 – Ws 552/83 – [561]

Im vorliegenden Fall hatte die Justizvollzugsanstalt dem Gefangenen jeweils die Januarausgaben der Zeitschriften „Torso“ und „Du und Ich“ auf der Grundlage von § 68 Abs. 2 StVollzG – Gefährdung von Sicherheit oder Ordnung der Anstalt – vorenthalten. Gegen diese Maßnahme hat sich der Betroffene gewandt und geltend gemacht, dass diese Entscheidung sein Grundrecht auf Informationsfreiheit verletze und auch gegen den Gleichheitsgrundsatz verstoße, weil in der Justizvollzugsanstalt vergleichbare Zeitschriften mit sexuellem Inhalt, jedoch auf der Basis der heterosexuellen „Beziehung“ (wie z.B. „Playboy“ oder „Penthouse“) ohne weiteres bezogen werden dürften.

---

[561] NStZ 83, 574, 575

Den Antrag auf gerichtliche Entscheidung hat die Strafvollstreckungskammer als unbegründet zurückgewiesen; das OLG stützt diese Auffassung.

Das OLG führt aus, dass die in Frage stehenden Zeitschriften dem Beschwerdeführer zu Recht vorenthalten worden seien, da sie sich praktisch ausschließlich in bejahender und werbender Form mit der Homosexualität in ihren verschiedenen Spielformen auseinandersetze. Ihr Inhalt bestehe teils aus entsprechenden Artikeln, in denen homosexuelle Praktiken und Erlebnisse ausführlich beschrieben würden, teils aus Fotos nackter oder überwiegend unbekleideter Männer (sowohl einzeln als auch paarweise), deren Geschlechtsteile meist besonders herausgestellt worden seien, teils aus Werbeanzeigen für entsprechende Etablissements und Utensilien sowie aus Annoncen zur Anbahnung gleichgeschlechtlicher Freundschaften.

Zeitschriften diesen Inhalts seien jedoch in einer Justizvollzugsanstalt, in der Männer lange Jahre ohne sexuelle Kontakte leben müssten, geeignet, die Sicherheit und Ordnung der Anstalt erheblich zu gefährden.

Angesichts der sexuellen Ausnahmesituation der in einer abgeschlossenen reinen Männergesellschaft lebenden Gefangenen seien solche Zeitschriften geeignet, die „ohnehin durch die erzwungene, der Natur der Sache nach nicht vermeidbare, sexuelle Enthaltsamkeit gespannte Atmosphäre noch künstlich zu erhitzen, und die Gefangenen zu verleiten, solche Auswege aus dieser Situation zu suchen, die leicht zu Abhängigkeitsverhältnissen unter den Gefangenen führen“ könnten.

Außerdem erhöhten sie die Gefahr, dass es zu gewaltsamen sexuellen Handlungen zwischen Gefangenen komme. Dies gelte in besonderem Maße für eine Vollzugsanstalt wie dieser, in der zahlreiche Gefangene inhaftiert seien, die schwerste Sexualstraftaten begangen hätten und deshalb langjährige Freiheitsstrafen verbüßen müssten.

Des weiteren bestünde die dringende Gefahr, dass mit solchen Zeitschriften verbotener Tauschhandel betrieben würde. Die Überlassung homophiler Zeitschriften mit dem beschriebenen Inhalt an einen Gefangenen würde deshalb die Sicherheit und Ordnung der Anstalt erheblich gefährden. Daher seien, so das OLG, die in Frage stehenden Ausgaben der Zeitschriften dem Beschwerdeführer zu Recht auf der Grundlage des § 68 Abs. 2 S. 2 StVollzG vorenthalten worden.

Das Grundrecht des Beschwerdeführers auf Informationsfreiheit sei nicht verletzt, da zum einen rein pornographische Zeitschriften (wenn überhaupt) allenfalls geringfügige Informationsträger seien[562], zum anderen sei aber auch das in Art. 5 GG enthaltene Grundrecht, sich aus allgemein zugänglichen Quellen ungehindert unterrichten zu können, durch das Strafvollzugsgesetz und insbesondere durch § 68 StVollzG[563] in verfassungsrechtlich zulässiger Weise eingeschränkt worden[564].

Das OLG führt weiter aus, dass die Vorenthaltung auch unerlässlich und verhältnismäßig sei. Sie sei zur Erreichung des vom Gesetzgeber angestrebten Ziels (hier Gewährleistung von Sicherheit oder Ordnung der Anstalt) geeignet, aber auch erforderlich. Dieses Ziel könne auf eine andere, den Beschwerdeführer weniger belastende Weise nicht ebensogut erreicht werden.

Auch eine zeitlich begrenzte Überlassung der Zeitschriften käme hier nicht in Betracht, weil dann gleichwohl die Gefahr bestünde, dass die Zeitschriften in die Hände anderer Gefangener geraten könnten. Dies lasse sich weder durch ein Verbot der Weitergabe noch durch Kontrollen zuverlässig verhindern. Auch ein Schwärzen oder Heraustrennen der zu beanstandenden Teile sei hier nicht durchführbar und nicht geeignet, weil die vorenthaltenen Exemplare der Zeitschriften durchgängig den oben beschriebenen Inhalt gehabt und auf jeder Seite entsprechende Texte oder Abbildungen enthalten hätten. Daher sei hier die völlige Vorenthaltung der beiden Druckerzeugnisse zulässig und erforderlich gewesen.

Auch Art. 3 GG (Gleichheitssatz) sei hier nicht deshalb verletzt, weil anderen Gefangenen der Justizvollzugsanstalt der Bezug von (an sich vergleichbaren) Zeitschriften (jedoch) heterosexuellen Inhalts gestattet worden sei. Zum einen müsse auch hier die Justizvollzugsanstalt jeweils von Fall zu Fall prüfen, ob einzelne Ausgaben oder Teile hiervon Vollzugsziel oder Sicherheit oder Ordnung der Anstalt erheblich gefährden könnten, zum anderen verbiete der Gleichheitsgrundsatz aber auch nur die willkürlich ungleiche Behandlung von im wesentlichen gleichen Sachverhalten.

Der Gleichheitssatz sei, so das OLG, dann verletzt, wenn sich ein vernünftiger, sich aus der Natur der Sache ergebender oder sonst sachlich einleuchtender

---

562 vgl. ZfStrVo 94, 376
563 „allgemeine Gesetze" i.S.v. Art. 5 GG
564 vgl. BVerfG, ZfStrVo 81, 63

Grund für die Differenzierung nicht finden ließe und wenn deshalb die Maßnahme als willkürlich bezeichnet werden müsse.

Hiervon könne jedoch im vorliegenden Fall keine Rede sein. Es liege auf der Hand, dass sich in einer Vollzugsanstalt, in der ausschließlich Männer inhaftiert seien, die Situation der homosexuell veranlagten Gefangenen von der anderer Gefangener wesentlich unterscheide und dass aus den angeführten Gründen von Zeitschriften mit homosexuellem Inhalt weitaus größere Gefahren für Sicherheit oder Ordnung der Anstalt ausgingen als von Zeitschriften heterosexueller Prägung.

Meines Erachtens ist die Begründung des OLG im vorliegenden Fall nicht geeignet, eine Maßnahme nach § 68 Abs. 2 StVollzG zu tragen. Zwar findet in der Entscheidung eine Auseinandersetzung mit dem konkreten Einzelfall statt; auch sind Erwägungen hinsichtlich der Verhältnismäßigkeitsprüfung ersichtlich; auch auf den Vorwurf der Ungleichbehandlung reagiert der Senat.

Doch hat das Gericht meiner Meinung nach das Vorliegen bzw. den Grad einer Gefährdung von Sicherheit oder Ordnung in der Anstalt fehlerhaft beurteilt und infolgedessen auch bei der Überprüfung von Verhältnismäßigkeits- und Gleichheitsgebot Überlegungen zur Begründung herangezogen, die als Argumente hier nicht als tragend und überzeugend anzusehen sind.

Hinsichtlich des Vorwurfs der Ungleichbehandlung vermag der Hinweis auf die grundsätzlich nicht vergleichbare Situation von Homo- bzw. heterosexueller Neigung im Strafvollzug nicht zu überzeugen.

Hinsichtlich der „heterosexuellen" Pornographie wird unterschieden nach „normalen Sexheften"[565] mit sog. softpornographischer Darstellung und Pornographie mit Darstellungen sexueller Handlungen.

Es ist nicht ersichtlich, wieso bei homosexuell geprägter Pornographie diese Unterscheidung nicht gemacht wird, sondern jegliche gleichgeschlechtliche sexuelle Darstellung als für Sicherheit oder Ordnung der Anstalt gefährlich eingestuft werden soll.

Laut Sachverhalt handelt es sich bei den beanstandeten Heften um Zeitschriften aus dem Bereich der Softpornographie, die – dem „Playboy" oder „Penthouse" entsprechend – im Leben außerhalb des Strafvollzugs „normal" über den Ladentisch verkauft werden. Nach den Ermittlungen der Kammer bestehen die in Frage stehenden Hefte aus „entsprechenden Artikeln, in denen homosexuelle Praktiken und Erlebnisse ausführlich beschrieben werden, teils mit Fotos nackter oder überwiegend unbekleideter Männer (sowohl einzeln als auch paarweise), deren Geschlechtsteile meist besonders herausgestellt wor-

[565] vgl. Wortwahl des LG Freiburg in ZfStrVo 94, 375, 376; Hauptteil, D III 4 d, S. 250 ff

den seien, teils aus Werbeanzeigen für entsprechende Etablissements und Utensilien sowie aus Annoncen zur Anbahnung gleichgeschlechtlicher Freundschaften".[566]

Bei in diesem Sinn vergleichbaren Inhalt haben Zeitschriften homosexuellen Inhalts meines Erachtens auf Sicherheit oder Ordnung der Anstalt nicht maßgeblich anderen Einfluss als entsprechende Druckwerke heterosexueller Orientierung.

Als gefährlich für Anstaltssicherheit und -ordnung ist eine „sexuelle Aufstachelung" oder „Anheizung" dann anzusehen, wenn sie die Gefahr der unkontrollierten „Entladung" mit sich bringt. Lediglich Darstellungen oben beschriebener Art haben dieses Potential nach allgemeiner Erfahrung jedenfalls nicht. Zumindest hätte das Gericht dieser Frage näher nachgehen müssen.

Homosexuelle Handlungen „mangels anderer Gelegenheit" werden sich in einem abgeschlossenen reinen Männervollzug wohl nicht wirklich unterbinden oder vermeiden lassen. Doch hängt dies nicht von der Art der zu beziehenden Sexhefte ab. Entweder fühlt sich ein Gefangener von homoerotischen (bildlichen oder geschriebenen) Darstellungen angesprochen oder er tut es nicht, sondern zieht die heterosexuelle Version vor. Für eine partnerbezogene „Befriedigung" der Bedürfnisse steht die Möglichkeit der heterosexuellen Beziehung jedenfalls nicht zur Verfügung.

Mit anderen Worten heißt dies, dass der Weg in die Vornahme gleichgeschlechtlicher Handlungen nicht über die Darstellung in den einschlägigen Zeitschriften führt. Auch bei „an sich" heterosexuellen Gefangenen kann es zu homosexuellen „Zweckgemeinschaften" kommen, allerdings wohl nicht als Folge der Lektüre von (diese Gefangene sexuell an sich gar nicht ansprechende oder anregenden) Sexheften homoerotischen Inhalts, sondern aus Mangel an anderen Möglichkeiten. Tatsächlich gleichgeschlechtlich veranlagte Gefangene bedürfen nicht erst der bildlichen „Schmackhaftmachung".

Infolgedessen halte ich es wegen der nur schwer begründbaren Ursächlichkeit für rechtsfehlerhaft, von vornherein Zeitschriften homosexueller Richtung als „gefährlicher" einzustufen als vergleichbare Druckwerke heterosexuellen Inhalts, was im vorliegenden Fall tatsächlich dazu führt, dass der Vorwurf einer unangemessenen Ungleichbehandlung berechtigt ist.

Bei Zugrundelegung dieser Auffassung ist aber auch das Verhältnismäßigkeitsgebot nicht ausreichend berücksichtigt. Geht man nämlich nicht davon aus, dass Darstellungen homosexueller Orientierung „per se" als gefährlich anzusehen sind, ist es auch nicht erforderlich, eine Zeitschrift einzubehalten, nur weil auf jeder Seite Bilder oder Artikel diesen Inhalts zu finden sind. Dann wäre es – den Pornoheften für den heterosexuellen Kunden entsprechend – ausreichend, die aus anderen Gründen (Gewaltverherrlichung, Verobjektivie-

[566] vgl. Sachverhaltsdarstellung in der Entscheidung des OLG Nürnberg, NStZ 83, 574, 575, oben S. 245 f

rung, Entwürdigung usw.) als gefährlich eingestuften Artikel oder Bilder zu schwärzen oder zu entfernen.

Die hier geübte Praxis ist jedenfalls nicht gerechtfertigt. Hier werden Rechte des Gefangenen aus zu oberflächlichen Gründen beschnitten, ohne dass im konkreten Fall das wirkliche Vorliegen einer realen Gefahr, die eine Maßnahme nach § 68 Abs. 2 StVollzG rechtfertigen würde, überprüft wird. Dies gilt umso mehr, wenn man berücksichtigt, dass vom Gesetzgeber hier sogar eine „erhebliche Gefahr" gefordert wird, um eine einschränkende Maßnahme zu rechtfertigen. Vom Vorliegen einer solchen „erheblichen Gefahr", die laut Bundesverfassungsgericht[567] den „Zweck des Strafvollzuges (v.a.) das Bemühen um die Wiedereingliederung des Gefangenen in die Gesellschaft" ernsthaft in Frage stellt, kann aber nach dem dargestellten Sachverhalt hier nicht ausgegangen werden.

d. Beschluss des LG Freiburg vom 10.11 1993 – XIII StVK 177/93 – [568]

Im vorliegenden Fall hatte die Vollzugsanstalt den Bezug von bestimmten Pornoheften untersagt bzw. drei Exemplare zurückbehalten, wogegen der Gefangene Rechtsmittel eingelegt hatte.

Das LG führt aus, dass die in Frage stehenden Pornohefte nicht nur dem Vertriebsverbot des § 184 Abs. 1 Nr. 3 StGB unterfielen und somit gem. § 68 Abs. 2 S. 1 StVollzG vom Bezug ausgeschlossen werden könnten, sondern darüber hinaus auch aus Gründen der Sicherheit und Ordnung der Vollzugsanstalt abgelehnt würden.

Bei den gewünschten Pornoheften handle es sich um Hefte, die „losgelöst von jedem anderen Sinnzusammenhang in grob aufdringlicher und anreißerischer Form Praktiken sexueller Befriedigung in Wort und Bild darstellten."

Solche Pornohefte seien nach den Regelungen der Vollzugsanstalt F vom Besitz ausgeschlossen; zugelassen seien lediglich solche Sexhefte, die auch „draußen" offen über den Ladentisch verkauft werden würden (Beispiele werden in der Entscheidung genannt). Diese sog. softpornografischen Sexhefte enthielten überwiegend auch die Darstellung nackter Frauen ohne weitergehende sexuelle Praktiken.

---

[567] BVerfGE 40, 276, 284; vgl. Text: Einleitung VII 2 c, S. 24
[568] ZfStrVo 94, 375, 376

Der Erwerb und Bezug von den hier in Frage stehenden, in der Vollzugsanstalt F generell verbotenen Pornohefte sei – im Gegensatz zu den oben genannten – auch im freien Leben außerhalb von Vollzugsanstalten nicht „ungehindert" möglich, sondern auch hier nur unter bestimmten Voraussetzungen, deren Missachtung durch die Strafbestimmung des § 184 StGB sanktioniert ist.

Daher und auch unter Berücksichtigung der besonderen Situation gerade der Justizvollzugsanstalt F[569] sei eine Maßnahme, die den Bezug der entsprechenden Pornohefte untersagt bzw. diese Pornohefte zurückbehalten lässt, nach dem LG Freiburg als rechtmäßig anzusehen.

Denn trotz geänderter und auf dem Gebiet sexueller Darstellungen toleranter gewordenen Auffassungen sei eine Schrankenlosigkeit nicht erreicht, vielmehr werde zunehmend den Erfordernissen besonders schützenswerter Güter wie auch dem Moral-, Sittlichkeits- und Ehrgefühl des überwiegenden Durchschnitts der Bevölkerung Rechnung getragen, wie es auch der Ratio der entsprechenden Strafbestimmung des § 184 StGB zugrunde liege.

Für den Strafvollzug gelte darüber hinaus jedoch auch, dass zum einen naheliegende Missbrauchsgefahren darin lägen, dass pornographische Darstellungen in der Haft als beliebte Handels- und Tauschobjekte Anwendung fänden und zum anderen angesichts der sexuellen Ausnahmesituation der in einer abgeschlossenen Vollzugsanstalt lebenden Gefangenen solche Zeitschriften konkret geeignet seien, die ohnehin durch erzwungene, der Sache nach nicht vermeidbare, sexuelle Enthaltsamkeit gespannte Atmosphäre künstlich zu erhitzen und die Gefangenen zu verleiten, solche Auswege aus der Situation zu suchen, die leicht zu Abhängigkeitsverhältnissen unter den Gefangenen führen könnten.

Außerdem werde dadurch die Gefahr gewaltsamer sexueller Handlungen erhöht. In besonderem Maß gelte dies für die Vollzugsanstalt F, da sich hier eine Vielzahl von Sexualstraftätern befände. Daher sei die Sicherheit oder Ordnung der Anstalt erheblich tangiert und gefährdet.

Diese Gefährdung bestünde nicht nur unter dem genannten Gesichtspunkt der sonst zu besorgenden dringenden Gefahren, dass mit solchen Pornoheften verbotener Tauschhandel betrieben werden könnte, sondern auch aus dem

---

[569] da nach Angaben des LG hier besonders viele Sexualstraftäter ihre Strafe verbüßten, vgl. Ausführungen unten

Umstand konkret zu befürchtender Abhängigkeiten bei den dargestellten besonderen Vollzugsverhältnissen mit nicht zu vermeidender sexueller Enthaltsamkeit und daraus abzuleitender Probleme und Befürchtungen.

Vielmehr bestünde ein Gefährdung zum anderen auch darin, dass die Vollzugsanstalt im Hinblick auf die genannten Strafvorschriften gezwungen wäre, vor Aushändigung die Pornohefte durchzusehen und einer Inhaltskontrolle nachzugehen, was den Vollzugsbediensteten jedoch schlechterdings nicht zugemutet werden könne. Ob hierdurch schon § 184 Abs. 1 Nr. 6 StGB erfüllt sei und daher einer Versagung auf § 86 Abs. 2 S. 1 StVollzG gestützt werden dürfe, könne dahin stehen, da die Kammer die Auffassung vertrete, dass jedenfalls durch die gebotene und nicht zu vermeidende Durchsicht und Inhaltskontrolle durch Vollzugsbedienstete bei der für diese bestehenden Unzumutbarkeit zumindest die Ordnung in der Vollzugsanstalt konkret gefährdet sei.

Das LG betont auch ausdrücklich, dass die Versagung des Bezugs dieser Zeitschriften auch dem Verhältnismäßigkeitsgrundsatz Rechnung trage, da die Vollzugsanstalt F, wie oben erwähnt, „normale Sexzeitschriften" (genannt ist z.B. der „Playboy") zum regelmäßigen Bezug zulasse.

Soweit die vorliegende Entscheidung des Landgerichts sich für seine ablehnende Haltung auf Gefahren für die Sicherheit oder Ordnung der Anstalt stützt, ist zumindest zweifelhaft, woher das Gericht seine Erkenntnisse über die Gefahren solcher Schriften gewinnt.

So erscheint es keinesfalls zwingend, dass die Darstellung sexueller Handlungen über die Darstellung nackter Frauenkörper hinaus zusätzliche Gefahren birgt. Insbesondere gleicht es einer unbewiesenen Behauptung, wenn das Gericht feststellt, solche Darstellungen würden die sexuell angespannte Atmosphäre zusätzlich noch anheizen bzw. Abhängigkeitsverhältnisse und gewaltsame sexuelle Handlungen noch fördern.

Unabhängig davon, dass die geschilderten Ursachenzusammenhänge in keiner Weise näher dargelegt werden, hätte es für das Gericht nahegelegen zu prüfen, ob durch solche Darstellungen nicht umgekehrt vielmehr Triebstrukturen abgebaut werden, indem solche Schriften ein Ventil darstellen, sexuelle Bedürfnisse zu stillen, die sich sonst in unkontrollierter Form entladen können. Das Gericht hätte dieser Frage im Zweifel durch Einholung eines Sachverständigengutachtens, beispielsweise eines Sexualtherapeuten, weiter nachgehen müssen, anstatt seine eigene ungeprüfte Erkenntnis der Entscheidung zugrunde zu legen.

So bleibt die Vermutung, dass das Gericht allgemeine Sittlichkeitsüberlegungen entgegen der Intention des Gesetzes an die Stelle konkreter Gefahren für die Vollzugsanstalt zum Maßstab für die Ablehnung gemacht hat.

Dafür spräche auch, dass sich wortgleiche Formulierungen aus der Entscheidung des OLG Nürnberg vom 15.08.1983[570] in der Begründung dieses Beschlusses formelhaft wiederfinden.[571]

[570] vgl. Hauptteil D III 4c, S. 245

[571] in den Begründungen beider Entscheidungen wird dargelegt, dass die genannten Zeitschriften geeignet seien, die „ohnehin durch die erzwungene, der Natur der Sache nach nicht vermeidbare, sexuelle Enthaltsamkeit gespannte Atmosphäre noch künstlich zu erhitzen, und die Gefangenen zu verleiten, solche Auswege aus dieser Situation zu suchen, die leicht zu Abhängigkeitsverhältnissen unter den Gefangenen führen" könnten.

IV. § 69 StVollzG [Hörfunk und Fernsehen]

1. Regelungsinhalt

§ 69 Abs. 1 StVollzG erlaubt es dem Gefangenen, am Hörfunkprogramm der Anstalt sowie am gemeinschaftlichen Fernsehempfang teilzunehmen, wobei die Sendungen so auszuwählen sind, dass Wünsche und Bedürfnisse nach staatsbürgerlicher Information, Bildung und Unterhaltung angemessen berücksichtigt werden. Eine Einschränkung stellt Satz 3 der Vorschrift dar, nach dem Hörfunk- und Fernsehempfang vorübergehend ausgesetzt oder einzelnen Gefangenen untersagt werden können, wenn dies zur Aufrechterhaltung der Sicherheit oder Ordnung der Anstalt unerlässlich ist.

Im Entwurf der Bundesregierung hinsichtlich der grundsätzlichen Erlaubnis, am Rundfunk und Fernsehprogramm teilzunehmen – ursprünglich § 62, im Strafvollzugsgesetz dann jedoch § 69 StVollzG - war die Einschränkungsmöglichkeit „aus Gründen der Sicherheit oder Ordnung der Anstalt" noch nicht vorgesehen.[572]

Lediglich unter Absatz 2 wurde im Hinblick auf die Möglichkeit der Zulassung eigener Rundfunkgeräte[573] auf die Voraussetzungen des (damaligen) § 63 (heute § 70 StVollzG) verwiesen, der generell den Besitz von Gegenständen für die Freizeitbeschäftigung regelt[574]. In diesem § 63 wurden unter Absatz 2 solche Gegenstände vom gestatteten Besitz ausgenommen, deren Besitz, Überlassung oder Benutzung mit Strafe oder Geldbuße bedroht wären oder das Ziel der Behandlung oder die Sicherheit oder Ordnung der Anstalt gefährden würden.

---

[572] BT-Dr. 7/918 S. 18

[573] nicht jedoch sollte dies für eigene Fernsehgeräte gelten; diese sollten nur in „begründeten Ausnahmefällen" zugelassen werden. In der Begründung (BT-Dr. 7/918 S. 74) führt die Regierung an, dass der Entwurf davon ausginge, dass eine hinreichende Information der Gefangenen durch die anderen Informationsmittel gewährleistet sei, es aus diesem Grund nicht notwendig sei, dem Gefangenen ein Recht auf ein eigenes Fernsehgerät einzuräumen. Angesichts der hohen Kosten sei in einer Anstalt, die genügend Gelegenheit zu sinnvoller Freizeitbeschäftigung bieten würde, der Bedarf an eigenen Geräten nicht zu groß zu veranschlagen.

[574] vgl. dazu Hauptteil D V, S. 263 ff

In der Begründung wurde dann hinsichtlich dieses Absatzes 2 ausgeführt, dass „im Gegensatz zum Kommissionsentwurf Rundfunkgeräte nicht anders behandelt werden (sollen) als sonstige Gegenstände des persönlichen Bedarfs. Sofern von ihnen besondere Gefahren für die Sicherheit oder Ordnung der Anstalt“ ausgingen, könne „dies nach § 63 Abs. 2 ausreichend berücksichtigt werden.“[575] Anschließend kam nochmals der Verweis auf den seit der Bundesverfassungsgerichtsentscheidung vom März 1972[576] nun auch für Gefangene geltenden Grundrechtsschutz: „Ein allgemeines Verbot und eine nur ausnahmsweise Zulassung (eines eigenen Rundfunkgerätes) wäre angesichts der Bedeutung des Grundrechts auf Informationsfreiheit schwerlich zu rechtfertigen“.[577]

Hinsichtlich der Eingriffsermächtigung aus Gründen der Sicherheit oder Ordnung der Anstalt fügt der Bundesrat in seiner Stellungnahme[578] dem Regierungsentwurf nichts Neues hinzu.

Erst der Sonderausschuss für die Strafrechtsreform erweitert auch Absatz 1, der die grundsätzliche Zulassung zur Teilnahme an Hörfunk und Fernsehen gesetzlich normiert, um die Einschränkungsmöglichkeit „aus Gründen der Sicherheit oder Ordnung der Anstalt“. So soll der Hörfunk- und Fernsehempfang vorübergehend ausgesetzt oder einzelnen Gefangenen untersagt werden können, „wenn dies zur Aufrechterhaltung der Sicherheit oder Ordnung der Anstalt unerlässlich ist“.[579]

Begründet[580] wird diese Ergänzung zum Regierungsentwurf damit, dass der Entwurf der Vollzugsbehörde zwar die Befugnis einräume, von einem Programm, das mit einer bestimmten Sendung dem Vollzugsziel oder Sicherheit oder Ordnung der Anstalt gefährlich werden könnte, auf ein anderes umzuschalten, da aus der Pflicht zur Berücksichtigung auch individueller Wünsche und Bedürfnisse nicht das Recht für den Gefangenen auf einen bestimmten Sender folge.

Nicht jedoch wird der Vollzugsbehörde die Möglichkeit gegeben, in bestimmten Fällen den im Rahmen der Hausordnung grundsätzlich zugelassenen

---

[575] BT-Dr. 7/918 S. 74
[576] BVerfGE 33, 1
[577] BT-Dr. 7/918 S. 74
[578] BT-Dr. 7/918 S. 118
[579] BT-Dr. 7/3998 S. 82 sowie den aktuellen Gesetzeswortlaut des § 69 StVollzG
[580] vgl. BT-Dr. 7/3998 S. 29

Rundfunkempfang für einzelne Gefangene oder auch für alle Gefangenen der Anstalt zumindest vorübergehend vollständig zu unterbinden.

Der Ausschuss weist mit einer konkreten Fallgestaltung auf die Notwendigkeit einer solchen Befugnis hin: So könne eine solche Maßnahme dann unumgänglich werden, „wenn aufgrund bestimmter Vorgänge in der Öffentlichkeit, z.B. Geiselnahmen zum Zweck einer Gefangenenbefreiung, praktisch bei jedem Rundfunkprogramm damit gerechnet werden muss, dass es zu nicht voraus bestimmbaren Zeiten Nachrichten oder (von Geiselnehmern geforderte) Aufrufe verbreitet, die bei Anstaltsinsassen sicherheits- oder ordnungsgefährdende Reaktionen auslösen können."[581] Der Ausschuss weist darauf hin, dass die von ihm gewählte Ergänzung des Absatzes 1 eine solche relativ umfassende Maßnahme dann zulasse, wenn sie zur Aufrechterhaltung der Sicherheit oder Ordnung der Anstalt *unerlässlich* sei.

Aus der Antragsbegründung des Sonderausschusses läßt sich weiter entnehmen, dass die gewählte Formulierung dieser Einschränkungsmöglichkeit, die dem ultima-ratio-Charakter der Eingriffsermächtigung „aus Gründen der Sicherheit oder Ordnung" entspringt, nicht unumstritten war. So wollte eine Ausschussminderheit der Vollzugsbehörde einen größeren Ermessensspielraum zugestehen und die Maßnahme eben nicht nur als ultima-ratio zulassen, sondern auch in Fällen, in denen sie nur eine Möglichkeit neben anderen ist, das gewünschte Ziel zu erreichen. Die Vertreter dieser Auffassung schlugen daher die Formulierung vor, dass die entsprechende Maßnahme nicht *unerlässlich*, sondern lediglich *notwendig* sein müsse. Dagegen hat sich jedoch die Ausschussmehrheit mit dem Argument gewehrt, dass „der –auch nur vorübergehende – vollständige Ausschluß eines Gefangenen vom Rundfunkempfang einen schwerwiegenden Eingriff in das Grundrecht des Artikels 5 GG bedeute, dessen Voraussetzungen so eng wie möglich gefaßt werden müssten. Der in § 71 Abs. 2 (heute § 81 Abs. 2 StVollzG) normierte Verhältnismäßigkeitsgrundsatz zwinge ebenfalls dazu, die Maßnahme für alle die Fälle zu unterbinden, in denen das Ziel mit einem weniger einschneidenden Eingriff erreicht werden kann." Und diesen Inhalt schließlich habe man mit dem Begriff „unerlässlich" zum Ausdruck gebracht.[582]

---

[581] BT-Dr. 7/3998 S. 29
[582] BT-Dr. 7/3998 S. 29

2. Bedeutung der Norm

Hinsichtlich der Bedeutung dieser Konkretisierung von Art. 5 GG gerade auch für die sich im Freiheitsentzug befindlichen Personen durch das faktische Abgeschnittensein von zahlreichen anderen Informationsmitteln wird auf die Ausführungen zu § 68 StVollzG oben unter Teil 2 D III 3 verwiesen.[583]

Der Informationsmöglichkeiten aus Rundfunk und Fernsehen kommt im Rahmen der Haft insofern auch ein besonderer Stellenwert zu, als sie als „Ersatzkommunikationsmittel" dienen und so der Isolation in der Haft und den sich daraus ergebenden schädlichen Folgen für die psychische Gesundheit entgegenwirken können, sei es auch nur in der Form, als sie eine Anregung für Diskussionen und Meinungsaustausch darstellen.[584]

Mit Rücksicht auf das hier durch eine einschränkende Maßnahme tangierte hohe Rechtsgut der grundrechtlich geschützten Informationsfreiheit, hat der Gesetzgeber auch hier den Einsatz beschränkender Maßnahmen an strenge Voraussetzungen geknüpft, was sich aus der Formulierung der „Unerlässlichkeit" der Einschränkung ergibt.[585]

Eine Maßnahme ist laut Bundesverfassungsgericht nämlich nur dann unerlässlich, wenn „ohne sie der Strafvollzug als Institution zusammenbrechen würde".[586]

3. Meinungsstand in der Literatur zu Auslegung und Anwendung des Gesetzes

Der Hörfunk- und Fernsehempfang kann gemäß § 69 Abs. 3 StVollzG von der Vollzugsbehörde eingeschränkt werden, wenn dies – unter Beachtung des Verhältnismäßigkeitsgrundsatzes des § 81 Abs. 2 StVollzG - zur Aufrechterhaltung von Sicherheit oder Ordnung der Anstalt *unerlässlich* ist.

---

[583] vgl. Hauptteil D III 2, S. 238
[584] vgl. dazu Boetticher, AK-StrVollzG, § 69 RN 1
[585] vgl. Einleitung VII 2 c, S. 24
[586] BVerfGE 40, 276, 284; vgl. Text: Einleitung VII 2 c, S. 24

Wie oben[587] ausgeführt, sind die Voraussetzungen, unter denen eine Maßnahme unerlässlich ist, wesentlich strenger als die, die eine Maßnahme *erforderlich* oder *notwendig* machen.

Als denkbares Beispiel bezieht sich die Kommentarierung[588] auf den im Protokoll des Sonderausschusses[589] angeführten Fall, „dass über alle Rundfunk- und Fernsehanstalten Nachrichten oder Aufrufe an Gefangene verbreitet werden, die die Gefangenen zu einem solidarischen Verhalten veranlassen oder zu einem Streik oder zum Aufruhr in der Anstalt“ anhalten. Wegen Art. 5 GG sei ein solcher Fall jedoch auch nur dann denkbar, wenn „von den Massenmedien eine Nachrichtenübermittlung erpresst wird.“[590]

Calliess / Müller-Dietz konkretisieren das Beispiel und führen an, dass eine Maßnahme i.S.v. § 69 Abs. 1 Satz 3 StVollzG dann unerlässlich sei, „wenn, wie in Fällen einer Geiselnahme, die Massenmedien zum Zweck der Ankündigung von Gefangenenbefreiung missbraucht werden.“[591]

4. konkrete Einzelfälle aus der Praxis

a. Beschluss des OLG Nürnberg vom 30.12.1982 – Ws 474/82 – [592]

Im vorliegenden Fall war Strafgefangenen der Justizvollzugsanstalt Straubing mehrfach die Erlaubnis versagt worden, eigene Hörfunkgeräte mit UKW-Teil wegen der generellen Eignung derartiger Geräte zur unerlaubten Nachrichtenübermittlung sowie zum Abhören des Anstaltssprechfunks und des Polizeifunks zu besitzen und zu benutzen.

Die Strafvollstreckungskammer hat die Bescheide aufgehoben und den Leiter der Justizvollzugsanstalt verpflichtet, die Antragsteller unter Beachtung der

---

587 vgl. Ausführungen zu § 68 unter Hauptteil D III 3, S 239
588 Boetticher, AK-StrVollzG, § 69 RN 8; Schwind in Schwind / Böhm § 69 RN 4; vergleichbar auch Calliess / Müller-Dietz, StrVollzG § 69 RN 2
589 Protokoll des Sonderausschusses, S. 2107
590 Protokoll des Sonderausschusses S. 2107
591 Calliess / Müller-Dietz, StrVollzG § 69 RN 2, bezieht sich auf BT-Dr. 7/ 3998 S.29
592 ZfStrVo 83, 190, 191

Rechtsauffassung der Kammer erneut zu bescheiden; diese Auffassung wurde auch vom OLG gestützt.

Das Gericht stützte seine Haltung auf die tatsächlichen Feststellungen, die einzeln und vor allem in ihrem Zusammenspiel zu dem Schluss führten, dass von den oben genannten Radiogeräten keine derartig konkrete Gefährdung für die Sicherheit oder Ordnung der Anstalt ausgeht, dass ein generelles Verbot auf der Grundlage des § 69 Abs. 2 i.V.m. § 70 Abs.2 Nr. 2 StVollzG gerechtfertigt wäre.

Nach neueren technischen Erkenntnissen ist die Gefahr, dass Strafgefangene mit Hilfe eines Rundfunkgerätes Nachrichten an Kontaktpersonen außerhalb der Vollzugsanstalt übermitteln oder den Anstalts- oder auch Polizeisprechfunk abhören könnten, nur als gering anzusehen. Der Umbau eines Rundfunkgerätes in einen brauchbaren Sender durch gezielte Verstimmung der bis zu 108 MHz reichenden UKW-Frequenz auf die Frequenz des Anstaltssprechfunkes auf 146 MHz ist nach den aktuellen technischen Erkenntnissen nur bei entsprechender fachlicher Vorbildung und nur unter Verwendung verschiedener technischer Hilfsmittel, die dem Gefangenen bei ausreichender Personenkontrolle und Überwachung gar nicht zur Verfügung stehen dürften, möglich. Doch selbst mit Hilfe der notwendigen technischen Geräte setzt speziell das Verstimmen des Gerätes des Anstaltssprechfunkes eine so hohe und spezifische technische Erfahrung voraus und erfordert so schwierige und diffizile Eingriffe in das Gerät, dass Strafgefangene in der Haftsituation dazu in der Regel nur schwerlich – das Gericht spricht von „grundsätzlich nicht“ – in der Lage sein dürften.

Ohne diese Verstimmung kann der Anstaltssprechfunk in allen Frequenzbereichen jedoch nur dann empfangen werden, wenn ein Zusatzgerät mit eingebautem Oszilator verwendet werden kann, das den Strafgefangenen bei der entsprechenden „Standard“-Überwachung jedoch nicht zugänglich sein dürfte und dessen Betrieb überdies mit Hilfe eines Prüfsenders auch jederzeit festgestellt werden könnte.

Eine andere Möglichkeit, nämlich durch Ein- und Ausschalten in einem bestimmten, zuvor vereinbarten Takt und durch die dadurch bewirkte Modulation der Störleistungen des Oszilators Informationen weiterzugeben, kommt für eine Nachrichtenübermittlung an Personen außerhalb der Anstalt wegen der zu geringen erzielbaren Reichweite praktisch nicht in Betracht.

Ein weiterer Weg, die Abhörgefahr weiter einzuschränken, ohne den Besitz und die Benutzung von Radiogeräten mit UKW-Teil vollständig zu verbieten, besteht in der Verschlüsselung wichtiger Nachrichten des Anstalts- oder Polizeisprechfunks oder aber in der Umstellung auf eine Geheimfrequenz.

Als weiteres Mittel, unbefugten Eingriffen in ein Radiogerät bzw. unbefugten Manipulationen an einem Gerät vorzubeugen, besteht in der Verplombung oder Versiegelung eines Gerätes; die Effektivität solcher Maßnahmen läßt sich durch die Aufnahme in die regelmäßige Routinekontrollliste sicher stellen.

Die Strafvollstreckungskammer stellte fest, dass ernste Missbrauchsfälle von Rundfunkgeräten mit UKW-Teil bisher nicht bekannt geworden seien, obwohl solche Geräte mit Ausnahme von Bayern und dem Saarland von allen anderen Bundesländern generell zugelassen würden.

Erschwerend ist bei der Beurteilung der Frage, ob die völlige Versagung der Erlaubnis zum Besitz eigener Rundfunkgeräte rechtmäßig war, ist hier weiter zu berücksichtigen, dass nach Feststellungen des Landgerichts in Bayern eine ganze Anzahl wesentlicher Rundfunksendungen lediglich auf UKW-Frequenz empfangen werden kann, so insbesondere das 2., 3. und 4. Programm des bayerischen Rundfunks. Da diese Programme schwerpunktmäßig Vorträge, Bildungs- und Musiksendungen, Unterhaltungssendungen sowie auch Sendungen für Ausländer den Schwerpunkt bilden, ist der Einschnitt in die Sphäre des Gefangenen durchaus als erheblich anzusehen.

Das Gericht kommt zu dem Ergebnis, dass aufgrund dieser Feststellungen ein generelles Verbot von Rundfunkgerät mit UKW-Teilen rechtswidrig sei und hier auch im konkreten Fall der Anstaltsleiter dementsprechend verpflichtet sei, grundsätzlich die Benutzung von diesen Geräten zuzulassen.

Die Darstellungen des Gerichts stützen die auch hier vertretene Auffassung, dass ein generelles Verbot auf der Grundlage des § 69 StVollzG aus Gründen der Gefährdung von Sicherheit oder Ordnung nicht rechtmäßig ist.

Der Gesetzgeber hat während des Gesetzgebungsverfahrens in seinen Beratungen, Stellungnahmen und Begründungen stets zum Ausdruck gebracht, dass Grundrechtsbeeinträchtigungen auf der Grundlage von Sicherheit und Ordnung nur als ultima ratio in Betracht kommen, dass aber auf jeden Fall stets eine Prüfung des konkreten Einzelfalles unter Berücksichtigung aller wesentlicher Umstände stattfinden muss und eine solche Einschränkung sich auch stets am Verhältnismäßigkeitsgrundsatz zu orientieren hat. Es darf also immer nur das Mittel gewählt werden, das im Einzelfall als das mildeste noch wirksame Mittel zur Gefahrverhinderung oder Gefahrenabwehr anzusehen ist. Außerdem muss die dann gewählte Maßnahme unerlässlich" sein, um der Gefahr zu begegnen.

Ein solch generelles Verbot, wie es in der Justizvollzugsanstalt Straubing Praxis gewesen zu sein scheint, entspricht keinem dieser Erfordernisse, die der Gesetzgeber dem Strafvollzugsgesetz zugrunde gelegt hat.

Insbesondere stellt es keine Maßnahme dar, ohne die der Strafvollzug als Institution zusammenbräche. Genau das fordert der Gesetzgeber mit seiner Formulierung der „unerlässlichen Maßnahme", wie das Bundesverfassungsgericht[593] verdeutlicht hat.

[593] BVerfGE 33,1,13; 40 278; Einleitung VII 2c, S. 24

V. § 70 StVollzG [Besitz von Gegenständen für die Freizeitbeschäftigung]

1. Regelungsinhalt und Entstehungsgeschichte

Nach § 70 Abs. 1 StVollzG darf der Gefangene in angemessenem Umfang Bücher und andere Gegenstände zur Fortbildung oder zur Freizeitbeschäftigung besitzen. Dieses Recht schränkt Absatz 2 ein. Die Möglichkeit des Besitzes von Büchern oder anderen Gegenständen o.g. Verwendungsmöglichkeit ist dann nicht zu geben, wenn Besitz, Überlassung oder Benutzung des Gegenstandes entweder mit Strafe oder Geldbuße bedroht wäre, oder aber das Vollzugsziel oder die Sicherheit oder Ordnung der Anstalt gefährden würde.

Gemäß Absatz 3 kann eine bereits erteilte Erlaubnis unter den Voraussetzungen des Absatz 2 widerrufen werden.

§ 63 des Regierungsentwurfs[594] entsprach bereits inhaltlich voll dem unter dieser Überschrift verabschiedeten § 70 StVollzG. Lediglich aus Gründen der sprachlichen Verbesserung haben Bundesrat[595] und Sonderausschuss[596] den Entwurf in Wortlaut und Satzstellung modifiziert.

2. Bedeutung der Norm

Die Erlaubnis, in angemessenem Umfang Bücher und Gegenstände für die Freizeitbeschäftigung besitzen zu dürfen, füllt gewissermaßen § 76 StVollzG, das Recht auf Beschäftigung in der Freizeit erst konkret aus. Lediglich das Fehlen von konkret zu tätigender Arbeit im Rahmen der Arbeitsverpflichtung bietet keine „Freizeit" in dem Sinn, dass sie Ausgleich zu Arbeitsstunden, Entspannung und die Möglichkeit, persönliche Interessen zu verfolgen, darstellt. Ohne den Besitz der entsprechenden Gegenstände hieße Freizeit nichts an-

[594] BT-Dr. 7/918 S. 18
[595] vgl. BT-Dr. 7/918 S. 119
[596] vgl. BT-Dr. 7/3998 S. 29 u. S. 82

deres als „Nicht-Arbeitszeit", Stunden, in denen Langeweile vorherrscht, weil es keine Beschäftigungsmöglichkeit gibt.

Abgesehen von der Verhinderung von beschäftigungsleeren Stunden, die zu Langeweile führen, die letztlich Unzufriedenheit schürt und Raum für aufgestaute Aggressionen bietet, verhindert die Zulassung des Besitzes bestimmter Freizeitgegenstände auch die oben dargestellte Gefahr der Prisonisation[597], denn der Gefangene erhält so die Möglichkeit, sich nach individuellen Bedürfnissen und persönlichen Interessen zu beschäftigen. Damit ist er nicht anonymer Teil einer Masse, die den Tag nach dem völlig gleichen Rhythmus verbringt, sich von den gleichen Mahlzeiten ernährt und vergleichbar untergebracht ist, sondern eine eigenständige Persönlichkeit mit eigenem Selbstwert.

3. Meinungsstand in der Literatur zu Auslegung und Anwendung des Gesetzes

Die besondere Schwierigkeit besteht auch bei § 70 StVollzG darin, das Spannungsfeld zwischen Resozialisierungsgebot und Sicherheit und Ordnung in jedem Einzelfall sachgerecht zu beurteilen und dementsprechend auszutarieren.

Calliess / Müller-Dietz[598] stellen fest, dass der Trend in der Praxis dahin zu gehen scheint, hinsichtlich der relativ leicht auf Inhalt und Nutzung zu kontrollierenden Gegenständen zwar großzügig zu verfahren, in Bezug auf elektronische Geräte und Medien jedoch große Zurückhaltung zu üben. Dies sei unter Berücksichtigung der doppelten Schwierigkeit, einerseits die gespeicherten Daten und andererseits die Geräte an sich als Versteckmöglichkeit zu kontrollieren, zwar verständlich, doch vor dem Hintergrund des vom Gesetzgeber eigentlich gewünschten ultima-ratio-Gedankens der Grundrechtsbeschränkungen insofern bedenklich, als häufig der „unzumutbare Kontrollaufwand" als vom Gesetzgeber nicht vorgesehener und vom Gesetz zum nicht gedeckten Ablehnungs- bzw. Einschränkungsgrund erhoben wird.[599]

---

[597] vgl. oben Hauptteil A IV 3 Text S. 44
[598] Calliess / Müller-Dietz, StrVollzG § 70 RN 3
[599] vgl. Calliess / Müller-Dietz, StrVollzG § 70 RN 3

Ein Gegenstand kann demnach nicht mit der Begründung abgelehnt werden, dass nach Schaffung eines Präzedenzfalles durch nachfolgende gleichlautende Anträge die Kontrollkapazität der Anstalt erschöpft würde. Eine solche an hypothetischen, zwar nicht völlig auszuschließenden, aber im Ausmaß auch nicht zu überschätzenden Entwicklungen angelehnte Orientierung stellt eine nicht zulässige vorsorgliche Abwehr von Verwaltungsbelastungen dar.[600]

Die mit einer Beurteilung in Bezug auf Sicherheit bzw. Ordnung verbundene Prognoseunsicherheit muss zu einer Risikoverteilung zwischen Anstalt und Gefangenem führen, statt einseitige Rechtsbeschränkungen der Strafgefangenen zu legitimieren. Verbleibende Restrisiken müssen im Hinblick auf die Prinzipien des § 3 StVollzG und den Verhältnismäßigkeitsgrundsatz hingenommen werden.[601]

Der Versagungsgrund wegen Gefährdung der Sicherheit oder Ordnung der Anstalt setzt das Vorliegen einer konkreten Gefahr voraus, die zudem eine nicht unerhebliche Beeinträchtigung der Anstaltsbelange befürchten lassen muss.[602]

Das tatsächliche Bestehen dieser Gefahr muss so festgestellt und dargelegt werden, dass die Beweggründe für die Einschränkung gerichtlich voll nachgeprüft werden können.[603]

Die abstrakte Gefahr der Verbreitung unerlaubter Nachrichten oder der Vorbereitung von Fluchtplänen genügt nicht, um z.B. Sprachcassetten oder Lehrbücher und Zeichenmaterial generell zu verbieten.

Auch genügt die prinzipiell bestehende Möglichkeit der Übertragung von Infektionskrankheiten und der Allergisierung von Menschen bei der Tierhaltung nicht für ein generelles Tierhaltungsverbot ohne jede Einzelfallprüfung unter Berücksichtigung des jeweiligen Sicherheitsgrades oder im entsprechenden Fall vorliegender besonderen Umstände. Ein solches generelles Verbot schon in der Hausordnung erscheint nur dann berechtigt, wenn jede Tierhaltung in der in Frage stehenden Anstalt aufgrund konkreter Tatsachen stets eine Gefährdung von Sicherheit oder Ordnung der Anstalt enthält oder bedingt.

---

[600] Boetticher, AK-StrVollzG, § 70 RN 19
[601] Boetticher, AK-StrVollzG, § 70 RN 19
[602] Calliess / Müller-Dietz, StrVollzG § 70 RN 1;vgl.auch Schwind in Schwind / Böhm § 70 RN 4
[603] Calliess / Müller-Dietz, StrVollzG § 70 RN 1 und 5

Auf Kritik stößt in der Literaturmeinung[604] die im Vollzugsalltag nicht unübliche Vorgehensweise, dass sich eine Justizvollzugsanstalt die Prüfung der Voraussetzungen des § 70 StVollzG im Einzelfall dadurch erleichtern möchte, dass sie generell den Bezug von Büchern über eine bestimmte Buchhandlung oder einen einzelnen Verlag vorschreibt.

In einer solchen Hausverfügung ist eine Einschränkung der grundsätzlich freien Bezugsmöglichkeit zu sehen, die aber ohne eine ausdrückliche gesetzliche Regelung nicht zulässig ist.

Die Versagung der Überlassung eines einzelnen Buches ist dementsprechend nur dann rechtmäßig, wenn die Justizvollzugsanstalt im Einzelfall geprüft hat, ob ein bestimmter Sachverhalt vorliegt, der ein Abweichen von der allgemeinen Regelung erforderlich gemacht hätte (z.B. weil das gewünschte Buch vergriffen ist).

Als Problem der Einzelfallprüfung stellt sich auch die Tatsache dar, dass der Gefahrenbegriff auch immer ein gewisses Wahrscheinlichkeitsurteil beinhaltet über künftig eintretende Verletzungen der in Frage stehenden Güter, d.h. hier der schützenswerten Anstaltsbelange. Die Beurteilung ist damit also auch stets zukunftsorientiert, so dass einmalige in der Vergangenheit liegende Ereignisse allein zur Begründung einer (konkreten) Gefahr nicht ausreichen.[605]

Um zuverlässig das Vorliegen einer konkreten Gefahr beurteilen zu können, ist es erforderlich, neben der Person des Gefangenen und der konkreten Beschaffenheit des gewünschten Gegenstandes gegebenenfalls noch weitere Besonderheiten wie die Unterbringung des Gefangenen oder das Arbeitsumfeld zu berücksichtigen.[606]

In Zweifelsfragen im Spannungsverhältnis zwischen Sicherheitsbedürfnis und Resozialisierungsgebot ist bei der Auslegung und Anwendung des § 70 Abs. 2 Ziff. 2 StVollzG unter Inkaufnahme von Risiken der gesetzliche Vorrang der Wiedereingliederung (§ 2 S.1 StVollzG) vor den Sicherheitserwägungen zu beachten.[607] Vor allem der Angleichungsgrundsatz aus § 3 Abs.1 StVollzG

---

[604] Calliess / Müller-Dietz, StrVollzG § 70 RN 5
[605] Calliess / Müller-Dietz, StrVollzG § 70 RN 6 sowie Boetticher, AK-StrVollzG, § 70 RN 14
[606] Huchting / Lesting, AK-StrVollzG, § 70 RN 13
[607] Calliess / Müller-Dietz, StrVollzG § 70 RN 2; Boetticher, AK-StrVollzG, § 70 RN 14

muss bei der Vollzugsausgestaltung zu einer engen und restriktiven Auslegung der Begriffe Sicherheit oder Ordnung führen.[608]

Huchting / Lesting[609] weisen weiter darauf hin, dass die mit diesen Begriffen (Sicherheit oder Ordnung) verbundene Prognoseunsicherheit zu einer Risikoverteilung zwischen Anstalt und Gefangenen führen muss und nicht etwa einseitig Rechtsbeschränkungen der Strafgefangenen legitimieren darf.

Die dann verbleibenden Restrisiken müssten im Hinblick auf die Grundsätze des § 3 StVollzG und des Verhältnismäßigkeitsgrundsatzes hingenommen werden.

Nur in Ausnahmefällen wird z.B. eine (konkrete) Gefährdung der Sicherheit oder Ordnung der Anstalt durch den Besitz eine Schallplattengerätes anzunehmen sein. Hier darf die Missbrauchsgefahr nicht zu hoch bewertet werden, da der Platz zum Verstecken von Gegenständen nur klein, der Missbrauch durch anderweitige Verwertung von Bestandteilen nur schwer vorstellbar ist.

In der Literatur[610] zum großen Teil wegen mangelnder Vereinbarkeit mit den ursprünglichen Absichten des Gesetzgebers abgelehnt wird die zum Teil in der Rechtsprechung, aber auch vereinzelt in der Literatur[611] vertretene Auffassung, dass nicht etwa auf eine konkrete Gefahr, sondern zunächst auf die abstrakte Gefährlichkeit von Gegenständen abgestellt werden muss. So sollen Gefangene Gegenstände, die wegen ihrer Verwendbarkeit oder Beschaffenheit eine Missbrauchsgefahr nahelegen, selbst dann nicht besitzen dürfen, wenn in ihrer Person keine Missbrauchsgefahren zu erkennen sind. Gegenstände, die einen Missbrauch kaum befürchten lassen, sollen dagegen erlaubt sein, wenn nicht ausnahmsweise durch den betroffenen Gefangenen selbst konkrete Gefahren entstehen könnten.

Diese enge Sichtweise vor allem in der Praxis, gestützt allerdings von Teilen der Rechtsprechung sowie der in der Literatur vereinzelt vertretenen Auffassung, stößt jedoch auf herbe Kritik in weiten Teilen der Literatur[612]. Selbst Schwind ist der Meinung, dass die doch sehr restriktive Rechtsprechung zu-

---

608 Boetticher, AK-StrVollzG, § 70 RN 14

609 Boetticher, AK-StrVollzG, § 70 RN 14

610 vgl. z.B. Calliess / Müller-Dietz, StrVollzG § 70 RN 5

611 so z.B Schwind in Schwind / Böhm § 70 RN 4 ff, er fordert dann aber zumindest, dass es sich um eine „naheliegende" abstrakte Gefährdung handeln muss

612 vgl. z.B. Calliess / Müller-Dietz, StrVollzG § 70 RN 5, in Ansätzen auch Schwind in Schwind / Böhm § 70 RN 8

mindest in den Fällen einer Ausnahme bedarf, in denen die Befürchtung eines Missbrauchs wegen der Verwendbarkeit zwar grundsätzlich besteht, wegen der Besonderheit der Anstalt jedoch als sehr gering erscheint, also etwa in den Fällen, in denen der Gefangene nicht im geschlossenen Vollzug untergebracht und seine Zuverlässigkeit nicht in Frage gestellt ist.[613]
Nach *Huchting / Lesting*[614] ist die gängige restriktive Vollzugs- und Rechtspechungspraxis sogar „strikt abzulehnen". An die Stelle der Fantasie der Vollzugsbehörden in der Konstruktion von zum Teil „abenteuerlichen Missbrauchsmöglichkeiten", die noch lange nicht logisch eine Gefährdung nach sich zögen, solle vielmehr eine realistischere Einschätzung der tatsächlichen Missbrauchsmöglichkeiten treten, denn der Vollzugsbehörde bliebe, soweit dann doch Missbräuche festgestellt werden würden, als grundsätzlich durchaus ausreichendes Reaktionsmittel immer noch der Erlaubniswiderruf nach § 70 Abs. 3 StVollzG.

In jedem Fall ist vor dem Verbot des Besitzes eines Gegenstandes unter dem Blickwinkel des Verhältnismäßigkeitsgrundsatzes zu überprüfen, ob die Gefahr nicht auch durch mildere Mittel, wie Auflagen hinsichtlich der Beschaffenheit des Gegenstandes oder der Verplombung, ausgeräumt werden kann. Von der Literatur erwünscht wäre es, wenn das der Vollzugsbehörde auch bei Vorliegen eines Ausschlußgrundes nach § 70 Abs.2 StVollzG zustehende Ermessen mehr zu „kontrollierten Experimenten" zugunsten der Gefangenen genutzt werden würde.[615]

4. konkrete Einzelfälle aus der Praxis

a. Beschluss d. OLG Frankfurt v. 14.11.1979 –3 Ws 331/78 StVollzG–[616]

In dem dieser Entscheidung zugrundeliegenden Fall war ein generelles Besitzverbot für Rundfunkgeräte mit UKW-Teil mit dem bloßen Hinweis begründet worden, dass das Mithören des Polizeifunkes nach § 15 Abs. 2a FAG strafbar sei.

---

613 Schwind in Schwind / Böhm § 70 RN 8
614 Huchting / Lesting, AK-StrVollzG, 3. Aufl., 1990, § 70 RN 15
615 vgl. Hassemer ZRP 84, 295
616 ZfStrVo 83, 191, 192

Mit einer solchen Begründung lässt sich jedoch eine solche einschneidende Maßnahme wie ein generelles Besitzverbot nicht rechtfertigen. Durch diese Vorschrift ist lediglich die Abhörhandlung bzw. die missbräuchliche Verwendung des Gerätes zum Abhören des Polizeifunkes mit Strafe bedroht und nicht der Besitz oder die Benutzung bestimmter Rundfunkgeräte.

Auf § 70 Abs. 2 Nr. 1 StVollzG könnte ein solches generelles Besitzverbot jedoch nur dann gestützt werden, wenn schon der Besitz, die Überlassung oder die Benutzung des Gegenstandes als solche mit Strafe bedroht wäre.

Bei der bloßen Möglichkeit einer missbräuchlichen Verwendung des Gerätes zum Abhören des Polizeifunkes käme als Grundlage für ein generelles Besitzverbot daher allenfalls § 70 Abs. 2 Nr. 2 StVollzG in Betracht, wenn nämlich der Besitz solcher Geräte (das Vollzugsziel oder) die Sicherheit oder Ordnung der Anstalt gefährden würden.

Das OLG betont hier, dass die Begriffe „Sicherheit oder Ordnung der Anstalt" verfassungskonform, also „im Lichte der Bedeutung des Grundrechts der Informationsfreiheit"[617], auszulegen sind.

Dementsprechend könne eine Beschränkung des Grundrechtes nur dann in Betracht kommen, wenn dies zur Erreichung eines von der Wertordnung des Grundgesetzes gedeckten gemeinschaftsbezogenen Zweckes unerlässlich ist.

Schon in seiner grundlegenden Entscheidung zur Geltung der Grundrechte auch für Strafgefangene im März 1972 habe das Bundesverfassungsgericht[618] betont, dass es Aufgabe des Strafvollzugsgesetzes sei, „eine Grenze zu ziehen, die sowohl der Meinungs- und Informationsfreiheit des Gefangenen als aber auch den unabdingbaren Erfordernissen eines geordneten und sinnvollen Strafvollzuges angemessen Rechnung trägt."

Von daher sei es eben nicht richtig, dass das durch Art. 5 Abs. 1 GG geschützte Informationsinteresse der Gefangenen grundsätzlich hinter dem berechtigten Interesse der Anstalt an der Aufrechterhaltung von Sicherheit und Ordnung sowie dem Sicherheitsbedürfnis der Allgemeinheit zurückzutreten habe. Bei Kollision des Grundrechts des Gefangenen auf freie Information und dem öffentlichen Interesse an einem geordneten Strafvollzug sei vielmehr eine Güterabwägung erforderlich. Das Recht auf Informationsfreiheit müsse,

---

[617] BVerfGE 7, 198; 49, 24
[618] BVerfGE 33, 1 ff; 40, 276 ff

so das OLG, dementsprechend dann auch nur dann zurücktreten, wenn schutzwürdige Allgemeininteressen, denen im konkreten Fall ein höherer Rang als dem Grundrecht des Gefangenen zukämen, dies wirklich erforderlich machten.[619]

Das OLG führt zur Stützung seiner Forderung nach einem sehr restriktiven Gebrauch der Eingriffsermächtigungen[620] nochmals die deutliche Stellungnahme des Bundesverfassungsgerichts in seiner Entscheidung vom 01.08.1978 [621] an, das hervorgehoben hatte, dass eben jeder Eingriff in die Grundrechte eines Gefangenen selbst dann, wenn er zum Schutze besonders bedeutsamer und höherwertiger Rechtsgüter der Allgemeinheit erforderlich sei, unter dem rechtsstaatlichen Gebot der Verhältnismäßigkeit des Mittels stehe, das gewählte Mittel also in einem vernünftigen Verhältnis zum angestrebten Erfolg stehen müsse.

Dieses vom Bundesverfassungsgericht nochmals verdeutlichte, aber schon vom Gesetzgeber geforderte Grundprinzip sei im wesentlichen Grundlage des § 81 StVollzG. Dieser enthalte eine grundsätzliche Regelung darüber, wie die Begriffe „Sicherheit und Ordnung" in einem behandlungsorientierten Strafvollzug im Sinne des § 2 StVollzG zu verstehen und anzuwenden seien.

Gerade aus § 2 StVollzG, so das OLG, ergebe sich der grundsätzliche Vorrang des Prinzips der „Hilfe zur sozialen Integration" (Resozialisierung) vor Sicherheitserwägungen. Daraus folge, dass in einem modernen, behandlungsorientierten Vollzug Sicherheit und Ordnung zu allererst durch Prozesse der „sozialen Verantwortung"[622] und erst in zweiter Linie durch repressive Maßnahmen erreicht und gewährleistet werden sollten.

Das führe weiter dazu, dass im Zweifel bei der gebotenen Interessenabwägung gegebenenfalls auch unter Inkaufnahme von Risiken, die mit dem Resozialisierungsvollzug geradezu notwendigerweise verbunden sind, dem Prinzip der sozialen Integration der Vorrang gebühre.

Bei der Auslegung von Einzelbestimmungen und vor allem bei der Auslegung unbestimmter Rechtsbegriffe komme den in § 3 StVollzG festgehaltenen Min-

---

619 BVerfGE 49,24 ff = NJW 78, 2235, 2237

620 Diese Meinung entspricht, wie oben dargelegt, auch der nachdrücklich zum Ausdruck gebrachten Intension des Gesetzgebers

621 BVerfGE 49,24 ff = NJW 78, 2235, 2237

622 vgl. Gesetzestext § 2 S. 1, § 4 Abs. 1, § 81 Abs.1 StVollzG

destgrundsätzen[623] für die Vollzugsgestaltung als Konkretisierung des allgemeinen Vollzugsziels (§ 2 StVollzG) besondere Bedeutung zu.

Insbesondere die Beachtung des Angleichungsgrundsatzes (§ 3 Abs.1 StVollzG) führe bei der Vollzugsausgestaltung geradezu zwangsläufig zu einer grundlegenden Einschränkung des Begriffspaares „Sicherheit und Ordnung".

Die Forderung geht also dahin, dass der Vollzug in seiner Gesamtheit im Rahmen des geltenden Rechts nicht mehr auf die relativ kleine Gruppe von Gefangenen ausgerichtet sein dürfe, bei denen tatsächlich ein Sicherheitsrisiko gegeben ist. Grundsätzlich habe dies unterschiedslos auch in Anstalten mit besonders hohem Sicherheitsgrad Bedeutung.

Damit entspricht diese vom OLG Frankfurt in dieser Entscheidung nochmals statuierte Forderung dem Grundgedanken und dem Grundbedürfnis des Gesetzgebers, dass repressive Maßnahmen so tatsächlich den Charakter der „ultima ratio" erhalten. Überhaupt dürften sie nur dann zur Anwendung kommen, wenn sie der Abwehr konkreter Gefahren dienten. Diese einschränkenden Maßnahmen auf der Grundlage von Sicherheit und Ordnung könnten durch allgemeine Befürchtungen ohne näheren Bezug zum Einzelfall jedenfalls nicht gerechtfertigt werden.

Diese Ausführungen des Oberlandesgerichts führen folgerichtig zu dem Ergebnis, dass unter den gegebenen tatsächlichen Voraussetzungen die §§ 69 Abs. 2, 70 Abs. 2 StVollzG ein generelles Besitzverbot für Hörfunkgeräte mit UKW-Teil nicht rechtfertigen.

Allenfalls in einem besonders gelagerten Einzelfall kann es geboten sein, die Erlaubnis zum Besitz und zur Benutzung eines solchen Geräts auf der Grundlage von § 70 Abs. 3 StVollzG zu widerrufen, wenn nämlich konkret eine missbräuchliche Verwendung des Rundfunkgerätes festgestellt worden ist oder sich aus Gründen, die in der Person des Strafgefangenen liegen, die tatsächlich konkrete Missbrauchsgefahr und damit eine konkrete Gefährdung der Anstaltssicherheit abzeichnet.

Als weitere Reaktionsmöglichkeit kann bei einer so gelagerten Situation außerdem in Betracht kommen, die Rundfunkgeräte gem. § 88 StVollzG einzuziehen und für eine gewisse Zeit vorzuenthalten.

---

[623] vgl. Einleitung V 2 a-c, S. 17 f.

Meines Erachtens führt das OLG hier vorbildlich noch einmal den Grundgedanken des Gesetzgebers aus, der zum einen auf eine Entscheidung des Bundesverfassungsgerichtes aus dem Jahre 1972 reagiert hatte und der zum anderen auch durch erneute Entscheidungen bestärkt worden ist, dass nämlich der Grundrechtsschutz grundsätzlich auch für Strafgefangene gilt.

Das bedeutet, dass grundrechtseinschränkende Maßnahmen nur auf Grundlage eines Gesetzes (z.B. Strafvollzugsgesetz) in Betracht kommen und auch dann nur erfolgen dürfen, wenn im konkreten Fall unter Berücksichtigung aller Umstände kein anderes geeignetes Mittel zur Verfügung steht, die Gefährdung zu verhindern oder zu beseitigen, das weniger einschneidend ist als die konkret gewählte Grundrechtsbeschränkung.

Lediglich auf die theoretische Möglichkeit hin, dass Rundfunkgeräte mit UKW-Teil umgerüstet werden und damit als Empfänger von Polizei- oder Anstaltssprechfunk genutzt werden können, rechtfertigt es nicht, generell den Besitz der Geräte zu untersagen. Es müssen konkret weitere Umstände vorliegen, um den Vorstellungen des Gesetzgebers vom Anwendungsgebiet der einzelnen Einschränkungsmöglichkeiten gerecht zu werden. Als solche besondere Umstände, die hinzutreten können, kommt z.B. in Betracht, dass ein Gefangener über die entsprechenden technischen Fähigkeiten verfügt, ein normales Radiogerät mit UKW-Teil entsprechend umzurüsten, dass er als Tüftler bekannt ist und auch bekanntermaßen relativ vielseitiges Werkzeug besitzt, dass er in auffälliger Weise über Informationen verfügt, die er nur durch Abhören des Polizei- oder Anstaltssprechfunks erhalten haben kann oder dass bei ihm schon entsprechende Vorrichtungen gefunden worden sind.

Wie das OLG ausführte, kann vielen Gefahren auch schon durch andere Maßnahmen begegnet werden, so etwa durch Verplombung der Geräte, durch Versiegelung, durch regelmäßige Kontrolle gerade der ausgegebenen oder jedenfalls mit Kenntnis erworbenen Geräte, aber natürlich auch durch Verschlüsselung der wesentlichen Nachrichten oder das Wechseln auf eine unbekannte Frequenz.

Die sehr bequeme „Lösung“ (zur Stellungnahme vgl. auch vorangegangenen Fall) des generellen Verbots jedenfalls ist meiner Ansicht nach zu umfassend. Es stellt jedenfalls keine „unerlässliche Maßnahme“ dar, ohne die der Strafvollzug als Institution zusammenbrechen würde[624], und wird demnach insgesamt, wie oben näher ausgeführt, den Idealvorstellungen des Gesetzgebers in keiner Weise gerecht.

---

624 BVerfGE 33,1,13; 40, 276, 284; vgl. Einleitung VII 2 c, S. 24

b. Beschluss der Strafvollstreckungskammer des LG Lüneburg beim AG Celle vom 10.08.1982 – 17 StVK 322/82 - [625]

Wegen gemeinschaftlicher Geiselnahme in Tateinheit mit erpresserischem Menschenraub und Nötigung von Mitgliedern eines Verfassungsorganes sowie wegen schweren Raubes, jeweils tateinheitlich begangen mit unbefugtem Waffenbeitz und Mitgliedschaft in der kriminellen „Bewegung 2. Juni" verbüßt der Antragsteller eine zehnjährige Jugendstrafe. Er beantragt, ihm die Benutzung eines Cassettenrecorders zum Sprachunterricht zu gestatten.

Unter Hinweis darauf, dass die Verwendung von Cassettenrecordern in einer Justizvollzugsanstalt eine erhebliche Gefährdung der Sicherheit und Ordnung der Anstalt zur Folge habe, war der Antrag von der Justizvollzugsanstalt Celle abgelehnt worden.

Mit derselben Begründung hat der Präsident des Justizvollzugsamtes Celle den eingelegten Widerspruch zurückgewiesen. Der Antragsteller stellte im Ergebnis erfolglos Antrag auf gerichtliche Entscheidung gemäß § 109 StVollzG.

Die Strafvollstreckungskammer vertritt die Auffassung, dass die Anstaltsleitung dem Gefangenen den Cassettenrecorder nebst Mikrofon und Tonbandcassetten (ohne die die Sprachübungen gar nicht hätten durchgeführt werden können) zu Recht auf der Grundlage des § 70 Abs. 2 StVollzG vorenthalten hat. Die Verwendung des Recorders würde innerhalb der Justizvollzugsanstalt tatsächlich zu einer erheblichen Gefährdung von Sicherheit und Ordnung führen, da ein Missbrauch des Gerätes selbst bei einer sehr zeit- und arbeitsaufwändigen Überwachung nicht auszuschließen sei.

Es bestünde für den Antragsteller die Möglichkeit, mit Hilfe der sehr kleinen und auch leicht zu verbergenden Tonbandcassetten mit anderen Gefangenen zu kommunizieren und Informationen auszutauschen und nach außen unkontrollierbare Nachrichten zu übermitteln. Außerdem wäre die Möglichkeit gegeben, dem Antragsteller Nachrichten in die Anstalt über die auf kleinstem Raum zu versteckenden Bändern zukommen zu lassen. Ein solcher nicht überwachbarer und kontrollierbarer Informationsfluss von Personen außerhalb der Anstalt zu den Gefangenen müsse jedoch im Interesse der anstaltlichen Sicherheit unterbunden werden.

---

[625] ZfStrVo 83, 317

Hinsichtlich der Verhältnismäßigkeit führt die Kammer aus, dass der Antragsteller durch die Versagung der Besitzerlaubnis eines Cassettenrecorders nebst Zubehör auch nicht wesentlich in seiner Fortbildung behindert würde. Denn soweit er den Besitz eines Cassettenrecorders erstrebe, um einen Cassettensprachkurs durchzuführen, sei es ihm auch unter Berücksichtigung der höheren finanziellen Aufwendungen zuzumuten, einen Schallplattensprachkurs zu belegen, der in gleicher Weise wie ein Cassettensprachkurs die erstrebte Fortbildungsmöglichkeit eröffne. Er könne sich außerdem jederzeit eines Sprachlehrbuchs mit Lautschrift bedienen. Des weiteren könne er jederzeit auf die Möglichkeit zurückgreifen, mit Hilfe eines von der Anstalt gestellten Hörfunkgerätes an einem der von den Rundfunkanstalten gebotenen Sprachkurse teilzunehmen.

Meiner Ansicht nach sind die von der Kammer hier genannten Alternativen nicht zugkräftig. Gerade ein Sprachkurs erfordert auch ein permanentes Üben durch ständiges Wiederholen. Diese Möglichkeit ist bei der Wahrnehmung eines von der Rundfunkanstalt angebotenen Sprachkurses nicht gegeben. Auch ein Lehrbuch mit Lautschrift stellt keine dem Cassettensprachkurs vergleichbare Ausweichsmöglichkeit dar, da eine fremde Sprache vom gesprochenen Wort lebt und das Lernen der Lautschrift nicht einfach ist und auch oft nicht zur gewünschten Sicherheit in der Aussprache führt.

Der einzig an sich taugliche Hinweis, dass ein Schallplattensprachkurs eine zumutbare Alternative sei, erscheint insoweit fragwürdig, als in der Rechtsprechung viele Fälle bekannt sind, in denen auch ein Schallplattenspieler wegen einer Gefährdung von Sicherheit und Ordnung vom Besitz ausgeschlossen wurde.

Hinsichtlich der Abspielgeräte dürfte bzgl. der Versteckmöglichkeiten kein nennenswerter Unterschied bestehen, hier wie da könnte eine Verplombung Abhilfe schaffen.

Richtig ist allerdings, dass die Cassetten im Gegensatz zu Schallplatten die Möglichkeit des Informationsflusses und Gedankenaustausches innerhalb der Anstalt bzw. – und vor allem das ist problematisch – von Inhaftierten mit Personen außerhalb der Anstalt oder umgekehrt ermöglichen.

Bei der Auseinandersetzung mit den konkreten Umständen des Einzelfalles mag man tatsächlich zu dem Ergebnis kommen, dass bei diesem Gefangenen eine erhöhte Gefahr zu konspirativem Verhalten besteht, wie sich aus den der Verurteilung zugrundeliegenden Straftatbeständen und der dadurch indizierten kriminellen Energie zeigt.

Die Versagung der Erlaubnis zum Besitz eines Cassettenrecorders (nebst Cassetten) ist demnach hier durchaus nachvollziehbar. Wenn dem Gefangenen dann tatsächlich der Besitz eines Schallplattenspielers gestattet wird, ist die Maßnahme auch nicht unangemessen, da dem Antragsteller die Möglichkeit zur Teilnahme an einem Sprachkurs verbleibt.

c. Beschluss des OLG Celle vom 25.10.1982 –3 Ws 337/82 (StrVollz)-[626]

Auch in dieser Entscheidung wird verdeutlicht, dass grundrechtsbeschränkende Maßnahmen auf der Grundlage der Gefährdung von Sicherheit und Ordnung nur restriktiv in Betracht kommen dürfen. Im Leitsatz führt das Oberlandesgericht Celle hier an, dass § 70 Abs. 2 Nr. 2 StVollzG eine konkrete Gefahr für Sicherheit oder Ordnung der Anstalt voraussetzt, die in nachprüfbarer Weise festgestellt werden muss. Lediglich abstrakte Gefährdung genüge als Voraussetzung für eine einschneidende Maßnahme jedenfalls nicht.

Im konkreten Fall rügt das OLG die Anstaltspraxis, weil hier die Erlaubnis zum Besitz einer Schreibmaschine widerrufen worden war, der Gefangene habe die Maschine fortgesetzt zur Rechtsberatung von Mitgefangenen missbraucht. Um eine solche Maßnahme auf der Grundlage von § 70 StVollzG jedoch treffen zu können, hätte festgestellt werden müssen, welche Mitgefangene der Gefangene rechtlich beraten hat, ob und in welchem Umfang dafür tatsächlich ein Entgelt bezahlt worden ist, und ob er wegen dieser Tätigkeit bereits eine Führungsrolle unter den Mitgefangenen einnimmt oder im Begriff ist, sich dadurch eine Machtposition gegenüber den anderen aufzubauen.

Erst durch Feststellung bzw. in Kenntnis dieser Umstände wäre eine Beurteilung der Frage möglich gewesen, ob er durch sein Verhalten ein Abhängigkeitsverhältnis oder Hierarchieverhältnis aufgebaut hat, das in der Lage ist, die interne Sicherheit oder im Einzelfall über Gebühr das geordnete Anstaltsleben konkret zu gefährden.

Die bloße Feststellung, dass eine ständige rechtliche Beratung schriftliche Geschäftsbesorgung „erfahrungsgemäß“ zu Autoritätsverhältnissen führe, welche die Wahrung der Anstaltsordnung empfindlich störten, dass Dienstleistungen von Gefangenen „in der Regel“ die Verpflichtung zur Entgeltzahlung enthielten

---

[626] ZfStrVo 83, 192

und dass dadurch das Geschäftsverbot durchbrochen werde, reiche jedenfalls nicht aus.

Meines Erachtens rügt das Oberlandesgericht die sehr restriktive Praxis der in Frage stehenden Justizvollzugsanstalt zu recht. Die Feststellungen lassen eine Auseinandersetzung mit den Umständen des Einzelfalls vermissen. Es ist keine Auseinandersetzung mit der Frage erfolgt, ob im konkreten Einzelfall tatsächlich eine Gefährdung der Anstaltssicherheit oder Anstaltsordnung vorliegt, wie diese geartet ist, und ob nicht mildere Mittel denkbar gewesen wären, dieser zu begegnen. Auch wäre relevant gewesen, ob ein Gespräch mit „Warnfunktion" stattgefunden hat. Auch dieses wäre je nach Person des Gefangenen möglicherweise geeignet gewesen, entsprechende Risiken zu beschränken.

Der Weg, den Besitz der Schreibmaschine zu untersagen bzw. die Besitzerlaubnis zu widerrufen, ist sicher der einfachste und zweifellos auch der sichere Weg, entspricht aber nicht dem Grundgedanken des Gesetzgebers nach restriktivem Gebrauch der Einschränkungsmöglichkeiten als ultima ratio in einem besonders begründeten Einzelfall.

d. Beschluss des OLG Frankfurt a. M. vom 10.11.1982 – 3 Ws 793/82 (StVollz) - [627]

Dem Gefangenen war von seinem Bevollmächtigten ein Exemplar des „Ratgebers für Gefangene mit medizinischen und juristischen Hinweisen" geschickt worden. Dieses wurde ihm zwar zunächst ausgehändigt, später jedoch wieder weggenommen. Sein Antrag auf erneute Aushändigung ist durch den Anstaltsleiter mit der Begründung abgelehnt worden, dass das Buch insgesamt von einer verzerrenden Tendenz durchzogen sei, denn es rege den Leser zu störendem Verhalten an, verunglimpfe Polizei und Vollzugsbedienstete und enthalte unqualifizierte Angriffe auf die Rechtsstaatlichkeit der Bundesrepublik Deutschland. Des weiteren enthalte es Informationen und einseitige Kritik insbesondere gegen den Einsatz und die Ermittlungstätigkeit der Polizei sowie Rechtsprechung und Strafvollzug. Außerdem werde der Eindruck erweckt, Übergriffe der Polizei, Rechtsbeugung durch die Gerichte und missbräuchliche Rechtsausübung in den Strafvollzugsanstalten seien an der Tagesordnung. Wie der Titel bereits ausweise, so der Anstaltsleiter, verstehe sich das Buch

[627] ZfStrVo 83, 314, 315

als Anleitung für das Verhalten von Inhaftierten gegenüber Polizei und Vollzugsbehörden im Sinne einer taktischen Einstellung. Im ablehnenden Bescheid folgte nun eine Aufstellung der diese Tendenz aufweisenden Kapitel im einzelnen, wobei jeweils in einem Satz der wesentliche Inhalt wiedergegeben wurde. Abschließend vertrat der Anstaltsleiter die Auffassung, dass der Inhalt des Buches geeignet sei, bei einer Herausgabe an den Gefangenen die Anstaltsordnung und das Vollzugsziel erheblich zu gefährden.

Die Strafvollstreckungskammer hob diesen Beschluss teilweise auf und verpflichtete den Anstaltsleiter zur Neubescheidung unter Beachtung der Rechtsauffassung des Gerichts verpflichtet.

Der Anstaltsleiter vertrat die Auffassung, dass der Buchinhalt insgesamt eine negative Tendenz aufweise und somit auch insgesamt geeignet sei, die Sicherheit und Ordnung in der Anstalt zu gefährden und legte erfolgreich Rechtsbeschwerde gegen diesen Beschluss der Strafvollstreckungskammer ein.

Auch das OLG ist der Ansicht, dass der „Ratgeber für Gefangene mit medizinischen und juristischen Hinweisen“ wegen seiner eindeutigen und überwiegend negativen Zielsetzung nicht nur hinsichtlich der einzelnen zu beanstandenden Seiten und Kapitel, sondern insgesamt von der Aushändigung an den Antragsteller auszuschließen sei.

Der Inhalt der beanstandeten Kapitel gefährde nicht nur das auf Resozialisierung gerichtete Vollzugsziel (§ 2 StVollzG), sondern auch die Sicherheit und Ordnung der Anstalt (§ 70 Abs. 2 Nr. 2 StVollzG).

Das Buch enthalte nicht nur die Anregung, sich mit dem Staat und den Vollzugsorganen, insbesondere Strafvollstreckungs- und Strafvollzugsbehörden, kritisch auseinanderzusetzen; es beinhalte darüber hinaus vielmehr auch eine einseitige gegen Vollstreckung und Vollzugsorgane gerichtete Schilderung, die den Eindruck erwecke, der Strafgefangene sei bloßes Objekt. Außerdem gäbe der Ratgeber Verhaltensmuster wieder, die sowohl Anstalt als auch Richter lächerlich machten und den Leser zu störendem, einem ordnungsgemäßen Vollzug entgegenstehendem Verhalten anregen sollten. Weiter enthalte es auch unqualifizierte Angriffe auf die Rechtsstaatlichkeit der Bundesrepublik Deutschland.

Das OLG führt aus, dass es für die Rechtmäßigkeit des Beschlusses unschädlich sei, dass er den beanstandeten Inhalt des Buches nicht wörtlich wiedergegeben habe. Die Vorenthaltung des Buches bezwecke ja gerade, dass dem Anstragsteller der Buchinhalt nicht bekannt gemacht werde. Es sei daher als ausreichend anzusehen, wenn wie hier mit einem Satz der wesentliche Inhalt des jeweiligen Kapitels wiedergegeben werde.

Auch das OLG ist der Meinung, dass der Buchinhalt geeignet sei, bei den Gefangenen eine hassvolle und aggressive Oppositionshaltung vor allem gegen die Vollzugsbediensteten zu begründen. Bei Aushändigung des Buches bestünde außerdem die Gefahr der Weitergabe an andere Gefangene, die bereit sein könnten, den in dem Buch wiedergegebenen unrichtigen Angaben Glauben zu schenken, so dass auch bei ihnen aggressives Verhalten erzeugt und verstärkt werden würde, denn hier sei noch die Tatsache zu berücksichtigen, dass die Gefangenen aufgrund ihrer Haftsituation leicht beeinflussbar und nur bedingt in der Lage seien, sich ihrerseits kritisch mit verfälschten und aufwieglerischen Darstellungen auseinanderzusetzen.

Der Senat vertritt die Ansicht, dass nicht nur einzelne aufgezählte Teile des Buches, wovon die Strafvollstreckungskammer fälschlicherweise ausgegangen sei, von der Aushändigung auszuschließen seien, sondern vielmehr das gesamte Druckerzeugnis.

Auch die Tatsache, dass es sich bei dem beanstandeten Buch um eine Loseblattsammlung handle, stehe dieser Meinung nicht entgegen. Zwar, so das OLG, unterliege auch im Strafvollzugsverfahren jede den Gefangenen beschwerende Maßnahme dem Verhältnismäßigkeitsgrundsatz, doch gebiete dieser im vorliegenden Fall nicht die Entfernung lediglich der zu beanstandenden Seiten. Denn es sei hier auf die das gesamte Druckwerk beherrschende, es geradezu wie ein roter Faden durchziehende Tendenz abzustellen, durch die bei den Gefangenen ein aggressives Verhalten erzeugt und verstärkt werden solle. Es sei dementsprechend für den Antragsteller zumutbar, auf die Aushändigung eines solchen Druckwerkes auch insgesamt zu verzichten.

Wegen seiner eindeutigen Tendenz sei das Buch nicht geeignet, in die Anstalt zu gelangen, denn gerade wegen dieser das gesamte Buch beherrschenden eindeutigen negativen Tendenz bestehe auch zudem die Gefahr, dass die Vollzugsbehörde einzelne zu beanstandende Passagen übersehe, v.a. bei Kapiteln, die sich mit einem auf den ersten Blick vielleicht unverfänglichen

Thema beschäftigten. Wegen des erhöhten Arbeitsaufwandes sei es ihr auch nicht zuzumuten, das Druckerzeugnis Seite für Seite auf zu beanstandende Stellen durchzulesen.

Das OLG hat sich meiner Meinung nach sehr ausführlich mit dem konkreten Einzelfall auseinandergesetzt. Es ist detailliert dargestellt, warum und in welcher Form Sicherheit oder Ordnung in der Anstalt durch die Aushändigung des gesamten Werkes gefährdet wären und aus welchem Grund es sinnvoll war, dass der Anstaltsleiter im ursprünglichen Bescheid den Inhalt der einzelnen Kapitel nur in einem Satz zusammengefügt hat (um dem Gefangenen nicht auf diesem „indirekten Weg" doch noch über die aufrührerischen Einzelheiten zu informieren).

Außerdem führt der Senat aus, warum er es nicht für ausreichend erachtet, lediglich einzelne Seiten zu entfernen, was bei einer Loseblattsammlung relativ unproblematisch (abgesehen vom Zeit- und Arbeitsaufwand) möglich gewesen wäre.

Immerhin war die zuvor mit dem Fall befasste Strafvollstreckungskammer der Auffassung, das Entfernen einzelner Seiten wäre (als milderes Mittel) durchaus ausreichend, um der Gefährdung von Sicherheit und Ordnung zu begegnen.

Das ist Tatfrage. Allerdings ist das Argument, dass Gefangene aufgrund der Situation im Strafvollzug zu leicht beeinflussbar seien, zwar sicher nicht von der Hand zu weisen, es kann jedoch bei zu hoher Bewertung allzu leicht zu entmündigender Zensur führen (was dann den §§ 2 und 3 StVollzG zuwiderliefe).

Für den Fall, dass man es nicht für erforderlich hält, das ganze Buch als sicherheits- oder ordnungsgefährdend zurückzuhalten, bedürften auch andere vom OLG angeführten Argumente der genaueren Betrachtung. So könnte die Weitergabe des Werkes an andere Strafgefangene verhindert werden, indem es dem Inhaftierten nur kurzfristig zur Verfügung gestellt wird, gegebenenfalls auch nur unter Aufsicht in der Bibliothek oder nach Einschluss.

e. Beschluss des OLG Nürnberg vom 26.01.1983 – Ws 65/83 - [628]

Im vorliegenden Fall hatte ein Gefangener bei der Justizvollzugsanstalt Straubing beantragt, ihm den Kauf und Besitz eines Schachcomputers mit Batteriebetrieb zu gestatten. Die Justizvollzugsanstalt hat den Antrag abgelehnt; diese

[628] ZfStrVo 83, 253,254

Entscheidung war vom Landgericht Regensburg anschließend bestätigt worden.

Das schließlich angerufene OLG kritisierte dann jedoch die Entscheidung und v.a. die Argumentation der Justizvollzugsanstalt. Tatsächlich sei der Anstaltsleiter nämlich nicht berechtigt, generell, d.h. ohne konkrete Überprüfung des jeweiligen Einzelfalls, Strafgefangenen den Besitz von netzunabhängigen, batteriebetriebenen Schachcomputern aus grundsätzlichen Erwägungen zu verweigern. Gemäß § 70 Abs. 1 StVollzG habe der Gefangene grundsätzlich ein Recht auf den Besitz von Gegenständen zur Freizeitbeschäftigung; ein sogenannter Schachcomputer sei als ein derartiger Gegenstand i.S.d. § 70 Abs. 1 StVollzG anzusehen.

Hinsichtlich der gesetzgeberischen Beschränkung des Besitzes auf einen „angemessenen Umfang" sei hier festzustellen, dass ein batteriebetriebener Schachcomputer mit den Maßen 20 x 13,5 x 4,5 cm weder im Hinblick auf seine Funktion (Ausübung des geistig anregenden Schachspiels auch ohne Partner) noch aufgrund seiner äußerlichen Abmessungen als ein für die Verhältnisse in Haftanstalten unangemessener Gegenstand erscheine. Daraus folge, dass sich die Überlassung eines Schachcomputers an einen Strafgefangenen nur im Einzelfall wegen konkret in der Person des betreffenden Strafgefangenen oder aber in den besonderen Verhältnissen seines Haftraums liegender Gründe nicht mehr im Rahmen des „angemessenen Umfangs" im Sinne des § 70 Abs. 1 StVollzG halten könne. Das bedeute andererseits, dass eine generelle Versagung mit der Begründung, ein derartiges Gerät sei für eine angemessene Freizeitbeschäftigung in einer Vollzugsanstalt ungeeignet, nicht möglich sei.

Unter Zugrundelegung dieser Ausführungen sei hier zu prüfen, ob eine generelle Besitzuntersagung von Schachcomputern für Strafgefangene in der Justizvollzugsanstalt Straubing deshalb doch gerechtfertigt sei, weil ein Einschränkungsgrund nach § 70 Abs. 2 StVollzG vorliege, also hierdurch die Sicherheit und Ordnung der Anstalt gefährdet würde. (Vollzugsziele seien allgemein durch ein solches Spielgerät ersichtlich nicht gefährdet, führt das OLG aus).

Auch eine solche Gefährdung könne keinesfalls allgemein bejaht werden. Nach einer gutachterlichen Stellungnahme des Bayerischen Landeskriminalamtes sei insbesondere erwiesen, dass bei den heute hergestellten Schachcomputern solche Bausteine, die zweckentfremdet werden könnten, kaum mehr Verwendung fänden, dass ausbaufähige Bauelemente nur noch mit Hilfe eines Lötkolbens unzerstört entfernt werden könnten und bei Batteriegeräten auch die Möglichkeit der Einkoppelung von Störsignalen in das 220 Volt-Leitungsnetz der Vollzugsanstalt zuverlässig unterbunden sei, so dass aus technischer Sicht gegen die Aushändigung von netzunabhängigen Schachcomputern, die missbräuchlichen Manipulationen weit weniger zugänglich seien als Transistorradiogeräte, keine Bedenken bestünden.

Allerdings sei nach dem Gutachten auch zu berücksichtigen, dass die Gerätegehäuse, die durch Lösen von Verschraubungen mittels geeigneter Werkzeuge geöffnet werden könnten, grundsätzlich auch als Behältnisse für einzuschmuggelnde Gegenstände geeignet seien. Die sich daraus ergebenden Missbrauchsgefahren würden jedoch weitgehend dadurch gemindert, dass die Gehäuseschrauben häufig bereits von Seiten des Herstellers durch Plombierungen gesichert seien, um bei Beschädigungen der Plomben Garantieansprüche der Käufer zurückzuweisen zu können. Diese Plombierungen, deren Entfernung auch nicht mehr rückgängig gemacht werden könne, seien bei Beschädigungen ein deutlicher Hinweis auf einen durchgeführten Eingriff. Auf diese Weise seien demnach etwaige missbräuchliche Manipulationen an dem Gerät auch für das kontrollierende Anstaltspersonal leicht und ohne großen Aufwand erkennbar.

Aus allen diesen Gründen hält der Senat die Überlassung von batterieabhängigen, bereits von Seiten des Herstellers plombierten Schachcomputern an Strafgefangene, soweit nicht im konkreten Einzelfall Bedenken bestünden, auch bei Berücksichtigung des die Vollzugsanstalt belastenden Kontrollaufwands für ein vertretbares Risiko, das im Hinblick auf die vom Gesetzgeber in § 70 StVollzG getroffene Regelung hinzunehmen sei.

Die von Seiten der Vollzugsanstalt angeführten Befürchtungen, dass sich die Anstalt nunmehr einer Flut von Anträgen auf Bewilligung solcher Geräte gegenüber sehen würde, erscheine dagegen nach Auffassung des OLG schon deshalb wenig begründet, weil der relativ hohe Anschaffungspreis und das nur bei einzelnen Gefangenen vorhandene Interesse am Schachspiel die Besitzwünsche in Grenzen halten dürften.

Im vorliegenden Fall bedürfe eine sachliche Entscheidung jedoch noch tatsächlicher Feststellungen, ob nun in der Person oder den konkreten Verhältnissen des Beschwerdeführers liegende Gründe vorhanden seien, die der Genehmigung eines Schachcomputers doch entgegenstünden, und ob das vom Beschwerdeführer gewünschte Gerät bereits die erforderliche Plombierung aufweise.

Dem Senat seien Feststellungen dieser Art jedoch verwehrt, da er auf die bloße Rechtskontrolle beschränkt sei. Daher sei die Sache an das Erstgericht zurückzuverweisen gewesen.

Meines Erachtens hat die Justizvollzugsanstalt hier tatsächlich zu pauschal unter Berufung auf ihren erhöhten Kontrollaufwand den Besitz des Schachcomputers verwehrt. Die Kritik des OLG ist fundiert und auch angemessen. Ein Schachcomputer stellt einen Gegenstand i.S.d. § 70 Abs. 1 StVollzG dar, eine Versagung kann nur aufgrund konkreter Umstände im Einzelfall und nur unter Berücksichtigung des Verhältnismäßigkeitsgrundsatzes erfolgen.

f. Beschluss des OLG Hamm vom 07.05.1984 - Vollz (Ws) 69/84 - [629]

In dem hier geschilderten Fall verbüßt der Antragsteller eine lebenslange Freiheitsstrafe in der Justizvollzugsanstalt W. Sein Antrag auf Erlaubnis des Besitzes eines Schallplattenspielers wurde vom Anstaltsleiter abschlägig beschieden. Nach Zurückweisung des eingelegten hat die Strafvollstreckungskammer den Antrag des Betroffenen auf gerichtliche Entscheidung zwar für begründet erachtet, die anschließend vom Leiter der Justizvollzugsanstalt eingelegte Rechtsbeschwerde hatte jedoch Erfolg.

Das OLG führt aus, dass die Vollzugsbehörde in rechtlich nicht zu beanstandender Weise auf der Grundlage des § 70 Abs. 2 Nr. 2 StVollzG die Genehmigung zum Besitz des Schallplattenspielers abgelehnt habe, weil der Besitz die Sicherheit der Anstalt gefährden würde. Angesichts des hohen Sicherheitsgrades der Justizvollzugsanstalt W., in der zahlreiche zu lebenslangen Freiheitsstrafen verurteilten und von der Einweisungskommission in der Auswahlanstalt als kriminell stark gefährdet eingestufte Strafgefangene säßen, sei die Sicherheit der Anstalt durch eine uneingeschränkte Zulassung technischer Geräte in stark erhöhtem Maße gefährdet. Durch ein Überhandnehmen der tech-

---

[629] NStZ 85, 192

nischen Geräte in den Zellen der Strafgefangenen werde eine wirksame Zellenrevision äußerst erschwert und sei nur mit unverhältnismäßig hohem Personal- und Zeitaufwand möglich. In Anbetracht der beschränkten Haushaltsmittel müsse dieser Aufwand jedoch in angemessenem Rahmen gehalten werden.

Unter Berücksichtigung sachlicher Auswahlkriterien könne daher die Zahl technischer Geräte im Besitz der Strafgefangenen beschränkt werden.
Kriterien, die bedenkenfrei zur Auswahl herangezogen werden dürften, seien in der Rechtsverordnung des Justizministeriums Nordrhein-Westfalens vom 04.08.1978 aufgestellt worden. Danach kann der Anstaltsleiter die Benutzung von Plattenspielern zur Teilnahme an fremdsprachlichen Lehrgängen und für sonstige Aus- und Fortbildungsmaßnahmen gestatten. Weiterhin ist es möglich, einem Strafgefangenen, der zu lebenslanger Freiheitsstrafe verurteilt ist und sich bereits fünf Jahre im Strafvollzug befindet, die Besitzgenehmigung zu erteilen.

Im konkreten Fall sei aber weder festgestellt noch vorgetragen, dass der Betroffene den Plattenspieler für Fortbildungsmaßnahmen nutzen wolle. Auch die übrigen Voraussetzungen seien im vorliegenden Fall nicht gegeben, da der Betroffene sich noch nicht fünf Jahre im Strafvollzug befunden habe.

Es sei auch weder vorgetragen noch sonst ersichtlich, dass ein Ausnahmefall vorliege, der es geboten hätte, über den von der Rechtsverordnung gezogenen Rahmen hinaus zu gehen.

Die Strafvollstreckungskammer sei fälschlich davon ausgegangen, dass die Besitzerlaubnis eines Plattenspielers nicht wegen genereller Gefährdung der Sicherheit der Anstalt abgelehnt werden dürfe. Der Besitz von Gegenständen für die Freizeitbeschäftigung, die die Möglichkeit des Missbrauchs unter dem Gesichtspunkt der Gefährdung von Sicherheit und Ordnung in sich bergen, könne nach Auffassung des Gerichtes[630] untersagt werden.

Dies sei auch unabhängig davon, ob die Gefahr des Missbrauchs gerade in der Person dieses Gefangenen naheliege. Das folge aus der bekannten Tatsache, dass auch zuverlässige Strafgefangene, die selbst den Gegenstand nicht missbrauchen wollten, in einer Anstalt wie W., in der viele gefährliche

[630] das sich hier auch auf einen Beschluss des OLG Zweibrücken vom 27.10.1980 [1 Vollz (Ws) 168/80] stützt

Gefangene einsäßen, von Mitgefangenen unter Druck gesetzt werden würden, ihnen dann die missbräuchliche Benutzung zu gestatten.

Ebenso wie die Strafvollstreckungskammer zuvor sei der Senat allerdings der Ansicht, dass eine missbräuchliche Benutzung des Plattenspielers hauptsächlich als Versteck für nicht erlaubte Gegenstände in Frage komme. Allerdings könne nach Auffassung des OLG der Gefahr nicht durch Verplombung hinreichend entgegengetreten werden. Zum einen würde es einen unangemessenen zusätzlichen Arbeitsaufwand für die Vollzugsanstalt bedeuten, regelmäßig in einer Vielzahl von Zellen Plomben untersuchen zu müssen, zum anderen könne aber auch eine geöffnete Plombe von Strafgefangenen mit einigem Geschick wieder so hergerichtet werden, dass die Verletzung der Verplombung nur bei genauer Untersuchung feststellbar sei. Auch eine Genehmigungsbeschränkung auf den Besitz von Plattenspielern in Plexiglasbauweise könne das Sicherheitsrisiko nicht hinreichend ausräumen, da auch ein solcher Plattenspieler genügend undurchsichtige Teile wie Motor, Plattenteller und ähnliches enthalte, um als Versteck dienen zu können.

Das OLG kritisiert die Rechtsansicht der Strafvollstreckungskammer, die davon ausgegangen war, die zusätzliche Belastung durch regelmäßige Kontrolle eines sich im Besitz des Betroffenen befindenden Plattenspielers und demnächst auch noch zahlreicher weiterer Plattenspieler müsse hingenommen werden, da auch zahlreiche Rundfunkgeräte im Besitz von Strafgefangenen kontrolliert werden müssten. Die Strafvollstreckungskammer lasse außer Betracht, dass dem Besitz von Radiogeräten im Hinblick auf das Grundrecht auf Informationsfreiheit ein erheblich höherer Stellenwert zukomme als dem Besitz von Plattenspielern. Danach seien die Kriterien der Vollzugsverwaltung durchaus nachvollziehbar, wenn sie bezüglich der Radiogeräte den höheren Verwaltungsaufwand in Kauf nehme, ihn an anderer Stelle (hinsichtlich der Plattenspieler) aber eingrenzen möchte.

Meines Erachtens.hat das OLG hier zu sehr auf die abstrakte Gefährlichkeit des in Frage stehenden Gegenstandes abgestellt, ohne dass hier im Einzelfall z.B. die Person, d.h. der Charakter, die bisherige Führung im Vollzug oder seine soziale Stellung innerhalb der Anstalt Berücksichtigung gefunden hat.

Der Versagungsgrund „aus Gründen der Sicherheit oder Ordnung der Anstalt" setzt jedoch das Vorliegen einer konkreten Gefahr voraus, die zudem eine nicht nur unerhebliche Beeinträchtigung der Anstaltsbelange befürchten lassen muss.

Im Gegensatz zum Senat bin ich der Ansicht, das mittels einer Verplombung der Geräte eine erhebliche Minimierung der Risiken erfolgen kann. Auch durch eine entsprechende Bauweise (Plexiglas) könnte eine weitere Reduzierung erfolgen.

Der Kontrollaufwand wäre damit erheblich geringer, da die absolute Unversehrtheit der Plomben auch nicht bei jeder Zellenrevision überprüft werden müsste. Abgesehen davon, dass ein „erheblicher Kontrollaufwand" kein vom Gesetzgeber unterstützter Grund für einschränkende Maßnahmen darstellt (was auch nicht den §§ 2 und 3 StVollzG entspräche), bedeutet die Haltung des OLG, dass all die obengenannten Maßnahmen nicht ausreichen würden, konsequent weiterverfolgt eine Rückkehr zur „kargen Zelle", da nahezu jeder Gegenstand mit etwas Fantasie missbräuchlich eingesetzt werden kann.

g. Beschluss des OLG Hamm vom 05.11.1989 – 1 Vollz (Ws) 156/89 -[631]

Im vorliegenden Fall beantragte ein Strafgefangener, ihm den Besitz eines Taschencomputers Casio PB 1000 zu genehmigen, da er Elektroniker werden und sich mit Hilfe des Gerätes auf diesen Beruf vorbereiten wolle.

Der Leiter der Justizvollzugsanstalt hat diesen Antrag mit der Begründung abgelehnt, solche Geräte seien geeignet, die Sicherheit und Ordnung der Anstalt zu gefährden. Diese Auffassung unterstützend, hat der Präsident des Justizvollzugsamtes Rheinland den erfolgten Widerspruch zurückgewiesen.

Auf Antrag des Gefangenen auf gerichtliche Entscheidung hat die Strafvollstreckungskammer die Verwaltungsakte jedoch aufgehoben und den Anstaltsleiter verplichtet, dem betroffenen Gefangenen die Erlaubnis zum Besitz und zur Benutzung des Taschencomputers zu erteilen und ihm das Gerät auszuhändigen. Der Leiter der Justizvollzugsanstalt hat daraufhin erfolgreich beim OLG Hamm Beschwerde eingelegt.

Das OLG ist der Auffassung, dass die Strafvollstreckungskammer zu Unrecht das Vorliegen der Voraussetzungen des § 70 Abs. 1, Abs. 2 Nr. 2 StVollzG verneint habe.

Gerade im vorliegenden Fall sei § 70 StVollzG gegeben, wonach ein Strafgefangener unter anderem dann nicht bestimmte Gegenstände zur Fortbildung

[631] NStZ 90, 304

oder zur Freizeitbeschäftigung besitzen dürfe, wenn durch deren Besitz die Sicherheit der Anstalt gefährdet werde.

Ebenso wie die Justizbehörde geht das OLG davon aus, dass das Gerät aufgrund seiner geringen Größe[632] wohl nicht als Versteck für verbotene Gegenstände dienen könne.

Auch stimmt das OLG der Strafvollstreckungskammer darin zu, dass die Gefahr auch nicht darin bestünde, dass durch Weitergabe von Disketten oder Magnetbändern unerlaubt Nachrichten übermittelt werden könnten, da es unmöglich sei, ohne weitere Zusatzgeräte (die der Gefangene nicht besäße), Daten auf Disketten oder Magnetbändern zu speichern.

Eine Gefährdung für die Sicherheit der Anstalt sieht der Senat allerdings darin, dass der Taschencomputer Casio PB 1000 über eine variable Speicherkapazität bis zu 4096 K Byte verfüge.

Allerdings bestünde die Nutzungsmöglichkeit wiederum nicht in der verbotenen Weitergabe von Nachrichten, denn entferne man den Festspeicher aus dem Gerät, sei mit einer Löschung der eingegebenen Daten zu rechnen. Es sei unter den in der konkret betroffenen Justizvollzugsanstalt herrschenden Verhältnissen möglicherweise auch nicht zu erwarten, dass die Weitergabe von Nachrichten durch Übergabe des Gerätes an andere Gefangene, die ihrerseits den Text abrufen könnten, erfolgen könne. In dieser Justizvollzugsanstalt seien Gefangene inhaftiert, die als weniger kriminell gefährdet klassifiziert worden seien. Sie hätten in der Freizeit und während der Arbeit hinreichend Möglichkeiten, sich miteinander zu verständigen, ohne dass sie auf diese Art der „Hilfsmittel“ angewiesen seien.

Eine Gefährdung für die Sicherheit der Anstalt sieht der Senat jedoch darin, dass die vorhandene Speicherkapazität es dem Gefangenen ermögliche, Texte von ca. 600 bis 900 Wörtern Umfang einzugeben, deren Inhalt von Vollzugsbediensteten, bei denen computertechnische Kenntnisse nicht vorausgesetzt werden könnten, nicht ohne weiteres abgerufen und kontrolliert werden könnte.

---

[632] es wurde festgestellt, dass der Taschencomputer in geschlossenem Zustand lediglich die Außenmaße 24 x 187 x 97 mm, in geöffnetem Zustand 24 x 187 x 176,5 mm hat, und dass sein Inneres dicht mit technischen Einrichtungen ausgefüllt ist.

Eine Kontrolle wäre nach Auffassung des OLG auch in unzumutbarer Weise zeitaufwendig und würde die Bediensteten an der Erfüllung ihrer übrigen Vollzugsaufgaben hindern. Die so nicht kontrollierten oder auch kontrollierbaren Texte könnten jedoch einen Inhalt haben, der für die Sicherheit oder Ordnung „äußerst abträglich" wäre. Als Beispiele für die zahllosen denkbaren Möglichkeiten werden Erkenntnisse über Fluchtwege und verbotene Außenkontakte oder eine Buchhaltung z.B. über die Abgabe von Betäubungsmitteln innerhalb der Anstalt genannt.

Als weiteres Argument gegen die Erlaubnis führt das OLG an, dass für den Fall der Gestattung des Besitzes von Taschencomputern, die aus Gleichbehandlungsgründen auch anderen Strafgefangenen erteilt werden müsste, sich „nicht mehr zu vertretende Erschwernisse für ein reibungsloses Funktionieren des Lebens in der Vollzugsanstalt" ergäben.

Das auf diesem Gebiet nicht besonders geschulte Personal würde dann mit einem nicht mehr zu rechtfertigenden Verwaltungs- und Kontrollaufwand belastet.

Nicht gelten lässt das OLG das Argument, die Speicherkapazität des Computers könne schon deswegen zu keinem besonderen Sicherheitsrisiko führen, weil der Gefangene auch in seinem Kopf nicht kontrollierbare Daten speichern könne.

Der Speicherumfang des Gerätes von 600 bis 900 Wörtern gehe doch weit über den Umfang hinaus, in dem präzise Daten oder Einzelheiten über längere Zeit sicher im Gedächtnis festgehalten werden könnten.

Auch der Hinweis des Betroffenen, ausländische Strafgefangene könnten in ihren Heimatsprachen Texte verfassen, deren Inhalt für die Bediensteten auch unverständlich sei, erachtete das Gericht als nicht überzeugend. Hierin läge eine vergleichsweise geringe Gefahr, da im Fall eines Verdachts diese Texte von einem Dolmetscher übersetzt werden könnten, eine Möglichkeit, die ausländische Gefangene auch stets berücksichtigen müssten.

Der Senat räumt ein, dass es durchaus möglich sei, dass der Betroffene selbst ein zuverlässiger Strafgefangener sei und nicht zum Missbrauch der ihm zugestandenen Möglichkeiten neige. Es sei jedoch auch dann nicht auszuschließen, dass andere Strafgefangene ihn unter Druck setzen und ihn zwingen könnten, für sie Texte mit sicherheitsgefährdendem Inhalt zu speichern.

Obwohl in der konkreten Justizvollzugsanstalt lediglich Gefangene eingewiesen würden, die als weniger kriminell gefährdet einzustufen seien, sei doch zu berücksichtigen, dass es sich hier z.T. um Täter schwerster Straftaten handle, Täter, die demgemäß sehr lange Freiheitsstrafen zu verbüßen hätten und für die d ein erheblicher Fluchtwunsch bestehen könne.

Meines Erachtens hat sich das OLG zwar ausführlich mit dem konkreten Einzelfall auseinandergesetzt, doch lassen sich die Schlussfolgerungen im Einzelnen nur schwer nachvollziehen.

Der Senat räumt selbst ein, dass in der Person des Antragstellers kein Grund läge, eine Missbrauchsgefahr zu vermuten.

Der Verweis darauf, dass andere Gefangene weniger vertrauenswürdig seien und den Antragsteller unter Druck setzen könnten, zieht den Kreis möglicher Gefahren im Sinne einer einseitigen Risikoverteilung zu Lasten des Gefangenen zu weit. Diese Möglichkeit könnte bei nahezu jedem Genehmigungsantrag als Begründung für einen ablehnenden Bescheid herangezogen werden. Zumindest hätte bei einer konsequent durchgeführten Einzelfallbetrachtung der Frage nachgegangen werden müssen, ob der Antragsteller von seinem Charakter und seiner sozialen Stellung innerhalb der Anstalt her überhaupt gefährdet war, unter einen solchen Druck zu geraten und einem solchen auch nachzugeben.

Setzt man voraus (Tatsachenvortrag war insoweit nicht ausreichend aussagekräftig), der Antragsteller kann belegen, dass er eine entsprechende Ausbildung konkret geplant bzw. in Aussicht hat und dass ein solcher Taschenrechner mit einer relativ großen Speicherkapazität dafür erforderlich ist, kann der Befürchtung, nach diesem Einzelfall einer Antrags- und wegen des Gleichheitsgrundsatzes dann auch einer Genehmigungsflut ausgesetzt zu sein, begegnet werden. Nicht jeder Gefangene wird für sich in Anspruch nehmen können, den Taschenrechner zur Berufsvorbereitung zu benötigen.

Anstelle einer völligen Versagung wäre auch die Überlegung angeraten gewesen, ob nicht ein anderer Taschenrechner mit geringerer Speicherkapazität einen Weg geboten hätte, dem Gefangenen die Weiterbildung zu ermöglichen ohne die von der Anstalt befürchteten Gefahren zu riskieren.

Außerdem ist für eine Einschränkung auf der Grundlage es § 70 StVollzG das tatsächliche Bestehen einer konkreten Gefahr erforderlich, die eine nicht nur unerhebliche Beeinträchtigung der Anstaltsbelange befürchten lassen muss. Das Vorliegen einer solchen Gefahrenlage muss so festgestellt und dargelegt werden, dass die Beweggründe für die einschränkende Maßnahme voll nachgeprüft werden können. Die entfernte Möglichkeit der Gefahrensituation (z.B. der Verbreitung unerlaubter Nachrichten oder Fluchtpläne usw.), ohne dass hierfür besondere Anhaltspunkte in der Person des Gefangenen oder seiner Umgebung vorhanden sind, ist jedenfalls nicht als ausreichend anzusehen.[633]

h. Beschluss des BVerfG – 2. Kammer des 2. Senats – vom 28.02.1994 – 2 BvR 2731/93[634]

Dem Beschluss liegt eine Verfassungsbeschwerde zugrunde, die ein Gefangener eingereicht hatte, weil die Justizvollzugsanstalt seinen Antrag abgelehnt hatte, ihm den Kauf einer Schreibmaschine mit Speicher und Diskettenlaufwerk sowie eines Computers mit Drucker zu gestatten. Die Verfassungsbeschwerde wurde nicht zur Entscheidung angenommen.

Das Bundesverfassungsgericht vertritt die Auffassung, dass es mit dem Grundgesetz vereinbar sei, einen Rechtsanspruch auf den Besitz eines Gegenstandes auszuschließen wegen der diesem Gegenstand generell und losgelöst von einem bestimmten Gefangenen innewohnenden Gefährlichkeit.

Wie sich aus § 70 Abs. 3 StVollzG ergäbe, dürfe der Gefangene Bücher und andere Gegenstände zur Fortbildung oder zur Freizeitbeschäftigung nur mit Erlaubnis der Vollzugsbehörde besitzen. Sein Recht zur Besitzerlaubnis werde durch § 70 Abs. 1 und 2 StVollzG begrenzt. So seien nach dem Gesetzestext schon von vornherein Gegenstände ausgeschlossen, deren Besitz, Überlassung oder Benutzung das Vollzugsziel oder die Sicherheit oder Ordnung der Anstalt gefährden.

Wenn der Gesetzgeber, so das Bundesverfassungsgericht jedoch in solcher Weise den Inhalt eines Rechts bestimme, so handle es sich – im Unterschied z.B. zu den besonderen Sicherungsmaßnahmen nach § 88 Abs. 2 Nr.1 StVollzG – nicht um Eingriffe in ein Freiheitsrecht, die schließlich mangels besonderer gesetzlicher Bestimmung konkrete Anhaltspunkte für eine reale Gefährdung als Voraussetzung haben müssten, sofern sie zur Abwendung von Gefahren gesetzlich zugelassen seien.

---

633 Vgl. auch Calliess / Müller-Dietz, StrVollzG § 70 RN 1; AK-StrVollzG, § 70 RN 13; Schwind / Böhm § 70 RN 4

634 NStZ 94, 453

Das Bundesverfassungsgericht führt weiter aus, dass Auslegung und Anwendung des § 70 Abs. 1 und 2 StVollzG dadurch bestimmt würden, dass der Strafvollzug die Menschenwürde des Gefangenen achten und schützen müsse und bei der Verwirklichung seiner Zielsetzung die Grundrechtspositionen des Gefangenen zu beachten habe und insofern also dem Verhältnismäßigkeitsgebot unterlägen.

Daraus folge wiederum, dass die einem Gegenstand generell-abstrakt zukommende Eignung, in einer die Sicherheit oder Ordnung der Anstalt gefährdenden Weise eingesetzt zu werden, in Beziehung zu den der Anstalt zu Gebote stehenden und von ihr im Rahmen einer ordnungsgemäßen Aufsicht auch angewendeten Kontrollmittel gesetzt werden müsse.

Wenn sich jedoch unter Berücksichtigung der von der Anstalt zu erwartenden Kontrolle ergebe, dass von Besitz, Überlassung oder Nutzung eines Gegenstandes keine nennenswerte Gefährdung ihrer Sicherheit oder Ordnung ausgehen könne, so sei die Versagung der Besitzerlaubnis nicht erforderlich, um der Gefährdung zu begegnen; sie stelle sich dann als unverhältnismäßig dar.

Unter dem Aspekt der Erforderlichkeit könne die Versagung einer Besitzerlaubnis auch nur dann Bestand haben, wenn ein milderes Mittel, wie z.B. die Verplombung durch die Justizvollzugsanstalt und die ihr mögliche regelmäßige Kontrolle der Plomben, nicht in gleicher Weise geeignet sei, der Gefährdung zu begegnen.

Das Bundesverfassungsgericht gesteht jedoch zu, dass es den Anstalten unbenommen bleibe, ein in der Person des Gefangenen begründeten erhöhten Kontrollaufwand mit in die Bewertung einzubeziehen. Schließlich sei im Rahmen der Zumutbarkeitsprüfung (Verhältnismäßigkeit im engeren Sinn) zu beachten, dass wichtige Belange des Gefangenen, wie z.B. ein ernsthaft und nachhaltig verfolgtes Interesse an Aus- oder Weiterbildung, es verbieten könnten, eine Besitzerlaubnis wegen einer nach Schadenswahrscheinlichkeit oder Schadensausmaß geringfügigen Gefährdung von Sicherheit oder Ordnung der Anstalt zu verweigern.

Im konkreten Fall haben die Justizbehörde und das anschließend angerufene Bezirksgericht nach Auffassung des Bundesverfassungsgerichtes die oben dargestellten Maßstäbe berücksichtigt. Insbesondere seien die Ausführungen, dass die in Frage stehenden Geräte die Möglichkeit zu extensivem und von der Anstalt in keiner Weise mehr kontrollierbarem Informationsaustausch der

Gefangenen untereinander oder mit der Außenwelt eröffnen, nachvollziehbar und keineswegs willkürlich. Gleiches gelte für die Annahme, dass ein derartiger Informationsfluss die Sicherheit der Anstalt gefährden würde, da dadurch auch Kenntnisse über die Sicherheitsvorkehrungen der Anstalt ausgetauscht werden könnten.

Im übrigen stehe dies im Einklang mit der Vorschrift des § 83 Abs. 4 StVollzG, wonach die Vollzugsbehörde Gegenstände, die solche Kenntnisse vermitteln, gar vernichten oder unbrauchbar machen dürfe. Demgemäß seien sowohl die Justizvollzugsanstalt als auch anschließend das Bezirksgericht nicht gehindert gewesen, eine von den fraglichen Geräten ausgehende Gefährdung von Sicherheit oder Ordnung der Anstalt zu bejahen und ein Besitzrecht auf solche Gegenstände abzusprechen.

Zwar sei das Bezirksgericht nicht der Frage nachgegangen, ob die Gefahr nicht auch durch eine Versiegelung des Diskettenlaufwerks der Schreibmaschine als milderes Mittel abgewendet hätte werden könnte, doch sei das auch nicht erforderlich gewesen, da es dem Gefangenen ersichtlich nicht um die Gestattung einer Schreibmaschine an sich, sondern gerade um die Nutzung der gesteigerten Speichermöglichkeiten gegangen sei, was sich daraus ergebe, dass er schon seinen Antrag auf die Besitzerlaubnis auf einer Schreibmaschine verfasst hatte.

Auch die Tatsache, dass das Gericht die Ablehnung auch unter Abwägung der Sicherheitsbelange der Anstalt mit dem – möglicherweise beruflichen – Nutzungsinteresse des Gefangenen für zulässig erachtet habe, stoße hier ebenfalls nicht auf verfassungsrechtliche Bedenken.

Der Gefangene habe keine Gründe für sein Anliegen vorgebracht, die jede andere Entscheidung als eine Zulassung bzw. als die Zustimmung zur Überlassung des Gegenstandes grundrechtswidrig erscheinen ließen.

Meiner Meinung nach sind die Ausführungen des Bundesverfassungsgerichts ausführlich und in der Sache abstrakt auch nachvollziehbar. Angewandt auf den konkret zugrundeliegenden Fall bin ich allerdings der Ansicht, dass es sehr wohl ein Versäumnis des Bezirksgerichts bzw. zuvor der Justizvollzugsanstalt darstellt, dass der Frage nach einem milderen Mittel wie z.B. einer Verplombung oder Versiegelung des Diskettenlaufwerks gar nicht erst nachgegangen worden ist.

Nach dem gesetzgeberischen Willen ist stets im Zusammenhang mit der Einzelfallprüfung auch die Frage nach der Erforderlichkeit gerade dieses Eingriffs bzw. die Suche nach dem mildest möglichen Mittel verbunden. Die Begründung, dass darauf verzichtet werden könne, weil es dem Gefangenen erkennbar nicht um die Gestattung einer Schreibmaschine gegangen sein könne, da er den Antrag selbst bereits auf einer solchen getippt hätte, ist für sich allein betrachtet kaum ausreichend. Schließlich könnte der Antragsteller den Antrag auch auf der Schreibmaschine eines Mitgefangenen getippt haben oder er wünscht nun einfach eine komfortablere Ausführung, gegebenenfalls nicht notwendigerweise mit Diskettenlaufwerk.

Davon abgesehen stehe ich auch dem Argument skeptisch gegenüber, dass eine Schreibmaschine mit Speicherkapazität die Möglichkeit eines nicht mehr kontrollierbaren Informationsaustausches der Gefangenen untereinander oder mit der Außenwelt eröffne und somit die Sicherheit der Anstalt gefährden würde.

Zum einen müsste hier Berücksichtigung finden, ob der Gefangene selbst Anhaltspunkte dafür gegeben hat, dass er entweder selbst zu solch missbräuchlicher Nutzung neigt oder aber gefährdet ist, von Mitgefangenen unter Druck gesetzt zu werden bzw. sich unter Druck setzen zu lassen, soweit eine solche weitläufige Betrachtung überhaupt als zulässig angesehen werden kann.

Zum anderen lassen sich Ausführungen dazu vermissen, in welcher Form die gespeicherten Daten in den Informationsfluss mit der Außenwelt geraten könnten und weshalb der Informationsaustausch zwischen den Gefangenen über eine Schreibmaschine mit Speicherkapazität die Sicherheit der Anstalt mehr gefährdet als das durch ein Gespräch beim täglichen Kontakt der Fall ist.

Obwohl dieser Fall etliche Instanzen durchschritten hat und gar das Bundesverfassungsgericht bemüht wurde, fehlt es meines Erachtens an der Auseinandersetzung mit dem konkreten Fall einerseits und an der Suche nach dem geringstmöglichen Eingriff andererseits.

Es mangelt an Ausführungen zu den tatsächlichen Gegebenheiten. Es wurde lediglich die abstrakte Möglichkeit des Missbrauchs und nicht die konkrete Gefahrensituation dargelegt.

Vom Standpunkt des Gerichts mag dies konsequent sein, da der Senat die abstrakt-generelle Gefährlichkeit eines Gegenstandes für die Verweigerung des Besitzes bereits für ausreichend hält.

Doch stößt diese – in der Praxis wohl durchaus gängige – restriktive Handhabung in der Literatur zu Recht auf erhebliche Kritik.[635]

Wenn nicht überhaupt erst auf eine *konkrete Gefahr* abgestellt wird, so sollte neben die Feststellung der *abstrakten Gefährlichkeit* doch zumindest eine lebensnahe und realistische Einschätzung der tatsächlichen Missbrauchsmög-

---

[635] vgl. Calliess / Müller-Dietz, StrVollzG § 70, RN 5; Boetticher, AK-StrVollzG, § 70 RN 14; in Ansätzen auch Schwind in Schwind / Böhm, § 70 RN 8; siehe auch Hauptteil, D V 3, S. 257 ff

lichkeiten - und nicht etwa eine „abenteuerliche Konstruktion“ derselben[636] – treten.

Zu Recht weisen *Huchting /Lesting*[637] darauf hin, dass der Justizvollzugsanstalt selbst bei einer Fehleinschätzung über den Erlaubniswiderruf gemäß § 70 Abs. 3 StVollzG eine Möglichkeit zur Reaktion und damit zur Klärung der Gefahrenlage verbleibe.

i. Beschluss des OLG Hamm vom 24.03.1995 – 1 Vollz (Ws) 226/94[638]

Der Betroffene verbüßt eine lebenslange Freiheitsstrafe in der Justizvollzugsanstalt Werl, die als geschlossener Vollzug mit extrem hohem Sicherheitsgrad geführt wird. Nach einer Rechtsverordnung des Justizministers waren zum Besitz in den Hafträumen ausnahmslos in Geräte integrierte Lautsprecherboxen zu genehmigen. Da der Betroffene schon zuvor einmal externe Lautsprecherboxen in Besitz gehabt hatte, war ihm nun erneut eine Genehmigung zum Besitz von Geräten mit externen Lautsprecherboxen in seinem Haftraum erteilt worden.

Schon zum Genehmigungszeitpunkt hatte der Leiter der Justizvollzugsanstalt aufgrund von Gutachten (z.T. aus dem Einweisungsverfahren von 1972, z.T. noch früheren Datums) Kenntnis von der extrem stimmungs- und affektlabilen und in der Grundhaltung exzentrischen Persönlichkeit des Betroffenen. Diese Gutachten wiesen aus, dass der Betroffene einen am Ehrenkodex der Seefahrt und Fremdenlegion ausgerichteten Männlichkeitsideal huldige, welches sich in seiner Persönlichkeit regelrecht internalisiert habe. Es war dem Anstaltsleiter auch bekannt, dass der betroffene Gefangene zwei Jahre zuvor an einer Befreiungsaktion beteiligt gewesen und schon 1969, also zwanzig Jahre vor der Entscheidung, einmal wegen Gefangenenmeuterei verurteilt worden war; außerdem war 1987 Sprengstoff an seinem Arbeitsplatz gefunden worden.

Nach den genannten Aktionen war der Betroffene nicht mehr in dieser Art auffällig geworden, insbesondere hatte er keinen Missbrauch mit den Boxen

[636] vgl. Boetticher, AK-StrVollzG, § 70 RN 15
[637] Boetticher, AK-StrVollzG,, § 70 RN 15
[638] NStZ 96, 253, 254

betrieben und es auch anderen Strafgefangenen nicht gestattet, die Hohlräume in den Boxen als Versteck für verbotene Gegenstände zu nutzen. Seit 1990 war sein Vollzugsverhalten als beanstandungsfrei anzusehen.

Nach einer brutalen Geiselnahme in der Justizvollzugsanstalt Werl 1992 widerrief der Vollzugsleiter eine Anzahl von Genehmigungen, u.a. auch die dem Betroffenen erteilte Erlaubnis zum Besitz externer Lautsprecherboxen. Nach dem vom Gefangenen eingelegten Antrag auf gerichtliche Entscheidung hob die Strafvollstreckungskammer den Genehmigungswiderruf auf und verpflichtete den Volllzugsleiter, die Boxen wieder auszuhändigen.

Der Senat des OLG hatte den Beschluss der Strafvollstreckungskammer auf die Rechtsbeschwerde des Vollzugsleiters hin aufgehoben und den Antrag des Betroffenen auf gerichtliche Entscheidung als unbegründet zurückgewiesen[639], da der Widerruf einer Einzelfallentscheidung dann gerechtfertigt sei, wenn nachträgliche Sicherheitsaspekte die Genehmigungszurücknahme geböten.

Diese Senatsentscheidung wiederum wurde auf die Verfassungsbeschwerde des Betroffenen hin aufgehoben; die Sache wurde an den Senat zurückverwiesen.[640] Das Bundesverfassungsgericht hatte ausgeführt, dass der Betroffene in seinem Recht aus Art. 2 Abs. 1 GG in Verbindung mit dem Rechtsstaatsprinzip verletzt sei. Gerade im Hinblick auf den Resozialisierungsgrundsatz müsse bei vollzuglichen Entscheidungen der Vertrauensgrundsatz nicht missbrauchender Gefangener berücksichtigt werden.

Mangels Spruchreife hat der Senat den Vollzugsleiter zur Neubescheidung verpflichtet, da der Genehmigungswiderruf ohne die erforderliche Interessenabwägung stattgefunden habe.

In diesem „neuen" Verfahren widerrief der Leiter der Justizvollzugsanstalt daraufhin die Genehmigung zum Besitz der Boxen erneut. Nach erfolglosem Widerspruchsverfahren stellte der Betroffene wieder Antrag auf gerichtliche Entscheidung, dem die Strafvollstreckungskammer insoweit entsprach, als sie den Vollzugsleiter erneut zur Aushändigung der Lautsprecherboxen verpflichtete.

---

[639] NStZ 93, 360
[640] NStZ 94, 100

Dabei hatte die Strafvollstreckungskammer zum Ausdruck gebracht, dass der Vollzugsleiter eine eingehende Interessenabwägung unter Berücksichtigung des Verhältnismässigkeitsgrundsatzes und des Vertrauensschutzes nicht vorgenommen habe. Nach den Kriterien des Bundesverfassungsgerichtes sei stets zu prüfen, ob das Vertrauen des nicht missbrauchenden Betroffenen in den Fortbestand der eingeräumten Rechtsposition durch den Widerruf nicht in besonders resozialisierungsschädlicher Weise enttäuscht werde. Etwas anderes gelte lediglich dann, wenn zwingende Gründe den Widerruf unabdingbar machten und das wichtigste Rechtsgut des Betroffenen gegenüber beachtlichen und bedeutenderen Rechtsgütern der Allgemeinheit und des Vollzugs geradezu in notwendiger Weise zurückstehen müsse. Hier habe der Vollzugsleiter jedoch lediglich die Rechtsbeschwerdeerwägungen des Präsidenten des Justizvollzugsamtes wiederholt, ohne sich mit der Auffassung des Bundesverfassungsgerichtes auseinander zu setzen.

Die Rechtsbeschwerdeerwägungen hingegen, so stellte die Strafvollstrekkungskammer dar, „atmen den Widerstand gegen die höchstrichterliche Rechtsprechung" und seien weder nachvollziehbar noch schlüssig. Schon an Formalien sei die Gewichtung der Interessenabwägung erkennbar, da die Abwägung hinsichtlich der Interessen des Betroffenen sich auf drei Zeilen erstrecke, während das Allgemeininteresse über vier Seiten hinweg dargestellt worden sei. Die Erwägungen der Vollzugsleitung, dass gerade das Strafvollzugsgesetz den Ordnungsvollzug decke und fördere, sei schon rechtspolitisch zweifelhaft.

Auch abgesehen davon reproduziere der Leiter der Justizvollzugsanstalt Vorgänge, die ihm bei Genehmigungserteilung durchweg bekannt gewesen seien. So sowohl die Beteiligung des Betroffenen an Befreiungsaktionen als auch seine Persönlichkeit, wobei auch hier nicht nachvollziehbar sei, wieso die gängige Lebensauffassung etwa von Seeleuten prosoziale Einstellungen nicht zulassen solle. Es müsse schon Verwunderung auslösen, dass trotz der damaligen Kenntnis aller Umstände eine Genehmigung erfolgt sei. Der Hinweis auf das Ansteigen der Gefangenenzahlen sei nur pauschal und könne den Vertrauensschutz des Betroffenen keinesfalls beseitigen.

Die Resozialisierung, so führt die Strafvollstreckungskammer weiter aus, sei schließlich Aufgabe und Ziel der Vollzugsbehörde. Sie und nicht etwa der Betroffene selbst hätte dies auch organisatorisch sicherzustellen. Keinesfalls sei diese Aufgabe der Resozialisierung damit zu lösen, dass die Resozialisierungsbereitschaft des betroffenen Gefangenen beeinträchtigt werde.

In der Entscheidung der Vollzugsanstalt lasse sich beim Hinweis auf den zunehmenden Drogenmissbrauch in der Justizvollzugsanstalt die Darlegung vermissen, inwieweit oder ob überhaupt der Betroffene in diesem Bereich aktiv sei. Dies deute hier wohl eher darauf hin, dass es der Vollzugsbehörde offensichtlich nicht gelinge, „Herr im eigenen Hause" zu sein.

So sei die hier angefochtene Entscheidung regelrecht als Versuch zu werten, „die zunächst grundrechtswidrige Entscheidung um jeden Preis unter anderer verbaler Form zu wiederholen und zu halten".

Die Interessenabwägung lasse nach Auffassung der Strafvollstreckungskammer jedoch nur eine Entscheidung zu, denn das Interesse des Betroffenen bestehe im weiteren Besitz der Boxen, da er mit diesen keinen Missbrauch betrieben und anderen einen solchen auch nicht gestattet habe. Bei einem Genehmigungswiderruf müsse bei ihm der Eindruck entstehen, dass er keinesfalls für vollzugliches Wohlverhalten belohnt werde, sondern vielmehr Spielball sich ständig ändernder vollzugspolitischer Vorstellungen der Vollzugsbehörde sei und letztlich auch Macht vor Recht gehe.

Dies folge vor allem im Hinblick der Bundesverfassungsgerichtsentscheidung, welche die Rechtswidrigkeit der ersten Entscheidung der Vollzugsbehörde ausführlich und zutreffend dargestellt habe. Danach seien zwar die Boxen nicht um jeden Preis auszuhändigen gewesen; es sprächen aber starke Gründe dafür, den Vertrauensschutz auch wirklich ernst zu nehmen.

Bei einem Genehmigungswiderruf nach einer solchen Entscheidung müsse beim Betroffenen dann der Eindruck entstehen, er werde als Gefangener ungeachtet höchstrichterlicher Auffassung zwischen den unteren Instanzen gleichwohl nicht hinreichend gewürdigt. Dementsprechend seien bei einer Abwägung der Interessen des Betroffenen mit denen des Vollzuges den ersteren eindeutig der Vorrang einzuräumen.

Die gegen diesen Beschluss der Strafvollstreckungskammer wiederum eingelegte Rechtsbeschwerde des Vollzugsleiters hatte Erfolg. Das OLG führte zur Begründung an, dass die Strafvollstreckungskammer erneut in unzulässiger

Weise in den der Vollzugsbehörde vom Gesetz eingeräumten Rechtsfolgenermessensbereich eingegriffen und damit ihre Befugnis überschritten habe.

Gemäß § 70 Abs. 3 i.V.m. Abs. 2 StVollzG könne die Besitzerlaubnis widerrufen werden, wenn der Besitz eines bestimmten Gegenstandes Sicherheit oder Ordnung der Anstalt gefährden würde.

Die von der Vollzugsbehörde für den Widerruf herangezogenen Tatsachen tragen nach Auffassung des OLG durchaus die Annahme einer Gefährdung der Sicherheit und Ordnung der Anstalt. Lautsprecherboxen böten wegen ihrer Hohlräume Versteckmöglichkeiten und seien somit abstrakt sicherheitsgefährdend. Es sei auch durchaus verfassungsgemäß[641], anzunehmen, dass schon die einem Gegenstand generell und losgelöst von einem bestimmten Gefangenen innewohnende Gefährlichkeit einen Rechtsanspruch auf eine Besitzerlaubnis ausschließe. Darüberhinaus habe die Vollzugsbehörde in ihrem Widerrufsbescheid auch ausreichend dargelegt, dass sowohl in der Person des Gefangenen als gefährlichem Straftäter als auch aufgrund veränderter äußerer Umstände Gründe für die Missbrauchsgefahr gegeben seien. Dies gelte unbeschadet der Tatsache, dass dem Betroffenen selbst ein Missbrauch nicht nachzuweisen oder vorzuwerfen sei. Feststellungen darüber, ob gerade in der Person des Gefangenen ein solcher Missbrauch zu befürchten sei, hätten es hier nicht bedurft.

Gerade bei Anstalten mit hohem Sicherheitsgrad wie der Justizvollzugsanstalt Werl sei es nicht auszuschließen, dass auch ein bislang nicht auffälliger Gefangener durch andere Gefangene verführt oder unter Druck gesetzt würde, für sie verbotene oder jedenfalls sicherheitsgefährdende Gegenstände zu verstecken. Ein solches Sicherheitsrisiko jedoch bräuchte der Anstaltsleiter nicht hinzunehmen. Außerdem bestehe aufgrund der extremen stimmungs- und affektlabilen Persönlichkeit des Betroffenen, der in seiner Grundhaltung auch als Egozentriker gelte, nicht die Gewähr, dass er sich derartigen Ansinnen widersetzen würde, denn schließlich sei er wegen Gefangenenmeuterei verurteilt worden und habe sich noch zwei Jahre zuvor an einer Befreiungsaktion in einer anderen Justizvollzugsanstalt mit vergleichbarem Sicherheitsgrad beteiligt; außerdem sei an seinem Arbeitsplatz zuvor schon Sprengstoff gefunden worden.

---

[641] hier stützt sich die Entscheidung auf Bundesverfassungsgericht ZfStrVo 94, 369

Das OLG stützt die Haltung des Anstaltsleiters, dass bei einer Gesamtbetrachtung aller dieser Umstände vor dem Hintergrund der äußerst brutalen Geiselnahme in der Anstalt bei einer Neubewertung der Sicherheitslage die Annahme der Gefährdung der Sicherheit durch den Besitz externer Lautsprecherboxen geradezu auf der Hand läge Die Widerrufsvoraussetzungen aus Sicherheitsaspekten seien daher gegeben.

Das OLG führt ferner aus, dass die Strafvollstreckungskammer mit ihrer Entscheidung unzulässigerweise in den Ermessensbereich der Justizvollzugsbehörde eingegriffen habe. Entgegen der Meinung der Strafvollstreckungskammer habe hier keine Ermessensreduzierung auf Null vorgelegen; auch die vorgeworfenen Ermessensfehler seien nicht zu finden. Ein Ermessensfehlgebrauch hätte nur vorgelegen, wenn die Vollzugsbehörde sachwidrig in einer Weise entschieden hätte, durch die der mit der Ermächtigung verfolgte Zweck vereitelt oder aber ernsthaft gefährdet worden wäre oder wenn die Entscheidung willkürlich gewesen wäre.

Davon könne jedoch nicht ausgegangen werden, denn § 70 Abs. 3 StVollzG solle einerseits die Sicherung der Allgemeinheit vor rechtskräftig verurteilten Rechtsbrechern gewährleisten, andererseits verlange er aber auch Beachtung des Resozialisierungsgedankens. Beide Aspekte habe die Vollzugsbehörde bei ihrer Entscheidung bedacht. Sie habe in vertretbarer Weise dem Sicherheitsaspekt ein überwiegendes Gewicht beigemessen. Es könne ernsthaft nicht angenommen werden, dass durch den Entzug der zwei externen Lautsprecherboxen die Resozialisierung des Gefangenen vereitelt werden könnte.

Auch eine Ermessensüberschreitung sei nicht ersichtlich. Das OLG weist erneut darauf hin, dass Zweckmäßigkeitserwägungen sowie die Frage nach einer sachgerechteren Lösung nicht der gerichtlichen Beurteilung unterlägen.

Der Vollzugsleiter habe in der Widerrufsentscheidung ausdrücklich den Vertrauensschutz des Betroffenen aufgrund seines langjährigen Lautsprecherboxenbesitzes ohne Missbrauchsnachweis abgewogen gegenüber dem Interesse der Allgemeinheit an Sicherheit und Ordnung. Dass er aufgrund der negativen Sicherheitslage in der konkreten Justizvollzugsanstalt das Allgemeininteresse vorliegend als schwerwiegender werte, lasse sich nicht als Ermessensfehler qualifizieren, denn entgegen der Meinung der Strafvollstreckungskammer habe er damit in seiner Gegenüberstellung alle in Betracht kommenden Umstände miteinbezogen; insbesondere sei auch der Vertrauensschutz des

Betroffenen berücksichtigt worden. Keinesfalls könne es auf den Umfang der Ausführungen zu diesem Aspekt ankommen. Es sei vielmehr entscheidend, dass der Vertrauensschutz überhaupt ausdrücklich Berücksichtigung gefunden habe. Auch der Hinweis des Vollzugsleiters auf die Notwendigkeit des Ordnungsvollzuges könne ihm hier nicht vorgeworfen werden, da genau diesem Zweck ja gerade die Einschränkung nach § 70 Abs. 2 Nr. 2 StVollzG diene.

Damit sei Gegenstand der zu überprüfenden Entscheidung eine maßvolle Abwägung der Belange des Behandlungsvollzuges gegenüber der des Ordnungsvollzuges, welche auch in § 2 StVollzG manifestiert seien. Dementsprechend sei der Hinweis des Anstaltsleiters auf die die Sicherheit beeinträchtigenden Umstände keinesfalls als sachfremd anzusehen. Die Vollzugsbehörde, so der Senat, sei jedenfalls nicht dem Irrtum unterlegen, den Vertrauensschutz überzubewerten und ihm ein ausschließliches Gewicht unter Ausblendung der unbestreitbaren Gefahren in der Anstalt mit extrem hohem Sicherheitsgrad beizumessen.

Die Auffassung der Strafvollstreckungskammer, dass diese Umstände der Sicherheitsbeeinträchtigung keinesfalls den Vertrauensschutz beseitigen könnten, stelle eine eigene Wertung der in die Abwägung einzubeziehenden Gesichtspunkte dar. Eine solche eigene Wertung sei der Kammer jedoch verwehrt, da dadurch nicht eine Überprüfung auf Ermessensfehler hin vorgenommen, sondern die Wertung des Anstaltsleiters durch eine eigene Wertung ersetzt würde. Somit würde eigenes Ermessen ausgeübt, was nicht zulässig sei.

Demgemäß kommt das OLG zu dem Ergebnis, dass der erneute Widerruf der Besitzerlaubnis ermessensfehlerfrei sei und die daraufhin erfolgte aufhebende Entscheidung, die angefochten worden war, gegen materielles Recht verstoße und dementsprechend aufzuheben gewesen sei. Der Antrag des Betroffenen dagegen sei zu verwerfen gewesen, da die Widerrufsentscheidung wie erwähnt ermessensfehlerfrei ergangen sei.

Nachfolgend ist die daraufhin eingelegte (und im Ergebnis erfolgreiche) Verfassungsbeschwerde dargestellt. Eine eigene Stellungnahme zu diesem Fall entfällt an dieser Stelle und folgt im Anschluss an die Bundesverfassungsgerichtsentscheidung.

j. Beschluss des BVerfG – 2. Kammer des 2. Senats – vom 28.09.1995 – 2 BvR 920/95 - [642]

Der oben angeführte[643] Beschluss des OLG Hamm vom 24.03.1995 war anschließend Gegenstand einer Verfassungsbeschwerde:

Der Beschwerdeführer, der eine mehrjährige Freiheitsstrafe in der Justizvollzugsanstalt Werl verbüßt, besaß von 1986 bis Juli 1992 eine Stereoanlage mit zwei externen Lautsprecherboxen, für die er jeweils die Genehmigung der zuständigen Vollzugsbehörde gehabt habe.

Diese Besitzerlaubnis hatte die Justizvollzugsanstalt Werl widerrufen. Der Widerruf war zunächst durch die Strafvollstreckungskammer aufgehoben, vom OLG jedoch bestätigt worden.

Dieser Beschluss des OLG war vom Bundesverfassungsgericht wegen Verletzung des Grundrechts des Beschwerderechts aus Art. 2 Abs. 2 GG i.V.m. dem Rechtsstaatsprinzip aufgehoben und die Sache zurückverwiesen.[644]

Einige Monate später hat die Anstalt erneut die Genehmigung zum Besitz der Lautsprecherboxen widerrufen. Als Begründung führte sie im wesentlichen an, dass der Beschwerdeführer zwar seit Jahren im Besitz der Lautsprecherboxen gewesen sei, ohne diese missbraucht zu haben, dass jedoch die Allgemeinheit ein Interesse daran habe, dass im Strafvollzug Sicherheit und Ordnung herrschten und dass dem Gefangenen die Befähigung vermittelt werde, künftig ein straffreies Leben zu führen.

Die Tatsache, dass in den letzten Jahren bei einer stetigen Zunahme der Gefangenenzahlen auch ein vermehrter Anteil von langstrafigen und schwerkriminellen Gefangenen zu verzeichnen sei, müsse sich auf Sicherheit oder Ordnung des Vollzuges auswirken.

Nach Auffassung der Anstaltsleitung müsse gerade die Justizvollzugsanstalt Werl hier besonders achtsam sein, da es mehrfach zu besonderen Vorkommnissen, insbesondere zu einer Geiselnahme (1992), aber auch zu Auffälligkeiten im Betäubungsmittelbereich, vor allem Missbrauch harter Drogen, ge-

---

[642] NStZ 96, 252

[643] Hauptteil D V 4 i, S. 293

[644] Beschluss des BVerfG vom 29.10.1993, abgedruckt in NStZ 94, 100; vgl. auch Darstellung im Beschluss des OLG Hamm vom 24.03.95, abgedruckt in NStZ 96, 253, 254; Text Hauptteil D V 4 i, S. 293

kommen sei. Nach Ansicht der Anstaltsleitung ergebe sich hieraus geradezu zwangsläufig, dass die Insassen einen erhöhten Bedarf an Versteckmöglichkeiten hätten. Es gebe zwar keine Erkenntnis über einen Missbrauch durch den konkreten Antragsteller; dieser biete allerdings auch nicht die Gewähr dafür, dass er sich von sicherheitsgefährdenden Aktivitäten anderer Insassen tatsächlich distanziere.

Nach erfolglosem Widerspruch hatte die zur Entscheidung angerufene Strafvollstreckungskammer die Entscheidung der Justizvollzugsanstalt sowie den Widerspruchsbescheid zwar aufgehoben, doch hatte die Justizvollzugsanstalt mit ihrer anschließenden Rechtsbeschwerde beim OLG Erfolg.

Dieses hatte den Beschluss der Strafvollstreckungskammer aufgehoben und den Antrag des Beschwerdeführers auf Erlaubnis zum Besitz der Lautsprecherboxen mit der Begründung verworfen, dass die Strafvollstreckungskammer unzulässig in den der Vollzugsbehörde eingeräumten Rechtsfolgeermessensbereich eingegriffen habe.

Die Vollzugsbehörde habe ausreichend dargelegt, dass sowohl im Betroffenen als gefährlichen Straftäter als aber auch aufgrund veränderter Umstände Gründe für die Gefahr eines Missbrauchs gegeben seien.

Nach Meinung des OLG gelte dies auch unbeschadet der Tatsache, dass dem Beschwerdeführer selbst ein Missbrauch nicht nachzuweisen oder vorzuwerfen gewesen sei. Es habe auch keiner Feststellungen darüber bedurft, ob gerade in der Person des Betroffenen ein solcher Missbrauch überhaupt zu befürchten gewesen sei.

Gegen diesen Beschluss hatte der Beschwerdeführer erneut mit Erfolg Verfassungsbeschwerde eingelegt.

Das Bundesverfassungsgericht führt aus, dass das Grundrecht aus Art. 2 Abs. 1 GG verletzt sein kann, wenn das aus dem Rechtsstaatsprinzip folgende Gebot des Vertrauensschutzes nicht hinreichend beachtet werde.[645]

Dies sei bei der angefochtenen Entscheidung jedoch der Fall, denn sie werde diesem Maßstab nicht gerecht, da die Anstalt ihre Gefahrenprognose hinsichtlich der in Rede stehenden Gegenstände nicht auf konkrete Umstände von

[645] so auch schon im Beschluss vom 29.10.1993, abgedruckt in NStZ 94, 100

hinreichendem Gewicht gestützt habe, die außerhalb der Person des Beschwerdeführers lagen.

Das Bundesverfassungsgericht kritisiert die Ansicht des OLG, es bedürfe keiner Feststellungen zu der Frage, ob gerade in der Person des konkreten Gefangenen ein Missbrauch des streitgegenständlichen Objekts zu befürchten sei. Hier verkenne das OLG den verfassungsrechtlichen Rahmen des der Anstalt zustehenden Ermessens. Die von Verfassungs wegen geforderte Abwägung zwischen dem schutzwürdigen Vertrauen des Gefangenen und dem Interesse des Allgemeinwohles liefe leer, wenn stets schon eine – nicht nur völlig abstrakte - Missbrauchsgefahr den Ausschlag geben dürfte. Es sei gerade dann, wenn eine solche Gefahr bereits zur Zeit der Gewährung der Rechtsposition bestanden habe, zu berücksichtigen, dass und gegebenenfalls auch wie lange der Gefangene sich in der Gefahrenlage tatsächlich bewährt habe.

Diese Überlegungen seien von der Anstalt jedoch ersichtlich nicht angestellt worden. Sie habe sich vielmehr im wesentlichen auf Umstände bezogen, die vor der Besitzgenehmigung der Lautsprecherboxen lagen und zu dieser Zeit auch bekannt gewesen waren. Auf die nach der Genehmigung liegenden Umstände hingegen habe die Behörde nur insoweit abgestellt, als sie auf den Anstieg der Gefangenenzahlen bei längerstrafigen und schwerkriminellen Insassen sowie auf den steigenden Drogenkonsum in der Anstalt verwiesen habe.

Beide Aspekte, so führt das Bundesverfassungsgericht aus, lägen hier jedoch nicht in der Person des Gefangenen begründet und ließen auch eine konkrete Missbrauchsgefahr nicht erkennen, zumal die Anstalt selbst eingeräumt habe, dass es hier keinerlei Anhaltspunkte für einen Bezug des Gefangenen zur Drogensubkultur in der Anstalt gegeben habe.

Auch das von der Anstalt angeführte Argument, das auf die Persönlichkeit des Gefangenen, und insbesondere auf seinen aus der Seefahrt und aus der Fremdenlegion übernommenen „Kodex" abgestellt habe, sieht das Bundesverfassungsgericht nicht als zugkräftig an, da es sich hier um Tatsachen handle, die bereits bei der Einräumung der Rechtsposition bekannt gewesen seien. Es sei nicht nachvollziehbar, dass ein solcher Ehrenkodex tatsächlich zu einer konkreten Missbrauchsgefahr führe, zumal sich der Gefangene seit 1990 in der Anstalt beanstandungsfrei geführt habe. Somit sei dann auch der Widerrufsbescheid ermessenfehlerhaft.

Auch die Aufhebung des Beschlusses der Strafvollstreckungskammer durch das OLG wegen unzulässiger Überschreitung der Grenzen einer Ermessensprüfung war nach Ansicht des Bundesverfassungsgerichtes nicht aufrecht zu erhalten. Die Strafvollstreckungskammer habe nach umfassender Prüfung und unter Zuhilfenahme der vom Bundesverfassungsgericht in der Vorentscheidung von 1993[646] aufgestellten Prüfungskriterien keine ausreichenden Anhaltspunkte für eine konkrete Missbrauchsgefahr gefunden, die das Interesse des Gefangenen an der Aufrechterhaltung seiner Rechtsposition seiner Schutzwürdigkeit hätte entkleiden können.

Dementsprechend habe die Strafvollstreckungskammer daher zutreffend davon ausgehen können, dass die Aufhebung der Entscheidung der Justizvollzugsanstalt sowie des dazu ergangenen Widerspruchsbescheids geboten gewesen sei. Für eine Aufhebung der Entscheidung der Strafvollstreckungskammer bleibt nach Ansicht des Bundesverfassungsgericht nach den Besonderheiten dieses konkreten Falls auf der Grundlage der getroffenen Feststellungen kein Spielraum.

Meiner Auffassung nach ist die Haltung der Justizvollzugsanstalt und später auch des OLG gemessen an den Intentionen des Gesetzgebers als zu restriktiv anzusehen. Kritikwürdig ist vor allem die Begründung des Genehmigungswiderrufs, soweit dieser ausführt, dass es zwar keine Erkenntnisse über einen Missbrauch durch den Antragsteller gebe, dieser allerdings gleichwohl nicht die Gewähr dafür biete, dass er sich von sicherheitsgefährdenden Aktivitäten anderer Insassen distanziere.

Nach den Absichten des Gesetzgebers sollte eine Einschränkung der Rechte des Gefangenen nur erfolgen, sofern eine konkrete Gefährdung für das Behandlungsziel oder für die Sicherheit oder Ordnung der Anstalt gegeben ist. Daraus ergibt sich, dass das Vorliegen dieser Voraussetzungen, d.h. das Bestehen einer konkreten Gefährdung von der Justizvollzugsanstalt dargelegt und bewiesen werden muss.

Es ist nicht Aufgabe des betroffenen Gefangenen nachzuweisen, dass in seiner Person keine Missbrauchsgefahr besteht. Um eine Genehmigung zum Besitz eines Gegenstandes auf der Grundlage des § 70 StVollzG zu widerrufen, kann als Begründung nicht angeführt werden, dass der Gefangene nicht das Fehlen der Voraussetzungen dargelegt, bewiesen und gewährt habe.

Unter Berücksichtigung des Verhältnismäßigkeitsgrundsatzes war es Aufgabe der Justizvollzugsanstalt, anhand der Umstände des konkreten Einzelfalls zu

[646] vgl. Beschluss vom 29.10.1993, abgedruckt in NStZ 94, 100

entscheiden, ob tatsächlich eine konkrete Gefahrenlage für (das Behandlungsziel oder) die Sicherheit oder Ordnung in der Anstalt gegeben war. Nur dann wäre der Widerruf auf der Grundlage des § 70 StVollzG auch von den Vorstellungen des Gesetzgebers gedeckt gewesen.

Teil 3: Schluss

Das Strafvollzugsgesetz ist nunmehr seit fast 25 Jahren in Kraft.

In dem hier interessierenden 2. Abschnitt hat er in den Titeln drei, vier, sechs und acht (Unterbringung und Ernährung, Besuche und Schriftwechsel, Religionsausübung, Freizeit) in dieser Zeit lediglich minimale Änderungen erfahren.

25 Jahre sind eine gute Zeitspanne, um zu sehen, inwieweit die Reform durch das Strafvollzugsgesetz durchgeführt und geglückt ist. Jetzt ist auch ein guter Zeitpunkt, um eine Gegenüberstellung zwischen den Vorstellungen des Gesetzgebers und dem Vollzugsalltag vorzunehmen und festzustellen, ob und wie sich Theorie und Praxis entsprechen oder aber auch, wie sehr sie (noch) voneinander entfernt sind.

I. Bilanz nach 10 Jahren Strafvollzugsgesetz

Erste Bilanzen dieser Art wurden bereits 1987, also nach zehn Jahren Geltung des Strafvollzugsgesetzes, gezogen.

Diese Stellungnahmen und Kommentare waren zurückhaltend und vorsichtig. Es herrschte die Meinung vor, dass nach dieser kurzen Zeitspanne lediglich Tendenzen erkennbar sein könnten.
Es war damals für eine endgültige Stellungnahme noch zu früh. Der Zeitrahmen der Praxiserprobung war zu kurz, um einen fairen und umfassenden Schluss ziehen zu können.

„10 Jahre Bewährungszeit sind für ein Gesetz angesichts von Jahrhunderten Wartestand zu wenig", war auch eine Ansicht in der Literatur.[647]

Bei aller Vorsicht wurde kritisiert, dass im Großen und Ganzen auch nach Inkrafttreten des Strafvollzugsgesetzes nicht der gesetzlich vorgesehene Sozialisationsvollzug praktiziert wird, sondern nach wie vor eher der früher maßgeb-

[647] Koepsel, 10 Jahre StVollzG aus der Sicht der Praxis, in: Kriminalpolitisches Forum Berlin (Hrsg.), Fachtagung 10 Jahre StVollzG, Bonn 1987, S. 81

liche Verwahrvollzug, der zwar liberalisierter, aber im Kern dennoch sehr sicherheitsbetont gestaltet sei.

1. Stellungnahme von Seiten der Justiz bzw. der Anstaltsleitung

Als Fazit und stellvertretend für die Meinung der Anstaltsleiter zur Situation des Strafvollzuges zehn Jahre nach Inkrafttreten des Strafvollzugsgesetzes wurde von *Preusker*[648] festgestellt, dass „die alten Vollzugsprinzipien allenfalls wanken, aber noch lange nicht weichen", so dass der Behandlungsauftrag des Gesetzes nach wie vor auf sehr tönernen Füßen stehe.

So kommt *Preusker*[649] bei der Betrachtung der Situation des Vollzuges nach zehnjähriger Erprobungszeit zu dem Schluss, dass der Gesetzgeber die Widerstände gegen einen so deutlich auf Behandlung ausgerichteten Strafvollzug ebenso erheblich unterschätzt habe, wie die Behandlungsfähig- und -willigkeit der Gefangenen.

Außerdem hätten die Ausgestaltung des Strafvollzugsgesetzes sowie einige sehr euphorische Kommentare dazu völlig illusionäre Erwartungen und eine entsprechende Anspruchshaltung bei den Gefangenen geweckt, was eine vernünftige pädagogische Einflussnahme oft zusätzlich erschwere.

Daher sei es trotz der an sich eindeutigen Formulierung des Strafvollzugsgesetzes bislang nicht gelungen, die Unsicherheiten über die Ziele und Aufgaben des Strafvollzuges bei den Vollzugsbediensteten sowie in der Bevölkerung zu beseitigen.

Da sich die neuen Ziele nicht hätten durchsetzen können, sei es überwiegend bei den alten verblieben. Demnach sei „reibungsloses Funktionieren" nach wie vor das höchste Ziel des Strafvollzugsgesetzes.

Das bedeute, Strafvollzugsanstalten würden nach wie vor an Sicherheit und Ordnung, Sauberkeit, Ruhe und Wirtschaftlichkeit gemessen werden; jedes Lockerungsversagen stelle ein besonderes Risiko dar, obwohl die Risikobereitschaft bzw. sogar die Verpflichtung dazu (z.B. bei Lockerungen) beteuert werde.

---

[648] Harald Preusker, Erfahrungen der Praxis mit dem Strafvollzugsgesetz, ZfStrVo 87, 12
[649] vgl. zum Folgenden Preusker ZfStrVo 87, 13, 14

Diese Forderung, „zu waschen ohne den Pelz nass zu machen", führe schließlich zu einer hoffnungslosen Überforderung der Praxis und damit zu einer nachlassenden Risiko- und Verantwortungsbereitschaft und im Extremfall zur Resignation.

Preusker zieht aus diesen Fakten den Schluss, dass der Strafvollzug die erforderliche Akzeptanz im Gefüge von Justiz und Polizeibehörden sowie in der Bevölkerung noch nicht gefunden habe.

Es war und ist, so *Preusker*, für die Strafvollzugspraxis schwer, zu erkennen und zu akzeptieren, dass der Gefangene nach dem Strafvollzugsgesetz eine Rechtspersönlichkeit geworden sei, dass er nicht mehr einfach „zu spuren" habe, sondern Forderungen stellen und auf seine Rechte pochen könne.

Bedauerlicherweise werde aber dann genau dieses vom Strafvollzugsgesetz erlaubte und sogar unterstützte Verhalten häufig als Ansprüchlichkeit, Ungeduld und oft gar als Charaktermangel ausgelegt.

Sowohl die Vollzugspraxis, aber leider auch die Rechtsprechung hätten sich zunächst nur äußerst zögerlich und mit vielen Einwänden in Richtung auf ein gesetzes- und verfassungskonformes Verständnis von der Rechtspersönlichkeit des Gefangenen bewegt.

Nach wie vor stünden bedauerlicherweise Anstaltsanpassung, Disziplinarwünsche, Sicherheits- und Ordnungsprinzipien allzu oft im Vordergrund.

Folgerichtig stellt *Preusker* auch die Frage, ob demnach nicht schlichtweg das Strafvollzugsgesetz weitgehend unbrauchbar sei, weil seine großartigen Grundgedanken an der sozialen Wirklichkeit vorbei gingen.[650]

Er selbst beantwortet diese Frage nach zehnjähriger praktischer Erfahrung mit einem „vorsichtigen Nein". Trotz aller Unzulänglichkeiten und Schwierigkeiten bei der praktischen Umsetzung habe das Gesetz den Vollzug, wenn auch nicht dramatisch, so doch in vielen Punkten positiv verändert.

So müsse positiv bemerkt werden, dass die Vollzugspraxis durch das Strafvollzugsgesetz entschlackt und verschlankt worden sei. An die Stelle alter bürokratischer Traditionen sei eine weitgehend effektive Verwaltungsarbeit getreten.

---

[650] Preusker ZfStrVo 87, 14

Der Ballast des permanenten Misstrauens, die absolute und dadurch zum Teil unsinnige Reglementierung, die alles dominierenden Sicherungsvorkehrungen und Kontrollautomatismen seien vom Strafvollzugsgesetz abgeworfen worden.

Nach und nach seien Beobachtung des Einzelnen, individuelle Beratung und Stärkung der Eigenverantwortlichkeit an die Stelle der früher herrschenden fast paramilitärisch organisierten Gefangenenverwahrung getreten.

So lasse sich nach zehn Jahren Strafvollzugsgesetz auch die Entwicklung feststellen, dass die Vollzugspraxis menschlicher geworden sei. Deutlich ginge die Tendenz dahin, dass nicht mehr allein Angst die Beziehung zwischen den Gefangenen und den Bediensteten bestimme, so dass ein Zugang nun grundsätzlich möglich scheine.

Auf der anderen Seite seien allerdings leider auch Veränderungen erkennbar, die mit dem Gesetzesauftrag kaum zu vereinbaren seien – doch sei nach (lediglich) zehn Jahren durchaus noch Zeit für Korrekturen.

Diese Korrekturen, das macht *Preusker* deutlich, hätten weniger am Gesetz selbst zu erfolgen, als vielmehr an dessen Anwendung in der Praxis.

Schon allein die Tatsache, dass sich die Entwicklungen und Veränderungen nicht nur von Bundesland zu Bundesland, sondern sogar von Anstalt zu Anstalt deutlich unterschieden, lege den Schluss nahe, dass die Intensität, mit der das Gesetz in die Praxis umgesetzt werde, stark von den politischen Entscheidungsträgern und den für die Praxis zuständigen Anstaltsleitern abhängig sei.

Hinsichtlich der in dieser Arbeit interessierenden Frage, inwieweit die Vorstellungen des Gesetzgebers bei Schaffung des Strafvollzugsgesetz verwirklicht worden sind bzw. inwieweit die hinter dem Strafvollzugsgesetz stehenden Grundideen Eingang in die Vollzugspraxis gefunden haben, verdeutlicht *Preusker*, dass seiner Ansicht nach die formale Rechtsstellung des Gefangenen, die das Strafvollzugsgesetz geschaffen habe, sowie der mit dem Strafvollzugsgesetz eingeführte lückenlose Rechtsschutz nicht darüber hinwegtäuschen dürften, dass die tatsächliche Rechtssituation der Gefangenen (das „Ist") nicht seiner formalen Rechtsposition (dem „Soll") entspreche.

Preusker selbst hält es für äußerst zweifelhaft, dass in einem Gefängnis mit den dort bestehenden Abhängigkeitsverhältnissen überhaupt eine totale Angleichung von *geschriebenem* an *tatsächliches* Recht möglich sein kann.

Stellenweise schätzt er gar „die Verrechtlichung des Vollzugsgeschehens als geradezu verhängnisvoll" ein.

Denn viele Insassen würden nunmehr ihre Persönlichkeitsdefizite und Resozialisierungsschwierigkeiten lediglich als *Rechtsprobleme* begreifen und versuchen, diese dementsprechend „auf dem Rechtsweg" zu lösen.

Dies wiederum führe im Extremfall dazu, dass sich der Kontakt zwischen Anstalt und Insasse auf den Austausch von Verfügungen und Beschwerden beschränke.

Als nicht unschuldig an dieser Entwicklung sieht *Preusker* auch die Gerichte an, die für viele Entscheidungen Begründungspflichten abverlangen würden, die weit über das hinausgingen, was aus pädagogischen Gründen überhaupt gesagt werden dürfe. In der Praxis führe dies oft zu einer „Überabsicherung" der Anstalt, wodurch massiv pädagogische Flexibilität verloren ginge.

Daher, so die Forderung von *Preusker*, dürfe sich die Praxis nicht auf den rein juristischen, bürokratischen und formularmäßigen Umgang mit den Gefangenen abdrängen lassen, auch wenn die Versuchung dazu oft groß sei.

Die Kritik richtet sich aber auch an die Rechtsanwälte, die nach Ansicht von *Preusker* oft ihre eigentliche Aufgabe in Strafvollzugssachen verkennen würden, indem sie sich eifrig dieser „Verrechtlichung" bedienten, ohne sich die Mühe zu machen, sich in dieses Rechtsgebiet einzuarbeiten, um so konstruktiv am Vollzugsziel ihres jeweiligen Mandanten mitwirken zu können.

Preusker schließt seinen Erfahrungsbericht mit dem Ausblick, dass die Umsetzung des Strafvollzugsgesetzes auch weiterhin einen äußerst dornenvollen Weg darstelle, auf dem die Vollzugspraxis bislang (d.h. nach zehn Jahren) noch nicht allzu weit vorangekommen sei.

Neben der Reform des Rechts bedürfe es auch der Änderung von Einstellungen und Gefühlen gegenüber dem Strafen und dem Straftäter. Diese *Reform des Unsichtbaren* sei Voraussetzung für eine *Reform des Sichtbaren.*

Preusker befürchtet, dass die Reformarbeit stecken bleiben oder dass sogar reaktionäre Tendenzen die Oberhand gewinnen könnten und dabei das Strafvollzugsgesetz zum Alibi für resozialisierungsfeindliche Tendenzen erniedrigt werde. Er fordert offensive Durchsetzungsstrategien, Mut und persönliches Risiko, damit sich diese Befürchtung nicht realisieren könne.

2. Stellungnahme aus Sicht eines Strafgefangenen

Ebenfalls eine Bilanz zur Situation im Strafvollzug nach zehn Jahren Strafvollzugsgesetz, jedoch aus Sicht der Strafgefangenen, erstellt *Wetzler*[651], der sich seit 1976 zur Verbüßung einer zwölfjährigen Freiheitsstrafe im Vollzug befand und somit Inkrafttreten und Entwicklung des Strafvollzugsgesetz miterlebte.

Er bewertet die Situation im Vollzug als negativ; denn hätte anfangs hinsichtlich des Strafvollzugsgesetzes auch noch Euphorie bestanden, so sei inzwischen nach nunmehr zehn Jahren nur noch Resignation zu erkennen.

Mehr und mehr habe sich herausgestellt, dass das Strafvollzugsgesetz einen Kompromiss darstelle, weil es zu viele heterogene und widersprüchliche Zielsetzungen in sich vereinige.

Wetzlers Standortbestimmung nach zehn Jahren Strafvollzugsgesetz ist nüchtern: Die im Strafvollzugsgesetz geforderten Gesetzesfortschreibungen hätten nicht stattgefunden; überwiegend aus finanziellen Gründen seien die gesetzten Fristen entweder nicht beachtet, auf unbestimmte Zeit verschoben oder gar aufgehoben worden.

Er zitiert hier *Calliess / Müller-Dietz*: Aus dem Torso, den das Strafvollzugsgesetz ohnehin (auch aufgrund der zahlreichen Übergangsregelungen) schon bilde, drohe nun aus haushaltsrechtlichen Gründen eine Ruine zu werden, wenn die Entwicklung weiter anhalte.[652]

---

[651] Hubert Wetzler, 10 Jahre Strafvollzugsgesetz, Bestandsaufnahme / Erfahrungen im Strafvollzug, ZfStrVo 87, 32 ff

[652] Calliess / Müller-Dietz, StrVollzG, StVollzG, 3.Auflage, § 198 RN 1

Die Ursache der schlechten Situation bzw. der fehlenden Weiterentwicklung des Vollzuges sieht *Wetzler*, ebenso wie *Preusker*[653], allerdings weniger im Strafvollzugsgesetz selbst begründet.

Er kritisiert vielmehr die Durchsetzung durch Personal, Gerichte und schließlich Politiker.

Am Beispiel des Schriftwechsels stellt er die häufig tatsächlich geübte Praxis dar, die mit dem ursprünglichen Grundgedanken des Gesetzgebers nicht in Einklang stehe.

Die Formulierung und Intention des § 29 Abs. 3 StVollzG zeigt, dass stets in einer Einzelfallbetrachtung geprüft werden müsse, ob die Überwachung des Schriftwechsels tatsächlich notwendig sei, wohingegen vor Inkrafttreten des Strafvollzugsgesetz gemäß Nr. 153 DVollzO der Schiftwechsel grundsätzlich überwacht worden sei.

Wetzler wirft den Vollzugsbehörden vor, dass sie sich von dieser Praxis bislang nicht hätten trennen können; allein mit der Begründung „Sicherheit und Ordnung der Anstalt" werde gemeinhin eine generelle Überwachung angeordnet, eine Handhabung, die von der Rechtsprechung auch gebilligt und für zulässig erachtet worden sei.[654]

Es gebe bundesweit keine Anstalt des gesetzlichen Vollzugs, in der diesbezüglich jeweils im Einzelfall geprüft und differenziert werde.

Außerdem beanstandet Wetzler, dass in nicht wenigen Fällen die überwachenden Vollzugsbediensteten sich keinesfalls mit der reinen Sichtkontrolle begnügen würden, sondern im Gegenteil ausführlich vom verbalen Inhalt Kenntnis nehmen und stellenweise gar Gefangenenpost untereinander austauschen würden, bevor sie den Gefangenen ausgehändigt oder dem Transport übergeben werde.

---

[653] vgl. oben Schlussteil I 1, S. 306

[654] zitiert wird hier: OLG Frankfurt a.M. ZfStrVo SH 78, 28; NJW 79, 2525; OLG Hamm, NStZ 81, 368;

Wetzler konstatiert hinsichtlich der Briefüberwachung, dass es die Vollzugsbehörden verstanden hätten, die Bestimmung des § 29 Abs. 3 StVollzG in einem Maß zu strapazieren, die völlig am Willen des Gesetzgebers vorbeigehe.[655]

Trotz verschiedener Veröffentlichungen und Petitionen hätten die politischen Fraktionen bislang lediglich Versprechungen geäußert. Eine Änderung oder auch nur eine durchgängige politische Diskussion sei jedoch nicht erfolgt. Außerdem sollten auch die Vollzugsbehörden die Praxis der Briefzensur dringendst überprüfen.

In dieser Frage sei nun aber, so Wetzler, auch der Gesetzgeber zum Handeln aufgerufen, da gerade die Briefkontakte des Gefangenen zur Außenwelt für die Wiedereingliederung und zur Festigung der Bindungen von größter Wichtigkeit seien.

Auch am Beispiel der vom Strafvollzugsgesetz für den Gefangenen geschaffenen Möglichkeit, Vollzugsmaßnahmen durch eine Strafvollstreckungskammer auf ihre Rechtmäßigkeit überprüfen zu lassen, werde deutlich, dass die gesetzgeberische Idee zwar gut, die Durchsetzung aber äußerst fragwürdig sei.

Zwar verlange ein Teil der Rechtsprechung in Beachtung der gesetzgeberischen Vorstellung volle Überprüfung der Rechtsnormen auf der Tatbestandsseite, eine eingeschränkte Überprüfung aber allenfalls auf der Rechtsfolgenseite. Doch zeige sich ein anderer Teil der Rechtsprechung äußerst bemüht, den Vollzugsanstalten einen großen Spielraum zu gestatten.

Insgesamt sei festzustellen, dass nicht wenige Gerichte dem ursprünglichen Willen des Gesetzgebers sehr distanziert gegenüber stünden und teilweise sogar das Bemühen erkennen ließen, „durch die juristische Kunst die Strafvollzugsreform aufzuhalten oder gar rückgängig zu machen."[656]

---

[655] Wetzler ZfStrVo 87, 33

[656] Wetzler, ZfStrVo 87, 32; er zitiert hierzu: Volckert, 10 Jahre Rechtsprechung zum Strafvollzugsgesetz, InfoStVollzPR Heft 20/86

Hinsichtlich der Unterbringung wirft *Wetzler* den Vollzugsbehörden vor, dass mit Hilfe diverser „Tricks" baulicher Art oder auch nur im Weg anderer Wortinterpretation die mögliche Belegungsfähigkeit stets nach dem Bedarf geregelt werde, so dass verlässliche Regelungen oder gar eine Durchführung im Sinne des gesetzgeberischen Grundgedankens nicht zu finden seien.

Ebenso wie auch *Preusker*[657] vertritt auch *Wetzler* die Auffassung, nicht etwa eine „Untauglichkeit" des Strafvollzugsgesetzes sei der Grund dafür, dass sich die Situation im Vollzug bzw. die Haftbedingungen trotz des Inkrafttretens des Strafvollzugsgesetzes in vielen Bereichen nicht nennenswert (und schon gar nicht ausreichend) gebessert hätten.
Trotz der grob aufgezeigten Mängel seien durch das Strafvollzugsgesetz Ansätze einer Humanisierung und Liberalisierung erkennbar, doch bedürfe es noch harter Arbeit, den Strafvollzug in eine Lage zu versetzen, dass er den Behandlungs- und Sozialisationsvollzug verwirklichen könne.

Dazu müsse zum einen der Gesetzgeber handeln und die begonnenen Reformen fortsetzen (Problem z.B. der immer wieder verlängerten Übergangsregelungen), zum anderen müsse der Staat aber auch die personellen und finanziellen Mittel bereitstellen.

Darin sieht *Wetzler* die Hauptursache für die Stagnation in der Entwicklung des Strafvollzuges hin zum Behandlungs- und Sozialisationsvollzug.

Die finanzielle und personelle Ausstattung der Haftanstalten erachtet er für mehr als unzureichend, um eine stabile Grundalge bilden zu können für die dem Strafvollzug gestellte Aufgabe: Den Gefangenen zu befähigen, in Freiheit ein Leben in sozialer Verantwortung ohne Begehung von Straftaten zu führen.[658]

Der Strafvollzug ist demnach darauf auszurichten, dem Gefangenen zu helfen, sich in einem Leben in Freiheit einzugliedern, indem er soziales Verständnis und soziales Verhalten erlernen und Konfliktfähigkeit entwickeln könne.

---

[657] vgl. Schlussteil I 1, S. 306
[658] § 2 StVollzG

Dies sei unter den derzeitigen Bedingungen nahezu ausgeschlossen.

Trotz steigender Gefangenenzahlen und vermehrter Aufgaben im Vollzug sei die Zahl der Vollzugsbediensteten weitestgehend konstant geblieben; stellenweise seien sogar Personaleinsparungen erfolgt.

In einem Strafvollzug, der von Stelleneinsparungen und –kürzungen betroffen sei, kämen die Vollzugsbediensteten sehr bald an die Grenzen ihrer psychischen und physischen Belastbarkeit, ein Zustand, der sie außer Stande setze, den vom Strafvollzugsgesetz an sie gestellten Aufgaben gerecht zu werden.

Die permanente Überlastung führe dazu, dass das Anstaltspersonal nicht mehr den vom Gesetzgeber geforderten Behandlungsvollzug verwirklichen könne, sondern vielmehr den Verwahr(losungs)-Vollzug praktizieren müsse, auch wenn sich die Mehrzahl der Vollzugsbediensteten dagegen wehre.[659]

Wetzler fordert am Schluss seiner Standortbestimmung, dass „alle für den Strafvollzug Verantwortlichen" sich bewusst werden müssten, dass die Strafrechtsreform noch nicht zu Ende sein dürfe, denn sonst sei sie „schon in ihren Anfängen gescheitert".

II. Bilanz nach 20 Jahren Strafvollzugsgesetz

Ein weitererZeitpunkt für eine Stellungnahme zur Entwicklung des Strafvollzuges war das zwanzigjährige Bestehen des Strafvollzugsgesetzes.

Müller-Dietz[660] erinnert aber auch nun daran, dass selbst „20 Jahre im Lichte der Geschichte einer jahrhundertealten Institution kein eben langer Zeitraum sind."

Er leugnet nicht, dass einiges im Argen liege im Strafvollzug, dass auch erhebliche Diskrepanzen bestünden zwischen dem Strafvollzugsgesetz bzw.

---

[659] Wetzler, ZfStrVo 87, 35

[660] Heinz Müller-Dietz, 20 Jahre Strafvollzugsgesetz – Anspruch und Wirklichkeit, ZfStrVo 98, 12 ff

vielmehr der hinter dem Gesetz stehenden Grundidee und dem Alltag der Vollzugspraxis.

Er lässt jedoch keinen Zweifel daran, dass es angesichts der verfahrensrechtlichen Situation seiner Meinung nach nicht ernsthaft darum gehen könne, die Grundstruktur und –anlage des Strafvollzugsgesetzes in Frage zu stellen, zumal gewichtige Teile des Gesetzes noch immer nicht in Kraft seien.

Es müsse nun vielmehr an die Aufgabe herangetreten werden, die „stets vorhandene Kluft zwischen Idee und Wirklichkeit zu verringern und die im Gesetz angelegten Möglichkeiten und Chancen sinnvoller Vollzugsgestaltung den Bedürfnissen und Erfordernissen der heutigen Situation anzupassen."

Sein Fazit zur aktuellen Lage im Strafvollzug besagt, dass es weniger angeraten sei, die Gesetze zu ändern, als vielmehr ziel- und praxisorientiert zu handeln.

Erforderlich sei es nun, den vom Strafvollzugsgesetz gestellten Rahmen stärker zu konkretisiern und mit Inhalt auszufüllen.

Eine eingehende Differenzierung im Hinblick auf die heterogene Insassenstruktur und die dadurch erforderlichen unterschiedlichen Behandlungsansätze sei insbesondere auch unter Berücksichtigung der Veränderungen in der gesellschaftlichen Entwicklung das Gebot der Stunde.

III. Aktuelle Bilanz aus dem Hauptteil

1. Standortbestimmung

Betrachtet man die im Hauptteil jeweils unter 4. aufgeführten Einzelfälle, die nicht ergebnisorientiert ausgesucht worden sind, sondern einen Querschnitt durch die Vielzahl der Entscheidungen darstellen sollen, fällt auf, dass in einem Großteil der Beispiele die Handhabung der Vollzugsanstalten nicht mit dem Willen des Gesetzgebers in Übereinstimmung zu bringen ist.

In vielen Fällen wird allzu extensiv Gebrauch gemacht von Einschränkungsbefugnissen, allzu schnell wird zurückgegriffen auf eine „Gefahrenlage für Sicherheit oder Ordnung", häufig lediglich unter Zugrundelegung pauschaler Erwägungen und Erfahrungssätze.

Bereits in den Bescheiden der Justizvollzugsanstalten scheint vielfach nicht einmal der Sachverhalt im Einzelfall wirklich sorgfältig und ausreichend ermittelt.

Auch hinsichtlich der Entscheidungen der Vollstreckungskammern lässt sich der Eindruck gewinnen, dass die Untergerichte in zahlreichen Fällen dazu neigen, sich mit den stellenweise dürftigen Ermittlungen der Justizvollzugsanstalt zufriedenzugeben und die nicht unbedingt an den Zielen und Aufgabenstellungen des Strafvollzugsgesetzes orientierten Entscheidungen der Behörde zu unterstützen und zu bestätigen.

Häufig wird erst von der Beschwerdeinstanz die Ermittlung aller entscheidungserheblichen Tatsachen des jeweiligen Sachverhalts angemahnt.

Unvollständige Ermittlungen und anschließend allzu pauschale Einschätzungen, äußerst konservative Wertungen und enge Abwägungen liegen den Beschwerden in erschreckend vielen Fällen zugrunde.

Allerdings muss berücksichtigt werden, dass gemeinhin lediglich solche Fälle den Gerichten zugetragen werden, in denen einem Gefangenen ein Ansinnen abschlägig beschieden, in denen ein (existierendes oder vermeintliches) Recht eingeschränkt wurde.

Die vermutlich zahlreichen Fälle, in denen etwa einem Antrag auf Besitzerlaubnis eines bestimmten Gegenstandes stattgegeben wird, in denen ein Besuch oder Brief (antragsgemäß) unüberwacht bleibt, in denen also die Praxis der Vollzugsanstalt dem gesetzgeberischen Willen nach möglichst restriktiver Handhabung der Eingriffsbefugnisse in die Rechte des Gefangenen voll gerecht wird, werden nie einem Gericht zur Entscheidung vorgelegt und bleiben damit in dieser Arbeit unberücksichtigt.

Dennoch fällt auf, dass in vielen Fällen speziell das Gebot der Einzelfallprüfung verletzt wurde. An die Stelle der geforderten Einzelfallbetrachtung tritt oft eine Berufung auf Verwaltungsvorschriften, die Hausordnung o.ä. Auch der Verhältnismäßigkeitsgrundsatz sowie der Ultima-ratio-Gedanke finden häufig nicht die erforderliche Beachtung.

Berücksichtigt man darüber hinaus, dass den Beschwerden oftmals *generelle* Anordnungen zugrunde liegen, kann man davon ausgehen, dass alleine in dieser betroffenen Justizvollzugsanstalt zahlreiche gleichgelagerte Rechtsverletzungen vorgekommen sind.

Mit anderen Worten heißt das, in der Mehrzahl der hier angeführten Beispiele war Basis für die jeweilige einschränkende Maßnahme nur mittelbar das Gesetz selbst.

In vielen Fällen gründen die Beschränkungen, Verbote oder Überwachungsanordnungen auf einer zu extensiven Anwendungen der Einschränkungsbefugnisse, auf einer Übersicherung, auf einer „lieber-zu-wenig-Zugeständnisse-(und damit Risiko)-als-zu-viel"-Haltung.

„Wo kämen wir denn hin, wenn das alle wollten" – oft scheint es dieser Gedanke zu sein, der dazu führt, das (an sich unproblematische) Ansinnen eines einzelnen Gefangenen zu versagen, um so zu verhindern, dass durch eine Gestattung eine Antragsflut ausgelöst werden könnte, die die Anstalt in ihrer aktuellen Ausstattung nicht bearbeiten und bewältigen könnte.

Hinsichtlich der Befürchtung der Antragsflut bemerkt *Boetticher*[661] jedoch zu Recht, dass ein Gegenstand nicht deshalb abgelehnt werden könne, weil nach Schaffung eines Präzedenzfalles durch nachfolgende gleichlautende Anträge die Kontrollkapazität der Anstalt erschöpft würde.

Eine derartige Orientierung an hypothetischen, zwar nicht gänzlich auszuschließenden, aber in Ihrem Ausmaß auch nicht zu überschätzenden Entwicklungen, stelle eine unzulässige vorsorgliche Abwehr von Belastungen der Vollzugsverwaltung dar.

Auch die Begründung, dass selbst bei Bewältigung der Antragsflut an sich durch die anschließend aufgrund des Gleichheitsgrundsatzes gebotene Pflicht, jedem Gefangenen einen bestimmten Gegenstand zu genehmigen, unhaltbare Zustände in der Anstalt eintreten könnten, ist nicht überzeugend.

Dabei wird übersehen, dass der Gleichheitsgrundsatz aus Art. 3 GG keinesfalls erfordert, dass tatsächlich jeder Inhaftierte identische Zugeständnisse erhält.

Davon abgesehen, dass vermutlich nicht jeder Gefangene Interesse an genau dem in Frage stehenden Gegenstand (Leselampe, Schachcomputer, Taschen-

---

661 Boetticher, AK-StrVollzG, § 70 RN 19

rechner o.ä.) hat, erfordert nur eine gleiche oder jedenfalls vergleichbare Sachlage auch gleiche Bewertung und Behandlung. Kaum wird bei allen Gefangenen eine Weiterbildungs- oder Umschulungsmaßnahme im Hintergrund stehen; auch die Wahrscheinlichkeit z.B. der Schachbegeisterung bei allen Inhaftierten ist nicht allzu hoch.

Eine Unterscheidung kann sich außerdem auch durch Berücksichtigung besonderer Bedürfnisse des Gefangenen - wie beispielsweise einer Sehschwäche – ergeben. Weiter besteht die Möglichkeit der Heranziehung völlig objektiver Kriterien, wie z.B. dem Antragseingang.

In Bezug auf den oben zitierten befürchteten Eintritt „unhaltbarer Zustände" werden die Kriterien offensichtlich leider nur allzu oft missverstanden oder fehlinterpretiert.

Der bevorzugt angeführte „erhöhte Kontrollaufwand" darf dabei nicht allein herangezogen werden. Gerade diese Erwägung hat nach der Grundidee des Gesetzgebers keinen Platz im nunmehr vorrangig auf Behandlung und Resozialisierung orientierten und ausgelegten Vollzug.

Lediglich die im Gesetz genannten Gründe rechtfertigen Eingriffe in die Position der Gefangenen, so vor allem die in dieser Arbeit interessierenden Begriffe der Sicherheit und Ordnung. Doch dürfen, wie mehrfach dargestellt, auch diese nicht als „Auffangtatbestand" missbraucht werden. Enge Voraussetzungen sind auch hier an einen Rückgriff geknüpft.

Die mit einer Beurteilung in Bezug auf Sicherheit oder Ordnung verbundene Prognoseunsicherheit, so *Boetticher* zu Recht[662], darf nicht eine einseitige Rechtsbeschränkung beim Strafgefangenen legitimieren, sondern muss zu einer Risikoverteilung zwischen Anstalt und Gefangenen führen, wobei verbleibende Restrisiken im Hinblick auf die Prinzipien des § 3 StVollzG und den Verhältnismäßigkeitsgrundsatz hingenommen werden müssen.

Schon der Ultima-ratio-Gedanke des Gesetzgebers sowie die geforderte Beachtung des Verhältnismäßigkeitsgrundsatzes implizieren die Forderung nach einer genauen Analyse des konkret zu entscheidenden Falles. Nur wenn eine solche erfolgt ist, kann wirklich die Entscheidung getroffen werden, ob die letztendlich gewählte Maßnahme tatsächlich unumgänglich nötig ist, ob nicht

[662] Boetticher, AK-StrVollzG, § 70 RN 19

vielleicht auch ein weniger einschneidendes Mittel zur Verfügung steht oder ob in diesem Fall vielleicht gänzlich auf eine Rechtsbeschränkung verzichtet werden kann.

Neben dieser rein inhaltlichen Kritik am Vollzug des Gesetzes durch die Behörden und Kontrolle durch die Gerichte lässt sich auch aus dem zeitlichen Moment, d.h. aus der Tatsache, dass die Entscheidungen sich auf einen Zeitraum von der Verabschiedung des Strafvollzugsgesetzes bis zum heutigen Tag erstrecken, eine wichtige Erkenntniss über die bisherige Entwicklung gewinnen:

Es ist festzuhalten, dass die Probleme über den gesamten Zeitraum im wesentlichen gleich geblieben sind.

Die Vorwürfe der nicht oder allenfalls unzureichend erfolgten Einzelfallprüfung, die oft äußerst oberflächliche Ermittlung des Sachverhalts, der schnelle Rückgriff auf Verwaltungsvorschriften sowie die Wahl eher der umfassenderen als der milderen (und dabei aber vielleicht kontrollintensiveren) Reaktion, durchzieht die Entscheidungen aus der Anfangszeit des Strafvollzugsgesetzes ebenso wie die der letzten Jahre.

Hinsichtlich der mangelnden Sorgfalt und Genauigkeit, in der auf das Begehren des individuellen Gefangenen reagiert und wie damit umgegangen wird, ist leider keine auffällige Veränderung zu verzeichnen.

Die hier gewonnenen Erkenntnisse decken sich mit den Erfahrungen von *Preusker*[663] und *Wetzler*[664] nach zehn und mit den Feststellungen von *Müller-Dietz*[665] nach zwanzig Jahren Strafvollzugsgesetz.

Auch nach 25 Jahren steht dessen Forderung im Raum, die „stets vorhandene Kluft zwischen Idee und Wirklichkeit zu verringern und die im Gesetz angelegten Möglichkeiten und Chancen sinnvoller Vollzugsgestaltung den Bedürfnissen und Erfordernisse der heutigen Situation anzupassen." Es geht nach wie vor darum, sich der Mühe einer eingehenden Differenzierung im Hinblick auf die heterogene Insassenstruktur und die dadurch bedingten unterschiedlichen Bedürfnisse zu unterziehen.

---

[663] Preusker, ZfStrVo 87, 12 ff; vgl. Schlussteil I 1, S. 306
[664] Wetzler, ZfStrVo 87, 32 ff; vgl. Schlussteil I 2, S. 310
[665] Müller-Dietz, ZfStrVo 98, 12 ff; vgl. Schlussteil II, S. 314

2. Problemananalyse

Eine so umfassende Einzelfallprüfung, wie sie das Gesetz an sich verlangt, erfordert aber nicht nur die genaue Auseinandersetzung mit der Person des Gefangenen, sondern auch die Betrachtung und Beurteilung der anderen in diesem Fall maßgeblichen Faktoren.

So verdient z.B. bei Besuch und Schriftwechsel weiter Beachtung die Person des Besuchers / Briefpartners, das (Nähe-) Verhältnis des Gefangenen zum betroffenen Außenstehenden, möglicherweise auch dessen politischer Hintergrund, sofern der Gefangene aufgrund einer terroristischen oder sonst staatsfeindlichen Tat verurteilt worden ist.

Bei einem Antrag auf Gestattung des Kaufs oder Besitzes eines bestimmten Gegenstandes ist dessen Beschaffenheit und Verwendungsmöglichkeit ebenso zu berücksichtigen wie auch die Situation im Umfeld des Gefangenen, in seiner Zelle oder gegebenenfalls auch in der Anstalt allgemein.

Um wirklich einen einzelnen Fall umfassend analysieren und ihm anschließend individuell gerecht werden zu können, wäre an sich außerdem die äußerst schwierige Betrachtung und Beurteilung des internen sozialen Umfelds des Gefangenen unter Berücksichtigung der sog. „Subkultur" erforderlich, also die Einbeziehung der verschiedenen Abhängigkeits- und Machtstrukturen in der Anstalt.

Aus dieser (bei weitem nicht vollständigen) Auflistung lässt sich bereits die Schwierigkeit - unter den gegebenen Umständen vielleicht sogar die Unmöglichkeit - der Aufgabenstellung erkennen.

Um der Forderung des Gesetzgebers seriös nachkommen zu können, bedürfte es vor jeder einzelnen Entscheidung zum einen eines enormen zeitlichen und personellen Aufwandes, zum anderen wäre aber auch ein großes Maß an sozialen, pädagogischen sowie psychologischen Kenntnissen und Fähigkeiten seitens des Vollzugspersonals erforderlich.

Bereits in den Stellungnahmen zum zehnjährigen Bestehen des Strafvollzugsgesetzes[666] wurde das Fehlen bzw. die Vernachlässigung dieser für die Umsetzung des gesetzgeberischen Willens so wesentlichen Faktoren bemängelt.

---

[666] Preusker in ZfStrVo 87, 12 ff, siehe auch Schlussteil I 1, S. 306 und Wetzler in ZfStrVo 87, 32 ff, Schlussteil I 2, S. 310

Vergleicht man damit dann die Kommentierung zum 20jährigen Bestehen des Gesetzeses[667] sowie die aktuelle Situation nach nunmehr 25 Jahren, wird deutlich, dass sich an den unbefriedigenden Gegebenheiten nicht allzu viel geändert hat.

Im besten Fall ist Personal zumindest nicht wesentlich abgebaut worden; Neueinstellungen im Hinblick auf (zeitweise) gestiegene Gefangenenzahlen und vor allem mit Rücksicht auf das durch das Strafvollzugsgesetz enorm erweiterte Aufgabengebiet sind nicht erfolgt.[668] Der Vollzugsbedienstete, der in früheren Zeiten nahezu ausschließlich als „Schließer" tätig war, soll nun bei fast gleicher Ausbildung und Bezahlung aktiv am Behandlungsvollzug mitwirken, soll die soziale Anbindung des Gefangenen an Außenstehende ebenso beurteilen können wie die Stellung und die Integration des Häftlings innerhalb des Anstaltslebens.

Er müsste die Fantasie aufbringen zu überlegen, in welcher gegebenenfalls sozial-, sicherheits- oder ordnungsgefährdender Weise ein Gegenstand eingesetzt werden kann; er soll die psychologische Einschätzung vollziehen, inwieweit die Überlegungen gerade des beantragenden Gefangenen in eben diese Richtung zielen; inwieweit der Antragsteller also gefährdet ist, den gewünschten Gegenstand missbräuchlich zu verwenden.

Es liegt fast auf der Hand, dass all dies unter den gegebenen Umständen, unter der aktuellen personellen, räumlichen und finanziellen Ausstattung der Vollzugsanstalten kaum funktionieren kann.

Wenn man „Verrechtlichung" in dieser Weise richtig versteht, kann ihr das Argument von *Preusker*[669] nicht entgegengehalten werden, sie führe im Extremfall dazu, dass sich der Kontakt zwischen Anstalt und Insasse auf den Austausch von Verfügungen und Beschwerden beschränke. Vielmehr sollte hierin auch eine Chance für beide Seiten gesehen werden, die nun gewonnenen Rechte des Gefangenen als Anstoß für eine individuelle Auseinandersetzung mit dessen Belangen zu nutzen und diesen als eigenverantwortliche Persönlichkeit zu begreifen, der seine Belange selbst in die Hand nimmt und nicht allein darauf angewiesen ist, in Passivität auf das Wohlwollen der Obrigkeit zu hoffen.

---

[667] Müller-Dietz, ZfStrVo 98, 12 ff Schlussteil II, S. 314
[668] vgl. dazu Müller-Dietz, ZfStrVo 98, 13; Schlussteil II, S. 314
[669] Preusker, ZfStrVo 87, 12 ff, vgl. auch Schlussteil I 1, S. 309

IV. Ergebnis

1. Schlussfolgerung

Die Schaffung eines völlig neuen Gesetzes erscheint nicht das Mittel der Wahl zu sein, um die bestehende Situation nachhaltig und vor allem in die richtige Richtung, d.h. auch in der Praxis hin zum Behandlungs- und Sozialisationsvollzug zu verändern.

Die dem Strafvollzugsgesetz zugrundeliegende Idee, die man sowohl der Historie als auch vor allem der Entstehungsgeschichte der einzelnen Regelungen entnehmen kann, hat in nahezu vollem Umfang Eingang ins schließlich verabschiedete Strafvollzugsgesetz gefunden. Rein technisch betrachtet manifestieren die Normen die Intentionen des Gesetzgebers.

Auch nach fünfundzwanzig Jahren Strafvollzugsgesetz kommt man ebenso wie *Preusker*[670] und *Wetzler*[671] bereits nach zehn, oder aber *Müller-Dietz*[672] nach zwanzig Jahren zu dem Ergebnis, dass nicht das 1977 in Kraft getretene Strafvollzugsgesetz der Grund für die zaghafte Weiterentwicklung oder gar Stagnation des Strafvollzuges auf dem Weg zum Behandlungs- und Resozialisierungsvollzug ist.

Das bestehende Strafvollzugsgesetz bietet durchaus einen brauchbaren Rahmen, der es erlaubt, einerseits den Bedürfnissen der Allgemeinheit an Sicherheit und an einer ordnungsgemäßen Vollstreckung einer Strafe Rechnung zu tragen und daneben dennoch die Rechte des Gefangenen in weitem Umfang zu wahren und ihm so die Möglichkeit zu geben, soziale Verantwortung und sozialverträgliche Konfliktbewältigung zu erlernen.

Das Ergebnis, das man aus einer Betrachtung und Analyse des aktuellen Zustandes zieht, heißt also nicht: „Das Gesetz ist in dieser Form einfach untauglich, um die dahinter stehende Idee der Resozialisierung verwirklichen zu können."

Das existierende Gesetz bildet vielmehr einen an sich tauglichen Rahmen – der allerdings im Alltag durch die Vollzugsanstalten selbst, d.h. durch die Be-

---

[670] Preusker, ZfStrVo 87, 12 ff; vgl. auch Schlussteil I 1, S. 305
[671] Wetzler, ZfStrVo 87, 32 ff; vgl. auch Schlussteil I 2, S. 310
[672] Müller-Dietz, ZfStrVo 98, 12 ff; vgl. auch Schlussteil II, S. 314

diensteten ebenso wie durch die Leitung, aber auch durch die Gerichte und letztlich den Politikern ausgefüllt und mit Leben versehen werden muss.

Das heißt konkret, es wäre eine Änderung in der Handhabung des bestehenden Gesetzes[673] erforderlich und sinnvoll, denn die „Ausfüllung" des vorgegebenen Rahmens erfolgt bislang oft nicht im Einklang mit den dem Strafvollzugsgesetz zugrundeliegenden gesetzgeberischen Grundgedanken; stellenweise führt die Auslegung und Ausschöpfung dieses Rahmens gar dazu, dass die Praxis der hinter dem Gesetz stehenden gesetzgeberischen Grundidee zuwiderläuft.

2. Erforderliche Veränderungen

a. Überblick

Die Veränderungen, die erforderlich wären, um eine Verbesserung der Situation im Strafvollzug und eine Entwicklung hin zum Behandlungsvollzug zu bewirken, lassen sich in der Hauptsache auf zwei Grundpfeiler stützen:

- die äußere Ausstattung des Vollzugs,[674]
- die innere Einstellung der Vollzugsbediensteten.[675]

Dies sind die beiden Komponenten, die den Charakter des Vollzuges maßgeblich bestimmen, von denen es also abhängt, ob das Strafvollzugsgesetz im Sinne des Gesetzgebers mit Leben erfüllt und in die Praxis umgesetzt wird.

b. äußere Ausstattung

Um die Reform wirklich in den Vollzugsalltag einbringen und vorantreiben zu können, wäre eine Aufstockung der Haushaltsmittel unabdingbar.

---

673 so auch Müller-Dietz, ZfStrVo 98, 14; vgl. auch Schlussteil II, S. 314
674 vgl. auch Müller-Dietz, ZfStrVo 98, 16; Schlussteil II, S. 314
675 so auch schon Brühl, AK-StrVollzG, Vor 81, RN 23

- Wesentlich wäre eine Aufstockung des Personalkörpers. Überforderte und überarbeitete Bedienstete werden sich nicht in dem Maß mit dem einzelnen Gefangenen auseinandersetzen (können), wie es der Behandlungsvollzug eigentlich verlangt.

  Sie werden auch nicht jeden Einzelfall in der Gründlich- und Ausführlichkeit betrachten, die der Gesetzgeber fordert.

  Im Zweifelsfall wird schon aus Gründen der physischen und psychischen Kapazitätsgrenze häufiger der einfachere und bequemere Weg gewählt werden, dem Gefangenen eher weniger als mehr Rechte zuzugestehen. Es wird lieber ein Gegenstand verwehrt oder ein Besuch verboten, als ihn später kontrollieren zu müssen. Beim dennoch zugestandenen Besitz, beim Besuch oder Schriftwechsel wird gleich kontrolliert, ehe lange überdacht wird, ob dies erforderlich ist.

  Im Zweifel geht die Entscheidung leichter in Richtung der früher üblichen und weniger anspruchsvollen „Gefangenenverwahrung" als hin zum Behandlungs- und Sozialisationsvollzug.

- Außerdem sollte der Personalkörper ergänzt werden durch weitere Sozialarbeiter und Psychologen, die den Behandlungsvollzug aktiv mitgestalten können und durch ihre Ausbildung auch in der Lage sind, die erforderlichen Einschätzungen der Gefangenen und einzelner Situationen vorzunehmen bzw. bei anstehenden Entscheidungen die praktischen Erfahrungen der übrigen Vollzugsbediensteten durch ihr Wissen zu ergänzen.

- Weiter wäre es erforderlich, in die baulichen Anlagen der Anstalten zu investieren, damit Einzelzellen, die dem Gefangenen ein Minimum an Rückzugsmöglichkeit und persönlich Sphäre schaffen, – wie im Gesetz vorgesehen – wirklich die Regel sind. Das durch räumlich Enge entstehende Aggressionspotential könnte so reduziert, die pausenlose Manifestation von Machtverhältnissen minimiert werden.

- Auch in das Arbeits- und Freizeitangebot müssten Mittel investiert werden. Es sollte für jeden Gefangenen eine Arbeitsmöglichkeit geschaffen werden, das Freizeitangebot sollte so breit gefächert und größenmäßig so gestaltet sein, dass es zumindest einen Großteil der Gefangenen anspricht und dass diese es auch ohne Eintrag in lange Wartelisten (wegen Platz- und Personalmangels) nutzen können. Das bedeutet wiederum eine personelle Aufstockung des Personals an Bediensteten, die das Arbeits- und Freizeitangebot fachgerecht betreuen können.

c. innere Einstellung

Eine Änderung des Vollzugs in Richtung Behandlungs- und Sozialisationsvollzug kann aber auch nur dann erfolgen, wenn die innere Einstellung der das Gesetz vollziehenden Bediensteten sich ändert und sich den nunmehr geforderten Umständen anpasst.

- Dafür wäre zunächst einmal eine Anpassung der Ausbildung erforderlich. Die soziale und psychologische Komponente sollte verstärkt werden.
- Entsprechende Weiterbildungsmaßnahmen sollten diese Kenntnisse verfestigen und weiterentwickeln sowie die Motivation regelmäßig neu „aktivieren".
- Die Bezahlung sollte dem deutlich erweiterten Aufgabengebiet angepasst werden, Anreiz und Motivation zur Weiterbildung und damit auch zur Weiterentwicklung bieten.
- Ansehen, Status und Gehalt sollten so ausgestaltet werden, dass dieser Berufsweg das Interesse von engagierten jungen Leuten weckt.

V. Die „öffentliche Meinung" und der Strafvollzug

1. Einfluss der „öffentlichen Meinung" auf den Strafvollzug

Ein maßgeblicher Faktor bei der Veränderung und Weiterentwicklung der Situation im Strafvollzug sowohl hinsichtlich der finanziellen und personellen Ausstattung der Justizvollzugsanstalten als aber auch der inneren Haltung bzw. der Stellung der Bediensteten, den man nicht unterschätzen sollte, ist die so genannte „öffentliche Meinung“.

Zum einen sind die Bediensteten ebenfalls Teil dieser Öffentlichkeit und gegebenenfalls „anfällig“ für das vorherrschende „allgemeine Stimmungsbild“, auch wird ihre Stellung innerhalb der Gesellschaft von eben diesem Meinungbild geprägt. Zum anderen hat die Haltung der Bevölkerung über die Wahlkreise Einfluss auf die Politiker und damit auf das Landes- und Bundesparlament, das letztlich über Bewilligung oder Streichung von Haushaltsmitteln oder über Gesetzesänderungen und –anpassungen die andere maßgebliche Komponente für die Situation im Strafvollzug ist.

2. Veränderung der „öffentlichen Meinung“

Die gesellschaftliche Situation und damit auch das öffentliche Stimmungsbild und die politische Landschaft haben sich in den vergangenen 25 Jahren seit Erlass des Strafvollzugsgesetzes deutlich verändert.[676]

Das Anfang bis Mitte der 70er Jahre entstandene Strafvollzugsgesetz war Ausdruck der zu diesem Zeitpunkt vorherrschenden Atmosphäre der Liberalität, einer großen sozialen Grundhaltung und dem Glauben, dass mit Aufmerksamkeit, umfassender psychologischer Betreuung und pädagogischer Anleitung die Einsichtsfähigkeit zumindest der meisten Straftäter geweckt und gestärkt werden könnte, dass es über Therapien und im Rahmen eines Lebens in einem geordneten Miteinander gelingen müsste, Straftätern den Weg zu einer künftig straffreien Lebensführung zu öffnen und zu ebnen.

Die Mitte bis Ende der 70er Jahre über Deutschland und Europa hereinbrechende Welle des Terrorismus brachte das Meinungsbild hinsichtlich der Besserungsfähig- und –willigkeit von Straftätern in der Öffentlichkeit nicht unerheblich ins Wanken.

---

[676] vgl. auch Müller-Dietz, ZfStrVo 98, 12 ff, Schlussteil II, S. 314; Brühl, AK-StrVollzG, Vor 81, RN 27

Mehr und mehr tauchten Zweifel daran auf, ob es sinnvoll sei, „gute Steuergelder für solche Menschen zu vergeuden“. Die Frage wurde laut, ob die Straftäter die vom Gesetz vorgesehene Behandlung überhaupt „verdient hätten“.

In den folgenden Jahren hat sich die Gesellschaft weiter kontinuierlich verändert.[677]

Durch die Öffnung des ehemaligen Ostblocks hatten sich neue kriminelle Märkte und Strukturen gebildet; zumindest bekamen sie in der Öffentlichkeit einen größeren Stellenwert; die Angst vor allem in den Großstädten wuchs.

Die Lage auf dem Arbeitsmarkt und damit auch die wirtschaftliche Situation hatte sich für einen großen Teil der Bevölkerung deutlich verschlechtert.[678]

Ein Umfeld, in dem Sozialneid, berechtigt oder unberechtigt, gedeiht, in dem punktuelle Vergünstigungen für eine Minderheit mit Misstrauen beäugt werden.

Angst und Verunsicherung führten dazu, dass das soziale Klima kälter wurde. Dementsprechend wurden ein „härteres Durchgreifen“ und „strengere Strafen“ gefordert – und ein Vollzug, der „wirklich Strafe“ bedeute und nicht etwa ein „besserer Hotelurlaub auf Staatskosten“.

Die Akzeptanz der Idee des Sozialisationsvollzugs innerhalb der breiten Öffentlichkeit nahm immer weiter ab. Entsprechend schwand die (auch finanzielle) Unterstützung durch die Politik. Es wurde immer schwerer, die Rahmenbedingungen für die Verwirklichung der gesetzgeberischen Grundvorstellung aufrecht zu erhalten.

3. Rolle der Medien

Die Medien spiegeln das Bild in der Öffentlichkeit nicht nur wieder, sie können die „Volksmeinung“ auch nicht unerheblich beeinflussen. [679]

Eine zum Teil einseitige, oft aber vor allem auch sensationsgierige Darstellung der Situation im Strafvollzug ist geeignet, ein falsches Bild in der Öffentlichkeit

---

[677] zum Folgenden auch Müller-Dietz, ZfStrVo 98, 12 ff, Schlussteil II, S. 314
[678] so auch Brühl, AK-StrVollzG, Vor 81, RN 27, 28
[679] vgl. dazu Müller-Dietz, ZfStrVo 98, 13; Schlussteil II, S. 314

von der Lebenssituation und dem Lebensstandard der Gefangenen hervorzurufen.

Häufig ist die Berichterstattung nicht auf eine sachliche Reportage beschränkt. Auf der Suche nach einer höheren Abnehmerzahl werden „publikumswirksame" Themen und reißerische Schlagzeilen auf Kosten einer ausgewogenen, sachlichen und realitätsgetreuen Darstellung der Lebenswirklichkeit gewählt. Auf diese Weise wird das Bild, das die Öffentlichkeit gewinnt, verzerrt; die Relationen werden verschoben. Die den Strafvollzug betreffenden „Sensationsschlagzeilen" lassen sich in der Hauptsache unter zwei Schwerpunktthemen zusammenfassen: die Mediendarstellung des „Lebensstandards der Gefangenen" und die Berichterstattung hinsichtlich der „Sexualstraftäter, Kinderschänder, Rückfalltäter".

a. Themenschwerpunkt „Lebensstandard"

Wie oben[680] bereits dargestellt, werden Vergünstigungen, die einzelnen Minderheiten zukommen, in der Gesellschaft häufig mit großem Argwohn betrachtet. Der Sozialneid findet sich selbst in Situationen, in denen eine objektive Beurteilung der Sachlage die Unsinnigkeit dieser Ressentiments aufzeigen würde.

Berichte über neu gebaute, moderne Gefängnisse erwecken in ihrer Darstellung das Bild von reinsten Luxus-Unterkünften. Es ist von Hallenbad, Fitnessraum und Billiardtisch zu lesen, von Farbfersehern, Videogeräten und Satellitenempfang gewissermaßen als Basisausstattung.

Dabei wird häufig und gern übersehen, dass sich der Gefängnisalltag vom Hotelurlaub in einem nicht unerheblichen Punkt wesentlich unterscheidet: Die Lebenswirklichkeit des „Gefangenseins", das Fehlen von Freiheit und Freizügigkeit, die Situation des 24-Stunden fremdbestimmten Tagesablaufs wird gemeinhin unterschätzt.

Ins Auge springen lediglich die aufgezeigten „Vergünstigungen", der Komfort – da wird doch tatsächlich einem Straftäter mit Steuermitteln ein höherer Lebensstandard geboten als dem arbeitenden, rechtstreuen Steuerzahler!

---

[680] Schlussteil V 2 (Veränderung der „öffentlichen Meinung"), S. 326

Bei Bildern über die oft neu errichteten Wohneinheiten des Offenen Vollzuges wird selten hinzugefügt, dass nicht gerade die Schwerstkriminellen dort zu Beginn ihrer Strafverbüßung dort einziehen, dass es sich hierbei vielmehr um eine Ausgestaltung des Strafvollzuges handelt, die einen Übergang zum Leben außerhalb der Strafanstalt darstellen soll, der es dem Strafgefangenen erleichtern soll, sich nach der endgültigen Entlassung im Leben in Freiheit überhaupt wieder zurechtzufinden.

Die oft unvollständigen Darstellungen führen und führten – gerade in Situationen wirtschaftlicher Unsicherheit und finanzieller Einschränkungen – zu wachsendem Unmut in der Bevölkerung.[681]

Über die Arbeit in den Wahlbezirken beeinflusst diese „öffentliche Stimmung" das Parlament, was dann, zusammen mit einem allgemein gekürzten Haushalt zu Einsparungen im Strafvollzug führt.

Der ursprüngliche gesetzgeberische Anspruch auf Weiterentwicklung des Vollzugs hin zum wirklich durchgängig praktizierten Resozialisierungs- und Behandlungsvollzug war und ist unter dieser Umständen tatsächlich kaum möglich.

Er hätte derzeit wohl aber auch keine Akzeptanz in der breiten Bevölkerung.

b. Themenschwerpunkt: „Sexualstraftäter, Kinderschänder, Rückfalltäter"

Ein weiteres Problem für die Weiterentwicklung hin zum praktizierten Behandlungsvollzug ist die Berichterstattung in Bezug auf Sexualstraftäter, speziell der so genannten „Kinderschänder", die nach ihrer Entlassung oder im Rahmen des Offenen Vollzuges rückfällig geworden sind.

Ohne diese Geschehnisse auch im geringsten verharmlosen zu wollen, muss doch berücksichtigt werden, dass die wegen dieser Sexual-, Körperverletzungs- und/oder Tötungsdlikten verurteilten Inhaftierten nicht den Großteil der Gefängnispopulation ausmachen.

---

[681] Müller-Dietz, ZfStrVo 98, 12; Schlussteil II, S.314

Dennoch ist es der Hass, die Angst und das Entsetzen angesichts dieser Rückfalltaten, die die Stimmen nach einem „harten Vollzug", nach einer „wirklichen Strafe" laut werden lassen.

Aus diesen schrecklichen Geschehnissen wird der Schluss gezogen, dass Straftäter schlichtweg nicht besserungsfähig sind, eine Resozialisierung demnach keinen Erfolg und dementsprechend auch keinen Sinn hat.[682]

Es ist die – wenn auch immer noch zu große, so doch absolut betrachtet relativ kleine – Gruppe der Sexualstraftäter, die das Bild in der Öffentlichkeit prägt.

Ein Bild, das keinen Raum lässt für „Vergünstigungen" für Strafgefangene, ja, nicht einmal für einen Strafvollzug, in dem Gefangene „Rechtspersönlichkeiten" sein sollen.

Hört man auf die „breite Stimme" in der Bevölkerung, so findet man kein Verständnis für das technisch und von der Idee an sich gelungene, sehr differenzierte, täterorientierte Strafvollzugsgesetz. Da erkennt man vielmehr die (wenn auch nicht unbedingt laut geäußerte) Tendenz zu einer Rückwärtsbewegung, einer Rückzugstrategie[683] hin zum reinen Verwahrungsvollzug.

VI. Fazit

1. Problem des Kreislaufs

Nach dem oben Gesagten kommt man auf der Suche nach dem Grund des Stillstands in der Weiterentwicklung des Strafvollzugsgesetzes im Sinne des Gesetzgebers zu einem Kreislauf, den es zu durchbrechen gilt, will man die derzeitige Stagnation oder gar Rückwärtsbewegung bezwingen:

- Derzeit herrscht in der breiten Öffentlichkeit die Auffassung vor, dass das Strafvollzugsgesetz mit seiner Idee der Behandlung und Resozialisierung sich nicht bewährt habe.

682 so auch Müller-Dietz, ZfStrVo 98, 12; Schlussteil II, S. 314
683 Brühl, AK-StrVollzG, Vor 81, 27

- Dementsprechend wenig Akzeptanz finden Maßnahmen, die die aktuelle Situation im Sinne des gesetzgeberischen Willens verbessern sollen (Gefängnismodernisierung, neue Wohneinheiten für den Offenen Vollzug, bessere Therapiebedingungen, mehr Freiheiten und Rechte für den Gefangenen. Mit anderen Worten also wird den Maßnahmen mit Skepsis und Ablehnung begegnet, die der gesetzgeberischen Forderung nach der Gestaltung des Vollzuges unter Beachtung des Angleichungs-, des Gegensteuerungs- und des Integrationsgrundsaztes (§ 3 StVollzG) Rechnung tragen.[684]
- Findet das Gesetz keine Akzeptanz in der Bevölkerung, mangelt es an (in erster Linie auch finanzieller) Unterstützung seitens der Politik.
- Damit ist es nicht möglich, die Rahmenbedingungen zu schaffen, die erforderlich wären, um den Behandlungs- und Sozialisationsvollzug zu praktizieren.
- Da dieser in der Realität nicht wirklich praktiziert wird, kann er sich nicht bewähren, nicht mit Erfolgsmeldungen aufwarten.
- Fehlen jedoch solche Erfolgsmeldungen und Positivbeispiele sowie die bestätigenden Zahlen und Statistiken, verfestigt sich in der Öffentlichkeit das Bild, dass der Behandlungs- und Sozialisationsvollzug (der im Vollzugsalltag eigentlich gar nicht wirklich praktiziert wurde und wird) bislang jedenfalls „nichts gebracht" habe, dass der Vollzug auf diese Art und Weise nur mehr Geld Personal koste, aber keine Erfolge erziele, weshalb er an sich auch keine Berechtigung habe.

Eine Haltung mit der sich der Kreislauf nun wieder schließt.

[684] vgl. dazu: Einleitung V 2 a-c, S. 17 f

2. Schlussfeststellungen

Kurz auf den Punkt gebracht kommt man bei Betrachtung all dieser Gegebenheiten zu folgendem Ergebnis:

Die gesetzgeberische Idee an sich ist gut. Die Abkehr vom reinen „Verwahrungsvollzug" mit seinem so genannten „besonderen Gewaltverhältnis" war nötig, um auch dem Grundgesetz Rechnung zu tragen und den Strafgefangenen die Wahrung ihrer Würde zuzugestehen.

Auch die rein technische Umsetzung dieses gesetzgeberischen Grundgedankens in das Strafvollzugsgesetz ist größtenteils gelungen.

Das Hauptproblem liegt bei der tatsächlichen Umsetzung dieses Gesetzes (und der dahinterstehenden Grundidee) in die Praxis des Vollzugsalltags.

Einige Bestimmungen sind immer noch nicht in Kraft gesetzt; zum Teil haben „Übergangsregelungen" auch heute, nach fast 25 Jahren Strafvollzugsgesetz, nach wie vor Gültigkeit.

Selbst die in Kraft getretenen Normen des Strafvollzugsgesetzes, die rein formal auch den gesetzgeberischen Willen manifestieren, finden in der Vollzugspraxis oft nicht die Anwendung, die der ursprünglichen Grundidee entspräche. Speziell die Forderung nach möglichst restriktivem Einsatz von Rechtsbeschränkungen fand – nach der Vielzahl der Entscheidungen zu schließen – noch nicht ihren Platz in der Strafvollzugspraxis.

Allerdings muss den Vollzugsanstalten zugestanden werden, dass für eine wirklich durchgängige Umsetzung der Idee des Behandlungs- und Sozialisationsvollzugs die derzeitigen Rahmenbedingungen (so vor allem finanzielle, personelle und räumliche Ausstattung) alles andere als ideal sind.

Leider ist eine durchschlagende Verbesserung der Rahmenbedingungen und anschließend auf dieser Basis eine Umsetzung des vom Gesetzgeber einst als Ziel aufgestellten „Soll-Zustands" in einen in der Realität praktizierten „Ist-Zustand" mangels durchgängiger Akzeptanz der Idee der Behandlung und Resozialisierung in der breiten Bevölkerung zum jetzigen Zeitpunkt augenscheinlich nicht zu erwarten.

Literaturverzeichnis

Aufsätze und Monographien

Bandell, D. *Kühling, P.* *Schwind, H.-D.*	Anmerkung zu OLG Koblenz, Beschluss vom 09.06.1987 (zu den Voraussetzungen der opt. und akust. Besuchsüberwachung)	NStZ 88, 383
Baumann, Jürgen (Hrsg.)	Reform des Strafvollzugs	München, 1974
Berger, Theo	Die konstante Repression. Die Geschichte des Strafvollzuges in Preussen nach 1950	Frankfurt, 1974
Böhm, Alexander	Strafvollzug, 2. Auflage	Frankfurt, 1986
Bungert	Anmerkung zum OLG Celle, Beschluss vom 21.05.1986 (Durchsuchungsanordnungen für den Verteidiger wegen Verdacht des Einschmuggeln von Alkohol	NStZ 88, 526
Calliess, Rolf-Peter	Strafvollzug, Institution im Wandel. Eine empirische Untersuchung zur Lage des Männer-Erwachsenen-Strafvollzugs	Stuttgart, 1970
Calliess, Rolf-Peter	Strafvollzugsrecht, 2. Auflage 3. Auflage	München, 1982 München, 1992
Eidt, Hans-Heinrich	Verkehr des Gefangenen mit der Außenwelt, insbesondere mit Rechtsanwälten und Verteidigern	Anwaltsblatt 26, 1976

Goffmann, Erving	Asyle. Über die soziale Situation psyischer Patienten und anderer Insassen	Frankfurt, 1972
Grunau, Theodor	Strafvollzugsgesetz	Köln, 1977
Hassemer, Winfried	Einführung in die Grundlagen des Strafrechts, 2. Auflage	München,1990
Hassemer, Winfried	Kommunikationsfreiheit in der Haft	ZRP 84, 292 ff
Hoffmeyer, Carsten	Grundrechte im Strafvollzug. Verfassungsrecht als kriminalpolit. Beitrag zur Reform des Strafvollzugs	Karlsruhe, 1979
Koepsel, Klaus	10 Jahre Strafvollzugsgesetz – aus Sicht der Praxis in: Kriminalpolitisches Forum Berlin (Hrsg.), Fachtagung 10 Jahre Strafvollzugsgesetz	Bonn, 1987
Müller-Dietz, Heinz	Strafvollzug und Gesellschaft (erweiterte Fassung eines am 9. Okt. 1969 in Bielefeld gehaltenen Vortrags; zunächst erschienen unter dem Titel „Pädagogische und psychologische Probleme bei der Behandlung von Straftätern" im Sammelband "Wissenschaft im Dienst am straffälligen Menschen")	Berlin 1970
Müller-Dietz, Heinz	20 Jahre Strafvollzugsgesetz – Anspruch und Wirklichkeit	ZfStrVo 98, 12 ff
Molketin, Rüdiger	Anmerkung zum OLG Koblenz Beschluss vom 07.11.1989 (Besuchsverbot von Familien-angehörigen)	NStZ 90, 302, 303

Neibecker, Brigitte	Strafvollzug und institutionelle Garantie von Ehe und Familie	ZfStrVo 84, 335 ff
Pécic, Denis	Alternativentwurf eines Vollzugsgesetzes	Köln, 1974
Perwein, Sigmund	Erteilung, Rücknahme u. Widerruf einer Dauertelefongenehmigung	ZfStrVo 96, 16 ff
Preusker, Harald	Erfahrungen der Praxis mit dem Strafvollzugsgesetz	ZfStrVo 87, 12 ff
Reinke, Ellen-Katharina	Leiden schützt vor Strafe nicht – soziotherapeutische Erfahrungen mit dem Gefangenen K	Frankfurt, 1977
Schmidt, Eberhard	Zuchthäuser und Gefängnisse	Göttingen, 1960
Schüler-Springorum, Horst	Was stimmt nicht mit dem Strafvollzug	Hamburg, 1970
Schwind, Hans Dieter / Blau, Günter	Strafvollzug in der Praxis, 2. Auflage	Berlin, 1988
Swientek, Christine	Heimerzeihung und Kriminalprävention In: Schwind / Berckhauer / Steinhilper, „Präventive Kriminalpolitik"	Heidelberg, 1980
Vogelsang, Eva	Kleintierhaltung im Strafvollzug – das Ergebnis einer Umfrage	ZfStrVo 94, 67 f
Waldmann, Peter	Zielkonflikte in einer Strafanstalt	Stuttgart, 1968
Walter, Michael	Strafvollzug, 2. Auflage	Stuttgart,1999
Weis, Kurt	In: Schwind / Blau, Strafvollzug in der Praxis, 2. Auflage	Berlin, 1988

Wetzler, Hubert	10 Jahre Strafvollzugsgesetz, Bestandsaufnahme / Erfahrungen im Strafvollzug	ZfStrVo 87, 32
Wyss, Peter	Grundprobleme der Anstaltserziehung, 2. Auflage	Stuttgart, 1977

Kommentare

Calliess / Müller-Dietz - *Calliess, Rolf-Peter* - *Müller-Dietz, Heinz*	Strafvollzugsgesetz 7.Aufage	München,1998
Feest, Johannes (Hrsg.) - *Boetticher, Axel* - *Brühl, Albrecht* - *Feest, Johannes* - *Huchting, Konrad* - *Joester, Erich* - *Kellermann, Helmut* - *Koch, Herbert* - *Lesting Wolfgang* - *Pécic, Denis* - *Wegner, Elke*	Kommentar zum Strafvollzugsgesetz (AK-StVollzG), 4.Auflage	Bremen, 2000
Grunau / Tiesler - *Grunau, Theodor* - *Tiesler, Eberhard*	Strafvollzugsgesetz 2. Auflage	Köln, 1982
Luchterhand Alternativkommentar - *Brühl, Albrecht* - *Feest, Johannes* - *Joester, Erich* - *Pécic, Denis*	Kommentar zum Strafvollzugsgesetz 3.Auflage	Neuwied, 1990
Schwind / Böhm (Hrsg.) - *Schwind, Hans-Dieter* - *Böhm, Alexander*	Strafvollzugsgesetz 2. Auflage	Berlin 1991

Drucksachen und Zeitschriften

Drucksache des deutschen Bundestages, 7. Wahlperiode (BT-Dr. 7/....)

Drucksache des deutschen Bundesrates, 7. Wahlperiode(BR-Dr. 7/....)

Protokoll für den Sonderausschuss für die Strafrechtreform,
Drucksache des Deutschen Bundestages, 7. Wahlperiode (Prot.SA)

Anwaltsblatt (AnwBl)

Entscheidungen des Bundesverfassungsgerichts (BVerfGE)

Monatsschrift für Deutsches Recht (MDR)

Neue Juristische Wochenschrift (NJW)

Neue Zeitschrift für Strafrecht (NStZ)

Strafverteidiger (StV)

Zeitschrift für Strafvollzug und Straffälligenhilfe (ZfStrVo)

FSC
www.fsc.org
MIX
Papier | Fördert
gute Waldnutzung
FSC® C083411

Kolibri 360 GmbH
Ferdinand-Jühlke-Straße 7
99095 Erfurt, Deutschland
produktsicherheit@kolibri360.de

Druck:
CPI Druckdienstleistungen GmbH
im Auftrag der
Kolibri 360 GmbH
Ferdinand-Jühlke-Str. 7
99095 Erfurt